老师有信仰，学子有力量，学校有未来，国家有希望。

——诗意老师

高三如此有诗意

方明武　著

中国海洋大学出版社
·青岛·

图书在版编目(CIP)数据

高三如此有诗意 / 方明武著.—青岛:中国海洋
大学出版社,2019.8
ISBN 978-7-5670-2364-2

Ⅰ.①高… Ⅱ.①方… Ⅲ.①高中—班主任工作
Ⅳ.①G635.16

中国版本图书馆 CIP 数据核字(2019)第 187392 号

出版发行	中国海洋大学出版社
社　　址	青岛市香港东路 23 号　　　邮政编码　266071
出 版 人	杨立敏
网　　址	http://pub.ouc.edu.cn
电子信箱	459331938@qq.com
订购电话	0532—82032573(传真)
责任编辑	邹伟真　　　　　　　　　　电　　话　0532—85902533
印　　制	日照日报印务中心
版　　次	2019 年 9 月第 1 版
印　　次	2019 年 9 月第 1 次印刷
成品尺寸	170 mm×230 mm
印　　张	19
字　　数	375 千
印　　数	1—500
定　　价	68.00 元

序　言

初读方明武先生的《高三如此有诗意》初稿，便有陌上花开的感觉。

和明武老师同事近十年，能真切感受他是一位激情乐观，充满浪漫诗意，富有教育智慧和教育情怀的老师。

记忆中，2011年，他接了一届高三毕业班，并于2012年高考中取得了优异的成绩。同年，新学期开学之初，我给他了一个近乎挑战性的安排，让他继续接任一个管理和学习成绩相对较弱的新毕业班级的班主任，最终，他不负众望，把这个班级打造成一支强兵劲旅，高考中又取得佳绩。

随后的教育教学实践中，我留意到，他在学校举行的青年教师优质课大赛上有出类拔萃的表现；在学校班级管理方面有许多有益的尝试和建设性意见；在学校民主测评中有良好成绩；直至2017年，明武老师成功当选青岛市名班主任并组建了自己的工作室。

我愿名师不谋虚名，但要立一家之言。明武明理明志，没有辜负我的期望，择工作经历之小段，著《高三如此有诗意》书稿。一气读罢，被他的那种敢于担当的精神和文字中流露出的诗意情怀所打动，感动一直陪伴着我。

感动于以诗意老师为代表的班主任们的敬业奉献。他们为了社会的未来和莘莘学子的梦想，废寝忘食，忘我工作。谢谢你们用微笑迎接每一次挑战！

感动于以"一号战舰"为代表的教学组的老师们的那种从头再来的精神。面对一次次考试的失利，他们没有气馁，没有退缩，依然充满希望，坚守本心，直面挑战，这种"无惧风雨，从头再来"的气魄把学生的前程照亮。师生们的共同决定是：永远选择希望！

更感动于诗意老师的成长。他借助胶州市实验中学这个平台，从一名普通老师成长为一名青岛市出色的名师、名班主任。一所负责任的胶州市实验中学会激励每一位努力向前的老师，实现你的教育梦想。

在这里，我还想借此言表的机会寄语胶州市实验中学各级名师、名班主任工作室的同仁志士，如果你是一棵小树，学校会为你提供肥沃的土壤；如果你是一只雄鹰，学校会为你提供飞翔的蓝天。尽管学校在发展的过程中，会遇到"中流击水非奋楫不能进"的关口，但不管有多大的困难，我们一定要"选择希望"；"风雨中，我们可以低头躲避，但一定不能退缩！"我将和大家一起沐浴阳光，共迎当今教育综合改革历程中的风风雨雨！

君子不器。但我依然坚信"老师最大的责任,是把自己铸成大师,让学子终成大器。""真正的教育者是教育了自己的学子,同时还收获一个更好的自己。"我想提醒大家尤其是青年教师,你的现在,预示着你的未来;我也相信大家在"层峦竦峙争高峰"的新时代里能勇于实践,收获一个更好的自己。

这部作品写的是高三师生的战斗生活,字里行间充满了诗情画意。它告诉我们,高中班主任的生活不只是家庭和学校,只要调整好心态,诗和远方就在其中。正如书中所言,只要心情不被冻住,即使在寒冷的冬季也能嗅到玫瑰的芬芳。

这部作品尽管写的是高三的"战斗"生活,却适合每个学段的每一位班主任甚至是每一位老师阅读。因为书中所体现的不管是作为一名普通老师应该具备的担当情怀,还是面对胜利与失意时的那种从容淡定的心态;不管是对学生学习方法上的指导,还是在他们的心田上种花;不管是开学前的未雨绸缪,还是高考后的再送一程,这些都值得每一位老师学习和借鉴。

好的人生,是既向往远方的诗意,也要学会驻足,看脚下的风景。好的教育,既要在心中存有一份教育梦想,更要做好我们那些苦点累点平凡点的实实在在的工作,诗意老师高三的生活就证实了这一点。所以我要说,如果浩瀚的各类教育作品让我们仰望星空,这部作品则告诉我们如何脚踏实地;如果大师们的教育作品能丰富我们的教育理论,这部作品则告诉我们如何做接地气的教育。

联合国教科文组织"为中国而教"项目组特聘专家杨林珂说:"每一本书都是作者精神的面孔,也都承载着作者的生命尊严和人格底色。"我认为这部作品除了体现明武老师锐意进取的教育情怀,还承载了所有胶州市实验中学干部老师身上的那种克己奉公、敢于担当、牢记使命、砥砺前行的品质。

胶州市实验中学始建于 1988 年,时值母校建校 30 周年之际,明武表示将此作品作为礼物呈送母校,我认为这件礼物意义非同凡俗,是对母校的一份真挚情意。

感念明武同事诗意般的教育情怀,浅言先睹心得,聊以为序。

山东省胶州市实验中学校长 李海文

2019 年 1 月

最美的遇见

央视"朗读者"第一期的主题词是"遇见",我认为 2004 年春天我与胶州市实验中学的遇见,是我这半生最美的遇见。

那天,正月初九,天朗气清,惠风和畅,花好月正圆。我来到我的母校报到,成为这所学府众多教师中的一员。

在来胶州市实验中学之前,就知道母校以她卓越的教育理念和傲人的育人成果而声闻于岛城,甚至声闻于齐鲁大地。来到这里工作后,对这一点有了更深刻的体会。

"所谓故国者,非谓有乔木之谓也,有世臣之谓也。"梅贻琦在就职清华大学校长的演讲中提出了"所谓大学者,非谓有大楼之谓也,有大师之谓也"的著名论断,这里我想斗胆仿照梅校长的话说一句"所谓大校者,非谓有大楼之谓也,有大师之谓也"。

我认为,所谓的大师,除了有超前的教育理念,还应该具备海纳百川的胸怀,"衣带渐宽终不悔"的奉献精神和问"苍茫大地,谁主沉浮"的气魄,"弄潮儿,勇向涛头立"的雄心壮志,更应该具备"不畏浮云遮望眼"的探索精神,而胶州市实验中学本身就是一位这样的"大师",胶州市实验中学就是一所这样的"大校",这所学校里面有许多这样的大师。

这所学校的领导胸怀大志,高瞻远瞩,"运筹帷幄之中,决胜千里之外"。

这所学校的老师厚德博学,海人不倦,"诗满人间,画满人间,英才济济笑开颜"。

这所学校的学子风华正茂,意气风发,"孩儿立志出乡关,学不成名誓不还"。

"池塘临照了夕阳,便成了金海。"自己也正是借助了这所学校,这位"大师"这样卓越的平台才得以茁壮地成长,才有了"诗意攀登三境界"后的喜悦。在攀登的过程中,深深感受到了这位学校的英明睿智,深刻体会到了诸位老师的深情厚谊,深深感受到了这所学校满满的正能量。于是就产生了一种想法,想通过作品的形式来传播胶州市实验中学领导的雄才大略,老师的春风化雨,学子的锐意进取。同时,也想就这些年来关于高三班级管理的一些心得和广大同仁们交流学习,于是就写了这部作品。

作品题目中的"诗意",是我的笔名,是我工作室的名称,也是我生活中的一种追求。

虽然我不敢期待"面朝大海,春暖花开",也不敢期待每天清晨推开窗子迎接我的都是一个诗意的世界,更不敢期待"行到水穷处,坐看云起时",但至少希望生活中有一点诗情画意:春天来了,可以到绿意茵茵的原野去放飞心情;夏天来了,可以到大海边去欣赏"惊涛拍岸,卷起千堆雪"的壮观景象;秋日的午后,我可以坐在暖暖的阳光下,品一杯咖啡;冬日飘雪的时候,我能够和三五好友围坐在"红泥小火炉"边,品味"晚来天欲雪,能饮一杯无"的休闲。

　　同时,诗意更是我教育上的一种追求。我认为教育是应该充满诗意的,一样可以"面朝大海,春暖花开"。我经常想,教育中的诗意到底是什么,是"暮春者,春服既成,冠者五六人,童子六七人,浴乎沂,风乎舞,泳而归",这种回归自然,富有浪漫情怀的教育,还是把学生塑造成拥有独特的个性和优雅文化气质的人,还是什么别的,尽管我不是很明确,但这种情怀却是我一直所追求的,也就是说"虽不能至,心向往之",或许在将来某一天的清晨,我推开教育的窗子会惊喜地发现,我所寻求的诗意的蓝图正呈现在我的面前,我就可以栖居在教育的诗意里。

　　"落其实者思其树,饮其流者怀其源。"感恩胶州市实验中学以海纳百川的胸怀接纳了我,感谢这所学校的领导对我的热情指导,感谢这所学校的老师对我的慷慨相助,感激我教过的弟子对我的包容理解,感谢这所学校的一草一木。时值母校建校30周年,谨以此拙作作为献给母校的礼物。

　　胶州市实验中学,我最美的遇见!

方明武
2019 年 1 月

目 录

谁寄锦书篇

主题班会篇

砥砺前行篇

不忘初心,砥砺前行。

不忘初心,就是对教育事业保持"学道须当猛烈,始终确守初心"的激情。

砥砺前行,就是遇到困境时有"石以砥焉,化钝为利"的勇气,有"冲天香阵透长安,满城尽带黄金甲"的魄力。

不忘初心,就是对所有学生保持"人生若只如初见"的美好。

砥砺前行,就是遇到风雨时有"千磨万击还坚劲,任尔东西南北风"的毅力,就是有"雄关漫道真如铁,而今迈步从头越"的豪迈。

八月你好

七月渐行渐远，
八月款款而来，
欣喜地道一声：八月，你好！

八月，是新的，
巍巍艾山浮新翠，滔滔沽河绽新颜。
八月，是香的，
十里荷香溢少海，万朵蔷薇醉实验。

八月，是火红的，它汇集着火的色彩；
八月，是热情奔放的，它洋溢着青春的气息；
八月，是深情厚意的，它抒写着诗意的情怀。

八月的风光，
接天莲叶，荷花正红；
雨过气润，碧霄诗情。

八月的雨，倾泻如注，如赴一场盛宴；
八月的雷，轰隆滚过，如出征前震天的战鼓。

八月，你好！
心，已经在路上；
梦，业已在飞翔。
捎着一份期待上路，拎着梦的行囊，
在八月的天空下，放飞自己的希望。

敢于担当

暑假的校园静悄悄的，不过依然充满了活力。

办公室前那些高大的杨树上，绿色的叶子哗哗地响着，尽情地向人们展示着她的盈盈绿意；路两侧的百日红，一堆堆，一簇簇，在恣意地绽放着；成群的鸟儿，欢快地叫着从这棵树飞到那棵树；阳光下，一只只美丽的蝶儿从花影中飞过……

我边擦洗我的爱车，边欣赏着夏日校园的美丽风光。

"明武,买新车了? 花了多少 money?"我们的陈主任笑意盈盈。

"陈主任好,才买了 1 周,花了我 16 万大洋……"

"我怎么听出一点炫富的味道!"陈主任说完,我们俩同时哈哈大笑。

"对了,今年秋天开学有什么打算? 感觉你班级工作做得不错,管理班级方面有'两把刷子',跟着我继续教高三,如何?"

"啊? 这个……我还没想好。"因为以前从来没有连续带毕业班的打算,领导如此看重我还真有点受宠若惊。

"你先考虑一下吧,抽时间我们再交流。"

"谢谢陈主任! 不管我考虑的结果如何,先谢谢您!"

中午回家后,我把这件事告诉了正在做饭的妻子,想征求一下她的意见。

"这是好事呀! 这是对你工作能力的肯定,说明他非常欣赏你。"妻子边做饭边高兴地说。

"我也是这么想的,不过,我觉得新接的那个班级一定非常差,我担心管理不好。"我说出了后顾之忧。

"你不是经常教育学生要敢于担当,要充满自信吗? 而且你不是一直很自信的吗? 怎么今天怀疑起自己的能力了? 把它当作一次挑战吧!"妻子鼓励道。

"好的,相信自己,我一定能担当起这份重任,迎接这份挑战。No problem."

说完,我和妻子都笑了。

欣然领命

围着东湖跑了一圈之后,我站在那莲桥上,欣赏着美丽的荷塘风光。

那些含苞欲放的荷花,像一个个腼腆的小姑娘,"犹抱琵琶半遮面";那些半开的荷花,像一个个纯洁的少女,用双手托起脸庞;那完全盛开的荷花更是美丽动人,她开心地向人们露出灿烂的笑容。阵风吹来,碧绿的荷叶你拉拉我,我扯扯你,整个荷塘就像一幅画,一首诗。

"好香呀!"清风送来的阵阵芳香使跑步带来的疲惫感减少了许多,"荷叶罗裙一色裁,芙蓉向脸两边开。"我朗声诵道。

"乱入池中看不见,闻歌始觉有人来。"我抬头一看,一个矫健的身影正从不远处向我这里跑来,大概是闻到了我的"酸腐味",还没有跑到我眼前就续上了下句。

"陈主任好! 也来这里跑步呀! 想不到一向以严肃著称的陈大主任也这么文艺呀!"看着他向我这边跑来,我主动打招呼。

"你都这么有文艺范,我们不也得有点文艺范儿呀!"陈主任笑着说,"田田莲叶浮荷塘。"他又随口吟了一句。

"朵朵白花立中央。"我对了一句。

"夏凌盛气数碧莲,翠裙轻扬舞翩跹。"陈主任张口就来,想不到他的身上还"藏"

着许多诗呀!

"自生丽质妖娆美,如仙出浴绽粉颜。"我也不甘示弱。

"漫散芬芳蜻蜓吻。"他指着落在一朵荷花的尖角上的那只蜻蜓说。

"蛙鼓叶底享清闲。"我指着一只藏在叶底下乘凉的小青蛙吟道。

少海湖畔飘满了荷香也飘满了诗意。

"你跑了多远?"我们对完诗后,陈主任把话题转向了运动。

"我跑了一圈。"

"哇,你真能跑!我以为胶州市实验中学就我能跑呢!"主任说完,不好意思地笑了,"我们这些人得好好锻炼身体,锻炼好了身体,才能年轻时不拖累生我们的人,年老时不拖累我们生的人。"

"哈哈,陈主任说话真是一套一套的呀!我们这些普通老师得好好锻炼身体的另外一个理由是锻炼好了身体好给你们这些当领导的扛活啊!"我开玩笑说。

"哈哈!对了,说起工作,我想起来了,前几天跟你说的那件事考虑的怎么样了?"一向热爱工作的陈主任连晨练也忘不了工作。

"谢谢您的肯定和赏识!那件事情考虑好了。我接哪个班?那个班级一定很差吧?我有点担心,怕工作做不好,让您老埋怨。"尽管我很自信,但在经验丰富的资深高三级部主任面前依然表现出自己应有的谦虚。

"我们不是高山,也不是参天大树,我们只是一颗小草,一粒石子,但你别忘了,即使我们只是一棵小草,也要绽放我们的绿意去点缀美丽的春天;即使只是一块小小的石头,也可以为别人的前行做好铺垫。所以说首先要欣赏自己,只有欣赏自己才能产生自信,有了自信才能干好工作。你一定要欣赏自己,相信自己。你看我,我就很欣赏自己,所以就当上级部主任了。"陈主任笑道。

"本来想保密的,想想还是告诉你吧,让你接一班。这个班级的学习成绩和管理都相对要差一些,但没有品质不好的学生。你的性格刚中带柔,柔中带刚,很适合做这种班的班主任。咱们校长也很看好你,认为咱们的小方老师富有激情,而且善于做学生的思想工作。'相信你,没错的'。"主任套用了一句广告词。

"那如果我再推辞的话就有点不识抬举喽!恭敬不如从命,我欣然领命。"我双手抱拳。

"谢谢老弟!"陈主任接着说,"这个班的班长叫刘超,学习很不错,品质也不错,但就是管不住自己。班级纪律不好,跟他的'带头作用'有很大的关系。"我们边欣赏荷花边聊着。

"另外,班里还有一个所谓的'青春美少女队',特别能闹。"一个级部主任对一个班级的情况掌握得如此详细,真是让人佩服。

"我接手后应该怎样做?给我几点建议吧。"我态度非常诚恳地说。

"你先找几个学生了解一下情况,寻找工作的切入点,具体你自己去琢磨吧。对了,你觉得要把这个班级带好最重要的一点是什么?"

"责任?"

陈主任没有点头。

"能力?"

陈主任依然没有点头。

"是使命感,一种铁肩担道义的使命感,这是你首先要具备的。另外,还得有一种打'持久战'的思想准备,因为想彻底转变班级的风气不是一朝一夕就能完成的,正所谓'士不可以不弘毅,任重而道远',你有没有这种使命感? 有没有这种坚毅的品质? 有没有信心?"陈主任像首长似的,一脸庄重。

"报告领导,我一定扭转乾坤,不辱使命。尤其是把那个'青春美少女队'打造成像这荷花一样散发着芳香的真正的美少女队,把这个班级打造成一支攻无不克、战无不胜的强兵劲旅。"我也一脸庄重地说。

陈主任伸出双手,我也伸出双手,四只大手有力地握在一起。

荷塘里的荷花摇曳多姿,香气似乎更浓了,不远处传来《荷塘月色》的悠扬乐曲……

迅速反应

陈主任一向是雷厉风行,第二天就把一班的相关材料发给了我。正如陈主任所说,这些材料进一步证明这个班级确实"不一般"。

先找班干部了解一下情况吧,我找出家长通讯录,通过家长和三位班干部取得了联系,约好了见面的时间和地点——周六,新城区的一家蛋糕店。

蛋糕店里面有一间咖啡屋,咖啡屋的一个角落里,坐着一个男生和两个女生。那个男生皮肤黝黑,身材结实,很有男子汉的味道;其中的一名女生小巧玲珑,眉清目秀,也是皮肤黝黑;另一名女生,皮肤白净,留着短发,秀外慧中。他们正在小声地谈论着什么。

那个男同学先看到了我,然后他提醒两个女同学我来了,于是三个人站起来向我问好,当然,他们的目光中有些拘谨。

"你们好! 我是方老师,让你们久等了,不好意思。"我伸出右手,微笑着同他们一一握手。

"你们先自我介绍一下吧!"我给每人要了一杯饮料又闲聊了几句后就进入正题。

三个人互相望了望,那个男生首先做自我介绍。

"老师好! 我叫刘超①,是咱们班的班长。"

"你好! 我教过两个叫刘超的学生,一个是你们的学兄,情商很高,现在是一名优秀的企业家;一个是你们的学姐,品学兼优,曾经是我的课代表,现在是烟台开发

---

① 注:本书中所有出现的学生姓名均为化名。

区中学的一名英语教师。'超',是'超越'的意思,相信你一定会超越他们的。"

"谢谢老师!"他不好意思地笑了。

"老师好!我叫赵爽,是我们班的学习委员。"她爽快地说。

"说话很爽快,性格一定很爽快,这样的学生一定很受老师、同学的欢迎。"听到我赞美,她脸红红的。

"我以前也有一个叫赵爽的学生,是班里的卫生委员,责任心很强,工作能力也很棒,每月的卫生评比,我们班总能够夺得卫生流动红旗。"

"老师的意思,也让我'超越'她呗!"她反应非常快,巧妙地运用了我刚才的"超越"这个词语。

"你真聪明!"我也不失时机地夸奖了她一句。

"老师好!我叫朱瑞琦,是咱们班的团支部书记。"

"这么好听的名字,让我猜一下你的名字是哪几个字,'瑞'是祥瑞的瑞;'琦',左边是一个'王'字,右边是一个奇怪的'奇','琦'是美玉的意思。你的爸爸妈妈一定是希望你成为像祥瑞、美玉般的女子,对不对?"我笑着说。

"对,对,对。"她笑了,我们三个人也都跟着笑了。

经过简单地介绍,他们不像刚才那样拘谨了。

"今天耽误你们的休息时间是想提前了解一下班级的情况,希望你们知无不言,言无不尽。谢谢!"

"老师,我们班是个十足的渣班,一个比一个笨。"

听班长刘超这样定位自己的班级,我的眉头一皱,因为否定自己的班级就等于否定当班长的自己。

"当然我这个班长很不称职。"他似乎看懂了我的心思,接着补充道。

"呵呵,如果你感到咱们同学一个比一个'笨',是因为你从你认为最聪明的开始数;如果你从你认为最'笨'的开始向前数,咱们班的同学就一个比一个聪明。"

"哇,老师就是老师!高!"

"我已经听说咱们这个班级存在许多问题,但我想先了解一下班级的优点。说说看,班级有哪些优点?"我低头喝了口橙汁。

三个人面面相觑,似乎很难找出班级的优点。

"不至于这样吧,再差的班级也有优点呀。"我疑惑地看着他们。

"咱们班的同学都很善良,很老实。"短暂的沉默之后刘超说。

"很尊重老师。犯了错误受到老师批评的时候,我们从不为错误辩解,更不冲撞老师。"赵爽放下手中的杯子说。

"同学们也比较团结。"团支书瑞琦接着补充。

他们的回答,让我心里感到些许安慰。

"咱们班不是缺少优点,而是缺少发现优点的眼睛。你看,刚才你们不是都能找出班级的优点吗？相信咱们班还有更多的优点。刚才你说咱们班是个渣班，而且是个十足的渣班，为何这样定位咱们的班级？"

"班级纪律特别涣散，级部陈主任几乎每天晚上的第三节晚自习都要来维持纪律。"刘超说。

"人心不齐，就像一盘散沙，不仅学习成绩差，甚至一些集体活动都组织不好。"赵爽说。

"班干部不作为，起不到作用；同学们普遍缺乏集体荣誉感，甚至对班级深感失望，认为在这样的班级里毫无前途。"朱瑞琦补充道。

班级的"三大巨头"都认为这个班是"朽木"，看来这个班确实存在许多问题。

"造成班级这种状况的原因有哪些？"

"老师，班级存在这样的问题，我有很大责任……我这个班长很不称职……不仅不带头遵守纪律，反而……带头违反纪律。"刘超声音低低地，吞吞吐吐。

"老师我也有责任，纪律不好的时候，我管了几次，发现没有什么效果以后，我也甩手不管了。'哀其不幸，怒其不争'，爱咋的咋的吧，只要做好自己就行了，我那段时间有点小任性。"赵爽说。

"老师，我也有责任。一开始，我也非常喜欢学习，也非常遵守纪律，但是后来不仅没有同化他们，反而被他们同化了。"瑞琦说完后感觉有点不好意思，赶紧低下头去喝咖啡。

三个班干部都颇有担当的精神，这一点让我感到很欣慰。

"平时能闹的同学都有哪些？麻烦你把他们写下来吧！"我对刘超说。

"……"

"一个、两个……十个……二十个……三十。"我一边看一边数，随着数字的变大，我在心理阴影面积也在不断扩大。

"额的天！整整有三十个人呀！整个班级才五十二人呀！"我倒吸了一口凉气，有点怀疑地望着他们。

他们点点头，表示不需要怀疑。

"这三十个人中，最能闹的就是王芳和她的那个'朋友圈'——青春美少女队。"

"说说这个王芳和她的'朋友圈'吧，注意先说优点再说缺点。"我提醒道。

"班级最能闹的就是这个所谓的青春美少女队。喜欢打扮，浓妆艳抹，还说什么'淡妆浓抹总相宜'，我们学了那么多诗，她们都记不住，这句倒记得清清楚楚。再说，这句诗用在她们身上合适吗？"听他这样说，我们都忍不住笑了起来。

"对了，一上课就拿出镜子，对着那个镜子呀……啧啧。她们纪律观念特别差，迟到是家常便饭，而且每次还有一大堆理由。自习课经常说话，让旁边的同学根本静不下心来学习。尤其严重的是，上课就睡觉，还说下课太吵睡不着，老师，你看看。而一下课就凑在一起，说笑打闹，旁若无人，说什么'刷存在感'，弄得整个教室乱哄哄的……有时候上自习课,老师在这里她们都静不下来,经常让老师为此而生气。有时候,老师让我们写作业,她们中的几个还一直在说话……"刘超生气地数落着。

我边听边在本子上记着。

"说说那个王芳吧。"

"快别说她了,这个美少女队中最任性、最随意的就是这个王芳,她自封为女王,是她们的头;她的声音特别大,在教室外就能听到,如果你听到教室里发出很大的声音,一般就是她发出的;而且性格暴躁,也不服从班干部的管理,跟一些班干部的关系也比较紧张,我们也拿她没办法。"刘超继续说道。

"她有什么优点?"我换了一种饮料,喝了一口,感觉凉凉的。

"她这个人嘛还蛮仗义的。如果你对她好,她就会对你好;也很聪明,学习上有很大潜力可以挖掘。"可别说,班长对她们的情况还了如指掌。

"李婷是典型的'白富美',还有的喜欢作秀……"接着三个人又介绍了这个美少女队中另外几个同学的情况。

"好了,今天就聊到这里吧,你们回家吧,谢谢你们! 记住回家后一定先向我报平安。"我合上本子,望着外面渐暗的天空说。

"这个班级集'万千问题于一身'呀! 这确实考验我的爱心、耐心、责任和智慧,我应该从哪个方面入手去解决才能更有效? 是不是先让学生尤其是先让这三个班干部服气我? 这个美少女队,应该如何管理? 如果管理不好,他们极可能会'抱团取暖'。尤其是那个女王,应该怎样管理? 可否先约谈一下,看看这是一个什么样的女生,先取得她的信任,必要的时候实行'自治',可不可以?"送走了三个班干部,我依然坐在那里,边喝咖啡边思索着。

学年战略

> 陈澹然《迁都建藩议》中说:"不谋全局者,不足谋一域。"
>
> 《礼记·中庸》:"凡事豫(预)则立,不豫(预)则废。"
>
> 毛泽东《论持久战》也曾引用:"'凡事豫则立,不豫则废',没有事先的计划和准备,就不能获得战争的胜利。"
>
> ——题记

收到三位弟子安全到家的信息,我也放心了。

美丽的夜晚降临了,我索性把车放下,漫步在三里河畔,边走边欣赏三里河美妙的夜景!

晚上的三里河笼罩在霓虹的闪烁里,两岸忽明忽暗的彩灯勾勒出她秀美的身姿,浓郁的板桥古镇的气息浸染着夜色。天泰广场附近有一间咖啡屋,进屋找一个临窗的位子坐下,在咖啡的袅袅清香中安静地读读喜欢的书,哪怕只是静静坐着,看窗外车水马龙,让这美好时光慢慢流淌……可是通过下午和弟子们的交流获得的信息让我只能在心中保持这份憧憬。我要了一杯炭烧咖啡,在咖啡弥漫的清香中我开始思索一学年的战略。

第一杯咖啡喝完了……

第二杯也喝完了……

第三杯也喝完了……

"先生,还要添吗? 喝多了对睡眠不好。"服务生提醒我。

"谢谢! 那不喝了吧。"

三杯咖啡喝完了,如何开展全年工作的思路也渐渐明朗起来。

战略一

桃李不言:以人格魅力赢得学生们的"芳心",以战狼精神为勇士们树立榜样。

整顿班风:订立班规,从"青春美少女队"入手着手整顿班风。

营造学风:组建狼牙大队、尖刀兵团、中坚力量、后起之秀四支力量,从树立理想、分析成绩入手,调动四支力量的全体成员行动起来,形成动车效应。

核心素养:独立人格,独立思考;精神富有,灵魂高贵;敢于担当,迎接挑战,永往直前,决不放弃。

战略二

十月月考:旗开得胜,初战告捷,摆脱后三。目的是树立信心。

期中考试:狼牙突击,横空出世,成功逆袭,年级冠军。目的是巩固信心。

期末考试:剑走偏锋,退避三舍,蓄势待发。后退是为了更好地进步,为青岛市第一次模拟考试蓄势。

青岛一模:我是王牌,华丽转身,年级冠军。奠定高考信心。

青岛二模:尖刀出鞘,无人能敌,年级冠军。进一步巩固信心。

六月决战:魏武挥鞭,雄狮过江,十年一剑,决战大捷。

整个学年的"小目标"确定了,工作思路明确了,心情也放松了许多。轻轻推开咖啡店的门,夜晚的风凉凉的,热闹的三里河早已安静了下来……

"按照这一部署有条不紊地进行,一定会让我和他们的相遇逐渐变得美好。"回到家后,我在教育笔记中写下了这样一句话。

约谈学生

这年夏天,久旱无雨,气温比往年同期要高出好几度。今天,似乎比前些日子更热一些,下午四点,还是热浪逼人。

公园里行人很少,那些花花草草也都有气无力地奄拉着脑袋,平日里叫得很欢的知了,今天唱出的音调也暗哑了许多。

　　我约了两个学生。"天这么热,她们俩能来吗?"我边把手伸到后背提了提被汗水粘在后背上的衬衣,边这样想着。

　　走到学校门口的时候,看到两个中学生模样的女孩,正要采摘大门旁边的蔷薇花。我走过去,轻轻咳嗽了一声,对她们说:"你们在寻求美丽的同时却扼杀了生命。"她们两人不好意思地停住手。

　　"请问,您是方老师吗?"一个女孩问。

　　"我就是,你们怎么认识我?"

　　"您不是要当我们班的'带头大哥'了吗? 我们的班级 QQ 群里有您的照片。"她的话里有一种浓浓的江湖味。

　　"你们俩一定是王芳和李婷了,你们这么早就来了呀! 快到办公室凉快一下吧。"她们能提前到来我真感到有点小惊喜。

　　"喝点水吧,坐下来聊。"到了办公室以后,我边给她们每人递了一瓶矿泉水边打量着她们。

　　刚才跟我说话的那个,颇有女王范。衣着时尚,身材苗条,皮肤白皙,鼻梁上架着一副眼镜框,透出几分任性,她大概就是那个"女王"王芳了。另一个女孩,满头秀发,衣袂飘飘,婷婷玉立,透露出几分傲气。

　　"这两个女孩蛮可爱的。"我心里想。

　　"老师好,我叫王芳,她叫李婷。"还没等我发问,王芳就说了两人的名字,落落大方中透露出几分羞涩。

　　"你就是我们班的女王啊! 你们好!"听我称她为女王,她不好意思地笑了。

　　"你们刚才在校门口采花,一定是想把它作为见面礼送给我这个新老班,对吧?"我打趣道,她们两人不好意思地笑了。

　　"老师,我们错了。"

　　"敢于认错就是好同学。你们是怎么来的?"我没有聊正题。

　　"我坐我爸爸的宝马车来的。"

　　"我爸派单位的司机送我来的。"

　　两人的语气中颇有几分炫耀,不用说,一个是"富二代",一个是"官二代"。

　　"老师,您今天找我们来干嘛?"

　　"没事,就是想提前了解一下班级的情况。"

　　"你找我们来,是不是听说我们两人表现得最差?"女王小心翼翼地问。

　　"你认为你们表现得最差吗?"

　　"是……不是……"她吞吞吐吐,欲言又止。

　　"反正同学们都已经给我们贴上标签了,把我们说的一无是处。"

　　"一无是处? 不会吧,我怎么感觉你们身上还有许多优点呢。"

　　"优点? 还有许多?"她们两人对望了一眼,目光里充满了疑惑。

"不相信？想知道吗？"我故意卖了个关子，两人点点头。

"那你们得请我喝瓶雪碧。"

"没问题。不过，你说的这些优点一定是真诚的，不能敷衍我们。"听说我让她们请客，她们很高兴地说。

"第一，你们非常守时。我让你们四点半到，但是你们提前十五分钟就到了，这是优点吧？"她们点点头。

"优点二，听从劝导。刚才你们在门口摘花的时候，我只是含蓄地提醒你们不要摘，你们就停手了，说明你们善于接受别人的批评。"她们两人对望了一眼，露出了笑意。

"优点三，敢于担当。当你们知道自己错了以后，主动承认错误。"两人脸上的笑意更浓了。

"优点四，懂礼节。能够主动向老师问好，说明你们有礼貌。怎么样，我没有敷衍你们吧？"

"谢谢老师的夸奖，我们原来那么好啊！一会就下去给您买雪碧喝。"阳光洒满了她们的脸。

"谢谢老师，您独具慧眼啊！但班级里许多同学包括一些班干部认为我们是害群之马，太可恶了。"王芳愤愤然。

"害群之马？说说看，同学们为什么会给你们贴上这个标签？"

她们两人对望了一眼，没有说话。

"我……就是经常迟到，但我迟到是有原因的，要么……是上厕所，要么去超市买东西，要么就是去打水。"过了一会，王芳犹犹豫豫地说。

"我也就是课间高声说笑，课间吗，本来就是休息的时候，说说笑笑，有什么错啊？"李婷接着说，一脸的不屑。

我明白了，原来她们感觉这些事情无所谓，认为这些行为都不是错误，这是认识上的误区。

"别的同学不上厕所，不买东西，不打水吗？为什么他们不迟到？经常迟到会给别的同学带来什么样的影响？"

"可能……会影响别人……学习吧。"王芳支支吾吾地说。

"课间说笑没有错，但凡事得有个度，过犹不及，公共场所对人们的说话是如何要求的？"

"禁止大声喧哗。"李婷小声说。

"这就是了，教室也是公共场合，课间大声喧哗是有违社会公德的。下课以后，有的同学想休息一下，有的想继续思考问题，有的想讨论一下不明白的问题，如果你们大声喧哗会不会影响别人呢？"

两人默不做声。

"你们的这些行为仅仅对别人造成不良影响吗？"

"影响……我们自己的……学习,也影响我们在同学们心目中的形象。"

"对呀! 你看你们认识地多么正确,怪不得刘超他们几个在我面前夸奖你们呢!"为了让她们更好地配合班干部的工作,我特意着重提了几位班干部上次对于她们的一些优点的介绍,"对别人影响事小,对你们自己影响事大。送给你们一句话,'不要为做的不好找理由,要为做的更好找方法'。听说你们还想调班? 给你们俩讲两个故事听听。"没等她们回答,我就讲了第一个故事。

有一天,有只乌鸦向东方飞去。在途中,它遇到一只鸽子。

鸽子非常关心地问乌鸦:"乌鸦,你要飞到哪里去呀?"

乌鸦愤愤不平地回答:"鸽子老弟,这个地方的人都嫌我的声音难听,所以我想飞到别的地方去。"

鸽子听后,赶紧忠告乌鸦说:"乌鸦老兄,你飞到别的地方还是一样有人讨厌你的,你自己若不改变声音和形象,到哪里都没有人欢迎你的。"

乌鸦听了,惭愧地低下了头。

"这个故事告诉我们一个什么道理?"第一个故事讲完后,我问。

"我们不应该只是指责别的同学不喜欢我们,我们应该好好反思一下,只有改变自身的缺点,才能受同学们的欢迎。"王芳说。

"回答得很好! 你很聪明!"我表扬道,"我接着讲第二个故事吧。"

很久以前,有一个人叫周处,他年青时,为人蛮横强悍,任侠使气,是当地一大祸害。义兴的河中有条蛟龙,山上有只白额虎,一起祸害百姓。义兴的百姓称他们是三大祸害,三害当中周处最为厉害。

有人劝说周处去杀死猛虎和蛟龙,实际上是希望三个祸害相互拼杀后只剩下一个。周处立即杀死了老虎,又下河斩杀蛟龙。蛟龙在水里有时浮起有时沉没,漂游了几十里远,周处始终同蛟龙一起搏斗。经过了三天三夜,当地的百姓们都认为周处已经死了,轮流着对此表示庆贺。

结果,周处杀死了蛟龙从水中出来了。他听说乡里人以为自己已死而庆贺的事情,才知道大家实际上也把自己当作一大祸害,因此,有了悔改的心意。

于是便到吴郡去找陆机和陆云两位有修养的名人。当时陆机不在,只见到了陆云,他就把全部情况告诉了陆云,并说他自己想要改正错误,可是岁月已经荒废了,怕最终没有什么成就。陆云就告诉他,哪怕是早晨明白了道理,晚上就死去也甘心,何况他的前途还是非常有希望的。再说人就怕不立志向,只要能立志,又何必担忧好名声不能传扬呢? 周处听后就下定决心改过自新,终于成为一位名臣。

"听了这个故事后有什么启发? 说我听听。"

"成为害群之马是可悲的,我们只有为同学们做好事,为班级多做贡献,才能赢得同学们的认可,才能融入这个团队。"李婷说。

"尽管仅有一年时间了,如果我们努力学习仍然可以提高成绩!"王芳说。

"你们的悟性很高嘛!怪不得朱瑞琦夸奖你们呢。"我又不失时机地夸奖了她们一句。

听说两位班干部都在我面前夸奖她们,她们高兴得不要不要的。

"那新学期开始以后,你们将要怎么去做?"我"穷追不舍"。

"我们一定好好表现。"

"非常不错!但是这样回答很笼统,再具体一点。"

"我一定不再迟到,上自习课不再随意出入。"王芳说。

"我课间不再大喊大叫,不再做一个野蛮女生,我要做一个淑女。"李婷做了鬼脸后一本正经地说。

她一说完,我们三个人不约而同地笑了。

"'听其言,观其行',你们的话不能只是挂在嘴上,我要的是行动。对了,你们还有一个优点,就是善于团结同学。"

"对,对,对,老师您说的太对了。我俩和另外五个同学关系可好了,如同亲姐妹一样,而且我是女王,大家都听我的。"王芳兴高采烈。不过,看到我没有再说什么,她有点不好意思,似乎感觉到我要说什么了。

"你们这个'朋友圈'在集体里释放正能量还是负能量呀?"我笑着问。

"老师,我明白了,看我女王的吧。"王芳说。

因为时间关系,今天不想和她们聊这个"朋友圈"的话题。

"'水滴石穿,非一日之功',要把她们彻底转变成多释放正能量的学生,决不是靠今天这次谈话就能够成功的,要做好打一场'持久战'的准备;但是今天能取得这样的效果,我还是很高兴的。"望着她们离开时的背影我这样想。

把她们送走,已是傍晚时分,暑气正慢慢褪去,我关上空调,推开窗户,有凉凉的风吹进来。我倚在窗边,沐浴着凉凉的晚风,感觉好惬意。

开学期待

暑气渐渐褪了,蝉的叫声也不那么清亮了,新学期也就深情款款地走来了。

此时此际,我突然想到一个以前从未细想的问题:新学期到底意味着什么? 想到这个问题,我也想起曾经读过的人称"江湖一刀"的谢云老师的文章《新学期到底意味着什么》,他在文章中说,"期"的本义是"规定的时间",或"一段时间",如日期、周期、定期、期限、限期——规定的时间或期限未到,自然也需要"期"(等待),所以,用作动词,"期"便有了盼望、希望的意思,如期望、期待、期盼、期冀……这两个是"期"的主要义项。学期的"期",首先是时间概念。就教育而言,将一年的学习时间,分成两段、三段或四段,一段便是一期。这是名词,也是量词——按我们的惯例,即将到来的开学时刻,既是秋季学期,也是 2016—2017 学年的上期,或上学期。显然,我要说的并非这个。我要说的是动词的"期"。既然是学期，更多便是针对"学"而言的，而"学"的主体，是学生。因此，学期似乎可以理解为"学生的期望（期待、期盼）"。作为学生，他们此时此刻会期望什么呢？

是呀！学生对新的学期会有什么期待？尤其对我这个新的老班会有什么样的期待？搭档们对我这个新"入伙"的搭档会有什么期待？我陷入了思索。

第一，同学们和搭档们应该期待一个能够改变班级状况，帮助他们提高学习成绩和学科成绩的班主任。

高三，是高中三年至关重要的一年，成绩的高低直接关系到高考的成败，而高考的成败对学生的影响很大，甚至对学生的整个人生都可能产生很大的影响，对任课老师影响也很大，因此，同学们希望能提高自己的成绩，升入更好的大学；老师们希望提高所教学科的成绩，以帮助同学们实现梦想。而要提高成绩就必须改变班级的现状，并且在最大程度上激发学生们的内驱力，要做到这一点就需要班主任有对等的能力才行。

从教这么多年，一直担任班主任，来胶州市实验中学（以下简称实验中学）担任班主任也有13年了，自己也算是一名久经"沙场"的老将。在这一过程中，我积累了班级管理方面的丰富经验，也积累了和搭档们协作的丰富经验。不管是营造正气向上的班风、你追我赶的学风，还是整合搭档们的力量；不管是激发学生的学习动机、教给学生提高成绩的方法，还是增强搭档们的凝聚力，自己都有一套比较成熟的做法。

相信自己一定能够满足学生和搭档们的这一期待。

第二，同学们和搭档们应该期待一个激情、乐观、自信的班主任和合作伙伴。

高二整个学年，班级的学习成绩不是很好，特别是第二学期，各科成绩和班级总成绩一直停滞不前，甚至有许多同学的成绩呈不断下降状态。经过我的了解，许多同学包括部分老师对高三提高成绩信心不够，他们需要树立起信心，他们也需要那位新的老班、新的合作伙伴能够帮助他们树立起自信，要达到这一点，就需要这位新的班主任、新的合作伙伴本身就是一位乐观自信的的老师。

我这个人本身就是一个乐观主义者，不管做什么事情总是信心满满的。记得来实验中学工作刚开始的那几年，一天，办公室两位老师聊天，聊到我的时候，其中一位老师问另一位老师："你感觉方明武这家伙最大的特点是什么？"另一位老师随即回答："乐观和自信。"那位同事一拍桌子，随即大笑："哈哈，你说的真对。"对于新接的这个班级我也是信心满满的，正如前些日子刘超在给我的信息中说的"一个自信满满的老师"一样，让这个班级扭转乾坤我早已胸有成竹，"敢揽这个瓷器活，就有这把金刚钻"，我一定能够满足学生和搭档们的期待。

我相信，我能行，我一定能行。加油，为自己！

第三，他们应该期待一个乐于敬业奉献，能够和他们并肩作战的指战员和战斗伙伴。

对于敬业和奉献,对于工作上的打拼精神这两点,实验中学的每一位领导和老师都具备,张作伟主任靠班的次数在所有班主任中是最多的;迟明磊主任和王爱军老师经常在下班后还在办公室给学生讲解习题;王振玉和王聚业老师尽管"年事已高",但几乎每天都来陪伴学生上晨读,风雨无阻;孔凡国、周立斌老师每天下午下班后总是陪伴学生吃完晚饭才走……尽管我与这些优秀的班主任在这些方面有很大的差距,但我不甘落后,一定向这些优秀的班主任学习,与学生们并肩作战,与新的搭档们携手同行,满足学生和老师们的期待。

或许学生们还期待一个善解人意的班主任,或许还期待一个能够做他们的知心朋友的班主任;

或许搭档们还期待一个富有战斗力的战斗伙伴;或许还期待一个富有青春活力的合作者;

或许他们还期待一个……

不管怎样,自己一定努力去做,满足学生和搭档们的期待。

牵手一班

在部分同学的邀请下,我加入了"一号战舰"这个大团队的 QQ 群,然后我就送给同学们一个特殊的见面礼———一封热情洋溢的信。

三(1)班的各位小伙伴们:

大家好!

当听说我将成为三(1)班中的一员的时候,"我和我的小伙伴们都惊呆了"。后来听说,三(1)班尽管存在许多问题,但曾经也是一个非常光荣的团队,"三(1)班那么好,我想去教教",于是,我就欣然领命。怎么样? 是不是感觉你们的"带头大哥"有点萌萌哒呢? 告诉你们吧,我还是一个文艺青年呢!

轻轻地,我来了。

带着夏季的那份热情,带着秋日的那份清爽;

带着"小楼一夜听春雨"的诗意,带着"欲上青天揽明月"的激情;

带着"一览众山小"的豪情,带着"衣带渐宽终不悔"的坚定!

轻轻地,我来了。

携着和每一位同学成为朋友的真情,

携着同每一位学子成为战友的真意;

带着把三(1)营造成一个温馨港湾的美好愿望,

带着把三(1)打造成一支强兵劲旅的美好希冀。

轻轻地,我来了。

我还带来了对大家的亲切问候和美好的祝愿:各位亲爱的童鞋,大家好呀!"一号战舰"舰长诗意问候大家! 并祝愿在我们的共同打拼下,三(1)班这个团队能够成为一个"特别强、特别强、特别强"（班长语）的团队，祝愿我们这艘战舰能够乘风破浪，勇往直前，顺达彼岸！么么哒！

看，我是不是颇有文艺范，甚至还有点霸气呢！

很高兴，与大家牵手！

很荣幸，成为"一号战舰"的舰长。

很幸运，成为三(1)班这个光荣的团队中的一员。

对这个团队，我"还没遇见就已开始思念"。刚一加入这个团队，"我也是醉了"，尽管彼此陌生，但一句句"老师好！"就拉近了我们之间的距离；那勇于担当而又精明干练且颜值很高的班长，让我充满希望；总是认真学习的小敏和小漫让我感到欣慰；每天从很远赶到学校学习的娟娟和小星星让人感动；活泼的晓琳和涵涵让人充满活力；两位白净的帅哥镇丞和小杰学习时的认真样让人充满力量……

知道它曾经乘风破浪，遥遥领先；知道它曾经有站在高处俯视别人的骄傲；知道同学们个个曾有"弄潮儿向涛头立，手把红旗旗不湿"的自豪。

也知道这艘战舰现在暂时搁浅，更知道它站在低处仰望别人的那份不甘，更知道它拥有"会挽雕弓如满月，西北望，射天狼"的那种东山再起的雄心壮志！逆袭！

各位同学，各位战友，建设一个"特别强、特别强、特别强"的团队，打造一支强兵劲旅，怎能少了你的身影！作为舰长，我发出"一号战舰"动员令，请战友们拿起武器，抖擞精神，加入到这个前进的行列中。"只要我一起飞，空中就没有王牌"，三(1)才是真正的王者，真正的NO.1！！！

大家看，我是不是还有点"霸气侧漏"呢？三(1)的童鞋们，咱们做战友吧，为把三(1)建设成一支攻无不克、战无不胜的团队而共同努力，好吗？如果愿意，别忘了点个赞或给个好评哟！

你们的战友　诗意
2016.8

这封信的内容在班级QQ群里一展示，"一石激起千层浪"，同学们非常感兴趣，纷纷点赞或转发：

"欢迎新老班！"

"老班太萌了！"

"新老班是我们的菜！"

"老班很文艺又很有霸气！"

"相信老班一定很够带领我们逆袭。"

看着同学们由衷给的好评，我也高兴极了，不用说，这份见面礼很受同学们欢迎，也预示着这次和三(1)班牵手必将是成功的。

开学打算

机会永远都留给有准备的人。——哈佛校训

不为明天做准备的人永远不会有未来。——中国俗语

马上要开学了,为了使开学后的工作更加得心应手,我制定了开学前几天及开学第一周的计划。

一、检查教室电器设备,开学前一天完成

检查电灯是否有损坏,灯光是否合适,教室通风是否良好;尤其是检查电脑、幻灯机、投影仪等设备是否完好,能否正常工作。

二、建设好班级环境文化,开学前一天完成

班级环境文化建设包括教室的净化和美化。开学前打扫好卫生,保持教室的清洁和美观;班级誓词、班级口号、班级标语等张贴上墙;幻灯片展示本班座次表,黑板右侧张贴课程表。让他们在开学第一次进入教室的第一瞬间就感到一种与以往不同的新鲜感和好感,以激发他们热爱班级的情感,从而进一步增强班级的凝聚力。

三、上好开学第一课,开学第一天上午完成

上好第一节课,让学生通过这节课对我"一见钟情",让他们喜欢上我甚至是敬仰我,以后的语文教学就会顺利地开展。

四、开好第一节主题班会课,开学第一天晚上完成

"好的开端等于成功的一半",第一堂班会课上得成功与否,不仅直接影响到学生对我这个新上任的班主任的信任,更影响到后期的学习。

"台上三分钟,台下十年功",要把第一节主题班会"众人划桨开大船"进一步精心准备。从班会的开始到结束的每一个细节,在开会前都进一步做周密的安排,以在最大程度上引起全体成员的触动或共鸣,从而在更大程度上激起学生们的学习热情。

五、组建新的班干部并召开会议,第二天完成

"群雁高飞头雁领,一花先放众芳随。"班干部的带头作用是不言而喻的,班级出现了问题,极有可能是部分班干部出现了问题,有的需要调整,有的需要指导。

六、有针对性地找一些学生谈心,开学一周内完成

每个班级都有需要让班主任特别关注的学生,这个班更应该这样,找那些高二分科时成绩不错而现在成绩下滑很大的,平时考试成绩起伏很大的,不遵守纪律的学生,和他们共同分析原因,寻找改进的对策,提出希望等等。

七、策划一场小型家长会,第一周周末完成

家长的选择要有代表性,召开以下同学的家长来座谈:高二分科时成绩不错而现在成绩下滑很大的,成绩起伏很大的,不遵守纪律的等等。

九月扬帆

千里之行,始于足下;
奋斗历程,启于菊月。

九月扬帆,劈波斩浪;
"一号战舰","吉日"远航。
长风万里,凤鹏正举;
戮力同心,众人划桨。

鹰之重生,凤凰涅槃;
我一起飞,必是王牌。
雄关漫道,从头越起;
全力扬帆,遇见最美自己。

相逢如歌

今天学生报到,要跟新战友们见面了,心情有点小激动。

清晨,很早就起了床,洗了洗秀发(头发不多,但我很珍惜哟),穿上崭新的衣服,蹬上崭新的鞋子,仪式感很强哟!然后,精神抖擞地向单位出发了。

校园里有不少很早就来报到的学生,我去教室开开门,然后坐在讲台上边备课边等同学们。

7:10以后,同学们陆陆续续地来到教室,他们进来时我都微笑着向他们点头致意。当然,因为我们之间还很陌生,有些同学表情怯怯的,有些则落落大方,很有礼貌地向我问好。

7:45的时候,同学们全部到位,于是我开始了接手这个班后的第一节课。

"各位亲爱的学弟学妹,各位亲爱的家人,各位亲爱的同学们、朋友们、战友们,大家好!'一号战舰'舰长方明武今天正式向大家报到!我衷心地祝愿我们这艘战舰乘风破浪,勇往直前,顺达彼岸!"我对他们的称呼引起了大家的兴趣,而且这个别开生面的开场白赢得了他们热烈的掌声,一下子,我们之间的陌生感淡了许多。

"第一次见面,没有什么特别的礼物送给大家,就唱一首《相逢是首歌》吧,作为见面礼送给各位,希望大家能够喜欢。"

于是,我在《相逢是首歌》的旋律中放声歌唱,歌声算不上优美却一下子打动了同学们,许多同学跟着我小声唱起来。唱完后,大家以更热烈的掌声向我这位"舰长"致意!

"谢谢大家的掌声！这节课我们随便聊聊，在聊之前，我觉得我们应该先感谢赵爽、朱瑞琦、辛宇、潘志远、苏万良、刘丁铭等同学，我们今天之所以能坐在这样干净整洁的教室里，是因为昨天他们牺牲了一下午的时间对教室进行了打扫。我提议，我们把新学期的第一次最热烈的掌声送给他们。"

"哗……"教室里掌声如潮。

我和同学们都用欣赏和鼓励的目光望着那些受到表扬的同学，这些同学的脸上也洋溢着幸福的笑容，毕竟是开学第一天就受到表扬，而且是新老班的表扬。其他同学也因为一开学就能坐在这样干净明亮的教室里学习感到高兴，整个教室洋溢着融洽的气氛。

"一到开学，有没有同学说'别跟我提开学，伤感情，祖国尚未统一，哪有心情学习'等类似的话呀！"听到这么幽默的话，同学们都乐了。

"刚才是开玩笑，我想咱们班的同学一定都在'盼望着，盼望着，八月过去了，九月来了；暑假结束了，开学季来了'的状态中，都是哼着'雄赳赳，气昂昂，开心上学堂；兴冲冲，精神爽，扬帆再启航'的乐曲奔向学校的，对吧？"同学们会意地笑了。

"开学的第一天，当我们怀着愉悦的心情沿着这条新铺设的沥青路跨进学校大门的时候，心中一定充满了对新学期的期待，也一定充满了对我这个新班主任的期待，那你们期待中的那个新老班有什么特点？可以告诉我吗？"

"希望新的老班能够公正一些。"

"希望您能对我们要求严格一些。"

"希望您能够真心喜欢我们。"

"希望老师帮助我们提高成绩。"

"希望老师成为我们奋斗的榜样！"

"希望老师和我们并肩作战！"

……

"谢谢大家的坦诚，那么，我能否做到同学们心中期待的那个老班呢？咱们一会再聊，现在先自我介绍一下吧。我姓方，端端正正的方，方志敏的方；明是孔明的明，陶渊明的明；武，苏武的武，汉武帝的武，赵武灵王的武。"同学们听我这样介绍名字，会意地笑了。

"我们方氏始祖原本姓姜，字天震，是炎帝最后一帝榆罔的长子，因为帮助轩辕讨伐蚩尤，立下大功而封在河南禹州的方山，他的后裔就把'方'作为姓氏，至今已4700多年，传衍169世。方姓历史悠久，名人精英层出不穷，历代名人总数在各姓中排第38位，相对率——名人比例/人口比例排第11位。哪位同学能说出我们方家历史上的名人？一位就可以。"我继续说道。

"方苞。"一位男生抢先回答。

"谢谢！他是安徽桐城人，古文大师，清代桐城派的创始人，我们课本上的《左忠毅公逸事》就是他的作品。"

"方世玉。"一同学高声说道,他这一喊,引来了不少同学的笑声。

"对。在少林十虎排名中,洪熙官排名第一,方世玉排名第二。"

"方孝儒。"

"谢谢! 你能简单介绍一下他吗?"

"他是明代的思想家、文学家,人称'正学先生'。因拒绝为篡位的朱棣起草诏书,被株杀 10 族,死难者达 800 人。"

"看样子这位同学读书不少,我们要向他学习。还有同学能说出我们方家的名人吗?"同学们在努力思索着。

"我们方家还有一位著名的农民起义领袖。"我启发大家。

"方腊。"一同学高兴地高声回答。

"非常正确! 你能简单介绍一下他吗?"

"他是北宋末年农民起义领袖,他利用明教发动起义,建立政权称帝,号'圣公'。电视剧《水浒传》里在与武松交战时,砍去了武松的一条胳膊,经过一番苦战,仍被武松单臂所擒,演绎了脍炙人口的'武松单臂擒方腊'的故事,后来战败英勇就义。"

"谢谢你! 元末第一个发动农民起义的英雄也是我们方家的,他的名字是方国珍。看,我们方家是不是很牛?"我自恋地说。

"哟……"同学们异口同声地笑着,似乎有点起哄的味道。

"方逢辰是宋代状元,是南宋著名教育家;方从哲在明万历年间任礼部尚书兼东阁大学士,也就是宰相;方岳贡也是官至左都御史兼东阁大学士——宰相,方文是明清之际的著名诗人……我们方家的名人就像空中的星星一样数不胜数……"我夸张地张开胳膊。

"哟……"同学们又一次起哄。

"多年之后,说不定我们方家还可能出一位教育家呢!"我笑着望着大家,同学们先是一愣,继而笑着鼓掌。这一次鼓掌又把我们之间的陌生感淡化了许多。

"刚才我们一起'盘点'了我们方家的部分名人,你可否说一下你们家历史上的名人?"

"老师好! 我叫孙泽辰,我们孙家最有名的是孙中山先生,他领导了辛亥革命;有一位军事家孙武,他曾经写过一本著名的兵书《孙子兵法》;还有三国时吴国的国君孙权等等。"一个白净的男生率先起来发言。

"不对,你们孙家最有名的应该是孙悟空。"我笑着补充。

"哈哈……"同学们爆笑成一团。

"老师好! 我是薛雅文,我们薛家在唐代有一位大将军叫薛仁贵,抗日时期有一位被称为'抗日第一战将'的薛岳将军。"

"对,薛岳将军指挥了四次长沙会战,歼灭日军十余万人。1946 年 10 月 10 日,美国总统杜鲁门授予他一枚自由勋章,以表彰他在抗日战争中的功绩。"我及时地做了补充。

"老师好！我叫宋百杰,我们宋家的名人好像不多,有宋玉、宋之问、宋氏三姐妹等,将来还有一个叫宋百杰。"

"老师好！我叫张睿,要数名人还是我们张家的多。"这位漂亮的女生一点也不谦虚。说着,她拿出写在纸上的名字读了起来,"张仪、张九龄、张居正、张之洞、张良、张衡、张仲景、张择端……"还没等她读完,我和同学们就鼓起掌来。

接着,又有几个同学说了他们家历史上的名人,教室里的气氛越来越融洽了。

"谢谢大家的踊跃发言,由于大家的积极参与,我也轻松了许多。咱们换一个'频道',聊聊你们对班主任的称呼吧。大家以前怎样称呼你们的班主任？这位同学说一下。"我让一位眉清目秀的女生回答。

"我们都叫老班。"她面带羞涩。

"你猜一下以前的学生怎么称呼我？这位同学说一下。"

"早听师姐、师哥们说了,都叫你方方、小方。"她笑着说。

"呵呵,除了这一个称呼外,还有同学称我为方 Sir、方欧巴等等。当然,可能大家想不到,还有叫我芳芳、方姐和小方姑娘的,你们看,我长得有那么婉约吗?"最后几句,我故意使用"娘娘腔",并把手指摆成"兰花指"的造型。

这几句"娘娘腔"和"非常 6＋1"的造型把大家逗地哈哈大笑。

"我还有一个称呼,说出来大家一定会大笑,你们猜是什么?"我故弄玄虚。

"方大帅哥,且帅到辣眼睛……"看他们猜不出,我故意拖长腔说出答案。

果然,同学们都笑了。

"其实,我最喜欢一些同学叫我小方,为什么?"我又一次故弄玄虚。

"这样听起来感觉年轻一些吧。"一男生轻轻地说。

"知我者,这位同学也。"我向他伸出大拇指。

"你们的一位学长第一次见到我时,一直猜测我和时任年级主任谁更大一些,大家猜一下我的年龄吧。"

有的同学说 50 岁了,有的说 45 岁了,有的说 52 岁了……还好,没有同学说我60 岁。

"我真的看上去有 50 多了吗?"我故作一脸郁闷。

"尽管我长得有点太着急,就像中华 5000 年的沧桑都写在脸上似的,但也不至于那么成熟呀！唉呀,我中年男人的玻璃心'裂纹'了……"

同学们又被我逗地呵呵笑起来。

"如果说我才 28 岁,大家信不信?"有的同学摇头,有的同学点头。

"我跟大家一样很喜欢网购,和大家一样喜欢说一些时尚的网络新词语,和大家一样追求时尚……总而言之,我拥有年轻的心态。个人认为,衡量一个人的年龄不应该只看生理年龄,应该看心理年龄,所以我还很年轻。我和你们是同龄人,才 18 岁!"

一个"同龄人",一个"18 岁",把我和学生之间的距离拉近了。

"以后再和别人聊起我来时,一定要说我们的老班很年轻,才 18 岁。年龄就聊到这里吧,再聊一聊我刚才对大家的称呼吧,为什么称大家为'学弟学妹'? 因为我是实验中学第一届毕业生,是大家的大师兄。"

"哇……"

"还不快见过你们的大师兄? 当然,我不是悟空哟!"

同学们笑了,笑得很开心。

"那我为何称你们为家人呢?"

"因为我们班本身就是一个大家庭,我们都是这个家庭中的一员,我们都是亲人……"一个同学回答得干脆利落。

"对,以后我们这些家人,这些亲人应该团结友爱,互相帮助。"我补充道。

通过他们的笑脸,我能明显地感觉到,一个"大师兄",一个"家人"把我们之间的距离拉得更近了。

"称呼大家'同学',是从我的职业角度来考虑的。为何称呼大家'朋友'? 有一古语'一日为师,终生为父',我想修改成'一日为师,终生为友'。我希望我和大家不仅仅是师生关系,希望我们能成为朋友,而且是知心朋友。我跟你们的许多师哥师姐情同哥们。"接着,我举了几个例子,大家听得饶有兴趣。

"我为何还要称大家为'战友'呢?"我让身边的一位同学回答。

"因为我们要一起战斗。"

"对,这位同学,不,这位战友回答得非常正确。我们是朋友,是家人,这种关系没错,但还远远不够,我是老师,要体现教书育人的功能。我们要一起战斗,我们要并肩作战,一起实现我们共同的理想。"我语气坚定,同时变得严肃起来。

"理想,就是我们所说的明天的风景。说到理想,我想请问一下,你的理想是什么? 或者说你对明天是如何设计的?"

"我……我……我的理想……就想当……"我叫起身边的一位女生,她站起来,欲言又止。

"何伤乎? 亦各言其志也。"我模拟《子路、曾皙、冉有、公西华侍坐》中孔子的语气说。

"我就想……当一个小女人,以后……相夫教子,能够开心幸福地生活就行了。"在我的鼓励下,她终于鼓起勇气,说出了自己的理想。

"哈哈……"大家都笑了。

"大家为什么笑呀? 是不是感觉这个理想不够高大上? 而我却要为她的理想点赞。因为她的理想很朴素很接地气,请大家记住,不管以后我们的职位有多高,权力有多大,开心幸福地生活是最重要的,我们共同祝愿这位同学拥有一个开心幸福的人生。我为她点赞的另一个原因是她敢于说真话,陶行知先生教导老师们要'千教万教教人求真',教导你们这些当学生的要'千学万学学做真人',这位同学没有为了迎合大家而说违心的话,为我们树立了榜样,我们都应该为她点赞。"

刚才那位还显得很局促很不好意思的女生开心地笑了。

"请你说一下,你的理想是什么?"我又叫起身边的一位男生。

"我想发财。"这位男生满不在乎,大咧咧地笑着说。

"哈哈……"他的话引起了大家的哄笑,我也因为他的直爽而忍俊不禁。

"大家别笑,先听听他怎么说。"

"我家的经济情况不好……我父母身体都不好,平时吃药就花很多钱……只有在疼痛难忍的时候才去医院……"他脸上的笑容消失了,同学们脸上的笑容也消失了,"我发财了可以带我父母去最好的医院看病,让他们健康地生活。"他的话还没有说完,我就带头给他鼓掌。

"谢谢!还有,我只有发了财才能去过自己想过的那种人生,我只有发了财才有能力去帮助需要我帮助的人。"我又一次带头给他鼓掌。

"这位同学很懂事,很有孝心,很有爱心,他让我们肃然起敬。我每年春节前带儿子外出购物时总要让他带上部分钱,为什么要这样做呢?让他给那些在寒风中乞讨的人。当然,尽管现在这种乞讨已经成了一种职业,但我还是告诉他,社会上还有许多很贫困的人,要他长大了一定要创造更多的物质财富去帮助他们。我也建议在座的各位同学,如果发了财一定要帮助那些需要我们帮助的人,当然,不发财一样可以帮,尽我们的能力去帮。"

大家纷纷点头。

"我想考一个好的大学。"

"我想报考医学院,当一名医生。"

"我想上一所好的大学,然后找一个好的工作。"

尽管接下来几个同学的回答也在我意料之中,不过我还是有点小失望。

"我问大家一个问题吧,青蛙和癞蛤蟆有何不同?"

听到我突然问这样一个和刚才谈话的情境似乎有点风马牛不相及的话题,不少同学感到不解,当然,也有不少同学表现出浓浓的兴趣。

"青蛙和蟾蜍同属于两栖动物,但不是同一种动物。青蛙是蛙类动物的统称蟾蜍是蟾蜍类动物的统称……"

"呵呵,我打断一下吧,不好意思。在这种情境下我问这样的问题,显然不能从常规的生物学角度去思考这个答案。"

"老师,我来说。青蛙思想保守,不知进取,只会坐井观天,是负能量;癞蛤蟆思想前卫,积极进取,天天想吃天鹅肉,有远大理想和目标,是正能量。所以,青蛙上了饭桌成了一道菜,叫炒田鸡,而癞蛤蟆上了办公桌被称作聚财金蟾。所以说,长得美丑不重要,重要的是要有远大的目标!"

"哈哈……"他的回答让大家笑得前仰后合。

"大家认为刚才这位同学的分析有没有道理?"

"有。"大家异口同声地说。

"我现在再问大家,你有没有远大的目标?"

"我的理想是努力学习,为实现中国梦而贡献力量,为使中国傲立于世界民族之林而奋斗……"终于,有一位同学鼓起勇气站起来说。

"好!"还没等他回答完,我就大声叫好并为他竖起了大拇指!

"相信我们所有的同学都有很美好的人生理想,我再给大家讲一段对话吧,也是关于理想的。"我停顿了一下。

"'儿子,你长大后要做什么?'爸爸问十岁的儿子。'我长大要当医生'儿子回答得很干脆。'当医生好,工作体面,找对象也好找。'爷爷说。'不错,工资不低。'奶奶说。'儿子真棒!当医生很好。'爸爸说。'我当医生主要是救死扶伤,为病人解除痛苦。'孩子认真地说。爷爷、奶奶、爸爸面面相觑。与这个孩子相比,我们缺少了什么? 与刚才的这位同学相比,我们还缺少点什么?"

同学们默不作声,认真思索起来。

"今年暑假某一天,在三里河河畔的新天地大酒店里,七个家庭举行了一次聚会。其中一个叫方辰的男同学起来敬酒时说,做男人要敢于担当。一个叫方林的同学说男人不仅要敢于担当,更要做伟丈夫,要为国家的兴旺发达做贡献。他们两人的敬酒辞使我想起《少年中国说》中的内容,'故今日之责任,不在他人,而全在我少年。少年智则国智,少年富则国富,少年强则国强,少年独立则国独立,少年自由则国自由,少年进步则国进步,少年胜于欧洲,则国胜于欧洲,少年雄于地球,则国雄于地球。红日初升,其道大光;河出伏流,一泻汪洋;潜龙腾渊,鳞爪飞扬;乳虎啸谷,百兽震惶;鹰隼试翼,风尘翕张;奇花初胎,矞矞皇皇;干将发硎,有作其芒;天戴其苍,地履其黄;纵有千古,横有八荒;前途似海,来日方长。美哉,我少年中国,与天不老!壮哉,我中国少年,与国无疆!'"

我声情并茂地吟诵赢得了大家热烈的掌声。

"同学们,在新学期的第一节课上,我要告诉大家,拥有普通的人生理想固然不错,不过因为我们生活在一个伟大的时代,举国上下都在为实现中国梦而努力,我们是不是也得跟上时代的步伐? 我建议大家抛弃那种带有'小国寡民'色彩的理想,不要单单就是为了将来使自己生活得好一些而努力学习。做为新时代的学子,做为胶州实验中学的学子要有大格局、大志向,要胸怀天下,放眼世界。你们的学长中就有许多这样的同学,如朱晓琛、杨浩、万利、魏睿等等,他们的理想就是为实现中国梦而奋斗。对国内贪污腐败等种种让人深恶痛绝的现象,我们能不能立志去改变这一切,而不是只做一个愤青? 我们的国际形势也很严峻,我们能不能为中国'杀出重围'奉献满腔热血？刚才说我是大家的战友，和大家一起实现人生的理想，主要指的这种理想。"

听了我慷慨激昂的话语，许多同学的表情变得庄重了，也不自觉地坐得更端正了，我也发现不少同学悄悄握紧了拳头。

"下面，我再问一句，我们读书的理想是……"

"实现中国梦！"大家几乎异口同声地说。

"那么，要实现我们的理想需要我们如何去做？或者说我们需要有一个怎样的前提？前提是我们需要一个魂，有魂才有一切；我们需要有极强的凝聚力，因为凝聚力决定战斗力。有了战斗力，我们才能攻无不克，战无不胜。而这种魂，这种凝聚力形成的前提又是什么？需要一个得力的指战员，回到刚才上课时我问的那个问题，新学期你期待一个什么样的班主任，大家希望我能够公正一些，希望我能对大家要求严格一些，希望我能提高咱们的成绩，希望我能成为大家奋斗的榜样，希望我和大家并肩作战，没问题，我向大家郑重承诺，我不仅能做到这一些，我还会做得更好！当然，我也热切地期盼大家能帮助我成为你所希望的那样的班主任，我一定和大家一起奋勇拼搏，成为大家的榜样，为实现我们共同的目标而贡献力量。"

大家掌声如潮。

"同学们，朋友们，战友们，'相逢是首歌'，让我们手牵手，肩并肩，同心协力，唱出这首歌最美的旋律。谢谢大家！"我扬起胳膊，使劲挥了挥拳头。

讲台下面，同学们掌声雷动。他们的掌声中饱含着对我的认可，对我的鼓励，也充满了对我的期待，对高三新生活的期待。

第一节课成功结束。

群策群力

前苏联著名教育家苏霍姆林斯基在《给老师的建议》中指出："要使教师们在教育和教养的一些重大问题上能够保持一致的观点和信念，观点和信念一致才能够保证每一位教师的个人创造性得到充分发挥。"

马卡连柯也指出："即使五个能力较弱的教师团结在一个集体里，受一种思想，一种原则，一种作风的鼓舞，能齐心一致地工作，也比十个各随己愿地单独行动的优秀教师产生的效果要好很多。"

根据两位教育前辈的观点，要把"一号战舰"打造成一支强兵劲旅，就要求我这个总指挥将各个指挥官动员起来，充分调动他们的积极性，打造一支观点一致和信念坚定的团队。

今天下午第四节，我们班的6位任课老师集合在一起，共商"治军大计"。

首先，我介绍了我个人的班级管理风格：激情进取，永远向前。

其次，我向大家汇报了目前班级的情况：精神面貌焕然一新，学习干劲很足。

第三，我们讨论并进一步确定了团队各个阶段的奋斗的"小目标"。

第四，我们针对这个阶段学生可能出现的问题制定了相应的解决措施。

第五，包干到人：把成绩在不同层次的学生分别包干到各个老师，并要求老师对这些学生进行"私家定制"，即针对各个学生的实际情况制定"一生一策"。

最后，我们达成共识：

（1）众人划桨开大船。班级是"我们的"，不是"我的"，不能班主任"孤军奋战"；我们要团结一致，形成合力，各个老师不能单打独斗；班主任扮演的是协调者和组织者的角色，强兵劲旅需要集思广益、群策群力才能走向成功。

（2）扬帆正当时。老师有信仰，学生有力量，班级有希望，我们老师要有"我是王牌"的信念，大家积极投入，努力扬帆；自己所教的学科成绩不为班级总成绩拖后腿，为"一号战舰"顺达彼岸而竭尽全力。

团队文化

班级文化是一个班级的灵魂所在，能对学生产生一种潜移默化的影响，因此，建设好班级文化具有非常重要的意义。正是对这一点的正确认识，在和任课老师、班干部及学生代表多次认真讨论以后，确定了我们的班级文化。

一、班魂

"战狼精神"——尖刀出鞘，闻者披靡；刀锋所指，无人能及；开疆拓土，必夺第一。

二、班歌：《最初的梦想》

如果骄傲没被现实大海冷冷拍下，又怎会懂得要多努力才走得到远方；如果梦想不曾坠落悬崖千钧一发，又怎会晓得执着的人拥有隐形翅膀。把眼泪装在心上，会开出勇敢的花，可以在疲惫的时光，闭上眼睛闻到一种芬芳。为了同一个目标向前勇敢冒险，高考如歌岁月无悔，迈开坚定步伐，沮丧时总会明显感到孤独的重量，回忆着昔日时光绽放我们今朝光芒，把眼泪装在心上，会开出勇敢的花，可以在疲惫的时光，闭上眼睛闻到一种芬芳，为了同一个目标向前勇敢冒险，高考如歌岁月无悔，迈开坚定的不凡，沮丧时总会明显感到孤独的重量，回忆着昔日时光绽放我们今朝光芒，很高兴一路上，我们的默契那么长，穿过风又绕个弯，心还连着向往常一样。最初的梦想，紧握在手上，最想要去的地方，怎么能半路就返航？最初的梦想，绝对会到达，实现了真的渴望，才能够算到过了天堂！

三、班规四字诗

诗意弟子，意气风发。知书达礼，守纪知法。孝父敬母，敬长尊师。同学关系，和睦一气。干净整洁，衣冠整齐。拒绝追时，修身养性。班级活动，样样积极。体育锻炼，冲锋在前。课堂之上，踊跃发言。业余时间，虚心请教。作业练习，完成即时。日记笔记，天天要记。胸怀大志，锐意进取。激情打拼，力争第一。鞭策他人，激励自己。诚信考试,杜绝作弊。成绩真实,人格第一。

四、班级标语

团结诞生希望,凝聚产生力量!

山东学子哪家强? 胶州实验我最棒!

只要我一起飞,空中就没有"王牌"!

"有志者事竟成,破釜沉舟,百二秦关终属楚;苦心人天不负,卧薪尝胆,三千越甲可吞吴。"

激情创造梦想,乐观铸就希望!

今天,利用班会课的时间和同学们一起学习了班级文化的内涵并且要求班长每天在第一节课课前组织全班同学学习团队文化。周一读班魂,周二唱班歌,周三读班规,周四读标语,周五再读班魂,以起到"随风潜入夜,润物细无声"的效果。

打造班长

作为班主任,工作严谨细致固然重要,但毕竟不可能每时每刻都跟在学生后面,尤其是高三阶段。即使能做到,如果未能充分调动学生自己管理班级的积极性,工作往往是出力不讨好,实际上有一个精干的班长是班级管理成功的一半。"群雁不乱靠头雁,万马奔腾需一马当先",在目前状态下,要转变学生们的观念,扭转当前班级的风气,进而营造浓浓的学习气氛,有一个敢于担当,能够率先垂范的助手非常重要。

根据以往的经验,我把班长分为集权式班长、民主式班长、维持式班长、魅力型班长四类,四类中最优秀的是魅力型班长。所谓魅力型班长就是在同学们中具有很高声望和巨大感化力的同学。他们要么各方面都十分优秀,是同学中当之无愧的榜样;要么具有很高的威信和良好的人际关系。他们之中有的具有令人钦佩的一技之长,有的性格活泼开朗与每个同学相处融洽……可以说,魅力型班长是四类班长中影响力最大的,他们往往可以起到一呼百应的作用,因此,物色选拔并着力打造一个这种类型的班长是目前最重要的任务之一。

暑假中,经过前班长刘超等同学的推荐,在征求学生本人意见的基础上,我最终确定赵爽为班长,她也愉快地接受了。对如何扮演好班长这一角色,我对她进行了指导。

在指导中,我先感谢她能够铁肩担道义——和老师一起承担起再造班级的重任。因为班级那么差,要承担起这样的重任一定要付出更多的努力,付出许多时间和精力,这需要巨大的勇气和牺牲精神。

接着,我告诉她要成为一个魅力型班长与和老师一起承担起再造班级的重任所需要的一些条件。

首先,要有强烈的使命感——班级荣辱,我的责任。这是作为一个班长应该具备的"核心素养",也是安装在她自己身上的一种永久的动力装置。"天下兴亡,匹夫有责"这是顾炎武在民族危亡的关键时刻向全体国民发出的呼吁,而台湾忠信高级工商学校校长高震东先生在大陆的一次演讲中却把这句话提升到"天下兴亡,我的责任"这样一个更高的境界。作为一个魅力型班长也一定要首先具备"班级荣辱,我的责任"这样的使命感,要有"人所能负的责任,我必能负;人所不能负的责任,我亦能负"的想法。同时,也只有具备了这种使命感,工作才能更有干劲,才能更好地协助老师做好班级工作。

我把西塞罗曾经说过的"我们不是为自己而生,我们的国家赋予我们应尽的责任"改编了一下送给她"我们不仅要为自己而努力,我们的团队赋予了我们担当的使命"。

其次,我让她树立"这个团队是咱俩的团队"的意识。我给她讲了一件关于方林的事情。某年中秋节的晚上,我们在少海赏月,方林给她当时的班主任魏瑞雪老师发了一条祝福的信息,魏老师回的信息中有一句"祝咱俩的班级永远向前"。我告诉她,如果把班级当作是自己的,工作就会有更高的积极性。

第三,要树立"没有更好,只有最好!"的意识。要做不做更好,要做就做最好!在班级里,我就是最好的班长人选;在年级的班长中,我就是工作最出色的班长。

第四,要"一枝红杏出墙来"。一枝独秀,可以指出色的学习成绩,因为成绩的高低在很大程度上影响着自己的魅力,影响着工作的效果。可以指一种精神——那种无畏无惧的战狼精神,在某种程度上说,这种精神比学习成绩更重要。班长一定要首先具备这种精神,而且要用这种精神引领全班同学。当然,"一枝独秀不是春,百花齐放春满园",在班长的带动下,团队整体前进才是我们想要的。

第五,我表扬了她过去在管理班级方面的一些成功做法。

第六,信任和期待就是工作的重要动力和源泉,告诉她不要辜负老师和同学们对她的信任和期待。

最后,我和她进一步明确了班长的职责并对她担任班长后的"施政方针"进行了指导,同时,我就在扭转班风,营造学习氛围等方面应该注意的问题也虚心向她进行了请教。

当然,要成功打造一个魅力型班长,让班长更好地为老师、同学服务决非一日之功,需要"扶上马还需送一程"。

附:《魅力班长打造计划》

第一期:牢记使命,担起重任。

第二期:如何树立威信?

第三期:如何协调班干部之间的关系?

第四期:怎样才能起到率先垂范的作用?

第五期:如何处理违纪现象?

第六期:如何更好地与同学相处?

第七期:工作中应该注意哪些问题?

打造班干部

如果把班级比作是一座大厦,那么班干部就是支撑这座大厦的栋梁,他们的工作能力、工作方法、在同学们中的威信,往往能决定班级的精神面貌与学习风气。因此,组建并着力打造一支强有力的班干部队伍对形成一个优秀的班集体起着巨大的作用。

按照计划,完成班干部的组建并完成对他们的第一次培训任务是这个周的一项重要工作。

根据假期中对原班委会成员的了解,在征求他们个人意见的基础上,我组建了一个新的"领导集体"。组建完毕后,接下来就按部就班地对他们进行培训,把他们打造成一支冲锋陷阵的重要力量。

今天下午进行了第一期培训。

首先,对班干部进行了分工并明确了各自的职责。

一、班长职责

1. 对班级工作全面负责,指导各委员抓好工作。

2. 主持处理班级日常工作。

3. 主持召开全班大会,布置和总结工作,认真听取同学对班干部的工作意见,以便改进工作,提高效率。

4. 负责考勤登记工作,组织全班同学参加学校、班级组织的集体活动。

5. 及时向班主任反馈同学意见和学生情况等。

二、学习委员职责

1. 负责全班同学的学习,协助班长着重抓好学风建设,定期向老师汇报学习情况。

2. 与任课教师经常联系,负责转达学生对任课教师教学上的意见及任课教师对学生的要求,切实起到教与学的桥梁作用。

3. 帮助同学提高学习成绩。

三、卫生委员职责

1. 组织全班同学参加学校和班级组织的卫生大扫除活动。

2. 抓好值日生工作。

3. 监督同学实施《卫生公约》。

四、文艺委员职责

1. 负责全班文娱活动,提出开展文娱活动的意见。

2. 组织同学积极参加学校、班级举办的各种文娱活动。

五、体育委员职责

1. 配合体育教师上好体育课。

2. 课间操时间及时带队出操。

3. 负责联系和组织与本班级有关的各项体育比赛。

4. 组织全班同学积极参加学校组织的运动会。

六、财产保管员职责

1. 保管好班级公共财产。

2. 负责在同学离开教室时关闭门窗以及电灯、电扇等电器设备。

3. 负责收费和充卡。

其次,统一了思想。

一、强化责任意识

1. 人,就得有所担当,班干部更是如此。人所能负的责任,我必能负;人所不能负的责任,我亦能负。作为一位班干部应该具备的最重要的素质即"核心素养"是能够承担责任。

2. 扛起改变班级风气的责任,扛起使班级向更健康的方向发展的责任。对班级负责就是对自己负责。

3. 树立"班级优差,我的责任"的意识,强化"班优我荣,班差我耻"的意识。

4. 有团结协作的意识:团结产生希望,凝聚诞生力量。众人拾柴火焰高,班干部之间要相互团结,杜绝单打独斗。

二、担起责任,见于行动

1. 尽全力做好份内之事就是负责任。

2. 身先士卒:先改变自己,让自己变得优秀;日常学习和参加活动时,对同学们说"跟我来"。

3. 弘扬正气,无惧歪风。

三、针对七位值日班长提出具体要求

这次培训,强化了新班干部的责任意识,提高了他们工作的积极性,为进一步转变班级风气和打造一个优秀的团队奠定了基础。

附:《班干部打造计划》

第一期:统一思想,明确责任。

第二期:班干部之间如何团结协作?

第三期:如何树立威信?

第四期:怎样才能起到模范作用?

第五期:如何处理违纪现象?

第六期：如何更好地与同学相处？

第七期：工作中应该注意哪些问题？

四大军团

夏日的蝉声越来越远了，秋意也就越来越浓了，天高云淡，晴空一鹤。

开学的第二周马上就要结束了，分别以"众人划桨开大船""长风破浪正当时，直挂云帆济沧海"为主题的班会极大地鼓舞了学生，弟子们干劲十足，班级也逐步走上正轨，一切在按照设定的方案有条不紊地发展着。根据事先制定的《作战计划》，应该着手组建四大军团了。

"按照怎样的标准来选拔各军团的成员？其成员应该具备怎样的品质？组建后如何管理？"一番思索之后，我把一些想法整理下来，形成了一个简单的方案，在请教了教学组的部分搭档并征求了部分同学的建议后，我进一步完善了这一方案。

下午，我把这个方案在班里公布，让同学们谈谈看法。

1. "一号战舰"整个作战部队拟分为四大集团军，分别是狼牙大队、尖刀兵团、中坚力量和后起之秀。

2. 四大军团成员的申请条件。（略）

3. 各军团成员的管理办法。（略）

今天，先组建狼牙大队。

1. 狼牙大队的组建采取自我申报和老师推荐两种形式。

2. 成员需要具备的条件。

（1）精神气概：不畏高手，有敢于挑战高手的精神；积极进取，有敢争上游的品质；不怕挫折，有勇往直前的气魄；有团结协作、互相帮助的意识。

（2）学习成绩：按照高二一学年四次大考的成绩汇总排序，从成绩在前 15 名的同学中选拔。

（3）存有潜力：成绩不在前 15 名，有很大潜力可以挖掘的也可以申请。

（4）动态管理：暂时入选的如果连续两次大考成绩下降较大或在大队里面不适应的可以退出，本次选拔未能入选的同学在后面的大型考试中取得相当或相近的成绩而且富有冲劲和潜力的也可以加入狼牙大队。

"一石激起千层浪"，这一方案在班里引起热烈讨论，同学们为之叫好，尤其公布了狼牙大队的选拔方法后，成绩在前面的同学更是跃跃欲试。本来想对同学们动员一下的我，看到他们那摩拳擦掌的状态，干脆放弃动员了。

狼牙大队

经过同学们自主申报和老师们的推荐，最终我们选拔 10 位同学进入狼牙大队。

下午第四节，我把这六位同学约到教室外面的走廊上，进行思想激励。

"各位勇士,恭喜你们在我们团队的第一轮 PK 中脱颖而出！恭喜你们成为狼牙大队的一员！在这里,我也隆重宣布,狼牙大队正式成立！"听到我称他们为勇士,他们的胸脯挺了挺,站得更直了。

"请大家先思考第一个问题,为什么称大家为勇士？"我提出第一个问题让大家思考。

"因为您希望我们像勇士一样冲锋陷阵。"

"因为您希望我们像勇士一样奋勇搏杀。"

"回答得非常好！为什么称你们这个团队为狼牙大队？"我提出第二个问题让大家思考。

"因为您希望我们成为战狼。"

"您希望我们具有战狼精神。"

"既然是勇士,既然是战狼,就应该具备勇士精神,具备战狼精神。那么,什么是勇士精神？什么是战狼精神？一会再谈。大家先想一下,我们组建狼牙大队的意义是什么？"我又提出第三个问题让大家思考。

"火车跑的快,全靠车头带。"

"'群雁高飞头雁领',让我们起带头作用。"

"让我们给同学们树立学习上的榜样。"

同学们纷纷回答。

"回答得很好。尽管现在到了动车时代了,但车头的带动作用依然不可忽视。这种带动作用更重要的是精神上的引领带动,在斗志方面为我们其他三个军团树立榜样。我们这些勇士应该具备什么样的精神？"我提出第四个问题。

"力争上游的精神。"

"敢争第一的精神。"

"永不放弃的精神。"

"对。但还要具备一种精神,或者说这种精神是我们首先应该具备的,那就是刚才我提到的勇士精神、战狼精神。什么是勇士精神？战狼精神？它是一种大无畏的英雄气概,是一种不畏高手,敢于挑战的精神,即敢于向成绩比我们高的同学,尤其是向小班的同学挑战的精神,是一种'欲与天公试比高'的气魄。我们具备这种精神以后,进而在全班形成一种不畏高手、积极挑战、昂扬向上的氛围,这种气氛一旦形成,那么我们'一号战舰'一定会攻无不克,战无不胜。对了,你们有谁知道勇士精神的来历吗？"

同学们纷纷摇头。

"我来告诉大家吧,勇士精神,最初来自古罗马军队,古罗马的军人几乎个个都是勇士,他们可以毫不犹豫地牺牲自己的生命来换取战斗的胜利。我希望我们'一号战舰'的每一位成员都能成为勇士,都能成为战狼。当然,先从我们狼牙大队开始。大家有这种决心和信心吗?"

"有。"同学们大声回答,一脸严肃,一脸决心,一脸的刚毅!

"我给大家准备了《狼图腾》的部分内容,大家回去认真阅读,进一步体会一下什么是战狼精神,下次开会的时候告诉我答案。邻班有一位同学叫朱运,他写给自己一段励志语,每位同学都读一遍,看看我们能读出点什么,悟出点什么。这段励志语的题目是'你敢吗?'。"

"你敢吗?每天早上第一个起床,你敢吗?来了以后大声背书,你敢吗?每节课都积极举手回答问题,你敢吗?争班级第一名,你敢吗?和李某某较量一下,你敢吗?每天最后一个离开教室,你敢吗?每晚学到十一点,你敢吗?……你敢吗?"

"你敢吗?每天早上第一个起床,你敢吗?……"

我边听他们读,边观察同学们的表情,看得出,他们很受震撼。

"朱运写下了宣言,立下了誓言,我们像他一样勇敢,我们敢吗?"

"敢!"同学们又一次异口同声地回答。

"朱运敢和第一名较量一翻,我们敢吗?"

"敢!"同学们回答得异常响亮。

"如果我要大家和小班的同学较量一翻,我们敢吗?"

"敢!"同学们回答得毫不迟疑。

我伸出手掌,握成一只拳头,同学们也纷纷伸出手掌握成拳头,我们把拳头紧紧顶在一起,形成一个巨大的拳头,形成了一股巨大的力量。

战狼精神

教一个人,先教他的心态;救一个人,先救他的精神。

苏霍姆林斯基也说:"育人先育心。"

习总书记也曾说:"人民有信仰,国家有力量。"

同学们只有内心有了"我必王牌"的精神和为实现"中国梦"而努力的坚定信仰,才能迸发出不可遏制的力量。

按照原计划,下午第四节我又召集同学们开会。

"今天上午看了大家为我们狼牙大队确定的口号——甘做表率,永不屈服;攻无不克,战无不胜;开疆拓土,必夺第一。大家要把这个口号记在心中,时时激励自己。我还看了大家树立的各个阶段要超越的目标,应该还是符合实际情况的。还有,记住我们的目标不是985或211,而是这两类学校中排名在前面的学校,咱们的目标确定了,那么,怎样才能实现这些目标呢?"

我问大家。

同学们纷纷谈了自己的观点。

"大家谈得很好,我再强调两点。"我顿了顿,目光炯炯,同学们的胸膛也不由自主地挺了挺。

"第一点，要想超越别人就须先超越自己。我们已明确知道了自己存在的优点和增长点，接下来需要做的就是在最大程度上扬长避短。我强调的第二点是我们要有团结协作、互相帮助的强烈意识，这也是我们选拔的标准之一。昨天发给你们《狼图腾》的部分内容，大家读了后有什么体会？"

"老师好！我在暑假中读过整部小说，让我最受感动的是狼的那种团队作战的精神。草原狼是草原上最团结的群体，这种团结是在千百年实地作战的经验中得出的生存之道。因为在强者生存的大草原上，孤军奋战只能自取灭亡。蒙古狼争夺食物的战场就是死亡的前线，群狼有组织、有纪律、有忍耐、有章法、有配合，在头狼的指挥下从容作战，不抢功也不贪利，个个凶猛强悍，杀气腾腾，这种气势就压倒了弱者。"

"我也读过，是去年寒假读的。我认为这种团队作战的精神具体体现在攻击马群那一节。在雷电和黑暗的掩护下，狼群以飞箭的速度直插马群中央，随即中心开花，然后急转掉头，又冲向四周的马群，把马群冲得七零八落，冲成了最有利于狼群各个击破的一盘散沙。暂时后撤的狼群行动有条不紊，它们不急于去吞食已经倒毙的猎物而是趁马倌和儿马子重新整队的时候，分头追杀东南方的散兵游勇。"

"对，我没有读过整部小说，但是从您发给我们的那部分内容也足以理解到这种气魄。狼的集体作战攻势锐不可当，对战果也是力求最大，也决不盲目贪多恋战，不乱阵脚。狼群在头狼的统一指挥下，进则同进，退则同退，协同作战，无往不利。"一同学说。

"对，我要说的也是这一点——团队作战的精神，在超越对手的过程中，我们一定会遇到很多困难，怎么办？相互帮助，共渡难关。例如，我遇到不会的题，你可否主动为我讲解一下；我有弱科，你可否主动给我讲一下学习方法；我心情不好，你可否主动开导我一下等等，就像狼一样协同作战，携手前进！同时，我们还应该有一种信仰感，一种使命感，一种崇高的使命感。我们组建狼牙大队的一个重要目的是由我们这个小团队带动我们整个大团队，因此，具有战狼精神不是你自己的事情，重要的是'一带一群'。把《新周刊》2010 年度图书大奖唯一得主、国家图书馆文津图书奖获得者熊培云的一句话修改后送给大家。'一个人生命中最大的幸运，莫过于在他风华正茂的时候发现了自己的信仰，发现了自己的使命'。希望大家能肩负起这一使命。当然，有一点我还要强调，我们现在组建这支队伍不仅要现在战胜对手，更重要的是培养我们一种积极进取的人生品质，有了这种美好品质做伴，相信我们的人生会更加精彩，相信也一定会实现'齐家治国平天下'的人生梦想，也一定会为实现'中国梦'尽一份力量。"

"把周国平的一句话送给大家吧，'在一个精神遭到空前贬值的时代，倘若一个人仍然坚持做精神贵族，以精神的富有而坦然于物质的清贫，我相信他就必定不是为了虚荣,而是真正出于精神上的高贵和诚实'。"

"记住,从现在开始,你就是一名勇士,用勇士的精神来武装自己,用狼的精神来要求自己,然后带动整个团队努力向前!相信我们会成为一名勇士,成为能打胜仗的勇士,能够担负起这个崇高的使命,也祝愿在我们的带动下整个团队能够出师必胜。大家有没有信心?"

"有。甘做表率,永不屈服;攻无不克,战无不胜;开疆拓土,必夺第一。"同学们那响亮的回答在走廊里久久地回荡着。

对同学们的激励结束了,我向窗外望去,那些高大的白杨树像利剑一样直指苍穹!

尖刀兵团

今天是周末,同学们自主返校学习,天气依然晴好:秋高气爽,风和日丽。

经过几次主题班会的激励,经过教师们的协同作战,同学们的学习热情大涨,今天7:30到达教室参加自主学习的学生有近30人,7:45之前全班学生全部到位,而且到校的同学一改往日先聊上几句再学习的习惯,一进入教室就进入了学习状态,整个教室静悄悄的。

昨天,我用选拔狼牙大队的方法选拔了15人组成的尖刀兵团。今天正好利用自主学习时间,我们一起确定了学习目标:力求考入985或者211。又一起分析了各自的优点和缺点。最后进行了激励,激励他们具有尖刀兵团的精神,奋勇搏杀,实现目标。我们一起确定了兵团的口号:尖刀出鞘,闻者披靡;刀锋所指,无人能及。

当然,有一点我也做了强调,我们现在组建尖刀兵团的目标不仅仅要现在战胜对手,更重要是培养他们一种奋发向上的人生品质,有了这种美好品质护航,相信他们的人生之舟一定会乘风破浪,勇往直前,相信他们也一定会实现"齐家治国平天下"的人生梦想,也一定会为实现"中国梦"尽一份力量。

中坚力量

中等生,是成绩优秀生的后备军,也是成绩较差的学困生的预备队。如果重视他们,关注他们,他们就极有可能进入成绩优秀生的行列;如果忽视他们,他们也极有可能成为学困生中的一员。因此,认真研究中等生的心理状态及其发展规律,积极做好这部分同学的教育工作,是我工作中的重要内容。

战狼大队和尖刀兵团相继成立了,从目前的学习状态来看,效果非常明显。课堂上积极发言的人数多了,课后讨论问题的学生也多了,自习课也比以前安静多了。看到这种情况,我感到很欣慰。按照计划,这个周的主要任务是激励中等生(高二四次成绩排序在21~35的同学)了。

我利用下午课外活动时间对他们进行了简单地问卷调查。

1. 你为什么成为成绩中等生?

2. 你成为成绩优等生的愿望如何？强烈，一般，没有希望。为什么？

3. 你希望从老师这里得到什么样的帮助？

根据问卷，我总结了一下，这些成绩中等生大致可分为三种类型：大部分不甘居中游，有强烈的进步愿望；少部分缺乏远大理想，得过且过；少数认为自己天资差，缺乏前进的勇气和信心。同时，大部分同学希望从老师那里得到鼓励。我便根据这三种类型，分别采取不同教育措施，即利用这一周的不同时间，分别召开座谈会，从思想上、学习方法上等方面对他们进行激励和指导。

对第一种类型的学生，我召开了这一类型学生的座谈会。会上，我先开诚布公地向他们表明座谈的目的是要了解他们的思想和学习情况，征求他们的意见和要求，帮助他们克服学习上的困难。接着我具体地表扬了他们争取进步的事迹，并指出他们的学习潜力和努力方向，鼓励他们"更上一层楼"。会后，我让他们写出座谈会的心得体会，从他们写的体会上可以看出，他们受到的鼓舞很大。

对第二种类型的学生，我也是采用召开座谈会的形式。会上，我想方设法打破他们"甘居中游"的心理状态，激发他们积极进取的愿望，并以此为突破口，培养他们的毅力和意志。我讲了一些中外伟人从小立志成才的故事后，有意让他们发言，他们内疚地说出了"胸无大志""混日子过"等真话，表达了为实现中国梦而发奋读书的决心。在他们的学习热情调动起来之后，我便适时地向他们提出切合实际的奋斗目标，不断强化他们要求上进的意识。

对第三种类型的学生，采用个别谈话的形式，对症下药，有针对性地解决思想和学习等方面存在的问题。经过个别交流，他们受到的启发非常大，他们纷纷表示要发扬"笨鸟先飞"的精神，努力进取。

与此同时，我还采取了其他一些措施。如加强对中等生的电话家访，特别是定期和那些对子女要求不严的家长进行电话交流，家长和学生很受感动，这些中等生进步也较快。我还注意选拔一些有一定工作能力的中等生担任班干部，一方面使这部分中等生严格要求自己，更快进步；另一方面能使大多数中等生认识到班主任并没有"两眼向优"，把他们晾在一边。

当然，我们还一起确立了中坚力量这一团队的精神口号：不甘中游，奋起直追；持之以恒，成为黑马。

同时，每一类学生我都把周国平的那句话送给他们，这句就是"人是要有一点精神的。万有皆逝，惟有精神永存。"

我还把台湾女作家龙应台写给儿子安德烈的一段话送给他们，"孩子，我要求你读书用功，不是因为我要你跟别人比成绩，而是因为，我希望你将来会拥有选择的权利，选择有意义、有时间的工作，而不是被迫谋生。当你的工作在你心中有意义，你就有成就感。当你的工作给你时间，不剥夺你的生活，你就有尊严。成就感和尊严，给你快乐。"

后起之秀

学困生指的是在学习上存在困难、成绩相对较差的学生。当然,这类同学往往不仅学习成绩差,诸如自卑厌学,缺乏自信心,逆反心理严重,纪律涣散,行为习惯不良,自我期望值低,不思进取等缺点在他们这个群体的同学身上也或多或少地存在着。他们的学习态度、日常表现对学风、班风的影响很大,因此,成功转化这部分同学意义重大。

我总喜欢把这类学生称作后起之秀,因为只要指导有法,付出爱心和耐心,这部分同学的精神状态、思想素质和学习成绩都可能发生很大变化,甚至会有个别同学成为"黑马"。

目前,狼牙大队建立了,尖刀兵团和中坚力量这两个团队也行动起来了,按照计划,这个周的主要任务是激励转化学困生(高二四次成绩排序在 36 到最后的同学),让他们成为后起之秀,成为营造浓浓学风的重要力量。

学困生的形成多是有原因的,而且原因可能有许多,因此找出原因对症下药才能事半功倍。我先利用下午课外活动时间对他们进行了问卷调查。

1. 你为什么成为成绩学困生?

2. 你高中时学习成绩最好的时候是在哪个学段? 在年级是多少名次? 你身上有哪些优点? 哪些不足?

3. 你成为学优生的愿望强烈吗? 为什么?

4. 你有明确的学习或大学或人生的奋斗目标吗? 进入高三后的你有什么打算? 你希望最好的成绩是班级多少名次? 你想上哪个层次的大学? 想拥有怎样的人生?

5. 你认为自己有多大的潜力? 现在的干劲如何?

6. 你希望从老师那里得到什么样的帮助?

根据问卷和通过了解任课老师和学生掌握的情况,我把这部分后起之秀分成四大类:一是成绩相比较还不错,目标明确,潜力很大,上进心强烈,有望冲到班级 25 名之前的;二是基础薄弱,付出了许多努力成绩也少有起色,于是放弃了的;三是由于不认可老师甚至不认可目前的教育现状或由于师生关系对立,有厌学情绪而导致出现目前的成绩的;四是家庭背景特殊或经济条件好,胸无大志,不思进取的。

情况掌握了,接下来就开始按部就班地分类、分阶段地进行"攻关",使他们成为后起之秀了。

教一个人,先教他的心态;救一个人,先救他的精神。这部分学生只有具备了信仰,具备了积极向上的精神,才能产生奋发向上的力量。我决定先从精神和心态入手去转化他们。

今天下午,我让他们带上提前发给他们并让他们认真阅读的那篇《创造奇迹——献给"差等生"》的文章到会议室集中,进行思想动员。同学们落座后,我简单地明确了今天集中在一起的用意后就进入正题。我先让同学们分别回答提前让他们准备的问题。

1. 张春风的学习成绩怎样？他靠什么创造的奇迹？请找出你认为最重要的几点谈谈体会。

2. 我们的成绩与他相比怎样？和他相比我们在哪方面还有差距？

3. 他创造了考上北大的奇迹，我们应该创造怎样的奇迹？应该怎样去创造奇迹？

同学们纷纷发言后，我们又一起总结了他成功的原因：

1. 他曾努力拼搏过，但多次失败。经过多次努力之后仍然遭到失败，是很难保持信心的，他也不例外，但他却不甘落后，坚信会有成功的那一天。

2. 自我反省，产生了很"狂妄"的想法：把实现国家的繁荣富强作为信仰，于是产生了巨大的动力。

3. 挖根源，找对策，制定全年的学习计划。

4. 学习方面的三大法宝是"埋头，素服，三缄口"。

5. 坚持贯彻"紧跟老师"的原则，尽量靠近老师的思路。

6. 重视每一次考试。

7. 调节心理，拥有良好心态；拥有持久的思想动力。

我们又共同总结了以下 3 方面内容：

1. 精神上的差距主要体现在心态、动力、志向等方面。

2. 我们创造的奇迹是先成为成绩中游的学生再成为高考中的"黑马"。

3. 要创造这种奇迹就要"不甘落后，永不言弃；改变心态，挖掘潜力，超越自己"，这也是我们共同确定的精神动力，也把它作为这个团队的口号。

最后，大家纷纷表示把张春风作为奋斗的榜样，努力进取，让改变发生。

当然，要让这部分同学成为真正的后起之秀，需要他们有水滴石穿的精神，也需要我付出更大的努力，绝对不是这一次两次的集中动员就能成功的。但今天的第一次成功"攻关"也让我暂时获得心灵上的满足。

收服"女王"

经过我和老师们一系列的"排兵布阵"，班级的整体面貌发生了更大的变化，学风也更趋浓厚，当然，如果要达到理想的状态还需要对班级进一步整顿，怎么办呢？先从收服"女王"，整顿"青春美少女队"入手吧。

可能是刚换班主任不久的原因，这个阶段"女王"和她的那个"少女队"也似乎很给我这个新的老班面子，没有闹出什么大的动静来，而且还时不时地表现出她们优秀的那一面，如"女王"芳姐喜欢帮助别人，婷姐作业也很认真……可是好景不长，没多久，她们的"庐山真面目"就暴露出来了。

今天上午，我正在办公室备课，班长匆匆忙忙地跑来，让我快去看看，说教室里都乱成一锅粥了。

"怎么回事?"

"还不是那个芳姐,不知从哪里弄来一只老鼠,吓得许多女同学嗷嗷叫。"班长气愤地说。

老鼠? 她怎么敢带老鼠到教室呢? 我心存疑问,但也没来得及多问,就跟着班长快步走向教室。

到教室一看,有几个男同学正追打着一只宠物鼠,"美少女们"不让他们打,并且不时地发出尖叫的声音……我走进教室,还是用了近一分钟的时间才让她们渐渐安静下来。

当时,我真是怒发冲冠,把带来那只宠物鼠的芳姐叫到了办公室。决定先收服这个"女王",整顿"美少女队",再进一步整顿整个班级的秩序。

来到办公室以后,她像高二时那样,依然摆出一副满不在乎的样子。我也强压住怒火,趁着倒水的功夫,思考着如何"啃"下这块"硬骨头",收服这个"女王"。

"值日生把教室的垃圾桶倒了吗?"待心情稍稍平静后,我故作漫不经心地问道。

"已经倒了。"她满脸的惊讶,因为我没有谈教室里刚刚发生的这件事情。

"昨天你同位发烧,是你给她打的饭,懂得关心同学,值得其他同学学习呀。"我的语气也舒缓了许多,她的头也低了下去。

"听说你感冒了? 好些了吗?"

"好些了,"她的头更低了,"谢谢老师!"声音低低的。

"说说今天的事情吧,为什么会出现这种情况?"

"老师我不是故意的,今天中午,在外边买东西时,看到公园的门口有卖宠物鼠的。觉得那些小东西很可爱,就买了一只带回来放在教室里,准备带回家给我弟弟玩。没想到,它把笼子门弄开了,偷偷地跑了出来……"她声音低低的,"老师,我真的不是故意的,我错了……"

看她认识到了错误,我就从旁边拉了把椅子让她坐下,又跟她长谈了一个多小时,从在一个团队中首先要做一个受欢迎的人谈起,谈到她的优点和缺点,一直谈到她的人生规划,随着谈话得深入,她的意识发生了许多改变。

经过了这次"宠物鼠事件",她的思想和行为发生了很大的变化,思想上要求上进了,行为也越来越收敛了,整个人变得越来越淑女了。后来,又经过几次耐心地教导,她变成一个真正的优秀生了,而且还成了我的粉丝。

"女王"发生了巨大变化,那个所谓的"青春美少女队"也在悄悄发生着变化。在她的协助下,我又顺利地转化了那个"美少女队"的全体成员,使她们都变成了乐于助人、积极进取的学生,使她们真正成为了一支热爱学习、朝气蓬勃的"青春美少女队"。

"蓝瘦香菇"

九月的夜晚渐渐凉了,而今晚的凉意似乎更浓,爱妻执意让我加了件外套后才让我去学校。

"咦,这是谁写的信?"刚打开课本,一封信就从书里滑了出来。

"老师,气大伤身呀,上那么大的火,对您和对被训的人都不好……"读着信的开头,我心里美滋滋的。但往下看后,我的心渐渐发凉,因为这位学生在信里给我列了两大"罪状"(这个词语是我概括的,不是学生在信中用的):一是表扬中午放学后依然在教室里静静学习的同学,二是课间不让同学们随便吃东西。

"这封信是谁写的? 是她个人的意思还是还是全体同学的意思?"我站在窗前,思索着。

"如果是个人的意思或者是少部分同学的意思那还好说,但如果是大部分或者是全体同学的意思,那就惨了,说明我很不受同学们欢迎,也说明这段时间我的工作很失败!"

"我表扬放学后继续学习的同学有错吗? 利用放学后的时间弄明白上午没弄明白的题目不好吗? 我把课间吃零食的时间规定在第三节和第四节的课间,其他课间不让大家吃东西,也不对吗? 是我的规定错了还是学生不理解?"

平时不吸烟的我从同事桌子上找了根烟,点燃了,抽了两口,倚在窗边,呆呆地望着夜空。九月的夜空辽远而深邃,闪烁着点点星光——充满寒意的星光。

一枝烟抽完,我冷静了许多。学生说的有没有道理? 有多少道理? 如果这是全体同学的意思,我应该怎么办? 我又点燃了一根烟……

"友谊的小船说翻就翻",我有点"蓝瘦香菇",肿么办?

……

"赵爽,简单聊聊,对我一个月来的工作评价一下吧。"我决定先了解一下情况,于是找到了威望很高的赵爽。

"很好呀! 咱们班的精神面貌发生了很大变化。"她回答得非常肯定,不像是敷衍或者是拍马屁。"怎么了,老师?"她看我神色凝重,又补充了一句。

"没什么,谢谢你! 我在班里表扬了那些中午放学后主动留在教室学习的同学,这种表扬合适吗?"我拿信中反映的一大"罪状"问她。

"没什么不合适呀,咱们班成绩与别的班级差距那么大,应该抓紧点滴时间呀,要不怎么能追得上去? 再说,你也不是硬性要求让我们留下,只是表扬了一些留下的同学而已。"

"对。这样可能会造成矛盾,回宿舍晚,一旦回去晚了,还得干点别的事情,这样就会影响休息,违反学校宿舍管理要求,对这种行为我应该管还是不管?"

"当然得管啦!"她回答地很干脆,"如果不管,宿舍就乱了,宿舍乱了,那影响的可不仅仅是休息呀。再说,在教室学习和准时回宿舍休息不矛盾,如果能抓紧时间,好好协调这两件事之间的关系,应该没有问题。"

"说得有道理! 谢谢你!"

"朱瑞琦,简单聊聊,对我近一个月来的工作评价一下吧。"我又把朱瑞琦叫到走廊上。她很有正气,而且是深得我和同学们信任的女生。

"啊,老师,您怎么问这个问题……我觉得很好,现在班级的风气好多了,同学们学习的积极性也高多了,班级凝聚力也比以前强了许多。"她很认真地说。

"我这个人是否受同学们的欢迎?"

"老师您很有魅力,我们可喜欢您了,真的!"她很兴奋,"我们都说您很幽默,很有亲和力,很负责,很有方法……"

"呵呵,是吗? 大家的评价还是你个人的评价呀?"

"当然是大家的呀,当然,我认为您比这还好呢!"说完,这位很阳光的女孩呵呵笑起来。

"谢谢! 对了,还记得我们关于课间吃东西是如何规定的吧? 我们规定一般情况下只能在第三节课和第四节课间吃,其他时间不能吃,这规定同学们怎么看?"我拿信中的另一'罪状'问她。

"没听说同学议论这件事,这个规定挺好的,要不一下课大家纷纷吃东西,那教室就变成什么了? 再说,如果吃不完,老师又要上课了,怎么办?"

"说得很有道理。谢谢你的配合!"

接着,我又了解了几个同学,得到的回答和她们俩说得很相近,都对我个人和一个月来的工作进行了肯定,这样我心里也有底了。当然,也感到今晚的凉意淡了些。

这封匿名信如何处理? 干脆,公之于众吧,"群众的眼睛是雪亮的",让同学们评判一下这位同学的观点,同时我也可以借这个机会进一步了解同学们的心理和对我近来工作的评价。

第三节晚自习开始了,我来到教室。

"大家好! 耽误大家一点时间咱们聊一聊。今天,我收到一封信,信中列了我的两大'罪状',当然,这个'罪状'是我概括的。这位同学说的有没有道理呢? 我不妨把信的内容读给大家听,让大家评判一下。"话还没有说完,许多同学就小声议论开了。

我边读信边点评,边点评边谈自己的感受。

信读完了,我也点评完了,放学的铃声也响了。自己的情绪有点糟糕,为了不让这种情绪影响家人,索性今晚就在单位住下了。

"今晚把这封信当全体同学的面读合适吗? 会产生怎样的结果? 今晚会有多少同学因为这件事而影响睡眠?"我躺在床上辗转反侧,难以入眠。

窗外,那钩弯月发出冷冷的光。

10:30左右时,手机突然振动,收到了一个陌生号码发来的信息。

"敬爱的方老师您好! 这么晚了冒昧给您发信息,请您原谅,相信您现在一定也还没有睡。老师,请您相信,那封信上所说的绝对是个别同学的错误的观点,您一定不要放在心上。您接管我们班以后,尽管才很短时间,但同学们的改变着实吓了我一跳,大家不再像以前那样放纵了,而是专注地学习了。这都是您的功劳,谢谢您!您知道吗?暑假来教室打扫卫生,当我看您第一眼的时候,您正在咧着跟我一样的大嘴笑着,那时我的心里出现了这样一个想法,'完了!这个新老班不会也是笑面虎吧?'但是开学后,我得到了我想要的答案,不告诉您这个答案,您猜的就是正确的!您真的是我见过的为数不多的好班主任,那么负责,那么用心,请您相信,我们绝大多数同学都是拥护您的!相信我们班在您的领导下一定会如您所说的那样'攻无不克,战无不胜'。老师,编辑这条短信用了大约半个小时吧,尽管耽误了学习的时间,但我觉得这条短信比学习更重要,所以,我发的每一句话都经过深思熟虑,因为我怕您会误认为我说的是奉承的话。老师,时间很晚了,您早点休息吧!"落款是一位叫辛宇的女生。

这则信息不仅让我不再"蓝瘦香菇",反而把我暖哭了,它如同寒夜里的一盏灯,给我带来了温暖。向窗外望去,那钩弯月也似乎充满了温度。

天空渐晴

5:10的闹钟准时响起,而自己却早已醒来多时了。尽管经过了一个漫长的夜晚,情绪还是不佳,但开机语"开心工作,诗意生活"提醒我应该好好调整自己的情绪。

美好的一天又开始了,战斗吧!

快速地起床,快速地穿衣服,快速地走到教室。因为还没有到学校规定的起床时间,教室里只有几个早起的学生在小声背书。我站在教室外的走廊上,望着窗外的景物。

"方老师,班里发生了什么对您不公的事情了?昨天晚上,孩子一进家门就为您鸣不平,嘴里还对一个同学骂骂咧咧的。我问他发生了什么事情,他也没有具体说什么事情,然后让我给他打开电脑(我设有密码),说今天晚上不学习了,要用电脑给班里的同学写封信。您接这个班级后,班级发生了很大变化,丁铭经常回家说他们的变化,我们家长也打心眼里感谢您!孩子还小不懂事,如果做错了什么,您千万不要生气。"

"方老师,昨天晚上孩子回来跟我说了那封信的事情,我也感到不可思议。现在班级的各个方面比以前强多了,以前听孩子说级部主任几乎天天进教室维持纪律,但现在却一次没去过,不用说别的,单从这一方面讲,您就功不可没。您放心,我们这些当家长的全力支持您!"

手机连续振动,先后收到刘丁铭家长和朱瑞琦家长的信息。

这信息如同九月的风,清爽宜人。

"老师好!这是我昨天晚上写的,您看看吧。"正回味着这两条信息,刚刚到校的朱瑞琦给我一封信。

"敬爱的方老师,您好!请原谅我今晚的'不务正业',因为我急于让您明白我们,至少是我的心声,您是一个好老师,不管是在开学前接触的和蔼可亲的您,还是开学后所见到的管理有方的您,我从心底保持着这个认知。"

才仅仅读了个开头,我的心湖就仿佛荡漾起春水的涟漪。

"我相信,大部分同学都和我有一样的看法,所以,一定不要因为个别人的偏执观点而伤心失落,更不要对我们班失去信心,请您继续保持着激情,带领我们进步,教育我们做人。

谁说您不在细节处关心我们? 您对生病的我和生病的同位两次问候,不就是对我们细节处的关心吗? 那春风化雨式的教导,也让我受益颇深,请您相信,如此慈爱的老师,除铁石心肠之外,其余同学都有被感化的那一天,且这一天一定不会远。

您一直说自己长得比较着急,您太幽默了哈。我很怀疑这句话的真伪,是长得着急还是操劳过度就不得而知了。我不知道这个词用的对不对啊。"

"操劳过度"这个词似乎一下子戳中了我的泪点,信上的字似乎模糊了。

"说到这儿,对于您所提及的无法顾家是由于男人的担当之类的话,作为孩子,我提出异议。我认为,男人的担当不仅体现在对事业的奉献上,更重要的是体现在对家庭的付出上。或许这样会显示我心胸不够宽广,但我还是觉得,有家才有国,若自己连最重要的人都照顾不好,其他皆是空谈。您是班主任,或许顾家又顾班比较难,但不如每周抽出两天早晨或晚上的时间陪陪您的家人,偶尔'偷懒'大家会理解,家人也会高兴,何乐而不为呢?"

这是一个学生,不对,是一个孩子的心声,我真的需要好好对待这个建议。

"话题有些扯远了,回到正题。对于这个班的同学,不知您怎么看,反正我是很看好,至少是在学习能力上,您慢慢观察,应该也能发现。至于情商……是由于与智商相对,所以成反比嘛。貌似90后都挺冷漠的,再加上追求个性,性格较偏执,有时候会很伤人,尤其是对亲近的人。您付出了,把我们当孩子一样对待,却有人如此伤害您,在这里,我作为一个班干部,代表她向您致以诚挚的歉意! 对不起,老师!"

好一位敢于担当的班干部,我在心里为她点赞。

"今晚结束时……我默然,是因为心中太复杂,对那位同学行为的愤怒与失望,对您的抱歉与心痛交织在一起,我半天无言,还是那句话,您也不要失望! 一段时间的沟通后,情况会变好的,会有更多同学像我一样理解您,支持您的……老师,别生气了,笑一笑……

祝我们这个团队在我们的共同努力下展翅高飞!"

如果班里的每一位同学都能像她这样理解老师,所有的班干部都能像她这样敢于担当,这个团队何愁不腾飞? 会有更多的同学像她这样的,一定会有。

"剧情有了新的发展",我的心情好多了,那份阴云密布的天空也渐渐放晴了。

"开心工作,诗意生活!"收拾好情绪,打点一份欢悦的心情,开始一天的工作吧!

云淡风轻

"今天有点凉呀!"起床后,我兀自嘟囔着,而气温表显示的却是24℃,"或许是那'两大罪状'惹的祸吧。"我摇摇头,自言自语。

匆匆扒拉了两口饭就向学校赶去,因为时间还早,同学们大多还没有起床,校园里静悄悄的。干脆先去办公室喝口水吧,走得急了,连水也没来得及喝。

进门就发现办公桌上有一大堆信,所有的信都用同样的信封(赵爽晚自习放学后没有急着回家,找了好几家超市买的)装着。"搞什么鬼?"边疑惑着边打开最上面的一封。

可当我读了第一封的开头时就被感动了……

"老方啊,老方,我知道你不容易呀! 因为我从来没有见过像你这样的班主任,从来没有啊!"

幸好比我来得早的同事去教室了,我赶紧擦干眼泪,继续读着。

"从我听到你读的那封信时,我心中就充满了怒火! 本来想在班里训斥同学一顿,但仔细一想,我又没那么大的权力,所以就忍了下来。本来放学后想和你谈谈,但是我在你身边转了好几圈,也不知道应该怎么说,所以,我只是淡淡地安慰了你几句就走了。等回到家,我实在忍不住了,就又跟我妈一顿发泄,然后有感而发写了一篇感受,今天班会我也已经'公示于众'了,希望会对同学们有作用。

老方啊老方! 你真累啊,处处为我们着想。老方,我冒昧地说一句,以后说话的时候声音不要大了,我发现,你说一会话就要喝一点水,这说明你的嗓子并不是非常好……"

泪水又一次不争气地流下来,为这份理解,为这份真情,为这份关爱。

看完第一封,紧接着看第二封,第三封……每一封都是那么让人感动。

"祝明武君,福泽深厚,万福安康! 晚辈听闻昨晚匿名信事件,感触颇多,内心思绪凌乱,甚至有不吐不快之意,明武君的深明大义和对咱们这个团体的鞠躬尽瘁,是天地可鉴的……文笔粗陋,但一片真情天地可鉴,望在今后时日,定不负,共攀高峰志!"

"致小方:跟您相处了三个多周了,也感觉到了您的用心良苦,在这里我想跟您说一声,'谢谢'! 外加90度鞠躬……老方,无论是谁写的那封信,请您不要生气,毕竟还有50多个人是爱您的,支持您的,请多保重身体,不要上火,如果您垮了,那么我们最坚强的后盾还会存在吗? ……"

"亲爱的方同学,请允许我这样称呼您,因为我真心觉得,您是我们这个大班中的一员,就像自己身边的同学那样给人一种亲近感,或者说是一种归属感! 真的,迄今为止,在我之前学习过程中的六个班主任,只有一个能让我在这么短的时间内产生这么强烈的信任感、亲近感与归属感。而您是第二位,对此我为能成为您的弟子而倍感荣幸! ……"

"老师,您给我的第一印象是'犀利',带着墨镜,穿着大运动短裤,天……我慢慢地发现您是幽默的,很容易跟我们打成一片……"

"昨天晚上,我走神忽略了一个细节,我一直以为那封信是上届哪个家伙写的,结果今天被告知这封信是咱班……我不知道是谁,但我知道这个人的做法极其不明智,是昏了头!不过老师,请您坚信这个班级正能量是有的,大家不懈努力,一盘散沙终会成为坚硬的磐石。班级是麻木太久了,太落后了……"

"您是一个尽职尽责的班主任,这些我们都明白,我们也看到了班级在您的带领下越来越好,今天下午赵爽开了班会,说了很多,对我们的触动很大。"

"老师,最近我们班上发生了不少事,但您一直以笑脸相待,这让我很敬重!您说,您是男人,我相信,您何止是一个男人,您是一个男子汉,一个顶天立地的男子汉,相信您能够承受住这一切!老师,加油!……"

"老师,那是一种剧烈的心痛吧!……我们看到的是一种责任,我们看到的是一个用心良苦和一个将咱们班作为孩子的老爸。如果非让我用一个词来形容对您的感觉,我想用老爹,一种亲人,一种最亲爱的感觉……"

"从小学初中到高中,从来没有一个老师会征求我们的意见,但我们的方老师他做到了,在刚开学时您就问我们心目中的好老师是怎样的,这一点,让我的内心一直被深深触动。我对老师的第一印象就是,这个老师很生活化,很亲切,总是满脸笑容。说实话,方老师您跟我爸爸的风格很像,总是把苦事、难事自己扛,脸上表现的却总是微笑,其实老师跟我老爸的发型也很像。嘻嘻……真的爱你哟,么么哒!"

"老师,您知道吗?您是我从小学到现在所有班主任中最与众不同的一个,从您一开学帮我整理床铺,帮我把书拎到教室的时候,我就觉得您有点不一样,您身上的平民味很浓……爱您!"

"老师,别生气了好吗?怪我们不懂事。虽然与您短短接触不到一个月,可我感觉您是一个真正的好老师,您的那种教育观念是我真正第一次(上这么多年学第一次)遇到的最好的理念,或许我们一年后会走向天南地北,也许我们有些人也会从事老师这项神圣的工作,那时候,他会骄傲地说自己曾经是方老师的学生,我相信他也一定会遵循这种理念的……"

"通过我的观察,老师您是不是膝盖不好?以后跟操时您跑一圈就行了,剩下那一圈,我会更加认真地维持好纪律的。老师,别生气了,放心吧,再给我们一点时间,我们一定会向着您所期望的方向发展的……"

"亲爱的老方!刚开始换的老班,我们有些不适应,不过现在好了,每次都会放松地跟您谈话,没有压力,像朋友一样,您有事会和我商量,问问我的看法,谢谢您尊重我的意见……"

"昨天的班会上,您那一连串的叹息,让我觉得很心痛,您心酸到了何种地步呀!说实话,您的到来给我们班注入了一股活力,先是一连串的班会"轰炸",还有一"碗碗"心灵鸡汤,我们课堂上活跃起来了⋯⋯我们真的有了很大改观,而这一切都是因为有您!"

"方 sir 是美男子,方 sir 说没吃完饭继续吃,方 sir 说天冷了多穿衣服,方 sir 说有什么事大家一起讨论,方 sir 说希望跟我们做朋友! 方 sir 说众人划桨开大船,方 sir 说长风破浪会有时,方 sir⋯⋯真心地谢谢您,请原谅我词穷。"

"您是真的把学生当作战友、亲人来看待的,我不是在拍您的马屁或怎样,我从没这样想过,也不是这样的人,这是发自内心的感受,您真是把学生当作家人一样看待的。晚上我们上床睡觉了,您还经常到宿舍去看看我们;然后在我们还没起床的时候,您已经到了宿舍,这是多么大的一种负担啊! 单从这件事,请让我真心地跟您说一句,老师您辛苦了! 迄今为止,我一共遇到过两位充满激情而又真正将学生当作家人的老师,一位是我初中的班主任,一位就是您⋯⋯"

"首先我想对您说一声感谢,每天早上能来的比我们早,回家比我们晚,您让我感受到的是责任。这是我内心的真实想法,是我的真实感受,没有任何恭维您的意思! 本来中途接这个班就面临很大的压力,而这件事情又让您受这么大的委屈,真为您鸣不平! 老师,别放在心上,看您的样子,我们心里都不好受⋯⋯"

⋯⋯

这一封封感人肺腑的信让我的那方天空彻底放晴了,心情美好到了极点,简直是爽歪歪了。看样子,我是深得民心的,这个团队的成员是可爱的,是超可爱的,我的付出是值得的。

无意中点开了教室的监控,查找出昨天下午第四节的视频片段。赵爽正在开班会。"为什么会出现这种声音? 是不是我们还不清醒? 是不是我们还麻木不仁?⋯⋯"赵爽很生气地说着,她说完后,丁铭走上讲台。"我不是班干部,学习成绩也一般,我也没有权力在这里教育大家,我只想说一下自己的心里感受。我对班里出现这种声音感到不可思议,也为老班鸣不平。昨晚回家,我打了一封信,是写给咱们全班同学的,下面我读一下。"说完,他把那封信在电脑屏幕展示出来并声情并茂地读着。读完后他又说:"方方是我们遇到的最好的老班之一,谁再说他不好,谁就是我们全班的敌人!"他的这封信,他的这句总结语赢得了同学们热烈的掌声。

获得了弟子们的理解感觉好幸福,我拿出读书笔记,在上面写下了这样一句话:以宽阔的心包容犯错的同学,以感恩的心感谢理解你的弟子!

推开窗户,九月的风和煦轻柔,晨光温柔恬静,蓝天明净清爽⋯⋯整个的一个云淡风轻。

立德树人

今天在学校大门口值班时,随意翻看《学生迟到登记本》,无意间看到昨天我们班的小江迟到了,可是他却在"班级"一栏里填写了别的班级。近期,学校对学生迟到这件事情抓的很紧,部分迟到学生怕班主任批评或是怕给自己班级扣分,要么写上自己的班级而在"姓名"一栏里写上别班同学的名字,要么写上自己的名字却在"班级"一栏里填上别的班级。经过我对笔迹的辨别,确认就是小江写的。在这之前,这种事情在我们班还没有发生过。对这种"张冠李戴"的现象,我一向是深恶痛绝的,现在我们班也出现了,我非常生气。于是,晚上下了第二节自习后,我把他叫到办公室。

"你是几班的?"我喝了口咖啡,不动声色地问。

"咦?!"他用充满疑惑的眼光望着我。

"一班的。怎么了,老师?"

"既然知道自己是一班的,那为什么却在《学生迟到登记本》上写了别的班级?"我生气地质问他。

他不好意思地低下了头。

"老师,我这样做是为了咱们班的荣誉啊!"沉默了几秒钟以后,他突然抬起头,理直气壮地说。

"照你这样说,我还得感谢你,对不对?是不是还得请你喝杯咖啡呀?什么荣誉?说给我听听呗。"我淡淡地说。

"这样就不会扣咱们班分了呀。"他自己感觉理由非常充分。

"是吗?表面上我们不会扣分,实际上我们的自身却得到了一个差评。我为什么这样说?"

"因为……因为这样做……不光彩。"他低下头,不像刚才那样理直气壮了,而且还开始有点不好意思了。

"尽管我一再强调集体荣誉非常重要,但是集体荣誉不是至高无上的,更不能用这种方式去获得。用这种失去品德的方法来换取的荣誉是不光彩的,'你的良心不会痛吗'?靠我们的努力去获得的荣誉才是真正的荣誉,才是让我们自豪的荣誉。"他惭愧地点了点头。

"记住,我们在实验中学不仅是学习文化知识,更重要的是学会做人,去拥有作为一个人应该具备的美好品德,也就是说要先学会做人再学会学习。送你一句话:品德可以弥补知识上的不足,而知识却弥补不了品德上的缺陷。人的美好品德是任何东西都换不来的,任何时候都要好好珍惜,好好坚守!"我语重心长地说。

"我懂了,老师,谢谢您!"他抬起头,望着我,非常诚恳地说。

"班级为什么会出现这种现象?是不是前阶段忙于整顿班级秩序,忙于提高学习成绩而在立德树人方面做的不够?如果真是这样,接下来的这段时间应该如何加强对学生做人方面的教育?"他走了后,我边喝咖啡边反思着。

有仪式感

"同学们好!'仪式感'这个词语在这几年频频被人们提起,它是人们表达内心情感最直接的方式。我们高三是不是也需要一些仪式感呢?"

"仪式感?"不少同学窃窃私语。

"看样子许多同学对这个词语很陌生。谁来说一下这个词语是怎么来的?"

多数同学摇头,只有一个同学起来回答,但回答的也是不尽人意。

"我给大家简单介绍一下吧。法国童话《小王子》里说,仪式感就是使某一天与其他日子不同,使某一时刻与其他时刻不同。《小王子》里,小王子和他驯养的狐狸之间有一段对话。"说完,我点开幻灯片。

> 狐狸说:"你每天最好相同时间来。"
>
> 小王子问:"为什么?"

"比如,你下午四点来,那么从三点起,我就开始感到幸福。时间越临近,我就越感到幸福。我就发现了幸福的价值……所以应当有一定的仪式。"

"仪式是什么?"小王子问。

"它就是使某一天与其他日子不同,使某一时刻与其他时刻不同。"狐狸说。

"有意识地使某一时刻与其他时刻不同,这是只有人才能做到的,也只有人才能送给自己的礼物。中国人向来是注重仪式感的,也可以说仪式感无处不在。那生活中有哪些具有仪式感的事情?"看完了幻灯片后我问大家。

"结婚要举行结婚仪式,它意味着两个人为人生旅程拉开了一个序幕,让亲朋好友共同见证两人的感情是真挚的,见证爱情是神圣的。"一位男同学率先起来回答。

"古代男子二十岁行加冠礼,表示成年。"另一位男生回答。

"这种加冠礼在宗庙中进行,由父亲主持,并由指定的贵宾给行加冠礼的青年加冠。男行加冠礼就是把头发盘成发髻谓之'结发',然后再戴上帽子。冠岁意思就是男子二十岁了,说明他刚刚到了成人年龄二十岁,也称'弱冠之年'。为什么称'弱冠'呢? 因为行加冠礼时才二十岁,体犹未壮,故称'弱冠'。"我进一步补充道。

"古代的女孩有没有成人礼?"一同学在下面小声地发问。

"当然也有,在古代,中国女子十五岁可以盘发插笄的年龄称为'及笄',也称'笄年'结发。笄礼作为女孩子的成人礼,像男子的冠礼一样,也是表示成人的一种仪式,在举礼的程序等问题上大体和冠礼相同。我们现代社会也有十八岁成人礼,不少家庭和学校都举行'责任、感恩'的十八岁成人礼。"

"还有哪些有仪式感的事情?"我接着问同学们。

"天安门举行的升旗仪式就特别有仪式感。"

"春节要放爆竹,摆供品。"

"建筑物开工时举行的奠基仪式。"

又有好几个同学起来回答。

"这些同学回答得很好。我们求学路上经历了哪些仪式? 这些仪式有什么重要作用?"我又提出两个问题。

"每周举行的升旗仪式就很有仪式感,它能激发起我们的民族自豪感。"

"我小学成为少先队员系上红领巾时举行的入队仪式就很有仪式感。当时我的心情高兴又激动,感觉我肩上的责任比以前重了,现在回想起来,那情景还历历在目。"

"我们每学期开学时都要举行开学典礼。印象最深的是初一刚开学的那次开学典礼上,一位老师的发言我现在还记忆犹新。他用长年从事教育事业而留下的沙哑声音,不厌其烦地告诉我们,学生首先要定位自己的人生;其次要计划着未来远大的人生目标;最后以学校为载体,一步步踏踏实实地付出行动,证明给别人和自己看。听到那里,我的心情很激动。那次典礼现在还时时激励着我。"这位同学很激动地说。

"还有,我们小学毕业和初中毕业时都要举行毕业典礼,对吧? 这种毕业典礼一定也像刚才咱们所说的那些典礼一样给我们很大的启发。如此说来,仪式感是把本来单调普通的事情变得不一样,让人对此怀有敬畏心理;也可以说,所有仪式感都是对人生的加冕。那么,高三的我们应该通过哪些活动来增加这种仪式感或者说高三的时候你是否已经有了这种仪式感?"我对刚才同学们的发言做了个简单地总结后继续说。

"高三开学那天,我妈给我准备了干净的校服,包了我喜欢吃的饺子,感觉这就是一种很好的仪式。"这位男生还有点不好意思。

"我们也可以举行十八岁成人礼。"

"尽管明年的学习可能更紧张,我们依然可以举办毕业典礼。"

"尽管我们学习紧张,但我们还要有仪式感,或者说正是因为学习紧张我们才更应该有仪式感。我建议大家在以下这些方面做到有仪式感。

每天起床的时候,把自己收拾得干干净净,对着镜子或者在心里说'我是最棒的,今天的我要胜过昨天的我';

每次考试之前,尤其是第一次考试、青岛第一次模拟考试和高考等大型考试之前,都要有'信心百倍,胸有成竹,整装待发'的仪式感……

可能有同学会认为,这种仪式太形式化,学习已经够辛苦,又何必花心思去做一些看起来毫无意义的事。在这里,我要告诉大家的是,正是因为学习紧张和辛苦,才更需要一些有仪式感的事情来提醒我们以更好的精神状态迎接新的一天,使这新的一天与其他日子不同;以更好的心态去迎接每一次挑战,使这次挑战与其他挑战不同。

对一个人来说,承认和尊重仪式感,是一种修养;对一个团队来说,承认和尊重仪式感,是一种文化。以后,我们要把这种仪式感纳入班级文化建设中。"

明天国庆

"蒹葭苍苍,白露为霜。"九月优雅地转身,十月姗姗而来。

"同学们,十一咱们不布置作业喽……"我故作豪气地向大家宣布。

"哇! 方方万岁!"

"方哥真棒!"

"谢谢方哥!"

大家兴高采烈,就像高考大捷一样。

"那咱们十二至十六布置点吧。"等到大家兴奋得差不多的时候我慢慢地说。

"啊!老师你是个大骗子!"

"冰火两重天呀!"

大家有的像泄气的皮球,有的哭笑不得,有的则被我的幽默逗地哈哈大笑。

"老师,你布置这么多作业我还怎么去西湖玩呀!"一学生苦笑着说。

"对呀!老师,我还想去游览兵马俑,爬华山呢!"另一个男生也跟着起哄。

"什么?高三了你还想出去玩呀?再说,那些著名的景区都是人满为患。就说去年十一的西湖吧,断桥都成了人桥,许仙也找不到白娘子了,你去的话能看到什么?"学生们大笑。

"西安那里人就少了?去年十一俑坑里的兵马俑都说当年打仗都没见过那么多人;华山更别去了,去年十一华山栈道直接静止了,网友说他不怕等,怕什么呢?怕桥塌了。"我故作一本正经地说,逗得学生们爆笑。

"所以说今年十一假期,老师给大家推荐一个地方,是最良心的推荐,大家猜猜是什么地方?"

很多同学的眼中马上出现了一种期待,当然有同学说了几个地方都被我否掉。

"学校呀!这个地方人少,环境也好,东西好吃又不贵……"我故意拿腔拿调地说。

"哈哈……老师……你……你太坏了!"同学们又一阵爆笑。

"十一期间和暑假一样开放教室,有条件的同学可以返校学习。返校学习期间,每天下午放学前的20分钟我们统一收看电视纪录片'美丽中国',足不出户一样可以饱览祖国的大好河山。

除了认真完成作业外,学习上还有一个非常重要的事情,就是把开学一个月以来所学的内容和改错本有计划、有针对性地复习一下。

除了学习外,还应该注意假期安全,这方面主要包括食品安全、交通安全等等。"接着我又把具体的安全内容进行了强调。

"祝大家度过一个快乐的十一假期!"

"谢谢……"大家拖着长腔。

"我会想你们的……"我故意嗲声嗲气地说。

"哈哈……"

教室里回荡着师生们的笑声。

踔厉十月

九月潇洒转身，
十月悄然来临。
与九月来一场告别，
敞开心扉去拥抱崭新的十月。
给生活一点仪式感，
轻声地说一句：
九月再见，十月你好！

十月，
踔厉的季节，
天高云淡，气候宜人，
正是奋进好时节。
课上，师生共同研讨；
课下，战友相互讨论。
教室内，沙场点兵，奋笔疾书；
操场上，生龙活虎，强身健体。
天行健，大鹏同风齐起；
地势坤，"一号"扬帆万里。

国庆返校

今天的天气真好！菊花吐蕊东篱下，丹桂流香竹轩前；晴空一鹤，碧霄诗情。这样美好的天气把因国庆加班而带来的那种不爽的心情冲淡了许多。

今天是 10 月 2 号，学生一早返校自主学习，我也在 7:30 左右的时候来到学校。

到教室一看，呵，到了 20 多人了，看样子过节一点也没有冲淡同学们的学习热情呀。我在讲台上坐下来，读着熊培云的《自由在高处》，等着同学们的到来。

同学们的积极性真高呀，7:50 时全到齐了。

"上课。"

"起立。"

尽管不上课，但今天是一个特殊的日子，更应该有仪式感，因此我依然像平时上课一样宣布上课。

为了进一步激发同学们的爱国热情，从而进一步激励他们的学习热情，我决定利用这个节日对学生进行爱国主义教育，采用的是让学生演讲的方式，演讲人是世峰。

世峰在《我爱你中国》那激昂的背影音乐中开始了他的演讲,他的演讲让同学们群情激昂,赢得了大家的热烈掌声。

"今天,我们将如何爱国?"演讲结束以后,我趁热打铁,接着向他们抛出一个问题。

"'风声雨声读书声声声入耳,家事国事天下事事事关心'我们现在学习这么紧张,大概做不到这一点,但对一些国家大事至少要有关注的意识。"

"有一次,一个小学同学来家里做客,那天正赶上亚洲杯中国队对阵巴勒斯坦队,他对我把他抛在一边看这场几乎没有悬念的比赛感到非常惊讶。我的回答是:不管怎样,这是国家队的比赛,现在是我的爱国时间,不要干扰我。这是我——一个普通的高三学生,一个平凡爱国者的爱国情感的表达方式。"

"做好自己的本分,学好现在的功课,取得更好的成绩,考上一个更好的大学,学到更多的知识,在祖国有困难时,我们能用自己学到的知识来帮助国家,这是真正的爱国:落实到行动上才是硬道理。"

"努力用功学习,充实自己,考上好大学,为实现中国梦而努力。"

……

每一个同学的发言都获得了大家热烈的掌声,教室里洋溢着浓厚的爱国情感。

在对同学们的发言做了简单总结后,我点开幻灯片,和大家一起诵读《少年中国说》的部分内容。

"故今日之责任,不在他人,而全在我少年。少年智则国智,少年富则国富,少年强则国强,少年独立则国独立,少年自由则国自由,少年进步则国进步,少年胜于欧洲,则国胜于欧洲,少年雄于地球,则国雄于地球。红日初升,其道大光;河出伏流,一泻汪洋;潜龙腾渊,鳞爪飞扬;乳虎啸谷,百兽震惶;鹰隼试翼,风尘翕张;奇花初胎,矞矞皇皇;干将发硎,有作其芒;天戴其苍,地履其黄;纵有千古,横有八荒;前途似海,来日方长。美哉,我少年中国,与天不老!壮哉,我中国少年,与国无疆!"

实验中学的上空,美丽的胶州大地上久久回荡着这催人奋进的声音……

叫我诗意

十月,一个诗意的季节。

十月一来,秋便充满浪漫的情调了,就变得楚楚动人起来了:蓝天变得澄澈了;云霞更加妩媚了;清风中多了丝丝凉意,添了缕缕柔情;柳叶的深翠里也增添了几抹淡淡的秋色。

又是一个夕阳西下的傍晚,饭后坐在"水边"(每当坐在操场西侧的台阶上的时候,总希望我所面对的不是一片人工草坪,而是一片水,一片微波荡漾的水,自己也就好似坐在"水边"),看水面被清风轻轻地吹皱;看偶尔滑落到水面上的几片柳树叶子,看它们随着风,慢慢地滑向远处;看秋天的落日透过"水边"杨树的叶子,洒下"一水"的斑驳……这时候,总感觉生活是惬意的,而且总会在心底氤氲起缕缕诗意。

"青山倒映在水里,只是一道虚影。风吹便乱了,石落便破了,船来便散了……"我轻声地吟诵着这首精致的小诗。

"老师,您在干什么?"班里的一个女同学来到我的身边。

"我在等一个人,他能给我一只小船,然后,让我钓上满船诗篇。"我故意装出很投入的样子,目光依然望着前方的"水面",继续吟诵着。

"哈哈……"本来就活泼可爱的她被我故作投入的样子逗得哈哈大笑起来。

"呵呵,老师,您真有诗情画意!我现在明白了您的 QQ 昵称为什么叫诗意地栖居了?"她又很大方地说。

"呵呵!你只知道部分原因,不妨对你说说吧。虽然我不敢期待'面朝大海,春暖花开',不敢期待每天清晨推开窗子都是一个诗意的世界,也不敢期待'行到水穷处,坐看云起时',但至少希望生活中有一点诗情画意:春天来了,可以到绿意茵茵的原野去放飞心情;夏天来了,我们可以到大海边去欣赏'惊涛拍岸,卷起千堆雪'的壮观景象;秋日的午后,我可以坐在暖暖的阳光下,品一杯咖啡;冬日飘雪的时候,我能够领略到那'千里冰封,万里雪飘'的妖娆。

同时,我认为教育是应该充满诗意的。当然,我并不是很明确地知道教育的诗意到底是什么,是'暮春者,春服既成,冠者五六人,童子六七人,浴乎沂,风乎舞,泳而归'这种回归自然、富有浪漫情怀的教育,还是把学生塑造成有独特的个性与拥有优雅文化气质的人,还是其他方式的教育。但这种情怀却是我一直所追求的,也就是说"虽不能至,心向往之"。或许在将来某一天的清晨,我推开教育的窗子,会惊喜地发现,我所寻求的诗意的蓝图正缓缓呈现在我的面前,那么我就会幸福地栖居在教育的诗意里。"

"呵呵,老师,您很诗意,很文艺呀!"她露出那颗可爱的小虎牙,"干脆,以后我们就叫你诗意老师吧。"

"呵呵!好呀!尽管我外在的容貌看不出有诗意,但内心还是蛮有诗情画意的。"

"哈哈……诗意老师真幽默。"那甜美的笑声在"水面"上铺展开来。

……

从此,弟子们对我的称呼除了方方、方 Sir、方哥等之外,又多了一个昵称——诗意。

"美丽的歧视"

"方老师,您看李强的数学卷子。"走廊上,碰到正要去上课的数学老师,她怒气冲冲地递给我一份数学卷子。

我接过来一看,气也不打一处来。整个卷面潦草得很,一看就知道态度不端正,卷子标头处赫然写着 80 分的红色数字。

"这小子,其他的老师也反映他有这样的问题,我对他做了好几次思想工作了,他每次都是虚心接受,却永远不改!"我生气地甩了甩卷子。

"可不是吗! 他软硬不吃,我也没招了,他这样'油盐不进',要不把他放弃算了。"数学老师生气地说。

"别……别……"我摆摆手,"要不'歧视'他一下试试?"

"歧视? 明白了。"数学老师有点疑惑转而又明白了我的意思。

"只是万一出现意外怎么办? 毕竟现在的孩子心理太脆弱了,万一发生什么问题,我们可承担不起这个责任。"我不无担心地说。

"也是,要不放弃算了,反正我们已经尽力了。"

"先别急,再想想办法,还没到无招可使的时候,这件事情交给我吧,您先上课。"

李强是我们班成绩在中等的同学,他上进心不强,学习动力不够,学习态度不端正,可能连二本线都达不到,但他基础不错,如果好好学习,说不定可以考上一本,如果放弃他真得很可惜。利用课后时间,我找了几个同学进一步了解李强同学的学习态度、思想动态和性格特点,认真分析后,认为他不会想不开而走极端,于是决定在晚自习的微型班会上"歧视"他一下。

"……如咱们班某些同学,老师苦口婆心,做了多次工作,依然我行我素,看看那卷子,'龙飞凤舞';看看那点分,才 80 分。"说到这里,我把目光瞟向他,他低下了头。

"就这个样子,纯粹是在这里浪费青春,糟蹋父母的钱,还考大学呢! ……"这时候,我发现他抬起头,望着我,目光中充满怒火,似乎在说:"我非争口气给你看看,我并不比别的同学差,当我华丽转身的时候,美得让你不敢直视。"

嘿,这小子上钩了,我暗笑。但愿他不会走极端,但愿能理解我的一片苦心,把这种"歧视"化为前进的力量。

后记:"美丽的歧视"这一招对他真管用,从那晚我开了微型班会后,他好似换了一个人,早来晚走,遇到不会的题目就向同学请教,成绩也稳步上升,高考还真达到了一本线。当然,后来他明白了是我的这种"歧视""挽救"了他,也理解了我。

巧妙激将

这一段时间,发现不少同学看我的眼神里少了些许柔情,甚至个别同学的目光里或表情上或多或少地有些不满,我敏感地感觉到了这一点,整个人都不好了。

是不是我说错了什么或者是做错了什么? 我反思了好几次,但还是想不出。于是,我利用课外时间做了一个小小的班级调查。经过调查,我明白了,原来是我在班级里经常提到他们的学长班级 18 班如何如何好,说的次数有点多,引起了部分同学的不满。而对这一点,我竟然一点也没有意识到。怎么办? 道歉是必不可少的,仅仅是道歉? 有没有更好的处理办法? 我站在窗前,望着夜空。咦,有了,我何不这么这么办? 想到这里,甭提多高兴了。

下午第四节课,来到教室。

"近来,我经常说起18班如何如何好这些话吗?"我问。

许多同学点头,表示同意。

"这一点,我从来没有意识到,如果伤了同学们的自尊心,表示歉意,请大家原谅。"我语气很真诚。

"不过,我为什么经常说这件事呢?"我开始实施计划。

"因为我们做的不好……没有成为老师的……骄傲……我们不好……"我叫起了陈钥彤,听了她的话我很高兴,但却不是我想要听到的,至少现在不是。

于是,我叫起了刘佳昊——一个因这件事意见很大的男生。"老师,不错,是我们做的不够好,但你也不能经常说呀,这不是刺激我们的自尊心吗?我们真的伤不起,伤不起。"看着他一脸怨气,我非常高兴,这才是我想要的。

"你们就是不如18班呀!"我故做生气状。

"老师,你说一次、两次我们都能理解,但你经常说,我们听了都很不自在,你考虑过我们的感受吗?你知道吗?恐怕用云南白药也医治不好我们心灵的创伤。"冯好的语气比刘佳昊的语气冲多了,好像憋了很长时间,一下子找到了一个突破口一样。

教室里的气氛也越来越压抑,"山雨欲来风满楼",而我心里却越发得意,时机快到了。

"本来就技不如人,还不承认?你们就如同扶不起的阿斗。"我进一步"刺激"他们。

"老师,18班是18班,我们是一班,不一样的一班,独一无二的一班,我们一定会成为一个更优秀的一班,今天,我们扶不起;明天,我们顶天立地。"田鑫涛似乎满腔怒火,又似乎满腔豪情。

他的话引起了一阵热烈的掌声。

"时机到了。"我暗想。

"18班的男同学心中都有一种力量,有一种不可扼制的力量,你能比得过吗?你能有吗?"我进一步刺激他。

"我为什么不能?我也是顶天立地的男子汉。我能,一定能。"

"18班的男同学都有'三军可夺帅,不可夺志'的骨气,你能有吗?"我叫起了刘金坤,他意见也很大。

"哪个男人没有骨气?我的丝毫不比他们弱。"

"18班女生都能你追我赶,不甘落后,你能做到吗?"我叫起了意见很大很大的冯好发言。

"保证能,我们一定改了过去那种拖拉懒散的作风,呈现出新的状态给你看。"

"18班的同学从来都是共同面对困难,你们能吗?"

"老师,我们不仅能共同面对困难,而且一定能攻无不克,战无不胜,成为真正的'一号'。"我话音未落,宋巧音和刘吉琛几乎同时站起来,异口同声地说。

我看时机成熟了，于是面对全体同学。

"能够像刚才站起来的同学这样，向 18 班的同学学习，团结一致，努力向前，还有谁？请站起来。"

全班同学呼啦啦全部站起。

"今天，10 月 25 日，在这间教室，大家向自己、向你们的老班郑重做出了承诺，你们承诺将奋发向上，努力进取；你们承诺将打造一艘不可战胜的'一号战舰'。我也向大家郑重承诺，我一定当好指挥官，并且身先士卒，和大家并肩作战，向前，向前，永远向前。我一定做到，你们能做到吗？"我像指挥官做战前动员一样激情满怀。

"能，一定能。"教室里群情激昂。

"全体同学听令，全体立正，高举右拳，跟我宣誓。"同学们如出征前的将士，一脸严肃，一脸锐气。

"我一定争分夺秒、全力以赴；我一定破釜沉舟、背水一战。努力奋战，给父母一个惊喜！激情拼搏，给老师一个奇迹！'一号战舰'，独一无二；一号团队，永远向前。我们是一号，我们是一号！"

那激昂的声音在教室内外萦绕不止……

以心换心

"最后那片叶子依然高高地挂在枝头，也不知道琼珊的病好了没有，唉……"课间时候，我站在窗户边，望着窗外杨树上的那片尚未凋零的叶子故作幽幽地说。

"哈哈……诗意又冒酸气了。"这几句话让好几位同事忍俊不禁。

"哈哈……"我也忍不住笑出声来。

"这是和刘佳昊、朱一凡两人第三次以心换心地交流了，也不知道这俩小子是否'明明白白我的心'。"笑完了，又想起这几天和刘佳昊、朱一凡的几次沟通。

"咦，一封信！"赶紧把信从书里拿出来读着。

"亲爱的方老师：经过这么多次交流，我对您有了完全客观的认识了，不再是从前那般不解与疑问，而是体谅，支持，感恩，我想代表我和朱一凡对您表示谢意和歉意。感谢您花费自己休息的时间来跟我们交流，也感谢您愿意将您和朱一凡之间的谈话内容全部告诉我。同时，我想对惹您生气那件事表示深深的歉意，我想，恐怕在昨天那个最漫长的夜里，您难以入睡，也许您会对我俩的表现感到痛心，太多太多的也许化为了太多太多的愧疚和自责，我想在这里对您说一声'对不起'。还有，我想在这解释昨晚提到的两件事，第一件事，老话题，18 班，我不仅不反感 18 班这个团队，而且还有一种向往，我喜欢那种具有凝聚力的班级，但是让我厌烦的是您老是把 18 班挂在嘴边，您老说 18 班好，我就会觉得我们 1 班是不是在您心中没有 18 班重，但是反观我们所做的，确实是不如 18 班，成绩、班级气氛……感恩的心更是相差千里，但是我相信我们班会像 18 班那样，并有极大的可能将之超越，我们会做好，我们将缔造传奇。

  第二件便是惹得您拍案而起并为之痛心的那件，我所说的是我甚至是很多同学心里的最初的想法，便是在您一次一次的教导之下，我们也开始变化了。还有是您找我单独谈话，对我们鼓励和劝勉，我们当然知道您的良苦用心，但当我们被您教育时，任谁心里都不好受，甚至在心里暗暗抱怨您两声。我高一时的班主任彭老师说过，没有一个不被学生抱怨的班主任，但是得看现在被抱怨还是三年后被抱怨。这些事情也希望您能谅解。

  另外，偷偷告诉您，朱一凡刚刚说他挺感激您的，我相信他已经明白了一些事。

  ⋯⋯"

  读完了这封信，很自然地想起民国教育家陶行知说的那句让我特别震撼的话："真的教育是心心相印的活动，唯独从心里发出来的，才能打到心的深处。"

十一花开

轻轻的,十月走了;
悄悄的,深秋来了。

芦苇飘荡,蒹葭苍苍。
篱边秋菊早已泛黄,室前桂花也已飘香。

十一月,告诉自己,那些走得比你远的人,未必比你聪慧,而是每天早走一步,快走一步,多走一步。

十一月,告诉学生,越努力,越幸运,上天不会辜负任何一个为梦想而奋斗的人。

十一月,祝小宝宝降生顺利;
十一月,愿期中考试成功逆袭;
十一月,祝所有的憧憬都会不期而遇;
十一月,愿所有的期盼都会被温柔以待。
十一月,一样花开!

未雨绸缪

期中考试结束以后的两周内,将有很多事情要做,如召开主题班会,找同学们谈话,召开本教学组老师们的协调会,年级还要召开总结表彰大会等等。为了做起这些工作更加从容,在《春江花月夜》那舒缓明快的旋律中,在那个江水涣涣,明月高悬的春夜里,开始了我对下一步工作的思考。

月亮从江边冉冉升起了,一叶小舟静静地在江面飘荡着,和风微微吹拂,杨柳轻飏着柔美,两岸的花影婆娑摇曳着温馨……在这诗情画意中,我计划了下一步的四件主要事情:一,成绩对比;二,召开主题班会;三,召开教师协调会;四,有针对性地分析个别同学存在的问题并制定帮扶计划。

月亮渐渐升高了,整条大江宛如一幅色彩斑斓的山水画卷,一首唯美的抒情诗章……我边欣赏这美妙的山水画卷,边继续计划着。

一、成绩对比

(一)把自己班的成绩和其他各班的成绩进行对比,找出本班的优势学科和劣势学科,进一步分析优劣的原因,并对弱势学科制定出相应的提高措施。

(二)把这次考试成绩和接手时的成绩进行对比。

1. 班级在年级总排名的对比。

2. 一本进线人数和二本进线人数分别进行对比。

3. 关键生成绩的前后对比。

4. 找出进步幅度大的同学和后退幅度大的同学,帮助他们分析进步或后退的原因,尤其是要帮助后退的同学找出提高成绩的方法。

二、召开主题班会

(一)继续扬帆。

如果这次成绩达到了目标,就召开"继续扬帆"的主题班会,强化大家的信心,进一步挖掘大家的潜力,继续扬帆前进,争取下次月考成绩还达到目标。

(二)深刻反思。

如果没有达到目标,师生共同反思,尤其是自己要做更加深刻的反思,积极调整措施,争取月考实现目标。

江畔的柳丝在夜风的吹拂下婆娑起舞,两岸的花草在微风地抚摸下含笑点头,木桨打碎了江中渔船的倒影……在这富有诗意的意境中,我继续思考着。

三、召开教师协调会

(一)共同分析成绩,总结经验和反思教训。

(二)诚恳请求老师对这阶段班级工作提出批评和建议。

(三)根据班级这阶段工作当中存在的优点和缺点,以及通过这次考试暴露出来的问题,共同商定解决的办法和下一步的工作措施。

(四)有针对性地分析个别同学存在的问题并制定帮扶计划。

四、沟通交流

(一)针对狼牙大队、尖刀兵团、中坚力量、后起之秀这四类学生存在的不同问题有针对性地进行分析。

(二)对这个阶段学习不努力,又不遵守纪律的同学结合着这次考试成绩进行谈话。

五、其他事情

月亮升得更高了,升到了高空,朗照着整个江面,"皎皎空中明月轮",圆月照亮了江面,照亮了广袤的大地,也照亮了我的心:计划完成了,我的心也明朗多了。

期中逆袭

"老师,成绩下来了吗?"期中考试结束后的第二天,就有好几个学生不止一次地这样问我,尽管我已告诉了大家成绩公布的大致日期。

"方老师,成绩公布了吗? 咱们班考的怎么样?"几位任课老师也关心地问。

同学们和老师们的语气里含着期待也含着担心。

"没问题,咱们班一定考得很好! 别担心。"每当他们这样问,我都会很肯定地告诉他们。说实话，尽管自己"久经沙场"，而且对这次考试也胸有成竹，但在他们一次次地询问下，本来很平静的心湖也被"吹皱"了，也跟着担心起这次考试成绩来。

这是进入高三以来也是我接手这个班以后第一次正规作战，不管是领导、老师还是家长、学生都非常重视这次成绩。对这个班来说，这次考试不仅仅是对这阶段同学们的学习情况的一次检测，对我这阶段所采取的措施也是一种检测。同时，成绩也影响着我在领导、我们班的教师团队和同学们心目中的信任。当然，这一些还都是次要的，最重要的是影响着同学们的信心。如果第一次正规作战就大获全胜，同学们将受到很大激励，士气一定会大振；如果铩羽而归，士气一定会低落，不只是学生，恐怕就连我也会重重受挫，想再次提振士气需要花费很大力气。

静下心来想想，觉得根本不需要担心。自己从暑假就着手去了解班级情况，制订战略部署；正式开学后，先后精心打造了班长及其他班干部；精心打造了狼牙大队、尖刀兵团、中坚力量、后起之秀四支力量；积极整合任课教师的力量，成功地扭转了班级风气，成功地营造了你追我赶的学习氛围；整个团队和谐向上，向良好的方向健康地发展着……应该不必担心，这次考试一定会出现"一枝红杏出墙来"的美丽景色。

"公布成绩了。"正这样想着，突然听到同事一声大喊。

一听成绩公布了，刚才还静悄悄的办公室顿时活跃起来，大家争抢着看自己班级的成绩。看样子，大家都很关心这次考试成绩。

我也赶紧上网查看，一本、二本均超额完成任务，远远超出了学期开始确定的目标；而且总评第一。

看到这还算突出的成绩，我很高兴。

很少喝茶的我，冲上了一杯绿茶。那一枚枚茶叶就像穿着绿色衣服的淘气的小精灵，在沸水中或翻着筋斗或扭动着腰肢"飞"到杯子顶部，又慢慢地落下来，落到杯底，再慢慢地优雅地伸展开肢体……

下一步怎么办？执行原计划，下次月考还拿第一，以进一步巩固老师和同学们的信心！

百杰检讨

"秋风起兮白云飞，草木黄落兮雁南归。"一队大雁鸣唱着从头顶飞过，整齐的翅膀在天空中悠然地划出几道优美的弧线。

秋意越来越浓了，天空越来越澄澈了，阳光透过树叶的缝隙洒在街道上，鲜艳的火红与灿烂的金黄时不时地映入行人的眼帘，走在这样的路上，很容易在心底泛起阵阵温柔的涟漪。

"我觉得我该递一份检讨了，无论是作为科代表还是副班长，我的工作都做得很不好，使得班级问题频发，即使老师不训我，我也深感自责……"走在上班的路上，我又想起宋百杰主动写给我的检讨。

百杰是我们班的副班长，工作上尽职尽责。当然，他最大的特点是心地特别善良，对人非常友善，因此人缘特别好；他容易被感动，听同学们说，他看到政治书上"全面建设小康社会"那部分的时候都感动地哭了；他学习非常勤奋，在这"炮火连天，激情燃烧"的日子里，时刻牢记我在开班会时跟他们说的"要像战士一样活着"这句话，顽强拼搏，努力进取；他非常懂事，懂得体贴老师，对老师也非常尊重，老师们每当提起他，总是赞不绝口。记得有一次，我让他和张忠超一起帮忙把我的被褥放到我所在的宿舍，当我回到宿舍时，发现他们早已把我的被褥铺好了，把地也拖得干干净净。当然，这两件事我压根就没有安排他两人去做。而且他看我只带了一床很薄的毛巾被，怕我晚上着凉，就把自己那条厚一点的毛巾被（他还有一床）给了我。他对老师的这种关怀确实让我很感动。

我又想起以前也有同学主动写过检讨，尤其还有一位叫徐若涵的女同学说，她上学以后写检讨无数，而主动写检讨却是第一次。为什么同学们敢于主动承担责任？突然想起那句话"山有美质，则生善木，以显其秀"。

走在风景优美的路上，想着弟子们那富有担当的情怀，感觉当他们的老师真的那么美好！

附宋百杰的检讨：

我觉得我该递一份检讨了，无论是作为科代表还是副班长，我的工作都做得很不好，使得班级问题频发，即使老师不训我，我也深感自责。

我感到对不起同学，这是我最怕对不起的。我耽误了他们的学习时间，至少没有让他们有一个更好的学习环境。作为副班长，我从来不去管班级的纪律和其他易出问题的地方，比如宿舍；作为科代表，又长时间不去检查他们的作业，让他们放松了对语文的学习，这才导致了部分同学长时间地不认真完成语文作业。

我感到对不起老师，老师经常对我说"谢谢"，可越这么说，我就越自责，我做得这么差，怎能配得上您的那句"谢谢"？作为科代表，两次忘了布置语文作业，打乱了老师的课堂节奏；作为班干部，没有真正地为老师分担压力，连下晚三后住宿生的背书活动都不能很好地组织引导；作为个人，又连续因为个人问题让班级扣分，给班级抹黑。

我感到对不起自己，是的，真是感觉自己的所做所为让自己失望。我还记得开学演讲时我曾经谈到责任、实事求是、沟通、发现问题解决问题，可是我却没有做到，我一味地摆脱、逃避、放弃，我没有真正用心观察班级的问题，更没有用心地去解决，去和同学、老师沟通，我就连班干部最基本的责任都没尽到，导致给老师添了很多负担和心事。

我自责，我也反思我的问题出在哪里。是能力不够吗？我想不是的，是用心程度不够,是我太自私了,我怕我的管理会碰触到个别同学的利益,会引起他们的不满,会妨碍同学间的感情。是啊,我太自私了,自私到愚蠢,愚蠢到麻木,把表面的和谐当成班级管理的最大要求,自私到不求有功但求无过。表面的和谐是经不起考验的,有制度有规范的和谐才能让班级更好,顺应民心不等于尽随民意,而是应该树立并积极维护正面典型,坚决抵制负面典型,让其"悄悄走开",维护班级的根本利益才是我应该做的。

老师,我自责,对不起您的那一声声"谢谢",我想我是有反省的,我渴求进步,是真的,我希望老师再给我一点时间,相信我能做得更好。

本来上一段就应该结束了,可我真地还想说:"请老师对我再严厉点,我渴望接受您更多的批评,更加明确、具体的指责,让我在'逆境'中成长。"

宋百杰

于涵悔悟

深秋的黄昏总是来得很快。

今天回了趟老家,办完事刚往城里赶的时候还是艳阳高照,但很快艳阳就变成了夕阳。天边开始出现了晚霞,而且它们在奇妙地变换着,颜色时浅时深,最后变成了泼墨画似的几笔,颇有"天青色等烟雨"的况味。

汽车行驶到于家村的时候,不经意间发现村边有一头老牛正静静地卧在夕阳中,默默地咀嚼着什么。我心一动,多么安宁详和的情景呀!"百里西风禾黍香,鸣泉落窦谷登场。老牛粗了耕耘债,啮草坡头卧夕阳。"这首诗不就是这种情景的生动写照吗?如果我擅长绘画该有多好,可以把它画下来。这种情景小时候经常见到,现在在我们老家,即使在农村也几乎见不到了。我停下车,看了好久。

傍晚时分,我才赶到学校。

"方老师,你的那些可爱的弟子又给你写信了,他们怎么整天给你写信呀?"同事指着我桌子上的一封信对刚进门的我说。

"呵呵。我是他们的贴心人呀。他们有什么心里话自然就要和我说说啦,而这种方式有时候比面对面交流效果还要好,所以就写信了。"

"你不烦呀?"

"怎么会烦呀?和他们进行心灵上的沟通,或帮助他们解决遇到的问题,或点燃他们的希望之火等等,还可以增加我和他们之间的理解、尊重与信任,还可以让他们充分感受到我爱的阳光,好处可多了。"我喝了一口水,慢慢地说。

"是呀,我怎么没想到用这种方法呢?"他若有所思地说。

"这方法真的很不错,不妨一试哟。"

边和同事聊着边打开那封信,原来是于涵写的。她是一位很聪明的女生,最大的优点是很活泼,最大的缺点是活泼大了。呵呵!她很喜欢闲聊,无论是在教室还是在宿舍,不管是课上还是课下。学习上,我对她抱有很大希望,希望她的成绩能提高一些,所以安排她坐在第一位,而她却并没有朝着我希望的方向发展,总想闲聊,根本静不下心来学习,还影响别的同学学习。我曾经跟她沟通过多次,而效果却并不很理想,受《西游记》中唐僧给孙悟空戴紧箍咒做法的启发,我和她私下约定,如果再闲聊就搬到教室后面那个角落里学习,她也向我承诺不会再闲聊。昨天自习时候,她又转头闲聊,被我抓了个正着,我很生气,就批评了她几句,她不服气,顶了我一句。当然,我也没有放在心上。她晚上第三节晚自习的时间就给我写了这封信,表达了歉意和悔悟的心情。

她的信写得还蛮真诚的,读着读着,我仿佛站在了秋天的原野……

附于涵的信

方方:

对不起!今晚对您没有礼貌了,我现在心里负罪感满满的,我不是故意的,您别生我气。

我今下午做了四节课的数学题,试卷错了很多,作业也不会做,心里很烦躁……我回头说我也不喜欢吃芹菜,然后在喝水,你一进来就点我名让我站起来,我一开始感觉很委屈,因为就说了一句话。然后你问我下次看着我闲聊怎么办,我脑子里顿时出现了我跟你保证过的不再回头闲聊的情景。我不想去后面坐,因为的确不想去后面,又觉得跟你保证过以后不再回头闲聊,但是今晚食言了,不知道该怎么回答,就非常没有礼貌地说不知道。老师您别生气,我知道错了。

从你上次找过我跟徐若涵之后,我们俩自习课真没说过一句话,除了下课去上厕所等。那天体育课,教室只有我们三个人,我们在讨论宁波诺丁汉的分数线,你进来的时候我跟周楷晋说不要关电脑,我还没抄完。

方方,我确实按照你给我提的建议尽力去做了,包括在宿舍打铃后不说话,可能我做的还是不够好,但是我会努力的。方方相信我,这几天我确实表现得不好,你每次找我沟通的时候我都感觉对不起你。方方,从今天晚上开始,我不会再让你因为这种事找我沟通了,保证的话说太多了就没有什么意思了,方方看我的表现吧。

方方,超级感动你把我一个学号42的放在第一位,所以你每次找我沟通的时候我都会很愧疚,小错不断的我是不是让你失望了?方方,我没有忘记我答应你的期中考到30名的承诺,我会立马调整到开学时的状态,保住我的第一位。

每次跟别班的同学聊天,她们都会羡慕一班老班多好,我每次都很得瑟地说我们方方怎么着怎么着。方方,我不想让你生我气,所以我一定会好好表现,你就消消气吧。

舰长的小伙伴:涵涵

雕凿自己

> 吾日三省吾身：为人谋而不忠乎？与朋友交而不信乎？传不习乎？——曾子

> 反省是一面镜子，它能将我们的错误清清楚楚地照出来，使我们有改正的机会。——海涅

> 要在教育之路上走得更远，需要正确地认识自己，雕凿自己。——诗意

与"一号战舰"牵手已经两个月了吧，哪些方面做的不错？哪些方面还需要改进？灯下，在悠扬的《小夜曲》中我打开了教育笔记。

记得在第一节课上，我曾经问同学们，他们理想中的班主任具有什么特点，有同学回答说希望老班点燃他们的激情，这一点我感觉做的还不错。第一次主题班会"众人划桨开大船"让同学们认识到了集体的重要性，大家一致认为只要同心协力就一定能够攻无不克，战无不胜；第二次主题班会"长风破浪正当时，直挂云帆济沧海"就让同学们激情迸发；第三次主题班会"壮志凌云"进一步让同学们明确了奋斗的方向，方向明确了，斗志更旺盛了。第四次班会"我们潜力无穷"更让同学们看到了希望，人人都感觉自己还有巨大的潜力可以挖掘，人人都认为自己还有巨大的提升空间。

与此同时，还分别组建了狼牙大队、尖刀兵团、中坚力量、后起之秀四大军团，并提出了"甘做表率，永不屈服；攻无不克，战无不胜；开疆拓土，必夺第一"的战狼精神，进一步激发了同学们的学习热情。

德国著名哲学家雅斯贝尔斯说过："真正的教育是用一棵树去摇动另一棵树，用一朵云去推动另一朵云，用一个灵魂去唤醒另一个灵魂。"我用一次次班会，利用战狼精神唤醒了整个团队的灵魂，武装了他们的头脑，进一步激发了全体同学的斗志。

那节课上，有同学还说希望老班能够公平一些，对于这一点，我感觉做的还是很用心的。对班主任来说，我认为教育上的公正就是公平地对待每一位学生，不管对成绩在那个层次的学生，虽说未必能做到绝对的一视同仁，但心里并没有有意地偏向或瞧不起哪一类或哪个同学。对于成绩优秀的，我积极鼓励；成绩暂时落后的，我热情相助。努力学习的我大加表扬，总想偷懒的我加以鞭策。据各位任课老师和同学们的反映以及自己的感觉，我们团队的师生关系非常和谐，整个团队风正气清，这种良好风气的形成，与我追求公正的作风有密切关系。

还有同学提出，希望我能够帮助他们提高成绩，这一点我也努力去做了，期中考试同学们大幅度提高的成绩足以证明。接手时的班级总成绩倒一，期中考试就冲到了第一；接手时年级前50名（包括小班）仅2人，这次进入6人；有32人在年级的排名比接手时进步了，人均进步5个名次。当然，经过和老师们分析以及同学们自己分析，提升的空间还很大，因为这次考试成绩的提高给全体同学增强了信心，也让他

们发现自己的潜力真的很大。在这种信心的激励下,成绩一定还能提高。

从开学到期中考试这段时间,自己和班级的表现确实有许多可圈可点之处,但今天除了总结这些以外更重要的是反思那些做的不够的地方。那么,自己在哪些方面还需要继续努力呢?

我站起来,冲上一杯咖啡,在咖啡的馨香中边继续思索边在教育笔记上写着。

1. 是否成了学生们精神上的榜样?

有一位名师说:"示范是最好的教育。"老师应该成为学生奋斗的榜样,这是自己从教 20 多年来的一点心得。那么,问题来了,自己是否成了他们的榜样?尤其是成了他们精神上的榜样?在精神上是否给了他们更好的激励?我要求学生具有战狼精神,自己是否先具备了这种魄力?是否先具备了这种磅礴的气势?同时,是否告诫自己每天都要干劲冲天?是否提醒自己今天的我要超越昨天的我?

2. 是否更好地控制了自己的情绪?

"能控制好情绪的人,比拿下一座城池的将军还伟大。"拿破仑如是说。大仲马也曾说过,人要控制好自己的情绪,否则情绪便控制了人。

情绪能够很快传染给身边的人,我的情绪也会很快传染给学生,我的喜怒哀乐学生也能够及时地察觉并受到暗示。我的情绪应该是积极的、向上的、阳光的,一种能温暖学生心灵,激发学生自信,带给学生快乐的情绪体验。近三个月来,我是不是有时也控制不住自己的情绪?是不是偶尔也会因为学生犯下了严重的错误而情绪失控?当然,班级管理中,适时地发火对整顿班级秩序是必要的,但是不是每次都有这个必要?那一次,刚刚打上课铃,因为许林娜同学跟同位说话,我竟然冲上去对她大吼。还有一次中午上课前姜凯和王俊彦闲聊了几句,我也是有些情绪失控,诸如此类的发脾气是不是不应该发生?

3. 是否把特别的爱给了特别的学生?

这个班级有不少性格鲜明的学生:有的脾气特别暴躁,有的特别不爱说话,有的思想早熟,有的特别自私,有的……对于这些特别的学生我是否使用了特别的管理方法?是否给予了他们特别的爱?对那些特别不爱发言的同学是否经常给他们创造机会,让他大胆地表达自己心中的想法?对于思想早熟的同学是否及时地给予了正确的引导,不断修正他们思想的偏差?对于特别自私的同学是否经常地进行点拨,多让他参与到集体活动中来,在活动中了解自己,认识他人,体会和他人相处的快乐?那个叫浩然的同学,很善良但思想也很复杂,性格也有点偏激,自己做了许多工作,但这些工作做得还不够细致,不够耐心。

4. 是否与家长建立起良好的沟通渠道?

"三人行,必有我师。"更何况班主任面对着如此众多的家长,他们来自社会的各个阶层,不乏各种人才,也不乏对教育孩子有丰富经验的。自己是否和家长交了朋友?是否虚心听取了家长意见,共商育人良策?当学生有过错需要与家长取得联系时,是否把学生的错误转嫁给家长？是否尊重了家长的情感,对家长们做到温和有礼？一般情况下我是不愿意把家长请到学校里来的,却把春泽的家长请来了好几次,以至于让家长产生了误解。

5. 是否跟其他优秀的班主任学习了？

如周立彬老师,他的"值日班长制"就值得我学习。他的班级是由每天的值日班干部作宏观的管理,从抽查、得分情况或值日班长的登记情况来对每一天进行量化打分,一周一统计,两周一表彰。正是这样的一套学生自己实施、自己监督、自己完善的班级管理体制,才使管理卓有成效,更使学生养成了良好的学习、生活习惯。

他的这一做法是在实实在在地落实学校所倡导的"以人为本,自主管理"的模式,尽管我也实行过这样的班级管理体制,却做的远远没有他这样细致。

他非常敬业,无怨无悔,这一点和他相比,自己是否还有很大差距？

另外,他的"要知人,做学生的知心朋友"等许多方面,是否值得我进一步去学习？

如张作伟老师,他的"信心至上教育",让每一个学生都对未来充满希望！他告诉学生,每天早晨醒来对自己说的第一句话是"美好的一天开始了！";告诉学生要"信心十足,有百分之一的希望,就要付出百分百的努力;必尽洪荒之力,永争第一！"。

他的"合作共赢方法"。只要是休息日,他就组织住的比较近的几个学生组成一个小组,集中学习,加强交流,取长补短,共同提高。

如刘斌老师,尽管他也告别了"年少时代",但他却一直在不断探索——努力做创新型教师。他在教学的同时,做好科研工作,不断探索教育教学的新理念、新方法。陶行知先生曾说过,"教师要善于做一名创新者、探索者",这一方面,我做得还不够,得向刘老师学习。

如田立刚老师,他对班级每一位同学的情况都掌握得非常细致,总能针对不同的学生出现的不同问题采取有效的措施,这一点我做得也还不够。

再如韩瑞友、张贤悦、华庆江、孙秀敏、宁长勇等优秀班主任,自己是否虚心向人家学习了？是否经常向他们请教了？

写到这里,望了望窗外,前楼后楼原先亮着的灯已经陆陆续续地熄灭了,夜已深了,于是匆忙又在教育笔记上写下了几条：

1. 在弟子们景仰的目光中前行,努力使自己成为学生的精神领袖,成为学生前行路上的明灯,指引并照亮他们的前行之路。

2. 学生出现问题时,竭力控制自己的情绪。不论学生犯下多么严重、多么不可原谅的错误,不要一时性起,怒发冲冠,劈头盖脸地批评学生,首先要做的是让自己冷静下来,让大脑保持清醒,让心情恢复平静,等到让理智说服自己的时候,再去思考怎样处理犯下错误的学生更有效果。

3. 特别的爱给特别的学生。给那些学习困难和思想偏激的学生更多的关爱和温暖。

4. 努力和更多的家长成为朋友,建立起良好的沟通渠道并且让他们在学生成长的过程中发挥更多的作用,以取得事半功倍的效果。

5. 把向优秀班主任学习的自我要求进一步落到实处,博采众长才能更好地前行。

亲爱的诗意,努力让自己成为更好的自己吧,或许雕凿的过程会很疼,但将来的你一定会感谢现在拼命变好的自己。

终于写完了,《小夜曲》已自动循环播放了 N 次了,卧室里传来了妻子和女儿、儿子入睡后均匀的呼吸声。

初冬寄语

满地的落叶告诉人们，深秋到了；枝头最后一枚叶子飘落时那悠然的身姿提醒人们：十二月来了，冬天来了。

从此，山瘦了，水落了，天地间少了生机，一片萧瑟，而同学们奋进的身影却成了冬天里一道别样的风景，一种亮丽而温暖的色彩。

看，挑战的战士信心满满，胸有成竹；瞧，应战的同学意气风发，斗志昂扬。集体的宣言在实验中学的上空回荡，铿锵的誓言在他们的心中铭记。不畏严寒，争分夺秒，相互学习，相互比拼，你争我赶，明争暗赛的学习热潮正在掀起！

有人说："我们将心中的希望，于冬天默默入土，在春天勃勃发芽。"我要说，既然有希望，冬季也是春天。

这个冬天，让弟子们把希望之花绽放在心灵的原野；

这个冬天，愿自己做那抹暖阳，温暖负重而行的他们；

这个冬天，因为有希望，它成了生命的春天。

心中充满希望，前行就有力量。

这个冬天，我们的世界一样可以春暖花开。

初冬诗情

初冬，不如金秋给人收获的喜悦，不如隆冬神圣庄严，然而，它却承载着一份别样的美，让人欢喜。

今天，又收到了学生的一封信，他刚上大二，在信中他如是说。

"……走进学校的大门，穿过钟楼，映入眼帘的是那充满美好寓意的'天之梦'，和朋友们在操场踢着足球，坐在教室里聆听着老师精彩的讲解……原来是一个梦。一年来，夜里时常会浮现出这样的梦，可能是高中生活给我的印象太深吧。敬爱的老师，到大学一年多了，确实非常怀念高中生活。

说实话，现在回想起来当时自己挺顽皮的，经常不听老师的话。高三一年十分重要，方方您对我挺好，学习上也把我当作重点培养的对象，也许是我太顽劣，经常惹您生气。现在回想起来当时自己好幼稚，总是伤害在乎我的人的心。

方方的演讲的确特别精彩，每当自己没有动力要懈怠时，只要能听上方方的一节演讲，整个人顿时就燃烧起来了，从此便爱上了您的演讲。高三，是需要静心的一年，可是当时的自己却很浮躁，在方方的引导下才逐渐平静下来，现在每每回想起来，内心依然充满感激。

'来，你来回答一下这个问题'，这句话那么让人怀念，只是再也不能坐在那间教室听一节方方的课……那段时光，我会用一生去铭记，去回忆。"

　　这些文字让我想到那温暖的阳光,想到他那明亮的笑容和蓬勃的青春,让我又想起了高考前他写给我的那封信。信中,他解释了自己成为"坏孩子"的原因并诚恳地向我表达了歉意。其实,一直感觉他是一个不错的学生,一个很懂事的孩子。

　　初冬象征着萧瑟和荒凉,而眼前的初冬,因了这封信,却别有一番滋味,别有一番诗情。

附学生高考前写给我的信。

方老师:

　　您好!

　　对不起,最近让您为我操了那么多心,而我又一次次地让您失望。其实我也非常恨自己,期中考试过后,我发现自己完全变了一个人,变得连我都不认识了。期中考试当天发生了一件事,这件事对我很重要,因为某些原因,老师,请原谅我暂时不告诉你。期中考试成绩公布后,尽管我进步很大,但我丝毫不开心,我宁愿不要这样的成绩,只希望一切回到从前。那件事情发生后,我经常睡不好,晚上还做噩梦,有时会从梦中惊醒,晕晕乎乎得,分不清到底哪个才是现实,感觉还在做梦。自己一个人躺在床上的时候,眼泪会不自觉地流下来。我真不想再给家里增加负担了,如果非要承受,我想都砸在我身上就行了,我不会有怨言。我只想好好调整,积极地面对这一切,可我却慢慢地变了。老师,在您心里现在的我已经变成了一个坏孩子了吧?其实您为我做的,您对我的关心我都知道,我懂。我妈也经常对我说,老师也像家长一样,都是为了我好,管我都是为了督促我,都是为了我啊!

　　认识您之前,我一直没有偶像。高三开学之前,通过和您在 QQ 上聊天就感觉您人特别好,有一种高山流水遇知音的感觉,我好崇拜您! 那节体育课给您送作文,您和我谈了那么多,我终于知道谁是偶像了,并把"方方是我崇拜的偶像"这句话写在课桌上。

　　那一次我没写语文学案,您叫我出去谈过话,别的老师都不想管我,而您却不嫌弃我,当时我非常感动。您说期中考试考进一本,我一直记在心里,就作为咱俩的约定。我知道学习是为了自己,不知什么原因,我的情绪变得越来越不好,有时候跟您说话语气还很冲。其实过后我都会很愧疚,却没有勇气主动向您道歉。老师,其实在我心里,您还是我的偶像,这一点一直没有改变,而且每次大休回家都会和家人说您的好,怎么负责任,怎么关心我。老师,其实我非常感谢您,有些话的确不知道怎么表达,但那份心意一直是有的。

　　最近经常惹您生气,感到很对不起您。您想督促我学习,我却没有好好领会,依然我行我素,不理解您的那份心意。老师,不要因为我影响了您的心情。保持良好的心情,有利于您的身体健康,错是我犯下的,只能说明我不懂事。

　　老师,我特别希望您能开开心心的,作为您的弟子看着也会很高兴。

信是在床上写的，字不太认真，望老师见谅！

愿您身体健康，天天开心！

戚振龙

方 Sir 印象

今天是周末，阳光暖暖得。午后，冲上一杯咖啡，坐在阳台上，拿出学生写给我的信（昨天和学生做的互动）一封封读着。

"方 Sir，在您第一次开班会的时候，就给了我很大的震撼。因为两年了，除了刚升入高中时在郭亮老师班里听过的一次班会，到后来分班以后再也没有听到过这样有激情的班会。我只是想说，当一位老师饱含激情地站在我们中间，用有力的声音唤醒了我们，激励着我们，这是一件多么让人激动的事呀！谢谢您！方明武老师，正是因为那次班会也让我对你有了崇拜感……您接手这个班级后，我发了一条 QQ 说说：新班主任很有激情，我很珍惜在高中最后一年上帝给我安排的这份礼物……身体是革命的本钱，把本钱一定要照顾好了。"

"方 Sir，我们已经共同度过了一百多天，这短短的一百多天，我们认识了一个风风火火的方老师——我们这个团队的魂！在这短短的一百多天，我们同学无时无刻不在接受着您的照顾，无时无刻不在聆听着您的教导。您教导我们热爱祖国，热爱脚下的每一寸土地；你教导我们要有骨气；您教导我们要做对社会有贡献的人。其实，您就是我们的榜样。如果现在让我说什么是幸福，我想说，能够在坐在教室里听方老师上课就是幸福。"

"首先，您很有责任心……第二，您通情达理……第三，您非常幽默……不是在这里跟您说好听的……给您提一个建议吧，就是在讲事的时候，不要把土话和普通话并用，有时候一句话能把土话变成普通话，太快了。"

"方方，首先明确一点，我非常喜欢您做我的班主任；对于我们这个班集体，我也非常满意。我喜欢那种有激情的老师，您就属于那一种有激情的，当然还有点搞笑。方 Sir，可否提一个建议比如上自习课别在窗外偷看，我感觉这样不太好。"

"对方 Sir 说的只有两个短语——谢谢您和对不起。谢谢您对我们的耐心和教导，谢谢您教会我们学习和做人的方法，谢谢您第二任父母。对不起，让你费了如此多的心血；对不起，不久之后，我就要离开了。"

"小方，其实我最对不住的人就是您了！我屡次跌倒，您总会让我站起来。我尊重的人除了我父母、姨父、姥爷和初中时的一位班主任外就是您了！这种尊重是发自内心的，一点也不做作！"

"方 Sir，我觉得吧，您通情达理，有什么事同学都愿意跟您说；您说话算数，答应我们的事从不反悔；您上课很幽默，总是胶白（胶州普通话）和普通话交叉着说，还经常说一些经典的话，令人深思。"

"方 Sir,我觉得您是一个乐观主义者,脸上总是挂着笑容,让人感觉很亲切很亲切,对班级也很关心,具有很负责的工作态度。"

"方 Sir 豪气入肠,三分化作大气,七分化作性格飞扬;绣口一吐,就是豪言壮语。"

"……好啦,我发现您最近心情不好,不要紧,要保持乐观的心态,心情失落的时候想想我,有琛哥在,怕什么?"

边读信边吃吃地笑着,为弟子们的那份坦诚,为弟子们对我"发自内心的,一点也不做作"的热爱。

看完了这一封封信,站在阳台上向冬天的田野望去,田野上方的天空正青碧着,就像伸出双手就能掬起水来的一泓清泉。

小莲心结

天阴沉沉的,好像要下雪的样子,可一直到傍晚,连一片雪花的影子也没有。下午还在想,如果能下雪,晚上约三五好友小酌一下,一定会别有一翻风味的。

"绿蚁新焙酒,红泥小火炉。晚来天欲雪,能饮一杯无?"以前,总在有雪的日子才能想起的一首诗,今天却又想起。回想去年,和几个儿时的伙伴小酌,吃到一半,外面飘起了雪花。小伙伴们顿时来了兴致,趁着酒兴,纷纷以雪为题,吟诗作赋。只有我和军静静地坐在一旁,边享受着房间内那温暖的灯光和温馨的氛围,边欣赏着窗外飘飞的雪花……

可是今天,现在,只能望着外面那阴沉沉的天空。已经下班了,办公室里空荡荡的,百无聊赖之中,拿起一位女同学放学时交给我的信,细细读起来。

方老师:

您好!

这样冒昧地给您写信,不知道有没有打扰到您,但有些话确实是我这几个周一直想说的,只是总犹犹豫豫,思前想后,最终还是咽了回去。好几次想找您面谈,但又觉得我这些问题实在太小,不值得浪费您的时间。再说,面对面交流有时会限制思想的表达,于是,我选择了这种方式。

一开始觉得我的这些都是小事,没想到久而久之,这些小事竟会牵绊住我前行的步伐。我的问题不是些具体的小事情,而是思想问题。下面,把我的思想向您汇报一下。老师,其实我不算一个好学生。第一,我不是很积极,无论课上还是课下;第二,我不太会配合您的工作,说大点就是目光短浅。您对宿舍、班级情况做调查时,我都没有如实地配合您。我知道您对我们那样严格是为了我们好,而我却一味地包庇她们,不仅欺骗了您,也妨碍了她们的进步。理由很简单,就是顾全我的同学关系。

其次,我要道歉的是我向您提出了调宿舍的要求。虽说为了自己好,却着实为您工作上带来了极大的干扰,我是多么自私啊!老师,确实很抱歉,我没有顾及您的感受，而您却千方百计地为我着想。今天上午您找我们出去谈话，您提调宿舍这件事时有意给了我一个台阶，您不知道那一刻我真的是万分自责加万分酸楚。您那时给我的感觉就像一位父亲，您多么不容易啊！不仅要肩负着班级管理的重任，还得照顾家庭，还得照顾正上高中的儿子，您身兼数职，却依然每晚靠班，如此忙的情况下，竟然还能顾及到我这样一个卑微的同学向您提出的请求，还得考虑要为我留面子，站在我的立场想问题。那一刻我确实很惭愧！

另一件令我担忧的事情就是走读。记得老师您让我每隔几周提醒您管理一下宿舍，所以现在我想再对您说一下，我确实不是对您的宿舍管理失望而走读。我们宿舍实际上已经向一种良好的趋势发展了，所以也希望老师能以一种发展的眼光看她们，多表扬表扬她们，或许对叛逆的她们是有效的。

而对于我自己，我说的思想其实就是指我内心的想法。我是一个思想复杂的人，干什么事，说什么话都思前想后。"啊，这句话不能说，容易伤人。""啊，这句话以前我听到的时候让我不舒服，我也不能对她说。"顾虑太多，想法太多，害怕失败，也容易对自己做过的事感到后悔。久而久之，便形成了不自信、不勇敢的性格。话不敢多说，不敢抬头，不敢多迈一步，这些都限制了我的思维。我也知道在这时候谈性格是不合时宜的，但目前影响我最大的就是这个了。有时我甚至很消极，很极端，也知道这样容易错过很多机会，知道这些对我以后也不利。想改变却没时间了，不敢多想，不想顾虑，但这已经成了我的一种习惯了。有时做事，刚做过去，下一秒便会后悔。很敏感，很在乎别人的看法，仿佛我不是为自己而活。

很愧疚让老师读了这些，您原本乐观开朗的心情会不会变得不大好了呢？我没有表达积极的东西，让老师费神了。还有一事想要征求您的意见，就是走读究竟有利还是有弊？这几天我总是沉浸在一份深深的自责中，为了自己的便利而剥夺了父母的空闲时间。原来他们晚上是无忧无虑的，现在无论有事没事都要挂念着来接我这件事，我这样实在不太懂事。有时候也想明白了，其实无论宿舍安静与吵闹，关键在于自己，更何况她们正在您的引导下向好的方面发展呢！我不能把原因太多归于外在。

知道自己身上有很多不足，所以也希望老师能如指点他们那样指点我，不要担心我心理脆弱承受不了，我知道只有改正了错误，才能进步。其实一直很喜欢老师您的善解人意，从暑假开始便一直这样，也希望老师您能给我进一步深入交谈的机会。谢谢老师能耐心看到这里，让您费心了！

小莲

写信的是小莲，她是一个性格内向的女孩，就像一朵羞答答的红莲。她是慢热型的，跟她熟悉之后，周围的人都会被她的热情、幽默所感染。她的爱好十分广泛，包括看书，健身，唱歌等，也乐于尝试没接触过的事物。做事踏实细心，持之以恒，耐心十足，懂得倾听，乐于助人，因而朋友很多。她还懂得体贴——体贴老师，体贴家长;缺点是优柔寡断,多愁善感,过于注重人际关系。这封信也恰恰反映出她的优点和缺点,怎样才能解开她的心结呢? 我陷入了沉思。

红莲绽放

"老师好!"她有点羞涩,又有点局促。

"你好小莲! 祝贺你!"我一脸笑意。

"祝贺我?"她一脸茫然,皱着眉头想了一大会儿,好像望着外星人似的,眼睛里写满了困惑。

"你不是一直想跟我沟通一下,但总是很犹豫很纠结吗? 但你最终还是迈出了这一步,这不值得祝贺吗?"

"这样呀!"她笑了笑,露出两排洁白的牙齿,不像刚才那么局促了。

"当然,我还得祝贺我自己,知道祝贺我什么吗?"

她摇头,又是一脸茫然。

"最后再告诉你,给你留个悬念吧。咱们先聊聊你这封信的内容吧。

你在信中说,你的那些事情实在太小,不值得耽误我的时间。其实,只要对你产生了严重影响的事情都不是小事,你不是也说这些所谓的小事已经绊住了你前进的步伐了吗? 同时,我们当班主任的一个重要任务就是帮助你们解答那些感到困惑的小事,所以不能说耽误我的时间。

你说,你算不上一个好学生,还说了两点依据。如果照着你这两条标准去衡量一个学生的好与否,那你确实算不上一个好学生,但是能用这两条去衡量吗?"

她摇摇头。

"那你现在再考虑一下,衡量一个好学生的标准是什么?"

"应该成绩好……应该尊敬老师,团结同学等等。"她略一思索后回答。

"作为老师,我承认我也很喜欢那些成绩优秀、学习刻苦的学生。虽然说学生的天职是学习,但不等于说学习好就是判断好学生的第一标准。单纯从学习的角度来说,热爱学习更重要。只要这个同学热爱学习,即使成绩一般甚至不理想,也是一位好学生。同时,我个人认为,你应该先说尊敬老师,团结同学,成绩应该放在次要位置。因为对于一个人来说,品质更重要,不是吗? 当然,每个人心中的好学生的标准是不一样的。如果真的要我定义好学生的标准,我想好学生应该善于反思自己的过去,敢于正视自己的缺点并努力改正;好学生应该不因成绩优秀而骄傲自大、目中无人,又不会因成绩差而自卑;好学生应该与人为善,乐于助人……其实,你完全可以算是一位优秀的学生,为什么这样说呢? 再给你留一个悬念。"她点点头,面露欣喜之色。

"你说你没有很好地配合我的工作,这是事实。但你想过没有,在这种情况下我并没有批评你,为什么? 因为我理解你的苦衷,这一点你在信中也谈到了。"说到这里,她那看上去略显"僵硬"的坐姿放松了许多,我知道,她心里的顾虑正在渐渐消失。

"关于你说的调宿舍的问题,你完全不用惭愧,应该惭愧的是我,因为我没有管理好宿舍。同时,我还要感谢你呢,通过你反映的情况,我才知道你们宿舍原来还存在那么多的问题,谢谢你! 你还说,我在那么忙的情况下,还为你着想,这是应该的。你也不能认为自己这样做是自私的,你们遇到问题,自然要向班主任求助,这是正常的呀,我们当班主任的也有义务为你们排忧解难,对吧?"

她点点头,脸上的笑意更浓了。

"至于你说你的性格,做什么事,说什么话都瞻前顾后。这种性格未必不好呀,你看,你人缘多好,你身边不是有许多朋友吗? 这一点我们俩有点相似,我有时候也在想是否改变一下,但想想谨慎的性格确实也给自己带来了许多好处。再说,如果改了,那还是我们自己吗? '我就是我,不一样的烟火',咱们有点与众不同又有何妨? 同时,'冰冻三尺,非一日之寒',性格的养成是长时间的,同样,如果想改也并非易事,还不如现在不去管这些。有些事情你越想解决它,它反而会贴得你更近,到最后还可能让自己更加心烦。告诉自己,现在只在乎学习就行了,其他的一切都是浮云。送你一句话,'要想地里不长草,最好的办法是种上庄稼',回去好好体会一下这句话的意思。"

"对呀! 我是不一样的烟火,活出自己的个性,亮出自己的风采。"她的眼里放出光彩。

"你父母来接你,你更不必自责,你认为他们来接你牺牲了他们的休息时间,对吗? 你怎么就想不到他们来接你是一件非常幸福的事情呢! 就是在平时,他们来接你也很幸福,何况是在现在这样关键的时期呢! 当你长大当了妈妈以后就会理解我说的了。"

"对、对、对,他们会感到幸福的,我怎么就想不到呢?"她高兴地说。

"对了,刚才我说你是一个优秀的学生,知道为什么这样说吗? 这封信自始至终都能表现出你对老师和父母的体贴。还有,你说让我给你指出缺点,你想进步,你看这是多么优秀的学生。这也是我在刚刚谈话的时候祝贺我自己的原因,你想,拥有这样又懂事又追求进步的弟子是不是一件值得祝贺的事情。"我满目含笑地望着她。

"谢谢老师! 您过奖了,我都不好意思了。"她很羞涩,却露出了自信的光芒。

"老师,我想起了一篇文章,不知道您读过没有,是冰心写的《荷叶·母亲》,感觉你特别像那枚荷叶。"

"呵呵,那篇文章我也看过,那老师就做那枚荷叶,为你遮风挡雨,让你开得更加艳丽,怎样?"

"太好了! 谢谢您!"

"对了,你老家是安徽的……"接着,我们又聊了一些家常。

通过我的这次开导,她开朗多了。后来,又经过几次深入地沟通,她越来越阳光了,就像冰心笔下的红莲,开得越发娇艳了。

考后整顿

果不出我所料,期中考试以后,班级很快就出现了松松垮垮的现象:迟到的多了,课间大声喧哗的多了……这种情况也在我的意料之中,尽管我在之前的班会上打了预防针,但这种现象还是出现了,怎么办呢? 根据以往的经验,轻描淡写地强调一下是没有什么效果的,于是想找个"点",先进行"精准打击"再整体整顿。

机会终于来了,那天晚上第三节自习铃响二分钟后,有三个男同学才匆匆忙忙从外面跑进来,原因是去学校超市买零食吃。于是我把他们带到自习室,先帮他们分析了出现这种现象的根本原因——考试进步而滋生了骄傲的情绪,然后,我就沉下脸来劈头盖脸地批评了他们一顿。

让他们回到教室后,我让全班同学一起反思近来出现的不良现象:

以前几乎从来没有迟到的,现在经常有迟到的;

以前上课前,教室里就静了下来,现在上课铃响后依然有许多同学在说闲话;

以前课间非常安静,几乎没有打闹的现象,现在课间高声喧哗的多了,甚至出现了追逐打闹的现象;

以前自习课非常安静,现在总能听到喊喊喳喳的说话声;

以前各科作业基本不需要催促就能交得很及时,现在需要科代表催促好几次才能交上。

"出现这些现象的根本原因是什么? 期中考试之前为什么没有? 是不是感觉自己有了一点进步就沾沾自喜? 还有没有点出息? 这种骄傲的情绪是表现在极个别同学身上还是表现在我们众多同学身上? 还是在几乎所有同学的身上都不同程度地存在着?"接着,我又毫不留情地点出了好几个同学的名字以及近一个阶段他们身上存在的问题。一时间,教室里"电闪雷鸣"……

"不错,我们是进步了,是整体进步了,但是作为个体的你呢? 是不是所有的同学都进步了呢? 不是还有十多名同学停滞不前甚至是后退了吗? 退一步讲,即使是我们所有的同学都进步了,又怎样呢? 仅仅说明我们上次考得太差了,所以这次才进步太大。"同学们默不作声。

"这次考得好,就证明我们的实力了吗? 这次我们考得好,是因为别班同学发挥不好,如果其他班同学都发挥好的话,我们能有这么大的进步吗? 话又说回来了,即使我们实力强大,这能够成为我们骄傲的资本吗? 我们高考不是在实验中学这个小天地里比,最终是要到全省去比,全省大排名的话咱们这个名次能排到多少名? 有什么值得高兴的? 骄傲使人落后,这种道理大家不懂吗? 难道只有撞了南墙,被撞得头破血流,才能回头吗? 马上月考了,如果这样继续下去,月考一定会考得一蹋糊涂,到时候看别班同学怎么笑话咱们。"

我一连串的反问使一些原本在那里赶着做作业的同学也不自觉地放下了笔,认真听着,认真反思着。

最棒的老师

今天,用心读了《你是我一生遇到的最棒的老师》这篇文章,文章的内容是这样的。

开学的第一天,汤普森夫人站在五年级的学生们面前,说了个谎。她看着她的学生,说她会平等地爱班里的每一位同学,但这是不可能的。

班里有一个坐在前排的小男孩,叫泰迪·斯托达德。汤普森夫人发现,泰迪根本无法与其他孩子们玩到一起。他的衣服很邋遢,不受大家欢迎。汤普森夫人经常在他的卷子上用红笔画一个个红叉。

过了不久,学校要求老师们对每个孩子过去的评语进行审阅,汤普森夫人把泰迪的档案放到了最后一个才看。然而,当她看到泰迪的档案的时候,吃了一惊。

泰迪一年级的老师写道:"泰迪是个聪明的孩子,永远面带笑容,作业写得很整洁,很有礼貌,他经常给周围的人带来欢乐。"

二年级的老师写道:"泰迪是个优秀的学生,深受同学们的喜爱,但是他很苦恼,因为他妈妈的病已到了晚期,家里生活困难。"

三年级的老师写道:"母亲的去世对他是个沉重的打击。他试图尽最大努力改变生活,但他的父亲责任感不强,如果不采取一些措施,他的家庭会对他产生不利的影响。"

四年级的老师写道:"泰迪性格孤僻,对学习不感兴趣。他没有什么朋友,有时会在课堂上睡觉。"

此时,汤普森夫人才意识到问题的根源,她为自己一直以来的行为感到羞愧。

圣诞节到了,当学生们送给汤普森夫人圣诞礼物时,她更是无地自容。学生们的礼物都是用明亮的彩纸包好的,上面扎着美丽的丝带,唯独泰迪的那一份不是。泰迪的礼物是用厚厚的牛皮纸袋包裹的,那纸是从杂货袋上扯下来的。汤普森夫人费了很大劲才打开这件礼物。

那是一只水晶石手链,上面有颗水晶石已经丢失了,还有一瓶只有四分之一的香水。一些孩子看到了这份寒酸的礼物,开始发笑。汤普森夫人制止了他们,她大声夸赞:"这只手链多漂亮啊。"说完后把它戴在手上,还在手腕上喷了点儿香水。

那天放学后,泰迪说:"汤普森夫人,今天你身上的味道就像我妈妈的一样。"说完,他背起书包回家了。

孩子们都走了,教室里只剩下汤普森夫人一个人,她哭了至少一个小时。从那一天起,她不再研究怎样教学生们写作和算术等,而是研究怎样真正地引导和教育孩子们的成长。她开始关注泰迪的生活和心理,常常单独辅导他的功课。与老师一起学习时,泰迪便显得灵活起来,她越鼓励他,他的反应就越快。

到了这年年末,泰迪已成为班上最优秀的孩子,成绩非常好,尽管汤普森夫人说过她会平等地爱所有的孩子,但泰迪却成了她最偏爱的"宠儿"。

一年后,汤普森夫人在门缝下发现了一张纸条,是泰迪写的。他告诉她,她是他一生中遇到的最棒的老师。

又过了六年,汤普森老师收到了泰迪的另一张纸条。他说自己已经高中毕业,成绩排在全班第三名,她仍是他一生中遇到的最棒的老师。

多年后,汤普森老师收到一封信,这次泰迪说,当初拿到学士学位后,他决定继续留在学校深造。他还说,她仍是自己一生中遇到的最棒的老师,但如今信上的落款是医学博士泰迪·斯托达德。

那年春天,泰迪又来了一封信,说他马上要结婚了,他不知道汤普森夫人是否愿意参加他的婚礼,并坐在新郎母亲的座位上。

当然,汤普森夫人如约去了。她戴着那只丢了颗水晶石的手链,还专门喷了泰迪母亲生前用的那款香水。师生俩互相拥抱,泰迪博士在汤普森夫人的耳畔说:"谢谢你,汤普森夫人,非常感谢你让我知道自己可以有所作为。"

汤普森夫人眼含热泪,低声说:"泰迪,你搞错了,应该说感谢的人是我。直到遇见你,我才知道如何做老师。"

读完了这篇文章,我在教育笔记上写下了这样几句话:

教师的爱是阳光,它能融化学生心灵上久积而成的"坚冰"。

教师的爱是打开学生心灵大门的钥匙,有了这把钥匙,学生就会向我们敞开心扉;我们应该拥有这把钥匙,我们应该让每一个孩子都享受到爱的阳光。

元旦寄语

"悄悄的,我走了,正如我悄悄的来……"2016,我们还没来得及好好品味品味,就悄悄地和我们告别了。

轻轻的,我来了……我们还没有完全准备好,2017 年就轻轻地来了。

2016 年,国内形势一片大好:"中国天眼"落成启用,"悟空"号已在轨道运行一年,"墨子"号飞向太空,"神舟十一"号和"天宫二"号遨游星汉,中国奥运健儿勇创佳绩,中国女排时隔 12 年再次登上奥运会最高领奖台……

2016 年,"三(1)"形势一片大好:运动会我们捷报频传,独领风骚,我们"三(1)"的运动健儿们,发扬了顽强拼搏的精神,顺利摘取了一块又一块金牌;尤其让我们感到自豪的是吉琛同学,他在 5000 米比赛的最后 200 米冲刺时,位居第一名的运动员突然摔倒,第二名的他不仅没有趁机超过他,反而跑上前扶起他,搀着他一起跑向了终点……他以实际行动诠释了什么是"一号"精神。

期中考试,我们众志成城,成功逆袭,总成绩由原来的倒数第一名成功"晋级"为第一名。6 门功课有 5 科入围率第一,4 科平均分第一。普通班级前 10 名我班占了3 名;年级前 20 名,我班占了 7 名;宋百杰同学以 135 分获得语文全年级第一名;刁世峰同学以 148 分获得全年级数学第三名;王杰同学以 132 分获得全年级英语第 10名;尤其是谭雅文同学摘取普通班级第一名的桂冠,成功杀入全年级前 10 名,成绩远远超过许多实验班的同学。

班级文化比赛中,我们取得第二名的好成绩;宿舍文化比赛,我们取得第三名的好成绩,篮球对抗赛我们第二……

其实,成绩是次要的,重要的是我们收获了自信。通过这一系列的考试和评比活动,我们发现原来自己是非常棒的,"三(1)"是非常棒的,我们是有很大潜力。这种自信为我们 2017 年更好的发展夯实了坚实的基础。

"逝者如斯夫",同学们、战友们,2016 年与我们渐行渐远,2017 年已迈着轻盈的步子向我们走来了,面对新的一年,你准备好了吗?

元旦一过,还有两周就要进行期末大战了,我们需要再一次证明我们"三(1)"是最棒的,你准备好了吗? 寒假开学后的第三个周就要进行青岛市第一次模拟考试,这是整个高三仅次于高考的一次"大会战",我们一定能够实现也必须实现"全面开花"的目标,你准备好了吗?

战友们,向 2017 年进军的号角已经吹响,让我们抖擞精神,"撸起袖子加油干",带着诗和梦想,向着属于我们的远方,出发! 出发! 进军! 进军!

祝大家元旦快乐! 新春快乐!

剑走偏锋

今天,学校举行了诊断性检测,让人感到欣慰的是这次检测的结果很不错:"一号战舰"蝉联第一。班级一直按照原先设计的路线向前发展着,并没有因为我这阶段没在学校(孩子生病住院)而出现成绩滑坡的情况。

还有一个月左右就要进行期末考试了,新学期开始三个周后就要进行青岛市第一次模拟考试了,为了保证一模大胜,继续执行原计划——期末考试以退为进。因为从高三开始到现在共进行了三次考试,我们班一直是第一,对于一个团队来说,连续打胜仗很容易滋生一种骄傲的情绪。如果期末考试我们班还是第一,根据我带班的风格和经验,一模考不好的可能性会更大一些。期末成绩与一模成绩相比,两者不可同日而语,这样,不如期末考得稍差一点,打击他们一下,让他们保持清醒的头脑,这样他们就会沉下心来去复习,寒假也能够得到更加充分地利用,假期的复习效率也必定会提高。如果能这样,一模大捷的把握会更大一些。出于这种考虑,我决定剑走偏锋,以退为进。

具体怎么办呢? 我继续思索着。先让自己懈怠一下吧:晚点来,早点走;减少晨读来陪读的次数,减少下午第四节在教室陪学的次数,减少晚上第三节陪学的次数,少出现"几家良宵花弄月,我自荷锄独自归"的情况;对班级的整体要求稍微降低一些;把额外奉献的时间拿出来一些分给家人,分给自己,迪迪身体刚刚康复,还需要一段时间的调养,正好趁此机会好好照顾一下她;近期跟儿子交流的也不多,应该好好跟孩子交流一下,以免出现"耕了人家的地,荒了自己的庄稼"的后果。

自己懈怠了,学生一定会懈怠,一旦出现了懈怠的情绪,期末考试成绩一定会下降,抓住这次成绩下降的有利时机"教训"他们一下,寒假也就可以顺理成章地给他们加上"甜蜜负担",然后抓住开学后的三个周,一模"借势起跳",一鼓作气,胜利指日可待。

就这么办! 下一步的工作思路明确后心情放松了许多,不经意间发现办公桌上小鱼缸里的那条可爱的小金鱼正朝着我吐泡泡,嘻嘻。

一蓑烟雨

帘外雨潺潺。

"嘀嘀嗒嗒"的雨声让我从睡梦中慢慢醒来。"这雨,从今天早上一直下到现在,看样子明天早上也不会停。"昨天晚上,躺在床上准备睡觉的我还这样想。果然,这个周日的清晨依然是风雨凄凄。

"去不去看晨读?"心里有点小犹豫,尽管这样想,但还是迅速穿好了衣服,亲了亲还在熟睡中的彦迪后就推门走了出去。

"呀! 好冷! 这鬼天气!"刚一出单元门就遇到了一股冷风,禁不住打了个喷嚏,忍不住在心里骂了一声。

5:00多一点，外面还是很黑的样子，又加上下雨，路上更少有人走；马路旁边店铺的广告灯有气无力地忽闪着；就连路两边那些平日里威风八面的杨树也在冷风中瑟缩着，偶尔有几片残余的叶子从树梢上落下，落在满是浑水的路面上；"嘀嘀……"快速驶过的汽车差一点把泥水溅到我身上，心里的怨气不免又多了几分。

"竹杖芒鞋轻胜马，谁怕？一蓑烟雨任平生。"脑海里突然闪过苏轼的词，是呀，这点风雨何足惧？与其忍受风雨，不如好好享受这2017年的第一场雨。

"哥不辛苦，因为有风雨陪着我。"我又诗意了。

"2017年的第一场雨，来得比往年更早一些，树上飘落的那枚落叶，带给我无限的诗意……"边随口唱着由《2002年的第一场雪》改编的歌词，边大踏步向学校走去，任路灯把我的影子缩短又拉长……

等到了学校，发现许多教室都已经亮起了灯，"三(1)作战室"更是灯火通明，同学们并没有因为天气不好而晚起床，他们早已冒着风雨来到了教室，"作战室"书声琅琅：有的同学在走廊里背书，有的怕犯困站在自己座位上背书，有的跑到"作战室"后面站着背，有的同学捂着耳朵背，有的……书香飘洒，剑气轻扬！

瞬间，我有种阡陌花开的感觉！

我马上掏出手机编辑了一则"阡陌花开"的微信发送到家长群。

"周六晚上10点，凄风冷雨，晚休铃声已经响起，但走读生谭雅文依然在教室奋笔疾书；今天清晨，风雨凄凄，住宿生许苗佳、黑杰、王浩琪、付晓雨、李美其、晓娟、王倩、高梦、夏露荷、况燕、韩星、肖文婷、孙茜、朱娴5:25之前到教室学习；走读生高文龙在5:30之前到校；走读生耿尉在5:40之前到校……全体同学无一人迟到。

人生路上，需要这种不惧风雨的斗志，感谢家长朋友们对孩子这种良好品质的培养！

今天，他们顶风冒雨地学习；明天，他们可以少顶风冒雨地生活！"

窗外，凄风苦雨依旧；教室内，却已花开陌上。

"陌上花开，可缓缓归矣。"此情此景让我禁不住想起这句诗。

期末"搁浅"

北方的冬天又干又冷。

上个月阶段性诊断考试我们班取得的不错成绩，巩固了同学们的信心，也巩固了我这个指战员的信心。按照计划，先让自己懈怠了一下：来得晚了，走得早了，晨读来陪读的次数减少了，下午第四节在教室陪学的次数减少了，晚上第三节陪学的次数也减少了……这样，自己确实轻松了许多。在刚开始的前两个周，班级和以往一样，紧张有序地向前发展着。但两个周以后即期末考试前的两个周，同学们紧张学习的味道渐渐淡了，班级渐渐出现了一种懈怠状况：课堂上回答问题的积极性不如以前那么高了，迟到现象渐渐出现了，课后积极讨论问题的也少了……当然，这些现象的出现也是在预料之中，我只是适时地"装腔作势"地提醒一下，并没有严厉地去纠正这些不利于学习的行为。考试之前，也像以往大考之前必定要开一次动员班会一样，我也"装模作样"地动员了一下。

终于，在这种懈怠的状态中，我们迎来了期末考试。

最终，考试的结果和我所预料的、所期望的一样——"一号战舰""搁浅"了。

如何利用这次考得不理想的成绩动员一下寒假学习，理所当然地给他们增加一点"甜蜜负担"呢？我冲上了一杯咖啡，一个计划很快形成了。

认真倾听

今年的冬天，枯瘦得很，总感觉雪会让冬天丰满一些，而进入冬天都一个多月了，连雪的影子都没有。

中午时候，太阳就瘦成了一张薄薄的饼，散不出多少热量；到了下午，那太阳更是单薄地要命，直接照射到人的身上也让人感觉不到太多的暖意。

放学时候，天更冷了。"回家吃饭？一会还得回来看班，路上会更冷。再说，回到温暖的家就不愿意再出来了。在单位吃？餐厅里又少有自己喜欢的，怎么办？"正在纠结的时候，门开了，一个叫苑彩虹的女生推门进来。

苑彩虹是一个学习很努力的女生，如果不是特殊情况，每天都早早去教室学习，而且放学后总是走得很晚，经常被老师拿来给同学们做努力学习的榜样；不理解的习题总去跟同学讨论或者请教老师，在老师面前应该也是一个好问的学生。当然，她缺点也很明显，就是把高考看得过于重要，因为父母对她的期望值很大，导致她对自身要求过高，进一步导致她不能准确地估计自己的水平，一旦成绩达不到期望值就会非常失望。成绩一次次的不如意对她形成了一次次的打击，这样多次的打击把她的信心也慢慢地打掉了，今天来一定是有什么事情要和我交流。

"苑彩虹，怎么不穿外套？看你冻的。"天气很冷，她又没有穿外套，看上去很冷的样子，我边责怪她边赶紧让她坐在空调正吹的地方。

"这时候来找我，一定有什么事情吧？"看着她满脸愁绪的样子我关心地问，同时给她倒了杯热水让她暖暖身子。

"谢谢老师！心里很乱……想找个人……倾诉一下……"她不好意思地说。

"我愿意当一名听众，而且一定会替你保密，慢慢说。"

"老师，我心里很乱，鼓起勇气来找你是因为我觉得你是一个可以倾诉的对象，是一个值得信赖的人。"她停顿了一下，喝了口热水。

"首先，我道歉，我的成绩似乎总是达不到期望值。我感谢你那天早上找我，让我加快了反思的步伐。持续了近两年的恶性循环，我竟然到现在才开始反思，才真正意识到这个问题，实在是有点儿晚，但很幸运还有很长一段时间让我去改正。

就像你现在看到的一样，我高一高二的时候也是如此'努力'地学习，在挣扎中努力。我每天早上做计划，做得满满的，我一天用最大的努力去完成这个计划。可每天都事与愿违，各种杂乱的小事总是耽误完成这些计划。时间是有限的，我只能做完一项再做下一项，可心被耽搁了，脑子刚进入这一个情境又被迫从这一情境中出来，做下一道题时心里还想着上一道题，效率极其低下。如此恶性循环，成绩不下降才是个奇迹呢。

我真的不知道该怎么办了，几乎所有的老师都把我的成债与付出之间的差距定性为能力问题或学习方法不对。不是这样的！我的方法很好，学习态度也很好。中考时我考小班差了4分，入学成绩是班里的第16名，高一前两次大的考试分别考了第4名和第6名。而这些成绩是我并没有付出多大的努力就取得的，与现在你看到的'努力'相此，那简直是玩出来的成绩。可从高二下学期到现在成绩一直在下滑，我从来没有真正地反思过。有过迷茫、无助、后悔，甚至想到过放弃。但是我不甘心，所以我从未真正放弃过，即使每天在挣扎中努力。"她停下来喝了口水。

"我很要强，遇到一点不如意的问题我都会觉得天要塌了似的。成绩一次次地下降，我不能去埋怨别人，各种辛酸苦楚都一个人承受，这样每天都不顺心，不如意。

我极易受别人影响，没有自己真正好的学习习惯，每天都是如此的恶性循环。学习上如此，每次考试也总是不在状态。

老师，说到这里我的心情好多了。现在的问题就是这样，以前的成绩无论好坏都过去了。现在我想做回真正的自己，一个无悔的自己！我的想法可能太幼稚了，但我相信自己。"

"对，应该相信自己！我也相信你！有没有总结点经验？"我趁给她续水的时候适时地插上了一句。

"谢谢老师！经验是有的，有很多问题都太过于较真了，很多题重要的是弄懂，而不是单纯为了那个纸上的成绩，一定要自己弄懂！"她喝了口水。

"还有就是遇到烦心的问题要及时解决，学习要有一个伴，不要觉得别人请教你问题或者和你聊天会浪费你的时间，必要时的互相鼓励总比一个人奋斗好太多！将来上一个好的大学，有一个好的平台是一件特别幸运的事。高中不努力，大学也一样不会轻松，对优秀的人来说努力永远是最美的姿态！"说到这里，她笑了，似乎有点不好意思。

"老师，你别笑话我，我从未觉得自己比别人差，即使成绩这么不理想，我也一定有反转局面的机会。吹一个大一点的牛然后用心去实现它！我喜欢别人批评我，希望你帮我改正错误，我的错误可能太多了，一个一个地改吧，我有信心！

唉，刚才完全是在发泄情绪，语言可能不太合乎逻辑，语气可能有点生硬，不过我的真实想法说出来了，您能理解吗？"她满心期待地望着我。

"不理解。"我一脸严肃。

"啊?!"她一脸疑惑,很失望的样子。

"哈哈……逗你玩呢! 我怎能不理解!"

她笑了,如释重负地笑了。

"相信经过你的反思,经过反思后的行动,你的那份天空一定会出现美丽的'彩虹'。"我适时地鼓励她。

"谢谢老师能花这么长时间听我诉说! 谢谢老师的鼓励!"她不好意思地笑了。

在她倾诉的过程中,我只是偶尔插上几句话或适时地点点头,绝大部分时间在仔细认真地听她倾诉。

对优秀的人来说,努力永远是最美的姿态! 对于善于说教的我们来说,静静地坐着认真地倾听学生的倾诉,何尝不是一种最美的姿态!

寒假反超

今天是寒假返校自主学习的第一天,天气很冷!

一推开家门,刚向门外一探头,马上就有了"寒风吹我骨,严霜切我肌"的感觉。这么冷的天,同学们能返校学习吗? 教室里会不会稀稀落落,零零散散? 我边这样想着边加快了脚步。

我在 7:30 左右到达了教室,发现教室里已经有 20 多名同学了,而且这些同学都在很专注地学习,甚至比平时还专注,丝毫没有一点因放假而产生的懈怠感。看到这些,我也稍稍放心了,就坐在教室后面的一把椅子上等待其他稍晚点来的同学。

随着时间地推移,进入教室的同学越来越多。天气很冷,有的同学在门口就卸下"行头",脸冻得红红的;有的同学进门后才卸下"全身武装",喘着粗气……

7:50 到了,除了 2 名同学因特殊情况未到之外,应该到的同学全部安全到达,教室里齐刷刷的。我坐在角落里悄悄地观察,进来的同学竟然没有一个说话闲聊的,都悄悄地走到座位上,悄悄地坐下,然后轻轻地拿出书来,开始静静地学习。

我终于放心了,暂时来看,我那以退为进的计划是有效果的,如果寒假中进一步动员和引导,把这近三个周的时间有效利用,实现寒假反超的目标应该不难。

"大家好! 天气这么冷,大家却冒着严寒来了,义无反顾地来了,有了这种精神,相信我们的寒假学习效率一定会大大提高,一定会实现寒假反超的目标。大家很不容易,不要紧,有我和大家一起坚守! 如何提高寒假复习效率呢? 我提几点要求。"

接着,我明确了自主学习的具体要求。

一、纪律要求

1. 静心。"既来之,则安之",静下心来是提高学习效率的前提。

2. 准时来,到点走;中途不能随意离开,有事请假,杜绝'三天打鱼,两天晒网'的现象。

3. 把手机设置在静音上,自主学习期间包括课间不能接听或拨打电话,更不能上网玩游戏,聊天,吃零食等等。

4. 在自己的座位上学习,不能随意换位。

5. 其他要求和平时要求一样。

二、学习要求

1. 反思。结合这次考试,先认真反思得失,整理在《增分手册》上。

2. 有计划。"凡事预则立,不预则废",计划好要复习的内容才会提高效率。

3.《寒假作业》。认真并独立完成《寒假作业》。

4. 补弱。有更大提升空间的弱科要及时补习。

5. 背诵和讨论。每天上午第一节课的前 30 分钟大声背诵,下午最后一节课的后 20 分钟就白天学习过程中遇到的问题进行讨论。

6. 及时统计。把存在疑惑或不明思路的题目每天由科代表统计好,假期结束后科代表汇总上交任课老师。

三、休息要求

1. 中午 12:45～1:30 教室保持安静,进行休息;这段时间不要随意出入,不能讨论问题等,以免影响其他同学休息。

2. 中午 1:30 后快速进入学习状态,不能再继续睡觉。

四、寒假文化

值日班长在黑板上写上激励同学们的话,如"忙碌的寒假更充实""充分利用寒假,为打赢一模备战"等等,每天更换。

五、班长点评

值日班长记录好出勤和纪律情况,每天放学前 2 分钟,由班长点评当天的学习等情况。

强调完各项要求后,我又传达了寒假中集体活动的几项内容:

1. 第一天,学习东营姐妹的复习经验——《寒假是用来反超的》

2. 第二天,寒假各科复习方法指导。

3. 春节前最后一天,学习《北大学长的一封信》前半部分。

4. 正月返校第一天,召开"我们在大学等你们"的主题班会。

5. 正月返校最后一天,学习《北大学长的一封信》后半部分。

传达完集体活动的内容后,我就安排班长带领大家学习《寒假是用来反超的》这篇文章,然后喊上几个在这次考试中出现的"特殊同学"来到办公室,开始了寒假开始后的第一轮谈话。

学长激励

假舆马者,非利足也,而致千里;假舟楫者,非能水也,而绝江河。君子
生非异也,善假于物也。——荀子

让毕业的弟子们激励一下他们的
学弟应该是很好的办法。正好每到寒
假总有弟子们来看望我,于是,在一个
暖暖的冬日的午后,他们相聚于实验中
学,给学弟学妹们加油鼓劲。

他们结合高三和大学经历,有的谈
高三应该注意的问题,有的谈高三的复
习方法,有的谈高考前应该注意的事项
等等。他们热情恳切,学弟学妹们听得也认真。

王博正:

学弟学妹好!我叫王博正,现就读于清华大学。我谈点个人的看法给大家参考。

首先,你得知道现在时间很紧,一个人成绩提高最快的时间是高二结束的假
期到高三下学期的全市模拟考试前,在模拟考试结束以后要再提升成绩就相当困
难了。

其次,不要以为学校的作业很多。学校的作业顶多每科每天一张卷子,一天合
理的会有6张卷子的量,下学期会更多,但这远远不够。对于一个想要高分的学生
来说,练习的强度不可低。我曾经把学校老师发的语文题目都做完了,还去向方老
师要过呢。

不要担心量多做不完,刚开始可以给自己充足时间去做题,慢慢地做题速度会
提高的,因为高三的试题都与高考题型一致的,都是有规律可循的,练熟之后会越做
越快。高三基本上我每天10张卷以上,正确率也很高,熟能生巧嘛。

第三,错题本要因人而异。我浏览过很多网站,上面很多时候会推荐用错题本
这一方法,我们的老师也要让我们使用错题本。我个人持保留意见,我认为这方法
不适用于所有人。错题本的好处的确很多,这里我也不用多说了。但是,整理错题
本所消耗的时间可是比你看错题本的时间多上几十倍呢。我们整理错题本通常是
自己抄题在本上或者剪下试题贴在本上。自己抄题的话,想想现在,题都做不完,哪
还有时间抄题呢?剪下试卷的话,虽然说错题是保留了,但是卷子剩余的题就很难
保留了,成绩的保证不仅要把错题弄明白,就算会做的题也要时常复习。错题本一
方面是弥补自己的不足,另一方面也是在强调自己的不足,只怕在考场上看到相似

的题会给自己暗示这是自己曾经做错的题，或许到时就适得其反了。

我就介绍这么多吧，谢谢大家！

刘超：

大家好！我叫刘超。我现在在山东师范大学英文系读书，我给大家如下建议。

第一，慎重考虑老师给的指导建议。因为大多数老师并不是很了解自己，他们给出的意见通常是针对大部分学生的，是种万金油式的建议，换而言之，他们给的建议大多数人都能给你。这些建议其中就会有相当一部分的东西不适合自己，如果不加思索地套用，成绩可能只降不升。所以对于老师给的建议一定要加以选择，适合自己的才是最好的。

第二，永远不要相信校内排名。你要相信，一个省里面无论题难还是简单，总会有人考到 670 分以上。在高三按排名去定位自己是不合理的，应该通过分数去定位自己。不要认为在一场很难的考试中，年级没几个考到 600 分，而自己考 580 分就心满意足了，有这样的思想是成绩下降的开始。

第三，希望给你一个自己的人生定位。我希望你在高三的定位是做一个优秀的学生，让高考成绩成为你优秀的副产物。如果你将自己全部赌在高考上，你输了，你就什么都不剩；若你先自己在各方面优秀，做一个活泼博闻而不只是只懂书的人，那么即便你高考输了，你还是会有一个精彩的人生，我想这是中国学生在这种体制下较合理的定位了。

我就谈这几点吧，但愿我所说的能给大家帮助。谢谢大家！

杨浩：

大家好！我现在在一所军校读书，今天主要给大家谈几点学习方法。

寒假过后，我们就要为高考备战了！如果你在这之前一直没学好，想要在这段时间内快速提高成绩，想要在高考中逆袭，怎么办？

高三是在我目前为止平凡的人生中唯一一段特别的经历，我非常想和大家分享一下。

高一高二时的我成绩不是特别突出，一般是班级十名开外。有一次，老师让我上黑板讲题，非常简单的方程，结果几个人只有我被"挂"在上面。老师鄙夷地看了我一眼，然后让我同桌——一个踏实又努力的女孩子上去顺利地写了出来。

我虽然非常喜欢我同桌和那位老师，却怎么也忘不了当时老师的眼神和那种耻辱……然后就突然发誓说要冲进前十名，考上重点本科，一定要考上。具体怎么办呢？

第一件事，把题型吃透。就是把吃透的知识转化为实战的能力。

高考虽然有灵活的一面，但是跑不出基本的出题思路——因为它总是以教材为基础，去考察教材的某部分内容的。这时候我们要选择的参考书，就是能智慧地收集并且总结主要题型的书。

很多书里面一堆题，然后分类很乱。记住，如果要突飞猛进，我们就要比他人完成更多的事情，因此时间更有限，王博正是小班的同学，需要题海战术，但对我们普通的同学来说，我个人认为最要不得。如果不找到高效率的方法，就是死路一条。

一本最理想的习题书，会把某个知识点下面能够考的不同类型的题给你看，然后每个类型的题练上两三次，加上讲解。市面上不一定有这种100%理想的书。没关系，买一本最相近的，别忘了老师也会发材料，你还可以自己总结。总复习到每个知识点的时候，老师都会集中的发该知识点的题目，这是一个好机会。把常考的题型记住，就像教材那样熟悉它们。

关于错题本，当时其实我也弄了一本。除了第一次写上的时候帮助记忆以外，基本没翻过……我认为更有用的是总结题型并且记到自己脑袋里。

吃透题型后，每看到一个题目，我们都能在心里大概浮现出这个题目考的是什么知识点，应该从哪里入手作答。说实话，如果能做到这一点，那你基本上考试就能所向披靡了！

第二件事，抓住上战场的宝贵机会。

战场，即是模考。一模之后，基本上每一个月都会有一次大型的、正式的模拟考试，成绩出来后老师还会把每次考试的成绩打出来供比较分析用。

这就到了我们刷荣誉的时候了！

这个宝贵的机会，可以让我们做两件事：

1. 验证自己的能力，知道自己处在什么位置。

考试是一个特别特别好的实验场所，你可以知道自己的复习达到了一个什么效果。我希望你在这时看到的是不断上升的排名，这说明你的努力非常有成效。但如果不是，也不要着急。我当时是以一次好一次坏的节奏而总体上升的，最后几次才保持了连续上升的趋势。

2. 检测自己的不足，进行改进。

如果模考不尽理想，那也是个好事。因为你可以看到很多不足的地方。模考其实还是个试验场，你可以尝试不同的考试策略，做题方法，比如作文的不同写法，英语阅读的不同读法等，并且找到那个最适合你的。

当时我们班每人都有一本《增分手册》，除了写写日常心得鼓励鼓励自己之外，还会对每一次模考彻底分析。包括记录下每科分数，然后逐科分析这一次发挥好在哪里，弱点在哪里，什么地方该拿分却丢分了，什么地方是本身掌握的就不够，什么地方是题目出的太偏不要在意等等。写出来，是一个理性整理的过程，也是让自己客观看待考试结果的过程，还可以之后翻看。

另外，在《增分手册》的最后我还会决定之后的复习该干什么，下次考试该尝试什么样的的方法等等，这样之后的行动就明确了。

我就是通过这两件事成为"黑马"的。

我的介绍完毕,谢谢大家!

刁丽丽:

大家好!今天,我将就'高三学生如何调整好心态'谈一点我个人的看法。

我们常说"心态决定成功"。对于高三学生来说,良好的心理和精神状态具有决定性作用。只有对自己有十分的信心,然后把注意力集中到行为上,坚定地走下去,才会调动潜能系统发挥出最大潜力,才能不被任何困难所阻挡,从而战胜自己,超越自己而实现所追求的目标。

1. 不适是常事。

进入高三后,很多同学都会感到学习立刻变得紧张了,试题的难度、广度以及题量增加了许多,老师也在增加讲授知识和作业内容,这让大家感到非常不适应,而且每次考试成绩也忽高忽低地起伏变化,不尽如人意,不少同学对自己的未来感到迷茫。

对于进入高三的同学尤其是马上就要进入一模考试复习的同学来说这都是很平常的,在每个人身上都有可能发生,大可不必紧张兮兮,烦恼不安。只要不灰心,经过一段时间的磨砺,这种情形就会自然消失,成绩也会逐渐提升。大家千万要记住,进入高三后,不要去计较一时的得失,只有心态平和,才能宁静致远,目前的笑不是最好的,高考结束后的笑才是成功的笑!

2. 信心、恒心不可少。

拿破仑·希尔说,信心可以使思想充满力量,人可以在强有力的自信心的驱使下,把自己提高到无限的高峰。

信心对高三的学生来说是非常重要的,信心来自于了解和信任,首先要了解和信任自己——积极、愉快、充满信心地去不断暗示自己一定能做得更好;其次要了解和信任老师,对老师的复习安排要了解,以便于制定自己的复习计划,相信老师对高考的把握,尽量与老师的安排同步而行。

前面我已经谈到高三考试的频率肯定会增加,遭遇失败和困难也是常见的事,所以,既要对自己有信心,也要时时有展现自己信心的行动,无论遇到什么情况都要一如既往地坚持学习和努力,不要因为某次失败而否定自己。站起来,别趴下,成功就一定会属于我们!

3. 学会宽容和享受。

高三学习压力比较大,很容易产生焦虑、烦恼、郁闷、孤独以及烦躁的心绪,在这些心绪的影响下很容易因一些小事小非而导致同学之间的矛盾和冲突。

对高三的每个同学来说,学习是压倒一切的最为重要的任务,不要因一些鸡毛蒜皮的小事而影响了自己的通盘计划。

　　同时，高三是训练同学们心理素质和心理自我调节能力的关键时刻，如果遇到同学之间的小矛盾、小隔阂、小冲突，要用同理、共情、换位以及宽容的心态去对待，确保大家同舟共济，共克堡垒。

　　另外在学习的过程中，还需要及时享受自己在学习、生活以及和同学交往中所带来的快乐，不管是做对了一道题，投了一个漂亮的球，还是从同学那里学到了一个简便的解题方法等等，千万别忘了自我庆贺或与朋友分享。

　　体育锻炼对学生高考心理调节有着重要的作用。方老师要求我们每天下了第二节晚自习去操场跑步，我现在还认为这种方法真的不错。人的身体和心理有密切的关系，健康的心理寓于健康的身体，心理不健康则会导致身体异常甚至患病。体育锻炼不仅可以增强我们的体质，同时对促进我们心理健康有着积极的作用。

　　我就谈这么多吧，希望对你们有所帮助。谢谢！

　　在各位学长精彩地交流分享之后，我适时地总结和鼓励大家："刚才当学长们报出他们所上的大学时，我发现咱们同学的眼睛都放光了，我要告诉大家的是'临渊羡鱼，不如退而结网'。当他们考上好的大学的时候，我们都会羡慕，其实，很多人都没有看到这些学长们背后的汗水和努力，正如冰心的诗《成功的花》中'成功的花（儿），人们只惊羡她现时的明艳！然而当初她的芽儿，浸透了奋斗的泪泉，洒遍了牺牲的血雨'。我要告诉大家的是如果我们想要让六月的胜利之花尽情绽放，请用对等的汗水来浇灌。不浮躁，不冒进，更不急功近利，既仰望星空又脚踏实地，一步一个脚印，自然就会出现'蓦然回首，那人却在灯火阑珊处'的境界。

　　让我们再次以热烈的掌声表达对学长们的感谢！"

　　经过学长们的激励，同学们寒假的学习热情更高涨了。

新春梦想

每逢新春来临的时候,总要教育我的弟子新春要有新梦想,那么我的新春梦想又是什么呢?

我梦想,我们"一号战舰"能够迎着新春那和煦的春风奋力扬帆,劈波斩浪,六月顺达彼岸。

我梦想,实验学子胜不骄,败不馁,能够以淡定的心态迎接一次次挑战,在六月,把梦想照进现实。

我梦想,天下学子能够以梦为马,奋力拼搏,让梦想之花在六月尽情绽放。

我梦想,高考结束以后,我可以拥有完整的假期,带着攻略,带着诗篇,走向远方。

······

新的一年,我梦想我所有的梦想都如约而至,所有的愿望都如夏花般绚烂。

我正这样想着,随手翻开的书中有这样一篇文章,题目是"新春梦想"。读完以后,我陷入深深的思索:我的梦想是不是过于脚踏实地? 我是不是也应该拥有像文章中写的那样的新春梦想? 以下为我写的《新春梦想》。

新春梦想

我梦想我们的教育不仅仅只有分数,也不再被分数绑架,"以生为本",不再是"以分为本";我梦想各地中小学不再有学生因不堪排名亦或各种重压选择轻生;我梦想炎炎赤日下,每个考生都以平常心对待考试,每一所学校不再用大幅标语悬挂门口宣传又有多少学子迈进重点大学的大门;我梦想那些因为批作文的老师多给了三五分而碰巧成为高考状元的可怜孩子,不再被媒体反复炒作。

我梦想班主任不用那么累,让自己多一份享受生活的时光;我梦想学生体育活动摔着了,家长也不会把罪责全记在体育老师或学校的头上;我梦想每个家长都能做好孩子的表率,而不是夜深人静了还打扰老师的清梦。

我梦想各类培训能够真正有用,不再打着福利的旗号侵占老师的休息时间;我梦想教师培训设计者能够真正坐下来,找老师聊聊,倾听老师的需求,设计有吸引力的课程;我梦想每个参训老师都能满怀期待地走进现场,兴致勃勃地参与讨论,意犹未尽地走出培训场所。

我梦想双休日不再轻易被挪用;我梦想可以拥有完整的假期,带着攻略,带着诗篇,走向远方;我梦想经过一个假期的修整与充电,每个老师都带着满脸的笑意,满满的收获,壮壮的身体,投入到新学期的工作中;我梦想每一个老师都能饱含激情地在新学期的课堂上与学生分享精彩的假期生活。

我梦想我们的课程改革不是高喊口号,大放卫星,而是小步前进,温和改良;我梦想我们的教育科研不要那么急功近利,一个课题不要做一年就有累累硕果;我梦想我们的成果是用脚走出来的，而不是用手写出来的，更不是用嘴吹出来的；我梦想所有的研究都不是种水稻——春天播种，夏天收获，而是银杏树，爷爷栽树，孙子摘果。

我梦想人们不再喊教师是"人类灵魂的工程师"，也不再把教师当"蜡烛"；我梦想教师被当作正常的人，得到正常的休息，获得正常的尊重，享受正常的权利；我希望我们的领导不只是在教师节时才走近师生，说几句话，送一些礼，握几下手，拍几张照，上一些报，而是真正走近一线，了解底层疾苦，解决底层烦忧。

我梦想更多的改革者能有"板凳甘坐十年冷"的耐心和沉静，不再把构想当成果，把宣传当业绩，把偶然的小创新吹成必然的大辉煌；我梦想所有的教育实验，拥有严谨的设计，实证的精神，而不是凭空推想，捏造数据。

我梦想"教师享有公务员待遇"这句话，不要成为永无止境的承诺，而是变成实实在在的行动；我梦想教师队伍中涌现更多男教师的面孔，而不是阴盛阳衰愈演愈烈；我梦想最优秀的大学毕业生，能首选教书行业，而不是当上教师却羞于出口。

我梦想所有的教师都能履行教书育人的职责，热爱学生就像热爱自己的亲人；我梦想每一个学生都能得到尊重，每一种天性都得到发展，每一间教室都有难忘的故事；我梦想我们的身边能涌现更多的雷夫、克拉克，校园的每个角落触手可及都是各类名著而不是各种教辅，每一间教室都成为师生深深留恋的王国。

我梦想……

感动中国

感动中国，就是在心灵里播下一粒种子，虽然这粒小小的种子，不会马上长成参天大树，但内在的生命力使得它终会生长起来，带来长久的美好。——敬一丹

"小伙伴们，开说啦，开说啦。你认为今年'感动中国'栏目有什么看点？""感动中国"这一节目刚一播完，我就登录 QQ 进入班级群，发动同学们讨论。

"今年有三位老师被选为感动中国人物呀！这是最佳看点。"

"是呀，我们的老师总是那么让人感动。"

"其实，每年都有老师被评为感动中国人物，只不过今年更多一些，"我说，"为什么会这样，你们造（知道）吗？"我也时尚了一下。

"因为他们有一种奉献精神。"

"因为他们总是在学生的心中播种希望。"

"因为老师身上有兢兢业业的精神品质。"

"老师，其实你也做了许多让我们感动的事情呢，当然，或许你自己并不知道。"

"对，确实有许多事情让我们感动。"

"是吗？说来我听听。"我淡淡地回了一句。

"寒冷的冬天,你除了提醒全体同学注意防寒外,还经常提醒我们这些座位靠在门口的同学,让我们多穿衣服以防感冒。尽管天气很冷,但因为有了您的提醒,我们心里都感到暖暖的。"

"哎呀,这是我应尽的责任,这点小事我还真没想到能够感动你们呢。"

"那次我和陈琳闹矛盾,我感到很委屈,在座位上抹眼泪,你看到后跟我说,'谁欺负你跟哥说,看哥扁他一顿,他不想在实验中学呆了?'听了您的话我破涕为笑,现在想想那情景真的很温暖,很让人感动。你造吗? 你被我评为年度最佳男神。"她欢快地说,通过这些文字,我能够感受到屏幕那端的她脸上洋溢着幸福。

"老师,您让我们感动的是您那疲惫的面容。您说,您长得操之过急,其实我们都认为,您是操劳过度。每当看到您疲惫的神情时,我们都感到心里酸酸的,以后您不要那么太卖力工作了,好好照顾自己,好吗?"

"老师,您刚开始接我们班的时候,我们几个人对你有所误会而产生了抵触心理,进而产生了隔阂,而您为了消除我们的隔阂,一次又一次地找我们谈心交流,直至我们的隔阂消除。我同位朱一凡也说真得非常感激你。"

"您不仅教我们好好学习,还教育我们以实现中国梦为己任,努力拼搏,您是有大爱的老师。"

"我真的有那么好吗?"我有点不好意思。

"那是当然,我们的方方棒棒哒。"

"如果推选感动实验的老师,我们一定推荐您。"

"说不定还能入围感动中国人物评选呢。"

"哈哈……"群里洋溢着欢声笑语。

"教我们的老师那么多,只有我一个人让大家感动吗?"

"其他老师也让我们感动。晓辉老师和朱维芳老师感冒了,嗓子都说不出话来,但她们却一直坚持着。"

"徐瑞萍老师和张科秀老师每次自习都是提前 20 分钟到教室。"

"王守国老师下课后总是等到我们请教完存在疑惑的问题后再走,有时候连口水都顾不上喝,就得去另外一个班继续上课。"

"算你们有良心……"我开玩笑似地说,"看样子,大家很有感恩之心呀! 其实,不只我,也不只教我们的老师,整个实验中学的老师都有这种敬业精神的,代表老师们谢谢大家了。老师让你们感动,你们也感动了老师,我给大家发个红包吧。"

"好啊好啊,老师你工资那么高,你可不能太小气了,红包不能太小呀。"

"对、对、对,老师不用发二百的,发二十块的就行了。哈哈……"

"哈哈,你们想得到美,我只发一分的,爱要不要!"我笑着说,"一分虽少,却凝聚着我对你们万分的爱呢!"

"对,一分也可以,一分也是爱啊。"

"我抢了 3.3……谢谢老师!"

"我抢了 1.6……谢谢老师!"

"我真抢了 1 分呀……谢谢老师!"

……

"老师既然那么让你们感动,那你们应该怎么做啊?"

"我们给老师发红包吧,每人发一个。"

"不要红包,你们现在还是学生。"

"老师,我会努力学习,回报您的。"

"老师,我从你身上学到了人应该怀有一颗感恩的心,在以后的人生路上,我一定带着这颗感恩的心前行。"

"老师,从这些感动中国的老师身上,从您和教我们的老师身上,从实验中学的老师身上,我学到了什么是责任,在以后的工作中我一定尽职尽责把我们的班级工作做好。"

"老师,我要报考师范院校。"

"你毕业后,可要当像方方这样的老师那样,千万别当'范跑跑',否则,同学们和老师的脸也都会让你丢光的。"

"一边儿去,我才不会当那样的老师呢,我一定会向方方老师那样努力工作。另外,我也有到大山深处支教的愿望,就像那支月英老师那样,说不定,几十年以后我也会登上央视'感动中国'的领奖台呢。"

"吹牛!"

群里几个学生高兴地怼起来。

"祝我的弟子梦想成真,我们期待那一天来临。如果真的那样,就不仅仅是我们大实验的骄傲了,也不仅是胶州的骄傲,而是整个山东省的骄傲。"

"到时候,让老师为我颁奖。哈哈!"

……

但愿我的弟子们能从感动中国的这些人物身上,从我们这些老师身上学到更多,然后去善待这个世界;但愿今晚的这些对话能如同潺潺的流水流过他们的成长岁月,温柔地浸润着他们的心灵。

朝晖信息

> 又是一年"感动中国"人物颁奖时,您和格桑德吉老师一样,让梦想照进学生们的现实。——曲朝晖

"感动中国"颁奖晚会现场直播时,收到了毕业多年的朝晖弟子的信息。刚一开始读这则信息,那种幸福感便开始蔓延……

朝晖，全名叫曲朝晖，是崂山来我校借读的学生，2009年毕业。他心地善良，为人真诚，尽管总成绩一般，语文学科也是弱科，但因为他那善良、真诚的品性而深得我的喜欢。也正是因为这份喜欢，我经常督促、指导他学习语文，所以他对我也多了份感激，尽管毕业多年，但他一直和我保持着联系。

记得他在读大一时，通过信息告诉我他有女朋友了，也让我这个昔日的老师分享一下他的快乐。过了一个月左右，我问他和女朋友进展如何了，他回复说早分了，然后又回了条信息说你呢。我当时一愣，认为一定是他误把我当成别人了，就回复说不知是世界变化太快还是我太落伍。信息刚刚发送，他就打来电话，笑着解释把我当成另一个好友了。因为当时我用的是飞信发的，我的飞信昵称是"小楼夜听雨"，而他的一位好友也用了和我一样的昵称，他一疏忽就闹出了"我早分了，你呢"的笑话。哈哈……

前几天还收到他发来的拜年的信息，今天又给我发来一条，信息中把我说成和格桑德吉老师一样让梦想照进学生们的现实。其实我有自知之明，如果说格桑德吉老师是一座大山，我只是那座山脚下的一块微不足道的小石块；如果说格桑德吉老师是一棵大树，我只是那棵大树脚下的一棵默默无闻的又瘦又弱的小草。

"我应该如何做才能进一步让学生的梦想照进现实？如何让现实辉映他们的梦想？"

当这种幸福感渐渐淡化之后，我开始认真思考这两个问题。

一、不断学习，努力实现由"教书匠"向"智慧型"教师转变

要使学生更好地发展，自己须有更多的育人智慧，而要做到这一点就要努力学习育人知识。许多教育界的名人撰写了许多关于教书育人的作品，如《班主任兵法》《如何做一个智慧型班主任》《于洁老师给孩子们的信》等等，这些作品充满了教育的智慧，如果自己能勤奋学习这些作品，不断地积累育人知识，就会不断地拥有更多的育人智慧，那么不仅自己能成功地成长为"智慧型"老师，更重要的会使学生受到更大的益处。

二、善于反思，做"反思型"教师

一个善于反思的人，永远拥有不竭的力量。对于身为教师的自己，又何尝不是这样呢？只有善于反思，经常反思，才能使自己不断进步，不断发展，才能永远拥有前进的动力。

当然，要更好地让学生的梦想照进现实，更好地让现实辉映他们的梦想，单纯做好这两点是不够的，而且是远远不够的，不妨先从这两点做起吧。正所谓"千里之行，始于足下""不积跬步，无以至千里"。

为更好地让学生的梦想照进现实，更好地让学生的现实辉映梦想，我想，今晚我已经成功地迈出了第一步！

诗词大会

"我最喜欢武亦姝了,她满足了我对古代美女加才女的所有想象。"

"我也是,'腹有诗书气自华'。你看人家,那才叫一个气质。"

"嗨,能不能别单纯关注人家的颜值?我更喜欢她的才思敏捷,游刃有余。"

"武亦姝说出'明月几时有,把酒问青天'之后,被提醒这句诗重复了。而武亦姝一点也没慌张,《诗经》里《七月》的名句脱口而出:七月在野,八月在宇,九月在户,十月蟋蟀入我床下。一句诗里包含四个"月"字。呃的天!女神哟!厉害了,我的姐!!!"

电视上正在播放着《诗词大会》,班级里早已热闹起来。

"作为一个高中生,我想说,只要是完整接受了从小学到高中教育的学生对其中的诗句可以说都不陌生,人们处在一个文化的荒漠中,喜欢文学是好事,但不要出来一个稍微有点文学素养的就大吹特吹,这是一种肤浅的行为。"

"《春江花月夜》人家肯定倒背如流,没什么意思!什么《春江花月夜》《琵琶行》《长恨歌》我都会……这都是耳熟能详的好不好!我会背五百多首这样的,节目里也有几首我不会的!我觉得诗词大会里面的佼佼者肯定能背诵上千首!"

"我真是想笑,那些问题很简单,都是中学生范畴,有啥可夸奖的?只能说很多人不关注这些,仅此而已。"

"你这是标准的羡慕、嫉妒、恨,你有本事你怎么不去?"

"好想喷你,给我一个不喷你的理由。"

"素质,素质,注意素质!"

"高考语文古诗词默写一共才 6 分,用背古诗词的时间可以多做好几道文综题,分数早回来了!我们学那么多古诗词到底有什么用?"

群里,同学们争论不休。

"我们背古诗词不单纯是为了高考,当你开心的时候,你可以说'春风得意马蹄疾,一日看尽长安花',而不是只会说哈哈哈哈哈哈哈哈哈哈哈。"

"当你看到帅哥时,你可以说'陌上人如玉,公子世无双',而不是只会说'我靠,好帅!我靠靠靠,太帅了'。"

另一个同学赶紧接上。

"当你失恋的时候,你可以说'人生若只如初见,何事秋风悲画扇',而不是只会说'蓝瘦,香菇'。"

"看见夕阳余晖的时候,你可以说'落霞与孤鹜齐飞,秋水共长天一色',而不是只会说'卧槽,这夕阳!卧槽,还有鸟!卧槽,真好看!'"

"哈哈……"

"老师,您在吗?是不是在玩'潜水'?说说您的观点呗。"一同学向我扔了个"深水炸弹"。

"呵呵,看你们聊的挺有意思。好吧,我也说几句。"

"注意,安静,老师有话说。"那个小精灵提醒大家。

"其实学习古诗词有很大的作用,只是我们还没有发现而已。学习古诗词,不仅仅是为了高考,重要的是它有助于我们了解当时的人文与历史,帮我们换脑筋,帮我们想问题。作为一个中国人,作为一个学生,都应该去读一读这些古典文学,去挖掘我们先人的思想精华,去感受中华文化的博大精深!而不仅仅是为了高考才去背诵。

学习古诗词还能让我们学习古人待人处事的智慧,例如孔子的'有朋自远方来,不亦乐乎''智者乐水,仁者乐山'等等。"

我慢慢说着,同学们静静地听着。

"读古诗,欣赏古诗能使人心情愉悦,就像懂音乐的人聆听音乐一样,这是一种艺术享受。经常背诵古诗或能信手赋诗一首,可以陶冶性情,提高自己的文学修养。

读诗还有一个重要的作用呢!它们能够给我们精神上极大的激励。这样吧,咱们也来个'飞花令',如何?每人说一句励志的诗句。现在开始。"

"会当凌绝顶,一览众山小。"一同学抢先回答。

"长风破浪会有时,直挂云帆济沧海。"

"莫等闲,白了少年头,空悲切。"

"三更灯火五更鸡,正是男儿读书时。"

"路漫漫其修远兮,吾将上下而求索。"

"位卑未敢忘忧国,事定犹须待盖棺。"

"千磨万击还坚劲,任尔东西南北风。"

"少壮不努力,老大徒伤悲。"

"宝剑锋从磨砺出,梅花香自苦寒来。"

一同学开了头,大家纷纷接力,群里掀起了一个小高潮。

"繁华落幕,速去读书!"

"对,看过比赛,马上捧起诗集背诗去。"

同学们交流的兴致犹浓。

"刚才同学们接得非常踊跃,希望大家在与古诗词,与这些励志诗词的碰撞与交融中铸魂励志,加油蓄力。这样,我给接力的同学发个红包,说好了,只能接力的同学抢。"

我发了一个红包,大家抢开了。

"同时,刚才我们所聊到的武亦姝,她遇事不慌的那份淡定与从容是夺得冠军的一个重要原因,还有100多天就要高考了,同学们,在考场上我们需要这份淡定。不仅这样,人生路上,我们更需要这份淡定与从容。"大家抢完红包后我接着说。

"最后,送给大家一首小诗,是陈昂应节目组邀请创作的,题目是《诗与词的邂逅》:红豆是/南国的思念/诗与词的邂逅/相约在最美的地点/温度源于/唤醒记忆的瞬间/渴望一场远行/与诗词为伴。……祝大家晚安!"

说完这些话,我悄悄地退出 QQ,关闭网页,然后轻轻地关上了电脑。

假期"余额"

早饭时,当儿子告诉我今天是正月初十时,心里一颤:假期还有多少"余额"? 是不是应该考虑一下开学的事情了? 要不,开学时会很忙,临渴掘井,很可能会手忙脚乱。于是,晚饭后,冲上了一杯咖啡,坐在电脑前开始思考开学前和开学初应该做好的工作。

一、开好第一节"华丽逆袭,一模必胜"的主题班会,在正月十六晚上进行

这是开学最需要做的工作。开学之初的状态,是为整个学期的状态奠定"基调",正如"好的开端等于成功的一半"。尽管寒假中学生一直在学校自主学习,但毕竟一直处于放松的状态,必须让学生快速收心,快速进入紧张的状态。

同时,班会上要进行颁奖典礼,给上学期进步的同学和寒假作业完成比较好的同学颁奖。

班会后让学生写好新学期的目标和计划。

正月十一这天把班会内容和典礼事宜准备好,并且准备好课件。

二、创设干净整洁的教室环境,正月十三完成

创设一个整洁、舒适、优美的学习环境,让学生在这样的环境中学习生活,有助于学生提高学习效率、养成良好的生活行为习惯。因此,开学前必须要组织学生彻底打扫教室卫生。同时,为使教室环境更加宜人,需要买部分花草来装点一下,让同学们一走进教室就有一种耳目一新的感觉。

三、建设教室标语文化,正月十三完成

这一学期要经过"三大战役",高考越来越近,教室的标语文化也应该随之更换。

四、召开一次班委会,开学第二天晚自习第三节完成

会上要总结上学期的工作,指出他们工作中存在的优点和缺点;表扬表现突出的干部,鞭策表现不积极的干部;需要对这一学期的工作进行部署;对我在班级管理中存在的不足征求意见等等。

正月十二这一天完成准备工作。

"休息会吧,开学还早呢! 瞎忙!"妻子给我的咖啡杯里续了一下水。我不好意思地笑了笑,算是回应,然后继续思考着。

"儿子,咱们早点睡吧,让你爸瞎忙吧。"

"您先睡吧,我今年参加高考,更得好好利用假期,快开学了。向老爸学习! 老爸,我陪你工作,我这当儿子的容易吗? 半夜了还得陪你这个家长的工作。"儿子说

完,向我扮了个鬼脸,笑着去他的卧室学习了。

"儿子,好样的！谢谢儿子！"我向儿子伸出了大拇指,然后继续在电脑键盘上敲打着。

五、微调一次座位,开学第一节完成

根据上一学期的观察,这是开学必须要做的事情,且必须一开学就完成。这件事需要提前征求班干部和部分同学的意见。

正月十二这一天完成准备工作。

六、做好假期作业的检查和反馈,开学第一天完成

老师检查作业的态度,直接决定了学生对待作业的认真程度。假期里,各科老师都给学生布置了些作业,要督促老师们检查好作业,并向我做好反馈。

七、关键生谈话,计划在开学一周以内完成

985、211分数线上下,本科任务数前后的五名都要谈,并且针对不同的学生要有不同的谈话内容。

正月十四完成谈话内容的准备。

"老爸,十一点了,我先睡了,您也早点休息吧。"儿子洗漱结束后走进自己的卧室。

我答应了一声,头也没抬,继续思考着。

八、讲讲古诗词的妙处,开学后第一周完成

中国传统文化越来越受到全社会的关注和重视,学习和传承中国传统文化,作为传道授业者,教师是最重要的文化桥梁。今年寒假最火的全民电视节目是"中国诗词大会",第二季"中国诗词大会"总决赛刚落下帷幕,好多学生还沉浸在中华古诗词的冠军争夺赛中,沉浸在擂主们的精彩对决中,我要告诉学生:临渊羡鱼,不如退而结网！和学生们也共同制定一个中华古诗词学习计划,这学期能背多少首诗词,可以精确到每星期背几首,或每天读上几分钟。

开学第一周的前三天完成准备工作。

九、有针对性地召开部分同学的家长会,开学第二周周末完成

家长会意在与家长沟通交流,形成合力,更好地促进学生全面发展,它应该是教师、家长和学生之间沟通心灵的桥梁。这次换一种方式去开,以家长为主体,让自己和学生做听众,给家长颁发一些奖项,比如"最佳配合奖""最佳教育奖""最佳进步奖",还可以让各科成绩优秀的家长讲讲教子心得体会。这样为我们这学期工作顺利开展又会多一份保障。

开学第二周前三天完成准备工作。

在电脑上键盘上敲完这些文字后,咖啡杯早已见底了。我伸了个懒腰,卧室里传来了妻子、孩子那平静而均匀的呼吸声,夜已经很深了……

杨老回归

"哎,告诉你一个好消息,杨振宁教授放弃美国国籍回国了,转为中科院院士了。"餐厅一角,一位同学兴致勃勃地对另两位同学说。

"他呀,一点不爱国,回来干嘛?"其中一位同学说,语气里似乎还带着几分鄙夷。

"回来养老呗!跟我的高考一毛钱的关系都没有。"另一位同学接着说。

坐在他们旁边吃饭的我听到这两个同学的回答,心中一凛。"他们为什么对这位科学家如此排斥?为什么对他放弃美国国籍如此冷漠?我班的同学对这件事会怎么看?会不会也有这种想法?"我边吃边想。

"同学们好!耽误大家几分钟的时间,告诉大家一则新闻,杨振宁教授放弃美国国籍回国并转为中科院院士了。"和以往每晚第三节晚自习的前五分钟要和大家分享一下"今日要闻"一样,今晚我发布了这一重大要闻。

"大家对杨老的这种做法怎么看?"发布完新闻后我提出一个问题让大家思考。

还没等我说完,下面同学就开始议论了。果不出所料,有的脸上洋溢着笑意,而有的却面露鄙夷之色,有的脸上表露出"事不关己,高高挂起"的神情……

"杨教授回来对中国的科技发展一定会起到巨大的作用。"马铭宇首先为杨老的回归点赞。

"这样世界级顶尖的教授回来,一定会吸引更多的外籍教授回国做贡献。"谭雅文说。

听到同学们的回答我感到很欣慰。

"我觉得没什么值得高兴的!"周小猛弱弱地说,"因为他不爱国,他把大好的青春都奉献给了美国,现在老了,没什么用了,却回来了。"她站起来接着说。

"我赞同!当时,我们的国家一穷二白,正是需要大量人才的时候,他却跑到了美国,和他一同去美国留学的同学邓稼先却回国了,为研制原子弹做出了巨大贡献。他呢,对中国有什么贡献?年轻的时候没有贡献,现在老了,更不会有什么贡献了,回来有什么值得我们高兴的呢。"刘琼站起来支持周小猛的观点。

"他年龄大了就没有什么贡献了?他活一年为国家做的贡献不知道得相当于多少年青人多少年为国家做的贡献呢。"窦晓桐激动地说。

"我赞同!"周亮说。

接着又有几个同学起来发表自己的观点。

"对杨老回归这件事,网络上有两种截然不同的观点,同学们之间也有不同的看法。这样吧,我把媒体中针对这件事情的有关报道有选择的读给大家听听。"我没有直接表达自己的观点,点击播放幻灯片。

幻灯片一:最早获得诺贝尔奖的华人

1957年,杨振宁与李政道成为最早获得诺贝尔奖的华人。在接受诺贝尔奖时,杨振宁说:"在广义上说,我是中华文化和西方文化的产物,既是双方和谐的产物,又是双方冲突的产物,我愿意说我既以我的中国传统为骄傲,同样的,我又专心于现代科学。"他在许多场合公开评价自己最重大的成就是帮助中国人克服了觉得自己不如人的心理。

在当时的条件下,中国科研水平不如人、条件不如人,但邓稼先站出来说,中国人也可以造原子弹;杨振宁站出来说,中国人也可以获得诺贝尔奖。这给中国人带来的精神冲击是突破性的,是中国年轻一代科学人信心的基础性支撑。

幻灯片二:为培养中国年轻科学家贡献力量

其实,杨振宁给年轻一代带来的不仅仅是信心,还为中国年轻科学家的培养贡献了不可磨灭的力量。

1978年3月,在杨振宁等人的倡导下,中科大创建首期少年班。

1980年,杨振宁在纽约州立大学石溪分校发起成立"与中国学术交流委员会",资助中国学者去该校进修。

1983年12月28日,杨振宁向邓小平建议:"国外认为,搞软件15~18岁较有利。"由此,科大少年班设立了计算机软件专业。

1984—1986年,杨振宁倡议的"亿利达青少年发明奖""吴健雄物理奖"和"陈省县数学奖"相继成立。

1997年,在杨振宁建议下,清华大学决定根据普林斯顿高等研究院的经验,成立清华大学高等研究中心。杨振宁把在清华的工资都捐了出来,用于引进人才和培养学生。

90岁仍发挥余热。杨振宁在90岁的年纪,依然在给本科生上课。

幻灯片三:为中国请回诸多人才

2003年底,杨振宁回北京定居。他还邀请了姚期智、林家翘回国。他以物理学第一人的身份,用"面子"为中国请回许多人才,为中国科学家打开了视野,与世界科技前沿拉近了距离。

幻灯片四:让世界正确认识中国

《中国大百科全书》物理学卷记载:"杨振宁是美籍知名学者访问新中国的第一人。"

美国联邦调查局曾因此多次找杨振宁,都被他顶了回去。杨振宁在美国到处演讲,介绍新中国的情形,许多美国人受他影响,开始愿意同中国亲近;一些美籍华人学者纷纷回国探访。

如今,杨振宁、姚期智已经决定回归祖国,不管人们怎样评价这一举动,两位科学家在科学上的成就与贡献都不能被忽视。

"科学无国界,愿两位老人继续发挥余热,为继续推动中国科学的发展贡献力量。我建议,我们以热烈的掌声欢迎杨老和姚老回归。"还没等我说完,同学们就高兴地鼓起掌来。

"我希望我们在座的每一位同学,努力地掌握科学文化知识,以后成为像这两位大家一样的世界级科技巨人,为中国的科技发展,为实现中国梦,为人类的进步,做出巨大的贡献。"

同学们纷纷鼓掌。

"当然,我们当中的部分同学,将来可能会在国外工作,也可能拥有外国的绿卡。我希望这部分同学,身在外国但依然要心系中国。只要你身上流淌着中华民族的血液,就应该为中华民族的伟大复兴做出贡献。"

我扬起胳膊,挥了挥拳头,教室里掌声雷动,经久不息。

过情人节

"同学们好! 大家知道今天是什么日子吗?"我一脸笑意。

"情……人……节……"大家拖着长腔大声回答。

"你们都知道啊! 看样子学习还不累呀!"我笑了笑。

"地球人都知道啊。"有的同学回答说。

"那咱们一起过个情人节,怎么样?"

"好啊,好啊!"看得出,同学们很兴奋,当然也有不少同学用疑惑的眼光看着我。

"呵呵,老师你真能忽悠。"

"怎么,不相信吗? 你们有过过情人节的经历吗?"

"没有这种经历。"

"某某有过这种经历。"

有同学笑嘻嘻地开着玩笑,被开玩笑的同学面红耳赤。

"相信一般的同学没有这种经历,那好,今天我就陪大家过个情人节,而且要过一个不一样的情人节。咱们就一起谈谈情,说说爱。"

"太棒了! 么么哒!"同学们兴高采烈,很是期待。

"那我先问大家一个问题,什么是情人?"

"情人指的是和有婚姻人士发生不正当关系的人。如一女士和一个已婚男士有私情,我们就叫那位女士是那位男士的情人。"一个调皮的男生抢先回答,他的回答引来了同学们的一阵哄笑。

"你小子知道的很多呀! 这个词语确实是有这种含义,可它最初的含义是什么?谁来说一下。"

同学们纷纷摇头。

"我给大家讲个故事吧,大家从这个凄美动人的爱情故事中找答案。"说完,我给大家讲起了那个凄美的爱情故事。

……

故事讲完了,同学们的脸上呈现出敬佩的表情。

"其实,这个故事也是情人节的来历。从这个传说来看,情人节是一个非常神圣的节日,我们千万不能亵渎她,不能一想到这个节日就想到婚外情。"我总结说。

"故事中的这个青年就是当时赫赫有名的修士——瓦伦丁,他是因为违反了当时一条十分荒诞的法律——在教堂为一对新人主持了婚礼而遭遇不幸的,他去世的那一天就是公元3世纪的一个2月14日。后来,教会为了纪念他,将这一天定为'瓦伦丁节',也就是'情人节'。

据说,在后来的一个2月14里,法国皇族一个盛大的宴会上第一次出现了赠送玫瑰和心形糖果的例子。情人节从此成形,成为'爱的纪念日',同时法国也成了令情侣们向往的'浪漫之都'。每到这天,小伙子们就要将象征爱情的玫瑰花献给心仪的姑娘,而姑娘们就会准备好心形的糖果送给她们的心上人。

因此,最初的情人指的是相爱的恋人。这个意思也可以从中国古代和近代的文学作品中找到例证。《乐府诗集·清商曲辞一·子夜四时歌秋歌二》:'情人不还卧,冶游步明月。'宋·赵令畤《商调蝶恋花·莺莺传》鼓子词:'花动拂墙红萼坠,分明疑是情人至。'明·汤显祖《牡丹亭·写真》:'也有美人自家写照,寄与情人。'巴金《春天里的秋天》十九:'啊,河那边相对着的三颗星,顶上一颗青白色的大星不就是他的情人织女吗?'。"

"老师,那今天我可以给我喜欢的那个同学送一块巧克力吗?"那个调皮男生的话又招来了同学们的一阵起哄。他喜欢邻班的一个女同学,这是众所周知的。

"同学们说,可以吗?"

"可以。"大家都笑了。

"那老师你也不反对我们交往吗?"

"正处于你们这个花季年龄,喜欢异性是一种很正常的心理呀!我为何要反对?我反对的是沉溺在这种感情当中不能自拔,继而荒废了学业的那种。如果你们能够理性地对待这种感情,让它散发出更多的正能量,也未必是一件坏事。

今天呢,我告诉大家一则新闻。近日,学霸情侣董宇阳、孙维维分别获得第45届国际化学奥林匹克竞赛世界第一和第二,同时大方公开恋情。女生孙维维表示:最开心的不是得了什么牌子什么名次,而是和你并肩站在了最后的领奖台上!爱他,就和他一起走向优秀!爱他,就和他在最后的几个月当中,共同拼搏,互相鼓励,互相帮助,双双考入理想的大学吧!"

大家纷纷鼓掌。

"情人这个词语还指感情深厚的友人。如唐·韦应物《送汾城王主簿》诗:'芳草归时偏,情人故郡多。'《儒林外史》第三十回:'吾兄生平可曾遇着一个知心情人么?'这里的情人都是指的是友人。我们在座的许多同学都可以说是情人关系。"大家又一阵开心地笑。

"马上就要期末考试了,在日常学习中,我们这些情人应该怎么办呀?"

"互相帮助。"

"共同提高。"

"其实,我们也是情人呢!"

同学们一愣,瞬间会意地笑了。

"我们相处五个多月了。这五个月我经历了大喜大悲,当我高兴时,大家能与我分享那份快乐;当我悲伤时,大家能够分担那份悲伤。谢谢大家! 今天,我给大家写了一封信,读给大家听听。"

"'三(1)'的各位家人:今天,是一个特殊的日子——情人节,在这个充满爱的日子里,我想告诉大家,在座的每一位亲人都是我的情人,我感情深厚的友人,我写这封信的最重要的目的也是要告诉大家我爱你们!

……

我感到无比的幸福,因为我拥有这么多也爱我的情人。在你们风华正茂的时候,我们能够相逢,相识,相知,一起走过这美好的高三时光,这是多少年才修来的缘呀!

……

也许我做的还不能让你满意,也许你还没有像我爱你那样爱上我,甚至还对我有意见,但'你们虐我千百遍,我待你们如初恋',无论你们怎样对我,我爱你们的心不变。"我声情并茂地读着。

"最后,我要高声宣布:我爱你们!"

许多同学眼含热泪,好几个同学跑上来抱着我,我也和他们紧紧相拥在一起。

今年的 2 月 14 日,我过了一个不一样的情人节!

不负三月

时光总爱不言不语，
不经意间悄悄溜走。

三月，你好！
你让枯草初芽，溪水渐碧；
你使修竹泛翠，柳色生烟。

三月，你好！
你杨柳拂堤美了少海，
你草长莺飞醉了艾山。

三月，你好！
你拿起画笔，为东石点睛，为西石描眉。
使大沽河焕发生机，使胶莱河更加美丽。

三月，你好！
你来了，春天就来了，
你来了，"一号战舰"的又一春天就来了，
三月，愿所有美好，
不负归期！

迎新时代
——聆听朱校长新学期第一次全体教职工大会报告后感

三月，黄海之滨生机盎然，胶州湾畔气象全新。

实验中学校园里，弥漫着各种花的芳香，还弥漫着一种催人奋进的力量——校园广播里正在播放着《走进新时代》。

春天是播种希望的季节，更是奋进的时节。

新时代的春天属于胶州实验中学，属于一切为实验中学的辉煌而奋斗的全体老师们！

"一个手掌伸开是一个巴掌，握起就是一个拳头，只要我们全体老师精诚团结，共同奋斗，就没有任何力量能够阻挡我们实现新梦想的步伐！"在新学期第一次全体教职工大会上，朱清文校长的讲话掷地有声，鲜明昭示了胶州实验中学领导和教师的初心与使命。

朱清文校长的讲话,如春风吹拂着奋进在新时代的胶州实验中学,如春雷震撼着努力在新学期的师生们,凝聚起全体师生同心再迎实验中学春天的决心和再迎实验中学新时代的信心。

"……意气风发走进新时代,啊,我们意气风发走进新时代……"

近几年来,在朱校长的领导下,实验中学400名员工和近4000名学生以"敢叫日月换新天"的豪情壮志,"撸起袖子加油干",逢山开路,遇水搭桥,一路披荆斩棘,在教育教学改革大道上昂首阔步,使实验中学迎来了一个又一个"万象更新"的春天。

"这是一个奋斗的新的时代,这是一个奋进的学期,幸福都是奋斗出来的,实验中学的尊严也是奋斗出来的。实验中学的尊严靠各个年级的奋斗,更靠高三的奋斗。高三的老师们,你们任重而道不远,你们的付出必将在实验中学的美好蓝图上绘上浓墨重彩的一笔。我代表学校党总支向你们表示崇高的敬意!"宏伟的目标在前方召唤,壮阔的征程已经在脚下铺展,惟奋斗方能让老师们的激情绽放,惟奋斗方能让每一位实验人的梦想成真。

"老师们,奋斗者的时代不会辜负每一个奋斗的人,奋进中的实验中学不会辜负每一位积极进取的老师,我们学校,我们在座的每一个老师都应该一步一个脚印坚定不移地朝着既定的目标前进。

老师们,春风吹绿了胶州教育,春雨滋润了实验校园,实验中学的又一个春天来了,我愿意和大家携手并进,奋斗在美好的春天里,努力谱写春天的故事,谱写实验中学新时代的华美篇章!"

朱校长的讲话振聋发聩,催人奋进。

"总想对你表白,我的心情是多么豪迈……"

朱校长的讲话进一步激发了实验中学全体领导干部和全体教职员工迎接新时代的昂扬情怀。

天初暖,日初长,好春光。在这新学期的春天里,我要和学校的其他老师一样,积极响应学校的号召,认真落实朱校长的讲话精神;

我要不忘初心,牢记使命,忘我工作,点亮党员心中的"灯塔";

我要努力向老师们学习,与同教学组的老师们并肩携手,与"一号战舰"的同学们一起努力,让更多学生的梦想照进现实,为实验中学,为学生,也为自己的幸福人生做出贡献;

我要和大家一起,唱响无愧于学生,无愧于自己的奋斗者之歌;

我还要和大家一起,谱写无愧于胶州实验中学,无愧于胶州实验中学新时代的壮美诗篇。

"总想对你表白,我们的心情是多么豪迈;总想对你倾诉,我们对教育是多么热爱。锐意进取的实验人,意气风发走进新时代,啊……我们意气风发,走进那新时代……继往开来的领路人，带领我们走进那新时代，高举旗帜开创未来。"

醇厚的花香中，那激荡人心的歌声还在飘荡着。

如苔花开

三月，迈着轻盈的步子款款而来。

它，在如黛的春山中，在激滟的碧水里，在婀娜的柳枝上，在淡香的泥土里，在甜甜的阳光里，在万般柔情的春风里……

推开窗子，让三月进来，让三月的风吹进来。那春意浓浓的风儿使我想起随园老人的《春风》："春风如贵客，一到便繁华。来扫千山雪，归留万国花。"继而又想起他老人家的那首励志的小诗——《苔》："白日不到处，青春恰自来。苔花如米小，也学牡丹开。"

苔，虽然生活在阳光照不到的地方，又那么渺小，可到了春天，它一样拥有绿色，拥有生命。花开微小似米，但却一定要像牡丹一样尽情绽开。

因为在苔的心中，它和牡丹拥有同样的大地，也头顶同样广阔的天空。无名的花，悄然地开着，不引人注目，更无人喝彩。就算这样，它仍然那么执着地开放，认真地把自己最美的瞬间，毫无保留地绽放给了这个世界。

"苔花如米小，也学牡丹开。"牡丹有牡丹的热闹非凡，苔花有苔花的安然自在。它自是低级植物，多寄生于阴暗潮湿之处，可它也有自己的生命本能和生活意向，并不会因为环境恶劣而丧失生活的勇气。

这不也是我们这些老师们工作中最可取的一种佳境吗？

苔花尚且如此，何况我呢？我生活在暖暖的阳光下，工作在美丽大气的实验中学，领导、同事给我无数的帮助，更应该砥砺前行。尽管不知道奋斗的结果会怎样，但仍要如这苔花一样"仰不愧于天，俯不怍于地"，尽可能把自身那微弱的能量全部释放出来，为学生的幸福人生，为母校、为实验中学的大而强、富而美尽一点微薄之力。

苔花始终如一，寂静绽放；我卑微而坚强，单纯而执着。

我如苔花小，也学牡丹开。

苔
——诗意自勉

数点微光，几许土壤

小小的苔藓，寂寞地开放

开放得平静，生活得淡然

几分卑微，几分顽强

几分单纯，几分执着

几分弱小，几分美丽

美了"庭院"，芳了心田

坚持作战

（一）

"老师，我感冒了，需要打点滴。"颜孟秋无精打采地说。

"老师，我感冒了，需要请假打针。"许苗佳捂着因发烧而变得红红的脸说。

下午又有几个同学请假外出打点滴。

每年到这时候大都要出现感冒"窜窝子"的现象，尽管今年我已采取了预防措施，但是这种现象依然没有避免。

"老师，今天的点滴已经打完了，明天继续打，我下午就想回去上课。"

"老师，今天的点滴打完了，感觉好些了，我爸爸一会就把我送回学校了，您不要挂念。"

"咳……咳……咳……"教室里，还有几个同学边咳嗽边坚持学习。

"总有一种精神，让人感动。"边这样想着边向"奔跑吧，三(1)勇士"家长的微信群里发送了这样一条信息：

一场大战在即，"轻伤不下火线"似乎已成了全体同学的共识。谭雅文、韩星、耿尉、许苗佳、颜孟秋等许多同学都带病坚持上课。

他们收获的何止是知识，更收获了一种顽强拼搏的意志！

今天，孩子们学习不容易；明天，孩子们生活会容易！

让我们为他们加油！

（二）

周六晚上十点，凄风冷雨，晚休铃声已经响起，但走读生谭雅文依然在教室奋笔疾书。

周日清晨，风雨凄凄，住宿生许苗佳，黑杰，王浩琪，付晓雨，李美其，晓娟，王倩，高梦，夏荷，况燕，韩星，文婷，孙茜，朱娴五点二十五之前到教室学习。走读生高文龙在五点半之前，耿尉在五点四十之前……

人生路上，需要这种不惧风雨的斗志，感谢家长朋友们对孩子这种良好品质的培养！

今天，孩子们顶风冒雨地学习；明天，他们可以少顶风冒雨地生活！

请家长们放心，前行的路上，我会和弟子们风雨同舟；再大的风雨，我会和老师们陪孩子一起走。

工匠精神

今天特别高兴，因为学生大休，又可以暂时放松一下了。晚饭后就打开电视，"亲密接触"一下久违了的央视新闻联播。

新闻中，国务院总理李克强正在作《政府工作报告》，李总理在报告中提到，鼓励企业开展个性化定制、柔性化生产，培育精益求精的工匠精神，增品种、提品质、创品牌。

"工匠精神"首次出现在政府工作报告中，让人耳目一新。顿时，一种"风乍起，吹皱一池春水"的感觉油然而生。我想，我们这些人民教师也需要有"工匠精神"。

总理提到的"工匠精神"适用于各行各业，教育自然也不例外，不仅如此，奋战在教育战线上的教师们更应该有这样的工匠精神。个人认为，教师的"工匠精神"就是对待教育工作精益求精的精神。如苏霍姆林斯基在《给教师的一百条建议》中提到的那位历史老师"对每一节课，我都是用终生的时间来备课"就是工匠精神，就是精益求精的精神。

师者，当有"工匠精神"，而要有"工匠精神"须怀有匠心。

什么是匠心？

我认为，对教师来说，匠心就是一颗纯粹的教育心，即忠诚于党的教育事业之心，倾注毕生精力于教育事业之心。

我认为，对教师来说，匠心就是一颗有"全才"的心。即如果教师努力去发现每一位学生的闪光点，那么他们都可以成才。正如一个真正的木匠，在他眼里，每块木头都是有用的：平整的木头可以做椅面，较长的可以做椅腿，短木可以做横档，连一块小木头也可以做加固的木楔。

倘若在我们的教育中，我们这些教师对孩子也是这般的珍视，以对待孤品的心对待每一个孩子，而不是单纯把目光聚焦在优秀生和关键生身上，必定能为每一个孩子营造局部的春天：应该成铁的让他成铁，能够成钢的让他成钢；应该做钢筋的就让他做钢筋，能够成为螺丝钉的就让他做螺丝钉。尽管现实很苟且，来自社会的、学校的、家长的压力让我们感到"压力山大"，但我们依然需要拥有这颗有情的心，并且用这颗心去唤起每一个学生对生活的热爱和柔情，唤起每一个学生对美好的追慕和期待。

要有工匠精神，仅有匠心还是不够的，还须有一颗诗心。

"凡是艺术家都一半是诗人，一半是匠人，他要有诗人的妙悟，要有匠人的手腕。只有匠人的手腕而没有诗人的妙悟，固不能创作；只有诗人的妙悟而没有匠人的手腕，其创作亦难尽善尽美。妙悟来自性灵，手腕则可得于模仿……"这是朱光潜先生对艺术家的一段精妙论述。其实，这同样适用于教师，一个教师若没有诗心，便难以萌发美好的教育理想；若没有匠心，美好的教育理想多半流于空想。惟其实现两者的完美融合，才能实现教育的尽善尽美。

尽管我不是诗人，但让我感到庆幸的是我有一颗诗意的心。希望每天早上推开窗户都是一个诗意的世界，希望"行到水穷处，坐看云起时"，希望在寒冷的冬天也能嗅到玫瑰的芬芳。

同时，多少年来，一直追寻教育的诗意。追寻那种有爱心的、自然浪漫的、个性与优雅的教育;追寻用生命影响生命,用生命温暖生命的教育。目前,我尽管离这种教育的诗意还有一段距离,还有一段很长的路要走,但我愿意一直追寻下去,直到诗意地栖居在教育这片热土上。

如果说诗心是"向美而生",那么匠心就是"落地生根";

如果说诗心是仰望星空,那么匠心就是脚踏实地。

师者,当有一半诗心一半匠心,以诗心和匠心做双翼,在教育的大地上飞翔。

雷锋月

春风送暖,也送来了温暖人心的三月——雷锋月。

"年年岁岁花相似,岁岁年年人不同",始终不变的是我们对雷锋精神的永久崇敬。在这个雷锋月中,在高三紧张地学习中如何让雷锋精神更好地发挥作用呢?

"诗意老师,团委发了三月学习雷锋方面的通知了,咱们班怎么做?"世峰和百杰问我。

"你们有什么打算?"

"马上要'一模'考试了,咱们不搞这些走形式的活动了吧?"世峰试探地问。

"呵呵!怕影响学习吗?"

两人同时点点头。

"咱们能不能不走形式,把这项活动落到实处? 也就是说我们不仅不让这项活动影响学习,反而让它促进我们的学习呢? 你们想想!"

他们两人对视了一眼,感觉不太可能似的。

"雷锋精神的一大体现就是无私地帮助别人,对吧? 前几天你们不是还反映有的同学不愿意给别的同学解答问题吗?"

"对,"百杰似乎明白了,"借这个机会动员大家耐心地为别的同学解答问题,在学习上互相帮助,赠人玫瑰,手有余香。"

"对呀! 快要'一模'考试了,我们有许多同学压力很大,担心考不好,咱们借这个机会互相鼓励一下,如狼牙大队的可以鼓励尖刀兵团的,尖刀兵团的可以鼓励中坚力量的,中坚力量的可以鼓励后起之秀的,这就是学雷锋的体现。"世峰也明白了,高兴地说。

"嗯! 你们俩真聪明,不愧是我的得力助手呀! 咱们想到一块了,还有呢!"

"为别的同学加油打气!"

"对,这也是学雷锋的体现! 我再给你们补充几点吧。现在大家全力备战,学习非常紧张,部分同学身心会有一些疲惫,下课的时候或者是回宿舍休息的时候,他们更想呆在一个更安静的环境中,因此,告诉大家为别人的学习或休息提供一个相对安静的环境也是学习雷锋的体现呀! 对了,这些日子宿舍纪律不如以前了,正好借机整顿一下。还有,努力提高成绩,为咱们的'一模'制胜做出贡献是不是也是学习雷锋的体现呀?"

"哈哈……"我们三人都笑了。

"您说得很对,我们回去再商议一下,一定要把这次学雷锋活动开展得红红火火。老师再见!"

"同学们学雷锋,作为他们的'带头大哥'是不是也得做点什么? 学习雷锋不能只是学生的事情呀!"送走了他们,我也陷入了沉思。

'一模'考试就在眼前,高考的脚步也越来越近了,由于种种原因,一定会有部分同学出现不想再坚持或者想坚持而坚持不下去的情况,这样他们更需要一个榜样,一个精神领袖,在这方面自己要进一步做好他们的榜样,做好他们的精神领袖,从而使他们的前行更有力量。

下阶段可能会出现这样那样的问题,如有的同学可能会因为压力大而吵架甚至是打架,有的同学可能会很浮躁,有的同学可能会出现"高原反应"(学生在学习过程中出现的学习成绩和效率暂时停滞或者下降的现象),有的同学可能出现不自信等,对于这些问题自己要能够预见或者是及时洞察并采取有效的措施去解决。

学校要求班主任们在教室里"坐堂",对学生多一些陪伴,前些日子这方面做得不错,接下来应该做得更好一些。

'一模'在即,超额完成学校分配的任务和实现与同学们一起设定的目标。

"对,就这么办? 学习雷锋,我也在行动!"我猛地拍了一下桌子,站了起来并小声地哼着"学习雷锋,好榜样……"对桌的同事抬起头,用怪怪的目光望着我。

我笑了笑,向他抛了个"媚眼",呵呵!

"一模"制胜

"一模"考试结束后好几天了,尽管成绩还没有公布,但同学们似乎很平静,至少表面上是这样。今天第三节晚自习,在教室里坐了十来分钟后我来到操场。

尽管才是初春,但春意已经很浓了,即使是在晚上,吹在身上的风依然有一种温柔的感觉。操场周围那高大的白杨树早已吐出了新芽,空中的那轮新月也仿佛含着无限的春意。教室的窗户里透出的白炽灯的光,与校园周围住户家窗户透出的黄色的光相映成辉……这温馨的情景让我吟起一首精致的小诗:"才入夜,风微漾,新绿又遇轻霜。梢上月,云半掩,柳下影一行。旧陌空,有暗香,野桃自绽零芳。"吟着吟着,自己竟陶醉在这春风沉醉的晚上了……

"李××真是个傻帽,你猜怎么着?'一模'考试时他一紧张,竟然把考号写成了QQ号。"

"哈哈……别说他了,我本来是想借这次考试来个咸鱼翻身的,没想到……没想到粘锅底上了,唉!"

"哈哈……'一模'成绩将会告诉你,当你对某一科丧失信心时,别灰心,下一科总会告诉你这科不是你最差的。"

"哈哈……"听到偷偷跑到操场上玩的几个学生的对话，我也忍俊不禁，不过这学生提到的"一模"成绩又让我止住笑声，"前期实行的'以退为进'的策略能否在这次'一模'考试中得到有效检验？从寒假中和开学后同学们的学习状态来看，应该不需要担心。"尽管这样想，但自己仍然不敢掉以轻心。

"铃……"手机铃声打断了我的思绪。

"莫老好！"我接通了电话。

"老弟，看了'一模'考试成绩了吗？恭喜你和守国老师都超额完成了任务，而且两个班分别取得第一、第二的好成绩。"电话那端传来莫老高兴的报喜声。

莫老是深受我们广大年轻老师尊重与爱戴的兄长，他是中国十大才女教师作家、山东省作家协会签约作家、青岛市作家协会副主席李林芳女士的先生莫亮之，20世纪80年代初数学本科毕业，业务上总是技高一筹自不必说，更让人称道的是他和妻子李林芳女士一样与人为善，厚道大气，且是一个热心肠的人，对年轻老师取得的点滴进步都非常高兴。这不，看到当弟弟的两个班取得那么好的成绩比我们还高兴！

"是吗？谢谢你把这么好的消息告诉我！成绩发布了吗？"

"当然，老哥给两位老弟祝贺一下，当老兄的请你们吃个烧烤吧。"

"谢谢！谢谢！太让我感动了，我先去办公室看一下成绩，十分钟后联系您！"说完，我快步走进办公室，打开电脑，联网，登陆即时通，点击领导发来的成绩。

"哇！好棒呀！我们班是第一，一本和二本均超出年级分配的任务，而且更让人高兴的是其他各个班都考得不错！我们学校总体考得非常棒！整个胶州的成绩也位于青岛市前列。"我高兴地手舞足蹈，刚才的那种担忧早已跑到了九霄云外，取而代之的是一种"春风得意马蹄疾"的感觉，为自己，为学生，为别的老师，为别的班，也为学校，也为整个胶州的高三。

"看样子，自己那招'剑走偏锋，以退为进'的策略确实不错，果然取得了出奇制胜的结果，太好啦！"我美美地想着。

"明武老弟好！看完成绩了吧？莫老要给我们祝贺一下呢！我在门口，你别开车了，也整一杯呗！"这时，收到了电话那端守国老师的督促。

"好来！马上下去，请稍等！"

等我们赶到饭店时，莫老早已在那里等候多时，稍加寒暄我们便落座。

"我们先祝贺咱们大胶州，咱们大实验这次'一模'考试取得佳绩吧！"莫老的格局总是很大，他举起酒杯，守国老师也高举起酒杯，平时很少喝酒的我也举起斟得满满的那杯酒。

……

从饭店出来，夜已渐深了，春风劲吹，好一个春风沉醉的夜晚。

路在何方

青岛市第一次高考模拟考试的出奇制胜，让我心里踏实了许多，颇有一种"轻舟已过万重山""千里江陵一日还"的喜悦，走在路上，脚步也轻快了许多。当然，使我感到更高兴的却是这种结果进一步验证了朱校长提出的"策略比努力更重要"这句话的正确性！

"接下来的青岛市第二次高考模拟考试将采取哪种策略？"在实验楼东侧翠竹掩映的小木桥上欣赏迎春花的我在思索着。

记得以前郭亮主任（那时还只是班主任）介绍他的经验时谈道，"一模"时他们班级是第一，"一模"后，他故意放松了对班级的管理，有意识地让第二次模拟考试成绩下降一些，然后利用这次成绩下降的机会进一步激发学生的斗志，最终高考一举成功。

我期末考试和"一模"时就是使用的这种方略，可这种方略在"二模"时还继续使用吗？

同一种方法如果继续使用依然能达到理想的效果固然好，但如果达不到呢？一旦懈怠近两个月（从"一模"结束到"二模"）的时间，想再次紧张起来并不是一件容易的事情，一旦紧张不起来呢？再说，"二模"毕竟是高考前少有的两次正规高考模拟考试中的一次，何况是离高考最近的一次正规考试！如果考得不好会不会对学生形成巨大的打击？会不会让他们缺少甚至丧失信心和前进的勇气？如果真是这样……我不敢往下想了。

如果依照刚和一班牵手时制定的策略，可以进一步增强学生们的信心。高考前，信心固然重要，但是根据经验，自信心太强了未必是好事，极有可能在"二模"后的那段时间产生懈怠情绪，从而导致高考失利。

"夜中不能寐，起坐弹鸣琴。"现在的我尽管没有当年阮籍那种境遇和心情，但确实有"爱恨情愁两茫茫，岔路何去无方向"的感觉。

路在何方？纠结呀！

"为何不向有关领导、老师和同学探讨一下再决定呢？"想到这里，似乎有一点柳暗花明的感觉。

接下来，我请教了相关领导、任课老师，又找世峰和小杰等同学做了探讨，决定继续执行原来制定的策略——乘胜追击，打赢"二模"！

路在何方？路在脚下！

策略进一步明确后，我的心情也不再纠结，渐渐平静下来了。再次在那香风盈袖的小木桥上看到那些盛开的迎春花时，蓦地想起那首七绝《迎春花》。

> 二月迎春花盛柳，
> 清香满串荡悠悠。

经年弄巧篱笆网，

疑虑黄金甲未收。

今天夜跑

"一模"考试结束以后，学习的任务将越来越重，学生的压力往往会随之加大，很容易出现这样或那样的问题。因此，让他们增强体质，缓解压力，清醒大脑，提高学习效率就显得尤为重要，而下了第二节晚自习去操场跑步则是达到这些目的的一个好办法。

前几天，我把制定的《夜跑计划》和几位班干部交流过，对计划的内容我们已达成共识，于是第一次高考模拟考试一结束，我就动员同学们开启"夜跑模式"。为了使这一活动落到实处，也为了提高学生们夜跑的积极性，我身先士卒。跑了几天以后，我询问了部分同学，大家纷纷表示，夜跑真好！

《夜跑计划》

一、夜跑意义

1. 增强体质。学习任务越来越繁重，需要一个更健康的身体，而夜跑则为我们的身体健康提供了保障。

2. 缓解压力。夜跑可以调节心理和精神状态，使学习了一天的身心得到调整。

3. 愉悦身心。在春风吹拂的夜晚，在芳香弥漫的操场，在灿烂的星辉下，尽情享受那份自由、那份无拘无束，尽情享受跑步本身带来的乐趣。

4. 提高学习效率。体质增强了，压力缓解了，身心得到愉悦了，学习效率自然就高了。

二、夜跑的时间段

"一模"考试结束第一天开始到高考前。

三、夜跑的具体时间

每天第二节晚自习后的课间。

四、参加人员

全班动员、全员参与。但为安全起见，建议身体不适合夜跑的不能参加。

五、宣传标语

如果你想强壮，夜跑吧！

如果你想身心更轻松，夜跑吧！

如果你想进一步提高成绩，夜跑吧！

六、要求

1. 靠窗的同学在下楼开始夜跑之前请把窗户打开，便于空气流通。

2. 夜跑可能会出汗，出汗后不要脱掉衣服，以防着凉感冒。

3. 不喜欢跑步的，可以通过其他方式来锻炼，来放松身心。即使不愿意以任何方式进行活动的也不要呆在教室里,也要出去溜达溜达,吹吹风,放松一下。

4. 不能以夜跑为由耽误上第三节晚自习。

5. 操场西侧有台阶,请谨防踩空。

6. 操场灯光太暗,不要跑得太快,以免发生碰撞。

7. 班长第三节晚自习前负责点名,如果发现有同学在上课十分钟之内还未回到教室,务必到操场寻找。

祖贤认错

亲爱的方哥:

思想斗争了很久,才敢给您写这封信,其实写的时候我心里也是很忐忑的。信的开头,我首先想对您说一声"对不起"。

"一模"语文考试前的混乱,我必须负全责,是我做的不对,以至于昨天早自习课上,我都不敢直视您的眼睛。我心里有愧啊!老师,说出来您别笑话,周日那天我整整考虑了一天。小的时候,父母就教导我要感恩,教导我要懂事。到现在啦,连您这么好脾气的人,天天笑呵呵的老师都能让我给惹生气了,更何况您身体又不好!老师,对不起啦!

老师,谢谢您提醒了我,我考试前心里也非常浮躁,就连现在的我心里也还是不那么平静,也可能是第一次给您写信我比较紧张吧。请老师放心,作为班长以及班级中的一员,我们一定会认真整改,即使有些同学不理解您的苦心,我也一定会认真疏导。

方帅啊,我见您的第一面是在照片里,您带着墨镜,特别像黑客帝国里的史密斯特工,就是特别酷的那种,带着股高冷又暗含杀气,但见了您之后呢才发现,您俩的性格根本就是相反的,啊呀,扯得太远啦。

老师,在这未来的 85 天里,很高兴有您陪着我们,真心地祝您工作顺利,万事如意。

这是我教的另外一个班的班长赵祖贤写给我的一封短信,这封短信把我带到了"一模"第一场——语文考试前。

这场考试从 9:00 开始,而考试前的那段自习由我们语文老师负责。8:15 左右的时候我来到这个班,发现教室里乱哄哄的:说笑的,上厕所的,借东西的……班长赵祖贤不仅没有制止,还和同位聊得起劲。看到这种情景,当时的我怒不可遏,一时间,教室里乌云滚滚,电光石火。

……

打开电脑,点开河南曲剧《卷席筒》经典选段"小苍娃我离了登封小县",在那略带沧桑地唱腔中写下了下面两段话。

祖贤,读了你的信感到非常高兴!谢谢你的坦诚!昨天的事情我也有错,我没有更好地控制自己的情绪,也请你和同学们理解为盼。谢谢你对我的夸奖,说实话,我还真想带点高冷再带点杀气,或许那样更有男人味呢！嘻嘻。

通过这封信,我也看到了一个懂事、负责任的班长,相信在你这位优秀班长的带领下,我们一定会取得佳绩。85天,共同努力,定创辉煌。

第二天语文课下课后,我把这张写有两段话的纸条递给了他,他看了以后兴奋了好一阵子。

"师生之间能如此坦诚交流,的确是一件幸事！"看着他激动的神情,我这样想。

担当情怀

电脑上播放的笛子曲《春到湘江》犹如江水的波涛,时而激扬高歌,时而吟唱低回;又如船行江中,与摇橹划桨的节奏互相映衬,相得益彰……这动人的乐曲把我带到了湘江两岸生机勃发的春色中,让我感受到了湘江两岸人民建设家园的那种冲天的干劲。

"大家注意了,我和大家分享一件很感人的事情,这件事情发生在我们班昨天的家长会上,这个学生真懂事……"美女老师刘希莲兴奋的嚷嚷声让我从迷人的湘江景色中回到现实。

"这位同学的事迹确实非常感人,为什么不和我们班的同学分享一下呢?"听完刘老师讲的事情,我这样想。

"同学们,今天上午我听到了咱们文科班一个同学的感人事迹,我分享给大家听听。"下午下操后,和往常一样来到教室,等同学们都到齐后,我就把这件事情讲给大家听。

"事情是这样的,昨天的家长会上,刘老师安排了一位同学发言,临发言时,他却改变了发言的内容。他说今天来参加家长会的是他的母亲,他的这位母亲今年五十多岁了,活这么大年龄了,却很少进城。他不怕大家笑话,说他的母亲甚至连市内公交车都不会坐,是他中午放学后去车站接的他母亲。他母亲为什么很少进城? 为什么连市内公交车都不会坐? 因为他们家里很穷。他的母亲患有严重的糖尿病,不能干活,更不能出去打工挣钱,而且他的父亲也患有严重的疾病,也不能干很重的活……"说到这里,我哽咽了,下面也有不少同学眼中含泪。

"他说,他之所以努力学习,就是想通过自己的努力来改变家庭的命运,让他的父母不再为看不起病而犯愁,让他的父母晚年能够生活得更幸福一些,更有尊严一些……"我又一次哽咽了,许多同学开始抽泣。

"老师,您多次教育我们要有家国情怀,我觉得要报效国家,应该先从改变自己的家庭命运开始。"

"老师,这位同学很懂事,我们得向他学习。"

"我们更应该学习他的这种勇于担当的精神,或许我们的家庭情况比他要强一些甚至强很多很多，但是感觉我们并不具备他这样的担当情怀。"

听完这件事情后，同学们纷纷表达听了这件事情后的感触。

"听完这位同学的事迹后，相信大家都深有感触。我只想让大家记住这几句话：我们追求的不只是优异的高考成绩，我期待我的弟子，我们这些从'三(1)'走出的勇士，这些从大实验走出的学子更有思想，更有情怀，更富有担当精神。那我们这些当老师的，我们学校也就很欣慰了。谢谢大家！"

说完，我轻轻地带上门，轻轻地走出去。

叫我第一名

前些日子，高安绪校长对我说，在他所观看的有关教育的电影中，《叫我第一名》这部影片是非常值得一看的，他建议我一定要抽时间观看。

今天学生大休，终于又可以"偷得浮生半日闲"了，晚饭后就打开电脑，边品味那芳香浓郁的炭烧咖啡边观看那部《叫我第一名》的电影。

这是一部根据真人真事改编的电影，在观看这部影片的过程中，感动一直伴随着我。

主人公叫做布莱德·科恩，小时候，他不幸患了一种奇怪的疾病——妥瑞氏症，一种严重的痉挛疾病：不自主动作——抽搐，装鬼脸，耸肩膀，摇头晃脑等；不自主出声——清喉咙，大叫或发类似"干"的怪声。课堂上这一行为经常引起同学们的起哄，使老师的教学无法正常进行……最后教师也无法容忍他。

升到初中后，这种状况似乎更加严重了。然而，让他非常幸运的是，他遇到了一位暖心大叔——当时学校的校长。

他带领布莱德去参加了一场音乐会。在音乐会上，这位校长让布莱德向在场的老师和同学说出了自己的真实情况并告诉大家，如果大家都接受他，他的这些"不良"行为会大大改变，他希望大家别用异样的眼光看待他。

校长的这次暖心举动，让教师和同学们渐渐理解了他并开始给予他爱与关怀，也让他点亮了一盏心灯，让一个更加美好的世界呈现在他的面前，也让他决定以后成为一名老师。

……

大学毕业以后，他的病依然没有好……他前前后后参加了 25 次面试，"功夫不负有心人"，终于有一所小学的校长被布莱德的真诚与乐观打动了，聘请他当了二年级的老师。

布莱德对所有的学生都是一视同仁，从不戴着"有色眼镜"去看学生。当时班上有一位让其他所有老师都头疼的学生：他以打扰同学为乐，喜欢捣蛋甚至经常恶作剧。许多教师建议他让这个学生退学，但布莱德拒绝了这一建议，因为他理解被视为异类，被老师和同学抛弃的痛苦。他不想让种事情发生在自己教的学生身上。于是，他用他的爱心、耐心去尽心帮助这位"不可救药"的孩子……

他还用爱心感染了一位患白血病的学生，让她"微笑着走完短暂的一生"。

布莱德的爱不仅收获了孩子的爱，还收获了一份美好的爱情。

影片告诉我们是爱让他走向了新生，让他获得了成功！

感动一直伴随着我看完这部影片。

感动于校长的大爱。他没有像别的校长一样去批评他的这位学生，更没有像其他校长一样把他放弃，而让布莱德参加一向不敢参加的音乐会。他想让布莱德意识到，人们能理解他像正常孩子一样学习的想法，他也想让全校学生能接纳这个有点不一样的学生。这种大爱如春风吹走了长久笼罩在布莱德头上的重重乌云，这种大爱使得小布莱德之后的学生生涯充满了阳光，并最终坚定地走向了教育事业。正是这样的一位校长，给了布莱德呆在学校的机会；正是这样的一位老师，给了他自信；正是这样的一种包容，让布莱德有了当教师的愿望；正是这样的大爱，让他拥有了更加美好的人生。

记得读过一部《假如给我三天光明》的作品，作者是海伦·凯勒。作品中的她由一个盲、聋、哑三重残障的孩子成长为一个勇敢、博爱、伟大的作家。她为什么会有这一"蜕变"，最重要的是她遇到了那位叫沙利文的老师，是这位老师用大爱，用至高无上的爱使她拥有了之份"蜕变"。

我的教学生涯中，是不是对每一位都倾注了满满的爱？是不是有时候也带着有色眼镜看学生？对于调皮捣蛋的学生是不是缺少一份耐心？甚至于认为学生没办法教，没救了？尤其是刚刚参加工作那几年，想想赵增辉、焦振鹏等同学，好生惭愧。好在，教育之路还长。

当然，还感动于母亲对儿子的那份支持和信任。

还感动于布莱德的乐观和坚持。

人间四月

过了烟花三月，
春光一泻千里。
四月，
就这样清丽典雅地涉水而来。

你看：
温风送暖，山柔水媚；
碧水霞烟，陌上花艳。
你听：
柳笛婉转，河水潺潺；
莺歌燕语，婉转呢喃。

四月，写满了思念。
你是爱，是暖，你是人间四月天。
四月，写满了惆怅。
清明时节雨，纷纷路上人。

四月，借"一模"大胜之东风，臻千里之遥程。
四月，凌长风破万浪，擎高天揽丽日。
四月，磨枪砺剑，不惧兵临城下；脚踏实地，凌云舍我其谁！

春潮涌动

春风十里看桃花，最美人间四月天。

岛城的四月，尽管偶尔还有春寒，但春意已经浓得化不开，一派春意盎然的景象，处处生机勃发，处处春潮涌动。

"一模"考试取得的好成绩，使实验中学三个年级尤其是高三全体师生倍受鼓舞，再加上一个激发豪情的"百日誓师"大会，大家像打了鸡血似的，个个精神抖擞，人人生龙活虎，向着更高远的目标迈进。"一号战舰"的全体将士自然也不甘落后，向着新的目标，高歌猛进。

首先行动起来的是老师。上一节课刚刚结束，上下一节课的老师就已经出现在教室门口；讲了一节课的老师下课后顾不上休息，甚至顾不上喝一口水，有的依然留在教室或走廊给个别同学释疑解难，有的直接奔赴另一个班级上课；中午和晚自习放学很长时间后,时常看到教室、走廊、办公室里还有老师或给同学们讲解习题或帮助他们排解不良的情绪。

在老师们的影响下,同学们也积极行动起来,整个班级呈现出一种你追我赶、力争上游的学习热潮。

学生到教室晨读的时间不自觉地提前了,而且整个教室书声琅琅,完全不见那种刚刚起床时的恹恹欲睡的状态;

中午放学和晚上放学后,许多同学主动留下来或静静地学习,或向老师请教问题,或和同学一起讨论问题,教室里经常出现一种"沙场秋点兵"的壮观场面;

自习课静悄悄的,即使偶有老师或同学推门进出,也不见有同学因被打扰而抬头;

课堂上,同学们回答问题的积极性更高了,积极地配合老师,与老师形成良好的互动,课堂效率更高了。

"大潮奔涌逐浪高。"这春潮涌动、高歌猛进的景象无不昭示了一个更加美好的愿景!

春困来袭

"同学们,这些日子中午起床后是不是感到比以前要疲倦一些?"下午第一节上课前,我问大家。

"是⋯⋯"有不少同学有意无意地拖着长腔,声音里充满了倦意。

"下午第一节课时是不是没有以前那么有精神了?"

"是⋯⋯"个别同学甚至还打了个比较响的哈欠,这一哈欠引起了全班同学的爆笑,我也跟着笑了。

"你真的那么困吗? 有那么夸张吗?"我假装生气地瞅了他一眼。

"春天来了,天气越来越暖和,这种天气使我们的代谢增强。代谢增强,供应需求就会增加,大脑的兴奋就可能会受到抑制,我们就容易感到困乏,这种现象就是我们通常所说的'春困'。作为一名即将高考的学生,尤其是经常熬夜的学生,本来睡眠就不足,加上天气原因,往往会更加困乏。中午不愿意起床,起床后懒洋洋的,下午上课时尤其是第一节时往往会无精打采,昏昏欲睡,这种情况会使上课的效益大打折扣。

下面,我简单介绍几种方法,教教大家如何预防春困,让正向高考前进的我们精神饱满,神采奕奕。"同学们笑完了后,我解释了出现春困这种现象的原因并向大家介绍预防春困的几种方法。

一、注意生活规律

要确保自己正常的生活规律和节奏,依然要早睡早起。住宿的同学一定要按照学校的作息时间进行午休;晚上不要再熬夜,不要一直忙于刷题,一定要养足精神,如此一来,便能有效地预防春困。走读的同学回到家也一定严格要求自己,不要看电视,玩手机等等,一定要休息好!

二、注意饮食调理

由于体内代谢的增加,这个时候就需要对身体能量进行适当地补充,身体能量充沛,思维才能活跃。比如多吃点花生、鱼类、喝点牛奶等等补充蛋白质;食用时令蔬菜,比如菠菜、韭菜等等,改善身体代谢条件;适当地摄入维生素、微量元素。如此一来,春困可以更有效地预防。

三、注意课间休息

上课时间一直呆在教室里,容易引起困乏,这个时候,就要好好地利用课间的休息时间,让身体适当放松一下,解除困意。比如站在窗口或在走廊上吹吹风,呼吸一下新鲜空气,做做保健操,伸伸胳膊,踢踢腿,等等。

四、注意劳逸结合

利用课间操的时间,多进行运动。上课时大脑一直处于紧张的状态,能量消耗很大,所以,要充分利用上午和下午课间操时间进行运动,让大脑适当休息一下,以保持充沛的精力。

五、刺激法解除困乏

通过一些刺激方法来解除困意,比如上课的时候端正坐姿;使用一些物品,比如花露水、清凉油来刺激自己的嗅觉等等;还可以到洗手间用凉水洗脸,使得自己解除春困。

六、按摩头部

可以适当对头部进行按摩,放松脑部神经,使血液流畅,这样便能感觉清新自然,也能有效地解除春困。

七、饮用提神醒脑的饮料

除了以上的一些自我控制和调节之外,还可以借助一些饮料来达到提神、醒脑的作用。比如喝咖啡和喝提神茶水等,都能有效地预防春困。

当然,要更好地预防春困,最好的办法是用我们强大的内心,用我们那顽强的意志。

在接下来的一段时间内,同学们纷纷尝试我介绍的方法,班级的春困现象大大减少,同学们又恢复了昔日的活力。

家长"夜窥"

应球友之约,今晚去球馆释放了一下,21:15 左右来到单位。

学校大门口外面马路的两侧停满了来接孩子的家长的车辆,校园里灯火通明,学子们正在上晚自习。

刚进入教学楼,就发现有两个家长模样的人在走廊上向教室里面"窥视",还时不时地用手机拍照或小声地交流着。

"可能是找某一位老师或找他们的孩子的家长吧,"这样想着就走向前去。

"您好!请问你们找谁?"我微笑着小声地问并示意他们也小声回答。

"不……找……谁。"其中一位家长小心翼翼地回答。

"那你们这是?"我有点疑惑。

"我们两个是邻居,两家的孩子都在你们学校上高三,我们每天晚上过来接孩子,想进来偷偷看看孩子学习的真实情况,这不就进来了。不过,进来很不容易呀!门卫要求太严格了。"另一位家长小声说,有点不好意思。

"原来这样呀!你们当家长的真用心呀!看到你们的孩子了吗?"我索性和两位家长交流起来。

"看到了,两个孩子都在认真地学习。这些孩子学习真专注呀!有的思如泉涌,奋笔疾书;有的咬着笔尖,苦苦思索;有的静静阅读,默默思考;有的聚精会神,埋头计算;还有的拿着课本圈点勾画……我俩都被孩子们的这种高效专注、勤学投入的自习氛围感染了。"说完,他竖起了大拇指。

"孩子前几天回家说,班主任强调自习课'零抬头率',刚才我特意咳嗽了几声,竟然真的没有抬头的,你看里面。"另一位家长边用力咳嗽边指着里面说道。

当然,正在上自习课的同学一点也没有受到这几声咳嗽的影响。

"刚才看到几个教室里都有老师,还有几个在走廊上和学生谈心。你们实验中学的老师真敬业呀!"其中一位家长说得很诚恳。

"呵呵,谢谢!这是我们工作的常态。其实,我们也想在家好好休息一会,毕竟累了一天了。"我有点谦虚,其实也是我的心里话。

"以前只是听说咱们学校的学生有良好的学风,老师有十分敬业的态度,今天终于亲身感受到了。哎,老师,我怎么感觉您这么面熟,您是……方老师?"

"是的。认识我吗?"

"方老师您好!在一些媒体上看到您好几次呢!呵呵!今天终于看到真人了!"一位家长惊喜地说。

"呵呵!刚才您说的都是些街头小报,不足挂齿。我们学校的王建辉老师还上过央视'新闻联播'呢!"我骄傲地说。

"上过央视?真的?!真牛!"接着我详细地向两位家长叙述了建辉老师为何上央视的事情,他们两人对我们实验中学的老师又多了一份敬意。

"这样吧,我们也算是相识了,我再向二位简单介绍一下我们学校吧。"说完,我带着两人走出教学楼,站在前不久才落成的综合楼的外面向两人简单介绍了里面高档的体育场馆、现代化的阅览室、富含高科技的天文馆,又来到高一、高二教学区向他们介绍了优美灵动的书画作品、创意无限的社团海报、精彩纷呈的活动照片……

两位家长边听边看,边拍照片边发朋友圈:很明显,他们被深深震撼了。

……

"您看,放心了吧! 孩子在这样的学校里读书咱们放心就行了。"一位家长边向学校门外走边向另一位家长说。

"嗯,现在放心了! 你看,我的朋友圈那么多为实验中学点赞的。"一位家长炫耀着。

"谢谢您,方老师! 耽误您工作了。"

"谢谢您,保安同志!"

"客气了,您走好!"门口的保安彬彬有礼地回应着。

"看看,人家实验中学就连保安都是那么有素质!"

我送走两位家长,离开大门口还没多远,听了他们的对话心里美滋滋的。"'金杯银杯不如老百姓的口碑',这话说的一点不假。"

"好香呀!"教学楼前,那些开得正盛的玉兰花的幽香正飘来,正袅袅地飘向校园的每一个角落,飘向每一位家长的心中……

我想偷懒

"战斗的一天又开始了。"

五点的闹钟还没有响我就醒了,儿子也醒了。尽管感到有点累,但是依然用这句话来激励自己,也激励同样早起战斗的儿子。

起床——穿衣——洗脸——奔赴战斗岗位。当然,出门前依然没有忘记亲了亲熟睡中的二宝。

"咦,左脸颊的肌肉今天怎么抖动得更厉害了?"边抚摸左脸颊边想。

"是不是累的? 继续抖下去会不会面瘫啊? 不会那么严重吧? 别管了,先工作一会儿吧!"来到办公室,望着桌面上两摞厚厚的试卷,这样想着。

一上午就在忙碌地批阅试卷中过去了。

中午照常值班。

下午照常上班。

"小方,你怎么总是用手揉捏你的脸?"生物组的王凤祥老师盯着我的脸问。

"不知怎么了,这几天左脸颊的肌肉总是跳。"

"你可得注意点,这是面瘫的前兆。"王老师一脸严肃地说。

"你可别吓我,真有那么严重吗?"虽然嘴上这样说,但心里却开始有点忐忑了。

"不是吓唬你,去年某某老师就曾经有过这种现象,后来我带他去看过医生,花了上千元呢! 你可得注意点。"王老师认真地说。

"我了个去,真那么严重呀!"听到这里,我吓了一跳。

三步并作两步,奔上四楼——开门——开电脑——上网搜索"面部肌肉跳动原因"。好几个医生对这一问题进行了解答,原因有好几种,但他们的回答当中都有一个共同的原因,那就是过度疲劳。最有效的治疗方法就是休息,且多数医生还强调,如果不好好休息极有可能会面瘫。

"看来王老师说得没错呀!太可怕了!我需要休息,要不然真的会面瘫的,如果我真的面瘫了……"我越想越怕,不敢往下想了。

恰恰这时,第一节课的预备铃又响了,而我第一节课还有课,怎么办?如果去上课,会更加疲劳,如果讲着讲着……我不敢想了。如果不去上课,不久就要高考了,怎么办?怎么办?

"还是上课吧,大不了我一边讲课,一边按摩。"这种方法管不管用,自己也不知道,权当管用吧!边这样想着边走向教室。这样,上课铃响二分钟前,我和往常一样出现在教室门口。

于是课堂上就出现了我一边用手按摩左脸颊,一边讲课的有点滑稽的画面。

一节课终于结束了,又来到另一个班,继续上第二节课。同样,讲台上依然出现了那种带点滑稽的画面。

两节课终于结束了,赶紧回到办公室,对着镜子呲了呲牙,咧了咧嘴,还好面部正常,自己也长舒了一口气。

"热敷管不管用?加快面部血液循环一定能有用。"边想边把水烧开,找了一根干净一点的毛巾开始热敷。

"你的脸怎么了?你这是干嘛呢?"同事关心地问。

"衣服上有褶子,我们用电熨斗熨一下,衣服就平整了。你看我的脸上褶子那么多,这热毛巾就相当于一个电熨斗,你的,明白?"

"哈哈……"我们不约而同地笑起来。

"如果真的出了问题,我的讲台生涯可能就结束了,今天偷偷懒吧,下班就回家,早点休息。"

下午下班后来到公园,站在公园的小山上向西望去,红红的落日真美!

善待单位

在今天下午召开的全体教职工大会上,我们敬爱的朱校长在大会上做了以"善待自己的工作单位"为题的重要讲话。

朱校长的讲话,既总揽全局,又细致入微,从单位对每个人的重要性和我们实验中学存在的现实问题说起,让我们全体教职工有醍醐灌顶、豁然开朗之感。他的整篇讲话没有华丽的辞藻,却久久令人回味;没有声嘶力竭的呐喊,却字字震撼人心;没有长篇大论的说教,却句句引人共鸣。

朱校长在讲话中指出:"如果你是小草,实验中学就是你的地;如果你是小鸟,实验中学就是你的天空;如果你是一滴水,实验中学就是你的大海;如果你是一位家庭成员,实验中学就是你的家。"

是呀! 如果我是一位家庭成员,实验中学确实是我的家。这个大家庭不仅以海纳百川的胸怀接纳了我这个农村普通初中的普通老师,还为我提供了展示才华的舞台,更重要的是这里的领导和同事还给予了我无微不至的关心和帮助。

不管是前任吕校长还是现任朱校长,两位大家庭的家长对我的工作和生活都给予了许多关心。

我老母亲去世时,朱校长、秦校长、高校长三位领导和建辉、刘斌、王爱军等老师的吊唁让我心里倍感这个大家庭的温暖。

陈焕彬校长、潘晓锋校长、刘炳富主任、张泽修主任、李清高主任选用我连续带高三,给我以莫大的鼓舞。

和我并肩作战的战友们如迟明磊主任、孙雪英老师、张科秀老师、杜红霞老师、姜霞老师、宋纪正老师、侯晓辉老师、马玉堂老师、刘加国老师、王守国老师等都和我一起出谋划策,军功章里有他们的一半。

我参加市模拟讲课比赛时,教科室薛庆臣主任、语文教研室宁长勇主任、郑召叶老师、王芸香老师等许多老师都给我提了许多有益的建议。

参加青岛名班主任工作室主持人现场答辩的前几天,刘志敏老师、周瑞艳老师、刘述英老师为让我更加充分地准备,主动为我代课,尤其是刘述英老师,有一天一共上了六节课,她们的真情付出为我答辩成功提供了可能。

在后来的"青岛市最美教师"献花活动中,以李雪芹老师、姜霞老师为代表的许许多多的老师都积极地为我多次献花。

因二宝生病而不能来上班时,王建辉老师、王凌云老师、陈维文老师、刘希莲老师等主动给我代课,孙培乾老师帮助我做了许多班级工作……他们为我解除了后顾之忧。

在工作室外出活动时,姜军主任多次安排车辆。

还有管淑娇主任、刘斌、肖红、王爱芳、徐磊、丁秀霞、王爱军、刘衍辉、张洁等许许多多的老师在许多方面都让我感受到了实验中学这个大家庭的温暖。

儿子进入实验中学后,不管是朱校长、王校长、孙校长、高安绪校长、高洪国校长、白桦书记等领导还是他的两任班主任——范大林主任和张贤悦主任,不管是教他的各位任课老师还是没有直接教过儿子的韩瑞友主任、张作为主任、莫亮之老师、王振玉名师、王昭智老师、高玉亮老师等许许多多的老师都给予了儿子许多有益的指导和鼓励,他们都是儿子成长路上的贵人,儿子能够在这个大家庭中健康地成长,在很大程度上得益于各位领导和同事的厚爱。每当想起这些,心里总是暖洋洋的。

朱校长还指出:"'大河有水小河满,大河无水小河干',实验中学是全体老师求生存、谋发展的生命之河,只有实验中学这条生生不息的大河波澜壮阔,奔腾向前,才会永久滋润依附在它周边的千万细流,而这涓涓细流,正是我们为之奋斗的广大教师,每位老师都应该对实验中学这条大河怀有感恩之心。"

是呀!"落其实思其树,饮其流怀其源",感恩是前进的动力和源泉,懂得感恩才会走得更远。我确实应该感恩实验中学,近几年,事业上出现了"顺水轻舟满扬帆"的情景;同时,还获得了许多荣誉,这些荣誉都是学校给我的,都是在领导和同事的帮助下取得的。我认为,最大的感恩行动便是以更大的努力回报学校,回报朱校长和同事,和他们一起把实验中学建设得更加美好。正如朱校长在讲话中所指出的:"我们要让实验中学成为一种品牌,一种信念,乃至一种理想,而非单纯的一座校园。当然,就现阶段来说,这只是一个愿景。能否把这个愿景变成现实,完全依赖我们今天的努力。"这时候,我突然想起朱永新曾经说过:"未来不是我们要去的地方,而是我们正在创造的地方。"相信自己会和实验中学的其他教师一样在最大程度上善待自己的单位,有"匹夫有责"的自觉,有"舍我其谁"的担当,在不久的将来,把这种愿景变成现实。

"小树只有扎根于大地才能装扮春天,水滴只有投身于大海才不会干涸,鸟儿只有在天空中才能自由地翱翔。"

我愿当一棵小草,扎根于实验中学;

我愿意做一条游鱼,把实验中学当做大海痛快畅游;

我愿成为一只小鸟,把实验中学当做天空自由翱翔。

我更愿意怀着一颗感恩的心在实验中学这个大家庭中健康地成长!成长为一颗树,开得满树繁花,站成教育天地里的一道美丽的风景。

善于扬长

"同学们好!昨天,百杰同学向我请教了一个问题——高考前的这段时间用更多的精力复习自己的强科好还是补弱科好?对这个问题,大家怎么看?"我想了解一下同学们的想法后再谈我个人的观点。

大家纷纷发表意见,当然意见分歧不小。

"大家的观点分歧很大,这也进一步证实了我谈这个问题的必要,请大家先看几幅图。"说完,我用幻灯片展示出"旧木桶理论"和"新木桶理论"的图片。

"大家看,旧木桶理论中说木桶装水的多少取决于最短的那根,而新木桶理论中说装水的多少取决于长板有多长。很快就要高考了,要把跛腿科目补上去似乎不太可能。我认为这段时间的复习应该要扬长而避短。也就是说,尽量把优势学科的水平正常发挥出来,然后用这些优势学科来弥补弱科。

同学们肯定都有过这样的经验:每当自己排名靠前的时候,就是扬长避短的结果,如果某次考试"长"没有扬出来,必然考不好。所以,同学们可以不必苦苦逼迫自己补弱科,弱的科目本来就是自己不擅长的,往往不喜欢却又逼迫自己硬着头皮学习,因此学习起来既费神费力又苦不堪言。同时,在高一、高二和高三的上学期补弱会更有效果。到现在,那些弱科已经弱了近三年了,我们用了近三年的时间都没有补上,仅用高考前的这点时间能补上吗? 现阶段还不如发挥出自己那些擅长科目的优势。

当然,我们扬长避短并不是说要完全抛弃"短"科目。对于"短"科,要侧重基础知识的复习,把基本东西先搞清楚,目标是试卷中80%的中低档题。时间上可以有所侧重,但不能过多抢占优势学科的学习时间。学习就是这样,即使是自己擅长的科目,一段时间不学,知识也会生疏,成绩也会下降。

拆东墙补西墙,墙墙不齐;与其补短,不如扬长。"

同学们边听我讲,边思索边点着头。

调看视频

"班里学习气氛怎么样?"去宿舍的路上,我问一名同学。

"说实话,您给我们加大压力之后,我们的学习气氛浓厚多了,不过好像还缺一把火似的。"他犹豫了一下说。

"谢谢你的坦诚! 在哪些方面表现的不好?"

"以前中午放学后教室里很静,有许多同学主动留下来学习,现在留下学习的依然很多但总感到乱哄哄的;晚饭后一样,也是有点乱。"

"主要是哪些同学静不来学习?"

"说不清楚,好像都在学习,又好像都在说话。"

这样呀! 还是看看视频吧。

于是,我调出了班级内安装的监控。真是不看不知道,一看吓一跳,这两个时间节点上教室的情况和同学反映的大体一致。

中午放学十来分钟后,大多同学渐渐离开了教室。剩下还没有离开的同学中,李洁(请允许我隐去了她们的真名,下同)左顾右盼,和前位的同学说说,和后面的同学聊聊;王倩倩和北侧的同学要本本子,和南侧的同学要本书;李梅琦一直心不在焉……只有少数几个同学在静静地学习。

晚饭后,周猛最为活跃,前后左右无一人不去说,无一人不去谈;李佳望望这,看看那;李芳动动头发,照照镜子……鲜见有同学在认真讨论问题。

"怎么会出现这种情况? 课下的学习状态往往反映课上的学习状态,看样子他们的学习动力还不够,当然或许她们还认为自己很努力,根本没意识到这样浪费时间呢。"我在思索着出现这种情况的原因,最后决定让她们自己来看一下,这样教育效果会更好。

晚自习时候,我把她们叫到办公室。

"大家感觉这些日子时间抓得紧吗?"

大家反应不一,但多数点头称是。

"那好，大家看看在中午放学后和晚饭后这两个时间段内咱们的表现吧。"听到大家这样回答，我调出视频让她们看。

看到视频中自己的表现后，这几位同学面面相觑，有的不好意思，有的惭愧地低下了头。

"课下学习情况往往反映课上学习情况，大家说说吧，为什么会出现这种情况？"我有点生气。

大家沉默不语。

"这样下去我们就'死定'了。大家回去反思一下，原因到底出在哪里？接下来我们应该怎么做？"

几天内，我就收到了李佳、李芳和王倩倩三位同学主动写的反思。

李佳：老师您好！想了好久才终于下定决心给您写这封信，对于您今天批评我的这件事情，我是心存感激的，要不是亲眼看见了自己的行为有多么差，我还会继续以为这些只不过是些鸡毛蒜皮、无关痛痒的小事，还好，这次经历使我明白了自己还存在哪些不足，也明白了自己下一步应该怎么做，下一步才会有针对性地去改正，再次感谢您为我指明了方向！

曾经下定决心要努力，而在行动上却是如此的不一致，我感到羞愧，言行不一真是一件可怕的事。时至今日，我才发现原来自己一直都处于"自我感动"之中，原以为自己有多么多么努力，甚至有点沾沾自喜，却不知在未曾发觉的地方却是与自己预期的样子恰恰相反。我有多么的为自己"感动"，内心就有多松懈，表现出的行为就有多糟糕。还好我有机会看清这一点，还有时间去改正，一切还来得及。

最后诚挚地希望您能身体健康，开心生活，开心工作。我会严格要求自己，让您不再因为我的事情而生气，也希望您能够相信我！真心祝愿师母和小师妹一切安好！我也相信我们会越来越自觉，我们班会越来越好，让您能够有更多的时间陪伴家人，毕竟您除了是班主任以外，还是一名丈夫，更是一位父亲。

李芳：老师好！首先感谢您能把我叫出去谈话，这次谈话使我认识到了自己的不足，以及现在存在的问题的严重性……今天老师让我去看了一下我自认为我在这"努力学习"的视频，真是让我大吃一惊：一直不停地动，动动头发，跟同位说说话，找找这个找找那个，就连五分钟安静呆着学习的时间也没有，效率十分低。说实话，效率低这个问题我在很久以前就已经认识到了，但并没有引起我的重视，因为我觉得如果效率低，那就比别人多花些时间就可以啦。于是我开始熬夜，并且越熬越晚，作业是完成了，有时候还会超额完成，自己也很开心，但弊端马上也就暴露出来了，第二天的晨读、早自习总是犯困，咖啡、风油精齐上阵，也不怎么管用，又被别人落下来，所以成绩一直不见起色，甚至还下滑。最近恰好晚上不让学习，我也不再熬夜，果真第二天晨读精神多了，上课也有精神啦，再也不怕地理、政治连堂上了，算是找到了一个适合自己的学习方法。再一个就是针对视频上出现的问题，我开始有意识地克制自己,不再和同位闲谈,不因周围同学的一点风吹草动而抬头张望,从现在开始,把心沉潜下来,静下来,埋头学习。我也开始关注效率问题,做作业时也会给自己定一个量,定一段时间,要求自己必须在这段时间内完成,以此来提高自己的效率,这算这段时间我的改进吧。

在最后的两个月中,还希望老师能够更加严厉地要求我,也许当时我不会理解,但我知道您是对我好,我不会有怨言的,在此先谢谢您了。若我有什么做的不对的地方,您使劲地批评就行了,我就是那种需要时常敲打敲打的学生。还有我再次郑重地告诉您,我李芳非一本大学不上,非重点大学不上。

王倩倩:青岛市第一次模拟考试的失利让我终于开始检讨自己,我不相信那是我的成绩,然而,事实已经说明一切,正如前几天您带我们学习的材料上所说的,我"只是看起来很努力"而已。寒假回来后,我听老师的话,放下了手机,每天晚上也和舍友们一起挑灯夜战,我认为我比以前努力多了,可现在回想起来,那只是表面现象。因为多愁善感,我总会因为一点鸡毛蒜皮的事纠结很久,胡思乱想。因为晚上学习,白天有一段时间犯困,看着那好像永远也背不完的文综课本,我退却了。老师给我看视频,我发现自己原来是那副样子,我知道了自己还有很多不足,我想我该改改了。做题时我总喜欢放弃那些我认为难的题目,不想动手,但其实后来才发现,那并不难,只要好好思考我也会做出来。正如你所说的"有些事不是因为难才不愿意做,而是因为你不愿意做事情才难"。还记得老师班会上说的,不要给自己设限,那只会阻碍你前进的脚步,不能认为题目有难度就放弃,那为什么别人能懂,而我不行?我们每个人都是一匹黑马,我相信自己也是。因为之前,我也考过全市排名第290的名次,自我感觉良好,仍按照以前的状态来学习,事实证明这不够,快高考啦,几乎所有的高三同学都比以前要努力,而我却仍像原来一样,如果别人进步啦,那我就退步啦,我不知道高考结果会怎样,但我会坚持,我会改变,即使名落孙山,只求无悔!

适当加压

受"一模"佳绩的鼓舞而出现的高歌猛进的学习劲头并没有持续多长时间。这些日子,明显地感觉到班级的学习气氛淡了许多,虽说不上松松垮垮却少了昔日紧张的气氛:同学们不再小跑着进教室,到教室后也不能马上投入学习,预备铃响前不能全部到位,到位的同学也感觉无所事事……总之,让人感觉学习节奏慢了许多。

我自己分析并通过同学了解了一些原因,最后总结推断出现这种状况的一个最大的原因应该是缺少压力,为了验证这种推断的正确性,我做了一个简单的压力调查。收上来一看,果不出所料。感觉压力大的仅有13人,压力一般的占绝大多数,而这时候,感觉压力一般是不正常的,压力大的占多数才算正常。于是趁下操后的这段时间我和大家进行了交流。

我先简单总结了一下这次压力调查的情况，然后就引导大家思考。

"总起来说，我们基本上没有什么压力，我可否这样理解？"我点名问了几个同学，他们没有否认。我又问了其他的几个同学，他们也大多表示同意。

"为什么会出现这种状况？"我又问。

"'一模'这场大考结束不久，第二次模拟还有一段日子，大家缺少压力。"

"我认为我们认识上存在误区，错误地认为没有压力才能更利于学习。"

"不少同学认为水平和能力已经没有提高的可能了，学习的动力不足。"

同学们回答的跟我分析的大致相同。

"先给大家讲一则故事听。"说完，我声情并茂地讲起那个故事。

一艘货船卸货后返航时，突然遭遇巨大风暴，老船长果断下令："打开所有货舱，立刻往里面灌水！"水手们担忧："往舱里灌水是险上加险，这不是自找死路吗？"但还是半信半疑地照着做了。虽然暴风巨浪依旧那么猛烈，但随着货舱里的水位逐渐高，货轮渐渐平稳了。船长告诉那些松了一口气的水手："一只空木桶，是很容易被风吹翻的；如果装满水，它负重了，风是吹不倒的。船在负重的时候最安全，空船时才最危险。"

"这个故事告诉我们一个什么道理？"

"船，在负重的时候最安全；人，在有压力的时候才能走得更稳当。"

"空船时，才是最危险的时候，我们现在就类似于'空船'状态……"

"对呀！船这样，人何尝不是呢！那些胸怀大志的人，那些想通过高考来实现梦想的同学，沉重的责任感时刻压在心头，使他们时刻不敢放松学习，而那些缺少压力甚至是没有压力、得过且过的同学就像一个个空水桶。

再给大家讲一个故事。在非洲的大草原上，每天早晨，羊睁开眼睛所想的第一件事就是我必须比跑的最快的狮子还要快，否则我就会被狮子吃掉。而就在同一时刻，狮子从睡梦中醒来，首先闪现在脑海里的第一个念头就是我必须比跑的最慢的羊还要快，不然我就会被饿死。于是，几乎同时，羊和狮子一跃而起，迎着朝阳跑去……因为生存的压力，使羊成了奔跑的健将，狮子成了草原的猎手。

在生活中，我们虽然没有狮子和羊那样的生存压力，但我们依然有压力存在的——有高考的压力等，也正是有了一些这样的压力，才让我们不断进步，不断成长。"我循循善诱。

"有些同学认为水平和能力已经没有提高的可能了，简直是胡说八道。前不久的班会上不是给大家讲了'竹子定律'和'荷花定律'吗？难道大家忘了？我们经过一起分析，共同得出了一个结论即现在是厚积薄发的时段，也就是说现在是提高成绩的黄金时段，大家忘了吗？我不是用历年全省高考成绩，用详实的数据告诉大家，提高一分就可以提高成百上千个名次吗？"我一系列的反问让大家很惭愧。

"认为没有压力才能更利于学习，真的是这样吗？那我们现在出现的这种松松垮垮的状况,我们如何解释? 事实就摆在我们面前,是有利于学习还是不利于学习? 我们期末考试成绩很差的一个重要原因不就是考前缺少压力,没有紧张感吗? 难道大家忘了吗?"我的口气非常严厉。

"'一模'大考结束不久,第二次模拟还有一段日子,大家缺少压力,对吗? 不用说离第二次模拟考试,就是离高考还有几天? 整个人生才有多长? 以前,有记者采访部队的首长,问他'如果战斗就在明天打响,你们能做好准备吗?',现在有记者也去采访部队首长却这样问,'如果战斗就在今天打响,你们能做好准备吗?'。记者由'明天'改成了'今天',说明了什么问题? 如果现在问大家,如果今天就开始高考,你们做好准备了吗? 如果继续这样没有压力地学习下去,看高考时候我们会收获怎样的战果!"我的话语中透着严厉,更透露出一种激励,一种期望。

"同学们,有压力才有动力,'井无压力不出油,人无压力乱飘飘'铁人王进喜也这样说。如果继续这样没有压力地学习下去,我们必败无疑呀! 那时候,我们如何面对学校? 如何面对我们的父母? 如何面对我们自己呀?!"我改变了刚才严厉的语气,语重心长地说。

"不瞒大家,这几天我连续接到三位家长打来的电话或发来的微信,我想,即使我不告诉大家,大家也猜得到内容是什么。那殷殷盼望之情让人动容呀! 我们许多同学是农家子弟,许多家庭情况都一般,我们许多家长都把改变整个家庭的命运寄托在我们身上呀……"我的语速很慢,语气里满含着欺许。

许多同学的头低了下去,还有同学似乎在抽泣。

温情留言

夜,已经很深了,而我却一点睡意也没有。一个人站在窗前,望着空中的那轮月亮,突然想起席慕容的那篇散文《有月亮的晚上》。

"我一个人走在山路上……夜很深了,路上寂无一人,可是我并不害怕,因为有月亮。

因为月亮很亮,把所有的事物都照得清清朗朗的,山路就像一条回旋的缎带,在林子里穿来穿去,我真想就这样一直走下去。

假如我能就这样一直走下去的话,该有多好! ……"

是呀,假如我能就这样一直走下去的话,该有多好! 我也这么想,只是现实中还有许多事情,甚至是许多让人心烦的事情需要我们去面对,这时,又不免想起昨天下午的那次发火。

青岛市第一次模拟考试考得不错,考试结束后一开始出现的借势进军,高歌猛进的局面并没有持续多久,这个阶段大家比较懈怠,整个班级呈现出一种"歌舞升平"的现象,而第二次模拟考试又姗姗而来……针对班级近来出现的这种情况,我除了给大家施加压力外,又调看视频,有针对性地做个别同学的工作,使懈怠的局面改变了许多,但还有部分同学"涛声依旧",所以心里一直窝着火。昨天下午第四节课,又有两名同学迟到,我终于克制不住了,怒火像火山喷发一样爆发出来……当然,这次怒发冲冠取得了更明显的效果,整个团队基本回到原来的战斗状态,但想起当时的情景,又有点后悔,担心学生不理解。

反正睡不着,索性打开了电脑,登录了 QQ,只见 QQ 头像一直闪烁,原来是那位昵称是"三(1)"必胜的学生(不愿意透露自己姓名的学生)给我留言了。

亲爱的诗意、小方哥:

您好!

"三(1)"班前些日子的表现让您失望了吧? 又让您操碎了心。不要生气,千万要注意自己的身体啊!"三(1)"班离不开您,"三(1)"班需要您! 那几天,您一定生了不少气,饭也吃不好吧? 不知您又添了多少根白发,非常抱歉! 是我们不懂事,惹您生气了,对不起! 您日夜操劳,无私地奉献着自己,为了学生,为了班级,为了学校,为了家人……唯独忘了自己。这种精神令人折服! 您辛苦了!

现在,同学们可能不理解您的一片苦心,但总有一天,学生会懂的。方哥,请不要对我们失去信心,我相信您的能力,一定会带领"三(1)"班创造奇迹,拜托您了! 相信方舰长领导下的"一号战舰"在今年高考中一定会创造辉煌!

"一号战舰"全体舰员

读着这些充满理解,充满温情又充满信任的话语,心湖荡起层层涟漪。是的,总有一天,他们会懂得。而我,当岁月老去,多年之后回忆起这些留言,相信依然能够感受到以这位同学为代表的全体同学给我的那种理解和支持。

再抬头望向窗外,那轮圆月正明,有月亮的晚上真好!

月伴归途

月亮爬过操场边上那些高大的杨树,渐渐升起来了,整个校园笼罩在朦胧的月色里。

"明武,反正这么晚了,干脆再检查一下晚休吧,看看同学们晚休情况如何。"很多晚走的班主任招呼我。

"好的。"这样,我和部分班主任等孩子们安然入睡后才离开学校,此时已经很晚了。以往这时候回家,多半会开车的,但今晚月色尚好,不如步行回去吧,以免辜负了这美好的月色。

"我们经理真可恶,让我们加班到半夜。"两位打工者骑着两辆电动车从我身边急驰而过,其中的一位对另一位说。

听到他发的牢骚,我摇摇头笑了。因为曾经的我也发过类似的牢骚,后来,因为这明月,因为一篇博文中写到的明月使我的心理趋向了平衡。

"你看,月亮也是在一次天体运动中诞生的,她也无法选择自己的命运。让她来守卫地球,她就忠诚地守护在地球身边,几十亿年来默默坚守着自己的岗位,终于获得了千百首赞美诗,也得到了无数星星的崇拜。而我们的一切原本都是不存在的,也都是偶然的产物,偶然来到这个星球,我们又有什么理由不珍惜现在的一切,不让自己尽量多发出一些光呢?"

突然想起一篇散文里有这样一段话:"唐传奇中那个叫《纸月》的小故事,这个故事讲的是有一个人,能够剪个纸的月亮照明。有没有想过,剪个纸月亮给自己照明?创造一个月亮,其实是在创造一种心境。痛苦来袭,我们习惯慨叹,习惯呼救。我们不知道,其实自我的救助往往来得更为便捷,更为有效。地震之时,那个女孩被掩埋在废墟下达八天之久,在那些难熬的日日夜夜里,她不停地唱着一首一首的歌,开始是高声唱,后来是低声唱,最后在心里唱。她终于幸存下来。她不就是那个剪个纸月亮给自己照明的人吗? 劝慰着自己,向自己借光,偎在自己的怀里取暖。这样的人,上帝也会殷勤地赶来成全。"

这段话给我许多启发,其实,每个人包括我们老师都应该给自己剪一个月亮,而且给她一个升起的理由。这样,我们就会揣着月朗月润的心情,走在教育的天地里,走在生命绝佳的风景里。

这样想着,不知不觉到了家门口,轻轻地开门进去,爱妻和小公举都已经睡了,月光透过洁净的玻璃窗洒在她们身上,柔柔的。

奋进五月

四月悄然逝,
五月缓缓来。
它,牵着未了的花事;
它,偎着初夏的烂漫;

五月,是生命力旺盛的时节。
翠色盈盈,郁郁葱葱;
石榴火红,槐花素白。

五月的天里,
弥漫着一种风轻云淡的气息,
春和景明,暗香疏影。

五月,南风渐起,小麦趋黄;
五月,孕育着美好和希望。

不念过往,不畏将来,奋斗前行;
莫负春光,再次起航。
四月,再见;五月,你好!
你来了,我们也来了!

五月部署

"逝者如斯夫,不舍昼夜。"蓦然回首,春天已渐行渐远,五月,迈着轻盈的脚步款款而来……芳菲落尽,春天的味道越来越淡了,而高考的味道却越来越浓了。

"不怕没机会,就怕没准备。"成功是留给那些做好准备的人的,高考之前的一个月如何度过,在很大程度上决定着高考的成败。因此,"宜未雨而绸缪,毋临渴而掘井"。

趁"五一"前的几天,我制定了《五月部署》,同时把这一《部署》告诉了同学们,让他们也心中有数,以便于他们更好地安排五月的学习和生活。

《五月部署》

1. 班级工作的重要事情盘点。青岛市第二次高考模拟考试、学校自主举行的三次高考模拟考试、三次静悟。

2. 班级工作的重点和难点。知识上查缺补漏,心理上积极乐观。

3. 问题预见。

①离高考越近,越可能出现"能力、成绩已成定局"等认识误区,由此同学们学习可能越来越不紧张,并导致出现浮躁的情绪。

②五月的高考模拟考试非常频繁,学生可能对此产生"审美疲劳"。

③学生心理上可能出现缺少压力或压力过大的现象。

4. 战略部署。

青岛二模:尖刀出鞘,无人能敌,继续夺冠。进一步巩固信心。

五月第一次检测:佯败后退。为高考决战蓄势。

五月第二次检测:继续前进。为高考决战蓄势。

五月第三次检测:重回巅峰,我是擂主,我是王牌。进一步为高考决战蓄势。

5. 五月日程大致安排。

①自主学习:"五一"休息调整一天,2 号和 3 号有条件的同学回校自主学习。

②静悟:三次静悟,每周的周六和周日。

③高考模拟:4 号和 5 号青岛第二次高考模拟考试;学校自主举行的三次高考模拟,都在每周的周三和周四。

④每周安排:周三、周四进行高考模拟考试——周五批卷——周六和周日静悟——周一和周二讲解试卷,并对考试出现的问题有针对性地复习。

⑤学习方式:查缺补漏,针对模拟考试中出现的问题有针对性地复习。

⑥心态调整:紧张高效,避免浮躁心理。

⑦主题班会:两次主题班会。

6. 对我自己的要求:发扬"工匠精神",把工作做精做扎实。

①继续做学生的精神领袖。

②严格按照学校要求,坚持"坐堂",加大陪伴学生的力度。

③及时洞察已经或可能出现的问题,及时采取措施解决。

④加大谈话的力度,针对个别学生出现的问题尤其是心理方面的问题及时指导。

"二模"捷报

不知道是春姑娘太调皮还是高考前过于忙碌,我还没有来得及好好欣赏,她就笑着转身淘气地跑开了。抬头间,已是处处绿意盎然,葱茏成荫。

学校的南院墙和西院墙里里外外都爬满了蔷薇,上面结满了许许多多的花蕾。昨天路过时,还只是有那么几朵在羞答答地开着——"犹抱琵琶半遮面",而今天再次路过时,"忽如一夜春风来,千朵万朵蔷薇开",院墙却变成了花墙,变成了花瀑:上面的花朵全都盛开了,白的纯洁、粉的无瑕、红的美艳,层层叠叠,密密匝匝。

"水晶帘动微风起,满架蔷薇一院香。"风是最懂蔷薇的,清风徐来,花枝随风摇曳,仪态万千,香味似乎更加浓郁,风带着蔷薇的清香飘满了校园,飘向了六月。

"你喜欢蔷薇吗？"下操回教室的路上,一个学生问另外一个学生。

"当然。蔷薇虽无牡丹的雍容、梅花的冷艳,也无玉兰的高贵、樱花的娇嫩,但自有其独特的风骨——不慕繁华,不流世俗,无意与众花争春……"

"还有遗世独立,洁身自好的美好品质。"还没等她回答完,问她的那位女生抢着说。

她们两人的对话使我想起我们实验中学的老师。我们的老师因质朴的作风,"亲民"的教育情怀而广受社会的好评,我们"无意与花争春",在教育这片沃土上默默耕耘着……

"方老师,你们班'二模'成绩怎么那么差? 回去好好分析一下原因。"一位领导的话打断了我的思绪。

"啊! 差到什么程度?"听到这句话,"我的内心几乎是崩溃的"。

"哈哈……看把你吓得,跟你开玩笑呢。你们班考得很不错,恭喜你了! 刚刚公布了成绩,快去看看吧。"看到我一幅"吓死宝宝"的神情,他一脸得意加坏笑着。

果然,我们班各项指标都遥遥领先。

看到这成绩,我如释重负,我、老师们和同学们一个多月的努力终于又有了好的结果。

向窗外望去,一只鸟儿欢唱着越过蔷薇,飞到校园外面去了;蝴蝶、蜜蜂在阳光下的花丛中恣意地闹着;那芳醇的蔷薇香,正袅袅地飘来。

韩国来信

今天的天气格外好,好到爆呀! 中午时候,天空出现了一道华丽的光圈,美得不要不要的! 让许多人都惊艳了。

"方老师,你的信,韩国来的。"负责信件收发的老师递给我一封信。

"韩国来的? 难道是他?"因为自己所知道的学生中,只有他在韩国留学。拆开信封,我先看了一下信后面的署名,果然是他——李闰泽。

"尊敬的方老师,您还好吗? ……"

读着他的信,昨天的种种又浮现在眼前。

他学习成绩一般却并不影响他成为一位很优秀的学生,刚一接手这个班时,我就很看好他,或许只是因为眼缘吧。后来才知道,他的爸爸是七公司常年驻外工作人员,妈妈是全职太太,爸妈对他的期望值都很高。他自己也很努力,只是他基础较薄弱,要想提高成绩并非易事,但我很欣赏他那种坚持不懈、锲而不舍的劲头,更欣赏他那份责任心和对工作一丝不苟的态度。他担任我们班的体育委员,把工作开展得风生水起,我们班很少因为体育、上操等方面扣分。记得有一次给我写了一份检讨,是主动写的。其实他在检讨中提到的上操那件事我根本不知道,谈不上批评他,更不能让他写检讨。再说,从教这么多年,从来没有让学生写过检讨。但他能够主动检讨自己的过失,那份责任心,可见一斑。

高考的第一天,因我们班一位同学的数学没有考好,我带她到操场谈心,他也跟我来到操场。本来我就因为那位同学哭哭啼啼而心烦意乱,当听说他也因数学没有考好而纠结时,我很生气,当场忍不住批评了他。后来想想,当时做得真不对。

高考结束后的师生联谊会,他因为有事没有参加。后来,他告诉我升入了一个比较理想的大学,在一些节假日经常发信息祝福我,并嘱咐我注意身体。我总是在心里赞扬他很懂事。

再后来,他说要去韩国留学,出国前想看看我,想和我聚聚,遗憾的是当时我不在胶州。其实,当得知他要去韩国时,很想送他一个行李箱,让那个行李箱伴他行走天涯,但很遗憾……时至今日,我们也没有见过面。

后记:当这些文稿将要付梓时,他正从国外回来,到我所支教的学校看望我。

今天宣誓

"方方,按照计划,今天上早自习之前我们进行第一次宣誓,您来参加吗?"晨读后,殷雪问我。

"当然喽! 第一次宣誓,我自然要参加的,而且如果没有特殊情况,每次我都会参加的。怎么,有事吗?"

"没有……"她欲言又止。

"宣誓不是单纯喊喊口号,而是进一步唤醒对梦想的责任感;攥紧的不只是拳头,更是沉甸甸的梦想。注意,宣誓时一定要有仪式感,尤其是第一次,这一点昨天已经指导大家如何去做了并进行了强调,相信你会组织好,相信你们会做得更好,相信宣誓会对我们的学习起到更有力的促进作用。"我以为她对第一次领誓感到紧张,就对她进行了鼓励。

"您放心吧,我一定会组织好,尤其是第一次,没问题的。"

6:45 到了,我准时出现在教室。

教室里很静,同学们都在低头学习,电子白板上早已展示出誓词,第一位领誓人殷雪早已站在讲台上,像一位女将军,威风凛凛、神态庄严地望着讲台下面的同学们。

我点头向她示意开始宣誓,我也立正站好,做好了和同学们一起宣誓的准备。

"同学们,我们马上就要进行第一次宣誓了,在宣誓之前,我想先说几句与今天宣誓无关的话。"

她稍稍停顿了一下,我和同学们都有点好奇地望着她。

"这一年,我们敬爱的方方和我们一起走过……"我愣了一下,继而泪水盈眶。

"他和我们一起沐浴阳光,和我们一起经历风雨;忘不了他率领狼牙大队和尖刀兵团的战友一起冲锋,忘不了他和中坚力量并肩作战,更忘不了他对后起之秀的一次次激励。方老师太不容易了,我们一起给老师鞠个躬吧……"还没说完,她脸上的泪水早已恣意奔流,许多同学也是热泪满面。

说完,她向我深深地鞠了一躬,同学们也都跟着她向我深深地鞠了一躬。

……

"全体立正,高举右拳。"殷雪抬起头,擦干眼泪,目光炯炯,昂扬奋发,俨然一位出征前正在做战前动员的将军。

我也拭干眼泪,立正站好,高举右拳。

"我以青春的名义宣誓……"

"我以青春的名义宣誓……"

教室内外,校园上下都洋溢着一种催人奋进的力量。

学习阿甘

"五月的早晨,大地从美梦中苏醒,风儿温润柔软,空气干净透亮。沐浴着暖意融融的阳光,骑着自己心爱的单车,穿梭在柔暖的风里,哼着激情的小调,愉悦地骑行在上班的路上。阳光打在脸上,温暖刻在心里。"电脑正在播放着电视散文《诗意五月》。

是啊!五月时节,山野上花儿正在怒放,鸟儿正在尽情地高歌。面对五月,我们应该豪情万丈,气志昂扬,播种希望,而我却有着浓浓的失意。尽管我提前对五月的各项工作进行了精心部署,然而"二模"之后,班级却并没有按照这个预设的节奏发展。这几次的高考模拟都不如意,颇有点"流水落花春去也"的感觉。

今天批改学生作文时,看到有的学生引用阿甘作为例证,这让我回忆起几年前看的那部影片《阿甘正传》,影片的主人公阿甘在当时就给了我莫大的鼓舞,现在何不再让他激励一下自己呢!于是,给自己放了一晚上假,去影片中去寻找那个有着满满正能量的阿甘。

影片中的阿甘为了逃避同学的欺负,不停地奔跑,跑进了橄榄球赛场。进入大学后,又经过大大小小的赛事,居然成了橄榄球明星。

大学毕业之后,进入部队,阿甘说:"我好像特别适合做军人。"军人需要的是任何时候都听从安排,阿甘是"傻"的,他的傻让他在部队如鱼得水,表现杰出,成为英雄。

在战后疗养过程中,他意外发现了自己打乒乓球的天赋,最后竟然还去中国参加了乒乓球比赛,并再一次见到了合众国总统,还成为某乒乓球拍的代言人。

退役回乡后,阿甘兑现他对好友巴卜的承诺,用代言费买了一条大渔船,取名为"珍妮号",虽然开始极为艰难,几乎没有收入,但在坚持之下,最后他成为了布巴·

甘捕虾公司的老板,成了百万富翁。

阿甘是傻的,每做一件事情都傻傻的不忘初心地坚持着,哪怕是在那个温馨的清晨,发现珍妮不告而别之后,阿甘也是傻傻地苦苦寻找,一找就是三年。三年来他不停地奔跑,成为明星人物。

阿甘常爱说的一句话是:"我妈妈说,要将上帝给你的恩赐发挥到极限。"这部电影表达了美国人的一种成功理念——成功就是将个人的潜能发挥到极限。阿甘的成功,从某种意义上说,拜赐于他的轻度弱智、不懂得计算输赢得失,而且心中总是毫无杂念。他唯一做到的就是认真地做,傻傻地执行,简单地坚持。

看看阿甘,想想自己。自己和学生的潜能离发挥到极限还远得很,何不进一步挖掘这份潜能?何必那么在乎几次小模考的成绩?这样在乎对后期的工作是否有利?为何不能像他那样做到心无杂念?为何不能像他那样只是"傻傻地执行"?为何不能像教育学生那样"只管耕耘,不问收获"?

想到这些,耳边又响起接手这个班时领导的叮嘱:"几乎每个人都听说过'不忘初心,方得始终',却少有人知道下一句'初心易得,始终难守',做任何事情,难在坚持,贵在坚持。"

"对呀!在离高考最后的几十天里一定要坚守初心,牢记使命;老班有信仰,弟子有力量;学习阿甘,坚定地执行,简单地坚持。"

这样想着,心里也就释然了。打开窗子,有凉凉的晚风吹进来,蓦然感觉,五月的夜晚真美,五月确实很有诗意。

高质陪伴

"主任,你也还没走呀!"快下第三节晚自习时,在教室外的走廊上遇到了韩瑞友主任。

"没有呀!领导不是强调要多陪伴学生吗?班主任们都行动起来了,我更不能落伍不是!"他笑着说,"执行力决定竞争力嘛!对于领导的要求咱们应该不折不扣地执行才是,这样咱们才能在高考的竞争中胜出。"

"呵呵,主任的思想境界就是高呀!怪不得那么年轻就当了领导。"

我们两人来到走廊另一端——一个远离教室的地方小声交流着。

"确实是,高考的日子越来越近,有不少同学可能会出现这样或那样的问题。有些同学可能会感到不安,而这时候,如果他们最信赖的班主任坐在教室里,他们心里就会感到踏实;有些同学可能会缺少前进的动力,而班主任本身就是一种无形的力量,只要咱们往那里一坐,学生们的动力就来了;有些同学或许感到浮躁,看到班主任坐在那里,心情也会平静许多。"韩瑞友主任说。

"对。同时,班主任坐在教室里还可以进一步观察学生的学习状态,洞察他们的心理状态,洞察他们的发展动向,及时采取措施防止一些意外事情的发生,使班级向着更好的方向发展,以更好地为高考保驾护航。"我补充道。

"其实,我感觉陪伴的意义远不止于此,我一直认为最高质量的陪伴不是单纯地和学生在一起,不是身体上的陪伴,而是精神上的陪伴,因为身体上的陪伴时间再长也是短暂的,而精神的陪伴才是长远的,长远到可以陪伴学生一生。"他说道。

"哇,主任!你对领导的这一要求理解得这么深刻呀!高!实在是高!真看不出来,得仰视你了,为你点赞!"我忍不住为他点了个大赞。

"呵呵!这叫'捧杀',懂吗?'陪伴'这个词很温暖,它意味着别人愿意把最美好的东西给你,那就是时间'。"韩主任笑了笑后一本正经地说。

"呵呵,这不是'朗读者'第二期卷首语吗?你记得那么清楚呀!"我禁不住赞叹道,"当然,'朗读者'第二期主题词就是陪伴。"

"四五月份,学生和咱们都是身心非常紧张而又相对疲惫的时候,对学生来说是一种挑战,对老师尤其是咱们这些班主任来说何尝不是,而班主任时常坐在教室里陪伴学生学习,尤其是晚自习第三节的时候,不顾一天的劳累依然坐在那里陪伴学生,这本身就是一种极大的奉献精神、敬业精神,而这种精神会潜移默化地影响着学生,激励着他们现在为取得更好的成绩而奋发向上,也激励着他们在以后人生之路上能够做到敬业奉献。"我接着他的话说。

"对,其实,陪伴就是一种力量!"韩主任总结得很精辟。

"对了,我想起一个叫徐玉莹的学生在给我的信中曾经说过,我对她影响最大的就是让她知道对工作要饱含热情,要热爱自己的事业,而这种对工作的热爱对她的大学生活产生了很大的影响,在大学里属于她的工作,她都一丝不苟地完成,从来不会因为与她没有利益关系而敷衍了事,真正做到热爱自己的工作,对自己的工作认真负责。她在信中说,现在她即将踏上工作岗位,在以后的工作中,她将继续学习我的这种精神,对工作饱含热情,真正做到敬业爱岗。

另外一个叫艳萍的学生在给我的信中也表达了类似的观点,上一届高三的时候,开学第一天,我给他们讲了咱们在北京师范大学学习时,那个当年有 78 岁高龄的张梅龄教授站着讲了两个多小时的事例,她认为我们这些老师正如这位教授,对自己的教学事业充满热情,这种热情无形地影响着我们的每一个学生。其实,我们每位老师、每位班主任的这种精神都会或多或少地对咱们的学生产生影响。"

"这种陪伴,这种敬业奉献的精神,会在学生的心中播下种子,是你,是我们这些当班主任的送给他们最好的礼物。"韩主任听了后不住地点头。

"铃……"21:40 到了,放学的铃声响了。

"去操场溜达一会吧,晚休时再'陪睡'吧。"

"哈哈……"

五月的夜风依然凉凉的,我们就这样互相"陪伴"着,在凉风习习的操场上边走边聊。

开始静悟

按照学校的安排,今天开始组织同学们静悟了,为了使静悟更加有效,静悟开始之前,我召开了一个微型班会,对静悟的意义、静悟的方法等做了强调和指导。

"不深思则不能造于道,不深思而得者,其得易失。"曾国藩的这句名言是说不深思就不能掌握道理,不经过深思而得到的东西,即使得到了也容易失掉。这句话启示我们做事情要深思熟虑,深入思考,而静悟的过程就是一个深入思考的过程。

一、静悟的意义

温故而知新。通过对旧知识的复习,反刍,思考,获得新的理解,新的体会,从而提高对所学知识的掌握程度并使之进一步系统化。

二、静

(一)环境静:每一个人充分沉浸在难得的安静之中。

不能随意出入,不能讨论问题更不能说与学习无关的话,不要随意借东西,大声翻书等。

(二)心静:心静则明,水止乃能照物;静能开悟,静能生慧,静能明道。

要想地里不长草,最好的办法是什么? 是种上庄稼。要想提高学习效率,最好方法是什么? 是心静。

心静自然"凉",脑子自然清醒,精力自然集中,思路自然清晰。心静如水,超然物外,成为时间的主人,学习的主人。情绪稳定,效率才能提高。

心不静,即心神不定,心不在焉,就会眼在此心在彼,貌似用功,实则骗人骗己。

忌"身在曹营心在汉",忌无所事事。

三、悟:体会,感悟

(一)悟什么——复习的内容。

悟的内容包括课本内容、以前所做的讲义、改错本等一段时间来复习的内容。

(二)怎样悟——用心。

1. 用心计划好:"凡事预则立,不预则废",各科、各种题型的内容和时间安排要心中有数。

2. 用心思考:多动脑思考,特别注意审题或者是把题目进行对比,类比。

3. 用心重新做:勤于动手,一些题目要有针对性地动笔做一做。

4. 用心总结归类:可以集中看一类题型,进一步归纳提升。

5. 速度和效益相结合,不贪多,求实效,忌走马观花;科目和题型要有针对性。

注意问题:

1. 和平时上课一样,不能迟到,早退等。

2. 两节课为一大节课,一大节下课后才能休息,目的是保持思维的深度并练习耐力和定力。

一大节中间没有特殊情况严禁上厕所,确实需要去的请务必静静地去,静静地回,且签好名字。

3. 两大节课中间休息时请务必活动一下,不能或者不准一直坐在教室。建议大家离开座位,走出教室,出去跑跑跳跳,呼吸一下新鲜空气。

4. 遇到疑难问题可以请教老师但务必把声音放到最低音量。

5. 上午、下午的最后 30 分钟时间集中背诵文科内容。

经过我的指导和强调,能明显地感觉到,静悟的效率很高。

亮着就好

这几天心里颇不宁静。

班级成绩的不如意和班级管理中出现的问题让我情绪低落了许多,去公园走走吧,上了第三节晚自习后,去教室转了转,见同学们都在静静地学习,就向公园走去。

沿着小河,是一条由鹅卵石铺成的曲折的小路,这条小路,白天和傍晚来快走锻炼身体的人很多,而现在是晚上九点的光景,小路上只有我在踽踽独行。

小路的旁边,有许多树,因为今年雨水少,因为少了雨水的滋润,它们都显得无精打采;小河里的荷花也是萎靡不振,有气无力地闭合着;就连夜空中的那弯下弦月似乎也充满了忧愁。

"看到天上那轮窄窄的下弦月了吗?那就是它不圆满的人生,但是,你看它依然明亮着,从不蹙紧眉头,依然乐观地向前走,直到把自己走成上弦月,走成一个与夜空满满的温暖的怀抱。"

"呵呵,表姐不愧是文化人,说话总是那么有诗意而且还有浓浓的哲理味。"不远处,传来两位女士的对话。

"你呀!就会说好听的。记住,月亮再弯,亮着就好。"那位表姐对表妹说。

"对呀!月亮再弯,亮着就好。"感觉这话似乎是对我说的。

这样想着,心也一截一截地温软下去,抬头望望那弯月,她似乎也温润了许多。

诗意认错

离下早自习还有 5 分钟左右的时候,我习惯性地去教室看了看,这一看不要紧,我勃然大怒。

那时候,听力结束了,按照要求,学生们应该核对一下答案。可当时我往教室里面一望,天呀!许雨绮等近十名同学趴在桌子上,另外三人上厕所了,在教室里的同学也大多呈现无所事事的样子……快要高考了,这哪像一场大战即将来临的样子?!"我本一心向明月,奈何明月照沟渠",为了提高成绩,我呕心沥血,夜不能寐,他们竟然还能在自习课上睡着!

是可忍,孰不可忍!

我几乎是撞开的门,当然还是强忍住了怒火,把这些趴在桌子上的同学一一叫到相邻的空教室里,关上了门。顿时,那间空教室里电闪雷鸣,天昏地暗,飞沙走石……

当然,一阵暴风骤雨之后,地上处处是断枝残叶,一片狼藉。几个同学都低着头,耷拉着脑袋,其中那个叫许雨绮的女生不断地抽泣着,"梨花一枝春带雨"……

"是不是感到委屈?说说吧。"我发完火之后,气已经消了大半,努力使自己的心情平静下来,看到她在哭泣,我似乎意识到刚才做得可能有点过分。

"……这几次考试……成绩……都不理想,我们……很着急……每天晚上……学习到很晚,一开始白天还能坚持,但……时间一长……就坚持不住了……就趴了一会……"她抽泣着断断续续地说,"当然,还没下自习……我们趴着不对。"她又补充了一句。

不用说,其他那几个趴着的同学很可能也是这样的原因,"刚才我是不是有点过呀!"还没等她说完,我就开始自责了。

"对不起,老师刚才言重了,因为咱们班这几次成绩不理想,心里本身就郁闷,又看到趴下一片……我真诚地向你们表示歉意,请大家原谅!"不知道是被我的道歉所感动还是什么别的原因,还没等我说完,另外几个同学也跟着她抽泣起来。

"尽管我们这几次成绩不理想,但现在我们更应该关注问题出现在哪里,成绩倒是次要的。即使我们成绩再不理想,也不能乱了方寸,欲速则不达,调整好心态,晚上不要再学习到那么晚了,要不白天犯困,咱们得不偿失呀!相信我一定会带领大家走出这片'沼泽地',大家也要相信自己,在这之前我们一直考得不错,调整好心态,胜利一定属于我们。"我语重心长而又胸有成竹地说,并且边说边一一拍了拍他们的肩膀。他们也擦去了眼泪,不断地点头。

"班里有这种情况的同学还有多少?我应该如何去做?"等到他们回教室后,我站在窗口,望着窗外想。

拍毕业照

又是一个阳光灿烂的日子。

"同学们,'流光总是容易把人抛,红了樱桃,绿了芭蕉',又是一年毕业季。告诉大家一个好消息,今天早自习时间我们要拍毕业照啦!"我的话音刚落,同学们就兴奋起来,叽叽喳喳地议论着。

"一会大家再讨论,我先提几个要求。一是大家先上着自习,等轮到我们班拍的时候咱们再到操场集合。二是拍照时大家不要换别的衣服,穿咱们的学生服就非常好。当然了,如果你想换一下发型,或者化一点淡妆都是可以的。三是一定要服从摄影阿姨的指挥。"

"老师,拍完合影后,我们可以随意合影吗?可以和你合影吗?"一女生问。

"当然可以。"

"老师，今天自由拍照时你有没有什么创意？"尽管学习很紧张，但大家拍照的兴致依然很浓，另一个同学又问。

"这个创意吗……你可以在自修室，戴着大大的眼镜框，装一下学霸哟。"我笑着说，许多同学也跟着起哄。

"或者可以在图书馆的书架之间拍几张，彰显你那文艺书生的气质……"同学们又一阵小起哄。

……

今天，老师们也打扮得格外精神："乔老爷"特地穿上了为拍毕业照而定制的旗袍，颇显女王范；科秀老师今天特意穿了一件花裙子，非常得体；红霞老师穿一件白色风衣，还配上了一根漂亮的丝巾；培乾老师穿上了西装，风度翩翩……

同学们也神清气爽：有的特意把发型整理得别致有趣，有的涂了淡淡的口红，有的描了描眉，有的……

位置排好后，我和同学们都露出了自己认为最最标准的微笑。当然，也有人露出自己别具一格的表情。只听见摄影师说了声"茄子"，"咔嚓"一声过后，大家用幸福的笑脸定格自己高中时代的毕业照片，为自己的高中生活留下了一个永恒的美好记忆。

拍完合影后，同学们又纷纷和任课老师们合影。当然了，我也陪部分同学拍了一些颇有创意的照片。

拍完照片以后，我站在和个别同学拍合影的清风亭前，脑海中映现出和他们生活这一年的种种过往……

他山之石

今天，偶然的机会读到了冰心女士的"平凡的池水，临照了夕阳，便成金海！"这句诗时，心中一动。对呀，池水都懂得"他山之石，可以攻玉"的道理，在激发学生的内驱力的时候，我为何不借助一下呢？想到这里，我自然想起了富有经验的秦校长。于是，下课后我去了他的办公室。

秦校长听完我的恳请以后，欣然答应。这样，在下午第四节的时候去我们班进行了激情洋溢的演讲，收到了极好的效果。

谭雅文：秦校长声情并茂，很有鼓动性。

许苗佳：秦校长的演讲太棒了，尤其是他能够举自己的例子，我们都深受启发。

颜孟秋：秦校长讲的《猎狗和兔子》的故事给我们启发最大，听了以后才知道，以前我们只是尽力了而已，并没有竭尽全力，以后得全力以赴。

韩星：我听了以后，恍然大悟，原来最好的超越机会在"弯道"。

秦校长演讲部分内容整理

一、在大一秋季运动会时,我曾参加三千米比赛,班级选拔的时候落在别人后面,是本班的替补运动员。让人欣喜的是,一些意外使我这个替补运动员上场。当时,教练对我的要求是跑第七名,因为第七名就可以得分。但我有一股不服输的劲,发誓要跑进前三名。在上场前我就想,得讲究点策略,一开始不能把力气全部用完,得悠着一点;直道时跟在别人的后面跑,不要被别的运动员落下,弯道时再超越,因为那时才是超越别人的最好机会。比赛开始后,我就按照这种策略,在直道时争取不被别的运动员超越,在拐弯处使更大力气超越别人。这样,我超越了许多运动员。在最后一个弯道时,我已经精疲力竭,但我前面还有三个人,后面的运动员也在加快速度往前冲。前有狼后有虎,我闭着眼,用尽全身力气向前冲,竭尽全力冲向终点。跑完全程后浑身无力,也不敢睁开眼睛。最后,我的教练和同学拖着我,才离开了场地。等我喘上一口气,睁开眼时教练抱着我激动地说:"你跑了第一名,第一名啊!""幸福来得太突然。"我都不敢相信。

我用参赛的亲身经历告诉大家,一,人是有很大潜力的,只要你运用好策略,努力向前冲,就一定会实现目标的。二,弯道是超越别人的最好时机。在学习上,当别的同学懈怠时,当你的对手产生厌学情绪时,当你的对手心烦意乱的时候,这些时候就是弯道,就是超越别人的最佳时机。我们一定要抓住这些时机超越他人。

二、在我年轻时有一个姓姚的朋友,他有一个儿子。父母都望子成龙,他也不例外,可他儿子小姚的成绩却不尽如人意,学习也没什么动力。那年春天,我带着学校里的几个尖子生去参观中国海洋大学,顺便把没动力的小姚同学带去了。在海洋大学,我们听一个老教授的讲座,小姚同学听得很专注,甚至在中途跑到最前排去听。在讲座结束后,小姚同学专门拿着本子和笔去请教老教授。参观完海洋大学,我们又去了青岛大学,碰到了青岛大学的校长,校长很热情地欢迎学生高考时报考青大。但小姚同学听了还是立志要考海洋大学。这样,回家后开始努力学习,那时没有风扇,在夏天,他趴在小茶几上学习,他的爸爸老姚就在一旁给他用蒲扇扇风。他用了两年时间,从班里倒数变成了一枚学霸,最终考上了海洋大学。

我讲这件事情是要告诉大家,基础差不可怕,可怕的是你缺少向上的动力,有了动力,一切问题都不是问题。有句话说得好:有些事情,不是因为难才不敢去做;而是因为你不敢去做,事情才变得难。

三、猎狗和兔子的故事。一年冬天,猎人带着猎狗去打猎。猎人击中了一只兔子的后腿,那只受伤的兔子拼命地逃跑,猎狗在其后穷追不舍。可是追了一阵子,兔子跑得越来越远了。猎狗知道实在是追不上了,只好悻悻地回到猎人身边。猎人气急败坏地说:"你真没用,连一只受伤的兔子都追不到!"猎狗听了不服气地辩解道:"我已经尽力了呀!"再说兔子,它带着枪伤成功地逃回家了,兄弟们都围过来惊讶地问它:"那只猎狗很能跑呀,你又受了伤,是怎么甩掉它的呢?"兔子说:"竭尽全力呀,我若不竭尽全力地跑,可就没命了!"

只有在遇到生存危机的时候,我们才会竭尽全力,平时我们只会尽力而为,而更多的时候是不作为。无论我们是兔子还是猎狗,如果我们对待每件事、每一天都能竭尽全力,而不是尽力而为,那么我们就更容易接近成功。

四、我不建议同学这阶段在家里自学。我以前的一个学生,高三一模的时候考了班里第一,后来回家自学,结果二模考试考了班里倒数,最后那位学生高考落榜。

五、我建议,当同学们的心态不好时,向班主任请一节课的假去操场走走,调整调整心态再回来学习。

后记:成功,不在于你能做多少事,而在于你能借多少人的力去做多少事! 学会借力吧! 借别人的力,借工具的力,借平台的力,借系统的力!

这会过去

青岛市第二次模拟考试之后的几次模拟考试,我们班级的成绩下降了许多且一直在低谷徘徊,不管是狼牙大队、尖刀兵团、中坚力量还是后起之秀都被一种悲观的情绪所笼罩,我和任课老师也不例外。尽管我多次强调,对五月的模拟考试,要淡化成绩意识,重点查找知识出现的遗漏点和失误点等,但一次次的失利还是让我们的情绪很低落。

今天是周末,索性去大沽河河堤跑步去,借机排解一下这种不快的心绪。

经过几年的重新"梳妆打扮",这条流淌了几千年的古老的大沽河华丽转身,重新开启了"美颜模式",而且美出了新高度。"百草丰茂,树林丛生",柳浪起伏,翠烟氤氲,芦苇飘荡,水鸟成群……她以新的元素诠释着一种别样的美。

我边跑步边拍照,边哼着歌边欣赏着她的芳容,不快的心情也被冲淡了不少。

跑完步后,接到同事的调课电话,我顺便问了一下这次考试的成绩,他告诉我"外甥打灯笼——照旧",从他的语气可以判断出,他的心情也很沉重。

"太扎心了!"刚刚调整得好一点的心情又低落到了极点,索性倚在望月桥(伸向河床中间的一段很简单的木板桥,曾经在某个夏夜到这座小木桥上赏过月,就给它起了个名字叫望月桥)的栏杆上,望着桥下的流水,心潮起伏。

"问君能有几多愁? 看看桥下的流水,数数河里的浪花。"河面中间的上方,一只海鸟(顺着河流向南不远处就是入海口,这里常有海鸟飞来觅食)在孤独地飞着,"飘飘何所似,天地一沙鸥""把栏杆拍遍,无人会,登临意"……

"是不是我的决策失误? 如果决策没有失误,那这段时间我工作上有什么其他失误? 快要高考了,成绩还不断出现滑坡的情况,学生们能挺得住吗? 我需要怎样做才能让他们回到原来的精神状态? 怎么办? 应该怎么办?"桥下的河水在哗哗淌着,我也在不断思索着。

这时,突然想起一个故事,这个故事让我精神一振。

　　1954年，几乎所有的巴西人都认为，巴西足球队一定能够在本届世界杯比赛中荣获冠军，但是赛事胜负难以预测。在半决赛时，巴西队却意外地输给了法国队，最终没能将那个金灿灿的奖杯带回祖国。

　　足球是巴西的国魂，球员们比任何人都明白这一道理。在返回途中，他们失望至极，感到无颜面对家乡的父老，他们认为面临的将是球迷们的辱骂和嘲笑。

　　但是，当飞机降落在巴西首都机场的时候，他们看到的却是一种大大出乎他们意料的场景：巴西总统和数万名球迷默默地站在机场，一条分外醒目的条幅横在人群中央的上空，上面写着"失败了也要昂首挺胸，这会过去！"。

　　面对这种场面，所有的球员顿时泪如雨下。总统和球迷们都没有说话，只是默默地目送球员们离开了机场。

　　在这句话的激励下，球员们发誓"四年后雪耻"，于是他们卧薪尝胆，艰苦训练。四年后，巴西足球队果然不负众望，为巴西国民捧回了世界杯冠军的奖杯。

　　"对，'失败了也要昂首挺胸，这会过去'。"我用力拍了拍栏杆，接下来的几分钟，一种如何解决目前困境的想法也渐渐形成。

　　首先，我应该对自己充满信心。自己不是学生们的精神领袖吗？面对困难时，自己不总是充满信心的吗？那种"千磨万击还坚劲，任尔东西南北风"的斗志哪去了？那种"不管风吹浪打，胜似闲庭信步"的自信哪去了？如果我都没有信心了，学生的信心从何而来？相信自己有能力带领团队摆脱这种困境，所以我依然要"昂首挺胸"，这一切最终会过去，而且一定会很快就过去。

　　其次，要对学生充满信心。学生们的能力一旦形成了，是不会轻易下降的，他们的实力仍然存在。

　　再次，进行班级调查，深入了解学生，静下心来，找出原因；立即召开协调会，和老师们进一步分析原因，研究对策，对症下药。班级一定会重新回到颠峰状态。

　　最后，召开"从头再来"的班会，激励士气，鼓舞斗志。

　　就这么办！想出了解决办法，心情也清爽了许多，抬头望望前方，那只海鸟正向着入海口方向飞去。不远处的大沽河艺术博物馆内，似乎有《蓝色的多瑙河圆舞曲》那昂扬的旋律传来……

六月祝福

五月的暖风已经吹过,六月的蝉鸣即将响起。
站在六月的巷口,真诚地说一声:"欢迎你,六月!"

六月,告别五月的起落。
"二模"的大捷,之后模考的不如意,有起有落,
五月结束,起落画上句号。

六月,告别五月的失意。
成绩好时别得意,成绩差时别失落;
生活,没有永远的晴天,也没有永远的雨季。
晴天时晒晒太阳,雨天时听听雨声;
有风有雨的日子,才更加充实。

六月,新的开始!
再次启航,新的航程,新的开始,新的喜悦,新的收获。

六月,美好祝福!
六月,祝所有可爱纯真的孩子,开心快乐;
六月,愿汨罗江畔的那道凄美的弧线,永远激励后人;
六月,愿离开校园的毕业生,历尽千帆,归来仍少年;
六月,拥抱父亲,感恩他们为家庭遮风挡雨,祝他们健康长寿!

六月,愿"一号战舰"乘风破浪,顺达彼岸;
六月,愿奋战在考场上的莘莘学子,理想发挥;
六月,愿初心满满,不辱使命! 愿时光不负努力,青春不负自己!
六月,愿所有的祝福都如约而至! 愿所有的梦想都如夏花般绚烂!

六月宣言

大风起兮,云飞云扬。
莘莘学子,奔赴战场。
气吞万里,金戈铁马。
战地黄花,分外甜香。

"吉日"高考,谁主沉浮?
一代天骄,唯我实验;
风流人物,数我高三;

"大一"勇士,长缨在手;

"一号战舰",直挂云帆。

王牌得主,必我一班。

今日弯弓,力射大雕;

大我实验,一代天骄;

实验高三,王者荣耀;

英雄"大一",与天公比高。

今日弯弓,力射大雕;

金牌得主,必我实验;

空中王牌,定我一班;

金榜发布,尽绽笑颜。

运筹帷幄

"林花谢了春红,太匆匆。"高三的日子过得真快,第二学期的日子过得更快。过了二月二,就是三月三,紧接着就是清明,然后就是五一,五一刚过六一就到了,一不小心,就迈进了六月。

六月,意味着毕业;六月,意味着惜别;六月,意味着激情澎湃;六月,意味着心静如水。

高考的味道越来越浓,领导和老师们都在紧张而高效地忙碌着,我也不例外。当然,我在保持着一份激情之外还多了一份平静。

"运筹帷幄之中,决胜千里之外。"在《蓝色多瑙河圆舞曲》那优美的旋律中,在蓝色多瑙河的旖旎风光中开始构思我的六月部署。

一、日程安排

时间	年级安排	班级安排	
1号	上课	微型班会:高考前一周应该注意什么?	
2号	上课	分享《尽力就好》	四陪伴:陪学、陪吃、陪休、陪考。洞察学生思想状况,及时指导
3号	模考	考前十注意	
4号	模考	考前指导	
5号	试卷分析	高考动员:问"吉日高考,谁主沉浮"	
6号	各科考前指导 看考场	学习《看考场要求》	
7号	正式亮剑	陪考,针对考后出现的问题进行心理指导	
8号	笑傲考场	陪考,依依惜别、深情目送,填报志愿指导等	

二、班级工作的重要事情盘点

最后一次高考模拟考试,考前指导,看考场等。

三、班级工作的重点和难点

保持良好的学习状态和良好的心理状态。

四、问题预见

离高考越近,学生越可能出现压力过大或缺少压力等问题。

五、对我自己的要求

1. 既激情昂扬又心静如水。

2. 善始善终,把工作做精做细做扎实。

3. 严格按照学校要求,坚持"坐堂",加大陪伴学生的力度。

4. 及时洞察已经或可能出现的问题,及时采取措施解决。

5. 加大谈话的力度,针对个别学生出现的问题尤其是心理方面的问题及时指导。

六、注意事项

(一)身体方面:吃饭倍香,身体倍棒

1. 杜绝一切剧烈的体育运动,避免非战斗性减员,可以选择跑步、跳绳、踢毽子等安全系数稍大点的项目活动。

2. 注意饮食。首先,要在考前养成规律的生活习惯和饮食习惯,按时按点就餐,保障身体能量的供给,不要因为考试压力大而打乱饮食规律;

其次,高考期间气温较高,考前几天的饮食应以清淡为主,每餐最好有一盘青菜,适当地吃点水果,少吃过于油腻的食品;

第三,我们在备考阶段可以多吃一些有健脑功能的食品,比如坚果类、豆类食品,但切勿盲目服用药品和补品;

第四,不要吃冰糕等寒性食品,禁止外出购买小摊食品,不吃或少吃超时令水果等。

3. 保证身体健康,谨防感冒等疾病发生。

4. 不做"夜猫子",一切按正常作息进行。高考前的晚上不提倡提前上床休息,不然,很容易辗转反侧,难以入睡,使心绪烦躁不安,影响第二天考试。

(二)学习方面:熟题熟做,保持状态

1. 熟做,就是要保持手的热度,保持平时做题的热度,量不要太多,以前做题的方法和经验都巩固一下,到高考的时候,不至于做起来手生。熟题,主要是查缺补漏,每天给一个学科 2 到 3 个小时的时间,有针对性地看以前积累的错题,然后再看书。

熟题熟做在考前一周是最重要的,关键在对以前做过的试卷的整理,对以前整理出来的错题集进行复习,以达到查缺补漏之效。这一时段最忌讳的是再做新题,最有效的是在熟题的基础上回归教材,以完成对知识网络和知识点的梳理。

2. 动笔,动手,动脑相结合。根据老师的计划,统筹安排好要复习的内容。保持日常学习状态,晨读、早晚自习等一切照常。"挖到篮子就是菜",复习一题是一题,不要贪多;强化自己已掌握的知识,增强信心。

(三)心理方面:激情似火,心静如水

高考不单是知识和能力的考查,也是在心理上的考验。从容面对,先胜人一筹。就像演员每次演戏都要调整自己,让自己进入状态才能取得演出成功一样,高考也要将自己调整到最佳状态才能取得最佳成绩。

杜绝"反正就这样了,学不学无所谓了"的心态,考前的心理状态在很大程度上影响着成绩的高低。所以依然要争分夺秒,保持紧张的状态。一定要冷静,不要急躁,越到这时候越要沉住气。

六月的部署基本完成了,而我依然沉浸在多瑙河的波光淡影中,沉浸在《蓝色多瑙河》那昂扬的旋律中。

尽力就好

"从头再来"的班会让同学们从失落的情绪中彻底走了出来,而且极大地激励了同学们的士气,使他们的学习热情陡然大涨。

还有几天就要高考了,为了缓解他们的压力,冲淡紧张的氛围,利用课余时间我和同学们分享了黄老师的一篇文章,题目就是"考好考坏,爸妈都等你回家吃饭!"。

孩子,还有几天就要高考了,无论你考好考坏,我只想和你说几句话。

我要告诉你,世界很大,考场很小;考试是个点,人生是条线。没有人因高考赢得所有,也没有人因高考输掉一生。

尽力就好,考好考坏,爸妈都等你回家吃饭!

孩子,成败转头空,青山依旧在,青春就是你的本钱,就是不参加高考,你也可以活出生命的精彩,高考,只是增加了一次答题训练,你又何必害怕?

把该答的试题答了,不会答的也不必遗憾,没有人会答出所有的题。人生充满太多的问题,没有什么"标准解决方案",一切都决定于你怎么看。

孩子,哪有什么一考定终生?试卷小天地,人生大考场。量化世界从来都是对真实世界的扭曲甚至陷害,你12年的学习收获岂止一张试卷?

别紧张,试卷不过一张纸,未来才是一幅画。

尽力就好,考好考坏,爸妈都等你回家吃饭!

孩子,青春不只路一条,何必急于见分晓?千江有水千江月,万里无云万里天。何必预支焦虑,抬头即是无限。

尽力就好,考好考坏,爸妈都等你回家吃饭!

孩子,人生的绝顶聪明,不是机智答题,而是从容的接纳一切遭遇。幸,或不幸,其实都不存在,一切都只是体验。

你呀,要么光明磊落地赢,要么心悦诚服地输。其实,争高低、决输赢从来都是人类的一种执著,一种游戏,在至高者那里,没有任何意义。

尽力就好,考好考坏,爸妈都等你回家吃饭!

孩子,努力了,拼搏了,剩下的就是听命了。因为流水线上的阅卷你是无法把握的,几十秒钟一篇的作文,你也不知道会碰到谁。人生除了拼搏,还有运气。请相信,如果未能尽如人意,定是上天另有安排。没必要为明天忧虑,你看天空的飞鸟,既不种,也不收,它们不是生活得比我们还自由?你要看到,有一种大自在超越了我们的理性。除了最后的那个结果,几十年都是过程。没必要担心一时的成败。

尽力就好,考好考坏,爸妈都等你回家吃饭!

孩子,爸妈知道每年高考出分的时候,哭一批,笑一批,有时候在前的突然在后,在后的突然在前,这都是可能的。如果人生是一场马拉松,不要在乎一时的位置,关键是脚尖的方向。方向错误的兔子跑得再快,也不如方向正确的乌龟。只有上过大学的才知道,四年后的风骚,谁能真正打拼,都别说得太早。

孩子,其实文凭不过是一张火车票。火车到站,都下车找活,才发现老板并不太关心你是怎么来的,只关心你会干什么。不会因为你是坐头等舱的就会比坐经济舱的先到达目的地。再说,森林之外有参天大树,大学门外也有栋梁之才。成长,因为自由的水和空气,因为自由的阳光,更因为种子的力量。

武汉大学前校长刘道玉先生说过:"一个人能不能成才,基本上不决定于名师名校,而是决定于你自己。"当苍鹰翱翔蓝天的时候,没有人会关心他的窝在哪里。

高考只是一站,人生路在长远。只要你心存梦想,你就生活在超越的空间里。现实多局限,自由在高处。

孩子,去日苦多,但来日方长。不要理那些"不成功便成仁"的傻话,成功从来都不是人生的目的,除了幸福,其他都是假的。

人生如渡河,河,不是目的;船,不是目的,渡过才是目的。上天赋予你生命和智慧,你要好好使用它。

其实,生命对你的唯一用处就是体验各种滋味,所有的体验,都是人生的内在收获。考分高低,从不决定幸福多寡。

孩子,你举世无双,谁也不是你人生的判官!每个生命短暂的一生,只不过是两种永恒之间的闪光,不管你是星星还是萤火虫,你只要发出你的亮光即可,不用关心他人的眼光,人生都是自己过的,与他人无关,外界顶多是一种背景。

尽力就好,不管你考好考坏,爸妈都等你回家吃饭!

孩子,没有满分的人生,也没有零分的境遇。莫要执着金榜,也莫要忌讳名落孙山。高考,只是一道坎,冲击的过程,才有美感,结果,尽可坦然!

孩子,尽力就好!

十项注意

同学们在考场上应该注意什么问题呢?我亲历几次高考监考并发现了在考场

上大家应注意的一些问题,并参考其他一些老师的意见,把这些问题整理成"考场十项注意",希望能对参加高考的同学们有所帮助。

一、注意积极配合监考老师的工作

监考老师是为大家服务的,大家与监考老师积极配合不仅能及时了解考场的最新注意事项而且也有利于营造宽松、和谐的考试氛围。

建议大家见到监考老师和平时在校园里遇到老师一样,要主动打招呼,双手接试卷并说一句"谢谢老师!"。

二、注意把带进考场的水壶、饮料等喝的东西最好放在地上

这样做的目的是防备这些东西被打翻弄湿试卷和答题卡,因为如果弄湿了,则必须启用高考的备用卷和备用答题卡,而启用高考的备用卷和备用答题卡手续相当复杂,即使能顺利拿到它们,也一定会影响我们的情绪,且浪费大量的答题时间,这对大家的正常发挥十分不利。

三、注意在正式答卷前五分钟内准确、完整地填写个人的信息

正式答题前五分钟,监考老师会将试卷和答题卡分发给大家。我们在拿到试卷和答题卡的同时应将考号、姓名、县区、科类、座位号填上并用 2B 铅笔填涂相应的个人信息。

填写、填涂时应注意:

1. 科类与科目不同。科类主要分为文史、理工、体育、音乐、美术、高职等,我们填写(涂)文史。而科目则应填语文、数学、英语、文综、理综等,我们填写(涂)文综。

2. 座位号应填在相应的位置。

3. 除答题卷(一般为卷二)外,选择题卷(一般为卷一)和稿纸也应填上考号和姓名。

四、注意答题卡应及时填涂

最好做完选择题后就填涂答题卡。有的同学习惯全卷做完再填涂答题卡,这种习惯的最大坏处是万一试卷还未做完而考试却结束了,就没有时间对答题卡进行填涂了,从而造成不必要的重大损失。因此建议大家最好做完选择题后就填涂答题卡,或者至少在考试结束前 15 分钟开始填涂答题卡,无论此时整张试卷是否答完。

五、注意保持养成的认真书写的习惯,保持卷面整洁、格式规范

建议大家书写时行要直,边要齐,并留有必要的空白。另外注意字体的大小和间距。高考计算题解答一般要求写出必要的文字说明、方程式和重要的演算步骤。只写最后答案的不能得分,有数值的计算题答案中必须明确写出数值和单位。这是对大家规范化解题的一个明确要求。

六、注意千万不要在答题卡上随意涂画

平时做卷时有同学习惯在卷上打勾、打叉或划线等,但在高考中千万不要在答题卡上随意涂画。否则,一旦被误认为做记号就会受到相应的处罚。

七、注意保持答题卡的平整

请务必保持答题卡的平整,不得折叠。否则,可能造成无法机读同样也会影响考试成绩。

八、注意保护好自己的答题信息

《高考考生守则》规定,雷同卷(包括被别人抄袭的答卷)一律按零分处理,因此,大家应特别注意保护好自己的答题信息,不要将自己的答卷随意摊开或举起。

九、注意不要提早交卷

《高考考生守则》规定,提早交卷的考生不得提前离开考场,必须呆在考场休息室内,与其这样,不如继续留在考场内答题或继续认真地检查。

十、特别注意不要将试卷、答题卡与草稿带离教室

《高考考生守则》规定,试卷、答题卡与草稿一旦带离考场,本科考试成绩无效。因此,考试结束时大家只能将自己带进考场的物品带走,不能将试卷、答题卡与草稿纸带离考场。

总之,高考考场的一些细微失误也有可能酿成不可挽回的损失,以上"十项注意"希望能引起大家的足够重视。

如何应对考场突发事件?

1. 没有带准考证、文具怎么办?

遇到这种情况时,大家千万不要着急,我这里有备份,大家找我要就可以。

2. 当大脑出现一片空白怎么办?

大家不要急着往下做题,而是应该先平静下来。这时,大家最重要的是调整好自己的心态。

3. 身体突然不适怎么办?

大家感觉自己肚子疼或有其他不舒服时,应及时向监考老师求助,而不要强自忍耐。

4. 遇到难题卡壳怎么办?

建议大家一定要按卷面上出题的顺序来答题,不要跳跃或颠倒。因为高考的试卷都是按先易后难的原则来设置考题,先解决好简单的考题,就能更有信心来解决难题。

5. 来不及完成考题怎么办?

当大家来不及完成所有考题时,应提前做好预案。如在考英语时发现时间不够,但还剩下一篇阅读理解和一篇作文时,大家就应该先完成作文,然后再做阅读理解。

总之,遇到突发事件,一定要冷静。要相信,一切合理、合法的困难皆可得到顺利解决。切记,你们的诗意老师就在大家的身边。

考前指导

"梅子黄时日日晴,小溪泛尽却山行。绿阴不减来时路,添得黄鹂四五声。"黄鹂鸟叫得越来越欢了,高考的脚步也越来越近了,对学生进一步地进行考前指导也提上了日程,我利用周一下午班会时间对大家进行了指导。

一、吃饱,睡足

1. 吃饱——大脑需要足够的血糖才能正常运转。

2. 睡足——考试这种高强度的脑力劳动需要大脑保持良好的"运行"状态,而睡足则是前提。

二、考前"大脑预热"

考试那天,起床后依然要上晨读,饭后正常上自习,回顾一下复习过的内容。当然,目的是为了"大脑预热"。

三、考前去卫生间

进考场前或发试卷前,最好去一下卫生间,因为答卷中间再去会浪费时间而且容易打断思路,想再进入考试状态又得需要一段时间。

四、考场流程

进场后,如果还没到发卷时间,可以闭目养神或者回忆一下复习过的知识,以便早一点进入考试状态。

发卷后,先认真填写信息,然后集中注意力思考前2~3道选择题;但要记住,正式答题后千万不要着急去涂卡,因为可能会发生"视觉错乱"——明明选的是B,结果错涂为C,这种情况在以往考试中时有出现。

正式答题前的五分钟是你的时间,不要舍弃。有的同学拿到卷子后没有紧张感,而是望着窗外发呆,不知是练的什么"独门秘笈"。

距离考试结束15分钟时,监考老师会提示我们。这时务必检查答题卡是否已经填涂,如果前面涂卡后没有逐题核对,此时应该逐题核对一遍。这样顺便"换换脑子",并不吃亏。

五、答题策略与心态

1. 考试不是百米冲刺,不必"抢跑"。

2. 要有"我正在做这道题"的心态,而不是去想"我曾经做过类似的题目"。

3. 选择、选择,有比较才有选择。

4. 答题卡容量有限,慎重下笔;大题读第二遍时再动笔写,务必读完全题(包括各小问)再开始动脑思考;问答题要简练、不说废话,要集约化、要点化表达;尽量使用学科语言(比如化学方程式、离子方程式)。

5. 慢做会,求全对;稳做中档题,一分不浪费;舍弃全不会,即跨过难题,等待可能的"豁然开朗",注意难题也含"给分点"。

6. 认真读题,仔细审题。题目可以做不完,但不能"没有读完",也不能"快速审完"。

7. 前后照应、左右关联:一是务必先读完整道大题,中间不要停下来思考。二是读第二遍,认真思考后再动笔书写,不必抢着写。三是答题遇到困难时记得回头再读原题。

8. 按自己的节奏答卷,不受周围环境影响,尤其不能受早交卷的同学的影响。

9. 检查要有重点。

注意! 一个人检查出自己错误的概率是极小极小的。

首先应该检查选择题填涂是否一一对应,其次是做题过程中标记过的、拿不准的题目,再次要检查一遍第 1 题,最后检查填空题的数字后有没有漏掉单位。

切忌临时乱改答案!

10. 草稿纸使用策略:把草稿纸对折、再对折,这样就分为四个区域,正反面就有 8 个区域。演算时别杂乱无章,最好认真一点,以备检查时再使用。

弟子激励

明天就要高考了。

晚饭后,校园里渐渐安静下来,一个美好的黄昏又来临了。

"去公园走走吧,让紧张多日的神经暂时放松一下,也为高考两天更好的战斗养精蓄锐。"边想着边下楼来到公园,在那座小山南侧的一条石凳上坐下来。

这个地方有一大片草坪,相对开阔一些,傍晚来这里休闲的人也就相对多一些。有的在草地上踢键子,有的在带着小孩玩,更多的是一些遛狗的人带着他们的"儿子""孙子"等在这里聚堆。他们带的这些狗中有很小很可爱的,如泰迪等;也有一些大型犬,如哈士奇、萨摩耶,还有狼狗等。这些大大小小、不同种类的狗在草地上欢快地跑着,追逐嬉戏着,偶尔也会突然冲向附近玩耍的人,往往会把那些人吓一大跳,好在一般情况下只是有惊无险。

对在公园里遛狗这种事,我是很不赞成的。公园的路上,时不时会出现狗的粪便,而这些粪便又经常被人(尤其是晚上到这里锻炼的人)踩到,这时候,踩到粪便的人往往会破口大骂那些在这里遛狗的人。其实,踩到狗的粪便还是小事,重要的是那些大型犬极有可能吓到或伤害到在这里游玩的人。有一个晚上,我穿过公园去单位上晚自习,有一只大型犬突然从前方的树丛里窜出来,吓了我一大跳。因为这事,我曾经特意给公园的管理部门打过电话,但他们表示力不从心。

这时候,无意中发现,不远处一只大型犬正凝神望着我,似乎有点"不怀好意",我知道,我没有辣么帅。还好它盯着我看了几秒钟后,就把目光转向了别处,我也长出了一口气。

"嗡嗡……"手机的振动声提醒我有 QQ 的信息来了。

"方方,我梦到您了,也许是高考来临的缘故,梦里出现了高三的许多情节,梦见讲台上您的威武雄风,班会上的句句豪言,给当时的我们无穷的力量。请原谅弟子这么长时间没个音讯,但弟子从未忘记过您。方方带领的团队从来都是最强的,相信方方带领的这一支战队也定会所向披靡,王者不可阻挡!

学弟学妹们,高考,青春的一次洗礼,加油!十几年风霜只为荣耀今夕,十几年奋斗只为创造神奇!昨日撒下勤奋种,今朝一搏必成功。鲤鱼一跃便成龙,大鹏展翅震长空。前程似锦圆美梦,锦衣凯旋沐春风。寒窗不负苦心人,金榜有你祝高中。紧随方方的脚步,谨听方方的教导,你们必定成功,祝你们金榜题名,考入理想的学校。

方方的弟子一定棒棒哒!方方,注意身体,您的战队必定成功,我们暑假见。"——小龙。

"方老师,快高考啦,相信您一定能取得您想要的结果,我知道您在这一年又付出了极大的努力,也经历了高潮和低谷,但都过去啦,希望您的班级还是一如既往地强大,加油!"——大刘洋

"方方,明天就要高考啦,祝愿我的学弟学妹们金榜题名,都考上理想的大学,相信你的战队一定会谈笑间决胜高考!也祝愿咱们大实验今年取得辉煌战绩!爱你哟!"——娟子

"诗意,明天带着大家加油哦!再创佳绩!实验学子是最棒的!平时早点休息,想你!么么哒!"——楚青

慢慢地读着这些信息,心也柔软到了极点。

读完了学生私发给我的信息,再点开上几届的学生 QQ 群,那么多祝福的信息如潮水般汹涌而来。

那一条条信息,那一段段文字落到我的心坎上,如同一滴红色墨水落到清水里,顷刻晕染了我的心境。

"有了弟子们的鼓励,诗意一定无往而不胜!加油!"我为自己加油。

夕阳下,又有一只巨型犬在望着我,眼神是辣么温柔……

魏武挥鞭

"往事越千年,魏武挥鞭,东临碣石有遗篇。"

十年磨一剑,吉日高考,心情激动得很,天还没有亮我就醒了。

悄悄起床来到洗浴室,从头到脚洗了个干干净净……从衣橱里找出熨烫得平整的"军装"——红色 T 恤衫,又仔细查看了一下,确保没有褶皱以后才穿上,然后又在胸前别上"勋章"(笑脸):仪式感满满的。

站在镜子前一看,呵!镜中的我英姿飒爽,意气风发。

下楼——发动汽车——驶离小区——出发。

"蔚蓝的天空下涌动着金色的麦浪,微风带着丰收的味道吹向我的脸庞,我仿佛看

到了硕果累累的希望……"边向单位出发边不自觉地哼起了这首自己"创作"的歌曲。

同学们为了养足精神，今天起床稍晚一些。我开了教室的门，站在走廊的窗口向外望去。东方，朝阳正喷薄而出；空中，祥云朵朵；操场边那些高大的白杨绿意葳蕤，如利剑直指高空；三五只喜鹊在树枝间欢快地叫着……

很快，同学们都来到教室，进入学习状态。令人欣慰的是，每一个学生都精神昂扬，意气风发，脸上都扬着一种自信，有一种"指点江山，激扬文字"的气质。

……

"我祝'一号战舰'的勇士所向披靡！祝大实验旗开得胜！祝天下学子心想事成。当然，我的儿子也参加高考，祝他旗开得胜！"说完，面对记者的镜头，我用力挥了挥拳头。

"全体起立。"班长发出"一号"战斗令。

"故今日之责任，不在他人，而全在少年。少年智则国智，少年富则国富，少年强则国强，少年独立则国独立，少年自由则国自由，少年进步则国进步，少年胜于欧洲，则国胜于欧洲，少年雄于地球，则国雄于地球。红日初升，其道大光；河出伏流，一泻汪洋。潜龙腾渊，鳞爪飞扬；乳虎啸谷，百兽震惶；鹰隼试翼，风尘吸张。奇花初胎，矞矞皇皇；干将发硎，有作其芒。天戴其苍，地履其黄，纵有千古，横有八荒，前途似海，来日方长。美哉我少年中国，与天不老；壮哉我中国少年，与国无疆。"

"一号战舰"的全体同学们在班长的带领下齐声背诵《少年中国说》的核心段落，那场面颇有"气吞万里如虎"的豪迈。

"一号战舰"的全体同学们在班长的带领下高声宣誓，那高昂的士气里有一种"弯弓射大雕"的气势。

"出发！"宣誓结束后，班长又发了一道指令。

同学们收拾好东西，井然有序地向着教室外面的大巴走去。

登车——奔赴考点——进入考场。

第一场没有硝烟的战斗拉开了序幕……

雄狮过江
——及时解忧

今天下午考数学，中午在单位休息了一下，1点起床集合。

起床——洗脸——登车——奔赴考点——进入考场。

我站在考场外，目送他们进入考场，等到开考10分钟后，我来到带队老师休息室，拿出迟子建的《群山之巅》读着。尽管这部小说的内容非常吸引人，但是，我的思绪很快又飘向了数学考场。

今年的数学考题对我们班的同学来说难度如何？我们班的同学多数是属于勤奋型的，所以数学题相对容易一些对我们有利，如果稍微难一些，那产生的不良影响就不仅仅在数学这科上了。如果题目真的稍微难一些,哪些同学会受到不良的影响? 我该怎么帮助他们摆脱这种情绪的影响? 尽管这方面的经验比较丰富,但我依然不敢大意。放下书,走出休息室,来到阳台,手扶栏杆思考着预案。

五点到了,收卷的铃声准时响起,几分钟后,同学们陆陆续续从考场走出来。

我早早来到考场外的广场上等他们。正如我预想的一样,今年的题目有点难度,至少对我们班的同学来说是这样,这一点从他们脸上的表情就可以看出来。在回去的车上,整个车厢的气氛比上午语文学科结束以后的气氛压抑多了,甚至个别同学还偷偷地抹眼泪。

"徐玉琦,看你无精打采的,晚饭也没吃,是不是数学没考好……"经过我的观察,我发现她没有发挥好,晚饭后,我把她约到操场上。

"哇……"还没等我把话说完,她就放声大哭。

"要哭就尽情地哭吧,哭出来就好啦。"我赶紧递上事先准备好的纸巾。

她哭的声音更大了,任泪水在脸上恣意奔流。

"做选择题第一题时,我就懵了……好像短路了,大脑一片空白……我有一道10分的大题没有做……还错了10分的题,至少还有10分的题我拿不准答案……我考得一塌糊涂,比我期望的分数差远了……"她断断续续地诉说着。

不过,哭完以后,她的心情明显好多了,主动跟我聊起来这次数学考试的情况。

"你平时一般考多少分?"

"考得好的时候130多,低的时候100多分。"她依然抹着眼泪。

"那你期待高考得多少分?"

"125分以上,可现在……"她又抽泣了起来。

"在青岛市第一次模拟考试之前,我把咱们班每个同学每个学科的历次考试成绩进行了平均。你还记得你的数学平均成绩吗?"我问。

"应该是110分。"

"我也记得是这个分数。你平均才考这个分数,那你对高考时的期望值是不是有点高啊?"

"我……"

"高考前,我是不是告诉大家要对自己的成绩合理定位? 你对数学学科的定位是否合理啊?"我不失时机地劝说。

"嗯,期望值是……有点……高……"她不哭了,而且还明显有点不好意思了。

"你感觉考得不好,其实未必真的考得不好。你的一个学姐叫李琦,高考数学考完以后,她认为考得不能再差了,在操场上嚎啕大哭,而且不想上晚自习了,执意要回家。你猜,她最终考了多少分?"

"不敢猜……"

"132分!!!! 她自己都不敢相信会考这么高呢。"徐玉琦听了后,脸上慢慢地

"阴转晴"了。

"刚才,我听实验班的张老师说,他们班的好多同学都感到数学题很难,且有不少同学最后一个大题也都没有做上来。实验班的同学尚且如此,我们做不出来,不很正常吗?"

"真的呀。"她的眼中重新燃起希望。

"纳尼,现在应该想开了吧?"

"'纳尼'? 老师,你可真够时尚的啊!"她的语气轻松多了。

"你才发现啊,老师时尚了一天两天了吗?"我嗔怪道。

"对对,老师你一直很诗意,很时尚的。"她的脸上露出了笑意。

"不要迷恋哥,哥只是个传说。"我不失时机地打趣道。

"哈哈哈哈……"她忍不住哈哈大笑,脸上的表情也越来越轻松了。

"可以迷恋哥,哥不是传说。"她又被我逗笑了,脸上的阴霾完全消失了。

"酱紫吧! 把数学放下,回去好好复习,准备迎接明天的文综和英语考试。ok?"

"ok,那就酱紫吧,我一定会调整好情绪,全心备战明天的科目,您放心吧,谢谢您!"

"好,相信你明天会考出更好的成绩,去洗把脸吧……"

"老师再见。"说完,向教室跑去。

她的心情好多了,我的心情也好多了。一阵清风吹来,好凉快!

群雄逐鹿
——适时激励

今年的文综试题不容易,同学们普遍反映答得不理想。于是,我利用午饭后的时间把大家集中在公寓楼前,对大家进行激励。

"今天上午的文综考试,大家感觉如何?"其实,我有点明知故问。

有的说还可以,有的说没有答完,更多的同学没说话,当然这部分同学的精神有点不振作。

"在考试之前,我曾告诉大家,如果遇到比较容易的题目,我们怎么办?"我问。

"如果我们感到容易,那么别人也会感到容易,这时候我们不应该大意。"世峰说。

"对。那如果遇到考试的题目较难,或者比较偏、比较怪,或者题量特别大等诸如类似的不利的情况,我们应该怎么办?"我又问。

"如果我们感到难,那么别人一定也会感到难。大家都感到难,我们不畏难。"百杰说。

"对。刚才吃午饭时,我听到许多实验班的同学反映,他们普遍认为今年的文综题目有点难。他们尚且感到难,我们也感到难,这就再正常不过了。"听我这么一说,许多同学的精神状态变得好多了。

"再说,高考具有选拔的性质,那些偏题、怪题、难题,都是给不正常的人做的,我们都是正常人,不去做。"

大家哈哈大笑,精神振作起来了。

"从另一个角度来说,文综题目有点难是好事。大家想,一共考四大科,前两科考得比较顺利,如果文综再不难,下午只剩下大家普遍认为难度不会太大的英语,那我们的考试压力一定会大减,甚至许多同学会有那种马放南山的感觉,这种感觉对英语考试一定没有好处。所以说上午的文综题目有点难,可以提醒我们'行百里者,半九十',提醒我们不能掉以轻心。这样,下午的英语考试我们胜算的把握会更大。"同学们纷纷点头。

"今天上午,不管考得如何,忘掉这科,回去好好休息,全力以赴地迎接最后一场考试。相信我们会为今年的高考画上一个完美的句号。"

说完,我挥了挥拳头。同学们热烈鼓掌,他们的精神状态彻底转变过来了。

笑傲高考
——寄语家长

离英语考试结束还有半小时的样子,我离开带队老师休息室,到校园的其他地方走走。这里真美,小桥流水,池馆轩榭……在这里工作学习真的是一件很惬意的事情。不过,蓦然间,一种失落感迅速占据了我的心间。考试很快就结束了,结束就意味着分离。那个自己组织开班会的赵爽、雅文,假期中就向我提建议的梦秋,成绩一般但一直努力向前的张搏,经常帮我干这干那的小雷子,至今还不知道名字却在身后支持鼓励我的"大一必胜"和"一望无川",运动场上挥洒汗水的怡静和李婷,"你的最忠诚的弟子"戚振龙,主动承担责任的百杰、世峰和润泽……回想这一年来的点点滴滴,又温馨又伤感。

还有那些家长朋友,他们一直在我身后默默地支持我的工作。"方老师,是不是家里遇到了什么事情了? 如果有什么需要帮忙一定跟姐姐说,我一定尽力帮助你。"王蕾妈妈的关心那么让人心暖。

"方老师,孩子回家说了那件事情,我们都很生气,我们当家长的一定全力支持您!"朱瑞琦和刘丁铭两位同学的妈妈的支持让人充满力量。

"诗意老师,我家怡静……"管总的信息让人感到春风拂面。

刚想到这里,手机传来了滴滴的微信信息声。(这个地方远离考场,手机信号正常。)

还有其他家长发来的信息:

方老师,不管孩子考的如何,我都感恩您为孩子付出的一切,用我儿子的话来表达就是"谢谢你方老班"。

感谢方老师这一年来对孩子的辛苦付出、关爱和包容。

方老师,感动加感恩,学子们不会忘记恩师,也会牢牢记住亲爱的学友,那一一幕幕感人至深的画面,家长们也会永记心头。谢谢老师! 为你们点赞。

读着这些信息,心里盈满了感动。是不是也为家长们写点什么呢?于是,趁着离考试结束还有十几分钟的时间匆匆写下了下面这几段文字。

尊敬的家长朋友们,大家好!感谢您对我们的鼓励!今天下午五点结束考试,五点半左右我们就会回到实验中学,然后回教室讲几件事情,六点左右放学。请您耐心等待!

您可以先去宿舍给孩子收拾行礼,注意别拿错了。

明天有部分学生参加口语考试,具体事宜学生都知道了。

假期中注意旅游安全、行车安全等等各种安全,尤其是防溺水!切记!!

6月23~25号出成绩,一定能收到弟子们报喜的消息。何时填报志愿等事情都在准考证上,如果有事情我会在学生QQ群和这个微信群发布,敬请您留意查看。

"高考是一张试卷,未来才是一幅画。"不管孩子考的如何,高考结束后,请给他一个拥抱,为他准备一顿丰富的晚餐。三年了,孩子不容易;三年了,您也不容易,好好歇歇吧。一学年来,我们和孩子们一路走来,有过许多欢乐,也经历了许多风雨。欢乐时,我们一起拥抱太阳;风雨来临时,我们手牵手肩并肩,共迎风雨。一年来,学生除了学习到知识外,更多的是学到了什么是责任,什么是乐观,什么是不惧风雨,什么是永不言弃,更懂得如何感恩……人生的背囊中装满这些收获,他们的人生之路一定会越走越宽广。

高考,不是终点,而是一个新的起点,衷心地祝愿我们的孩子们,衷心地祝愿"大一"的各位同学在新的征程上谱写更美丽的诗篇!

一学年来,我一定有做得不够好的地方或让您不满意的地方,还敬请您多多理解,"我本善良!"诗意在此道一声"谢谢了"!再次感谢您一学年来对我和各位老师的理解和支持!祝您合家欢乐,万事如意!祝我们友谊常在!

当我编辑完并向家长微信群发送完这些信息的时候,考试结束的铃声也响起了。几分钟后,大家陆陆续续地回到车上,从他们的笑脸来看,今年的我们一定会笑傲高考。

临行叮嘱

同学们,先祝贺你们高考结束!高考期间,老师看到了一篇文章,感觉里面所说的话也是我想告诉大家的,读给大家听听。

穿过了人生第一个"黑暗隧道",爬上了一个小土坡,从此以后,再碰到什么大考小考,天空就会飘来N个字"那都不是事儿"。

同学们,你们马上要离开母校了,当老班的再叮嘱你们几句,因为你们以后想再听我唠叨恐怕也没机会了。

当人从长时间的紧张疲惫中,一下子解脱出来,十有八九会进入"失重"状态,辛苦了那么久,你想尽情吃喝玩乐,带点报复和肆意的快感,这很正常,我只想提醒你,安全,安全至上！日子还长,你慢慢来——除此以外,父母生你容易,养你不易,你的安全不属于你自己,请你,且乐且珍惜。

我猜你吃喝玩乐两个礼拜以后,八成就会进入那么个状态——睡得昏天暗地,醒得晕头涨脑,目光呆滞地洗漱,蓬头垢脸地上网,热火朝天地聊天,两眼贼光地打游戏,父母心疼你苦了太久,懒得跟你大呼小叫,睁一眼闭一眼,由着你吧,然后你人就慢慢颓了,干啥都不起劲,一心等开学。

三个月说长也短,说话间你就上大学了,然后你会发现,大学没有想象的那么自由和高大上,搞不好校舍还没有咱们中学的洋气,课程可能比中学还乏味枯燥。你的中学老师,虽然是一群情商、智商都不怎么高的人,但是他们勤勤恳恳,陪你成长,和你一起欢笑,什么时候想起来,都可以很温暖。然后,你的大学记忆里,同学永远比老师清晰。当然,大学里也可以碰到影响你一生的人生导师,这看你运气。

一、关于暑假

这个假期,我给你一些可行的建议:报个名,去把驾照考了;约几个靠谱的朋友来次靠谱的旅行;去听音乐会,买畅销书,看热门电影;去把一直想学的吉他学了,看你想看的书,干你一直想干的事儿。动起来,你会发现生活很美好,怎么都比在家傻宅着强。

但是,这个假期最重要的事不是瞎玩,而是陪陪父母,因为他们付出了太多,辛劳了太久。趁这段时间,哄他们开开心,修补一下被应试教育折磨得千疮百孔的亲子关系。你的人生,从某种意义上讲,和父母的分离已然开始了。在家的时间会越来越少,注意力开始无限外放和分散,唯独注意不到身后日渐年长的两个人……这世上有很多事都是"此情可待成追忆,只是当时已惘然",人生无常,岁月无情,如果你把我的话听进去了,一切都来得及。

二、关于大学

人的核心竞争力,有一半以上都来自专业以外的不急之务,譬如多年阅读累积出的大智慧,譬如长期锻炼而来的好身体,譬如良好的家庭教养内涵,譬如人际沟通表达能力,譬如人脉资源等等。所以在大学里除了专业学习以外,你要做的事儿还很多。

首先要广泛阅读,读罗素说的"没用的书",读"没用的书",日后方能做"有用的人"。俞敏洪谈到他的大学生活时说:"不管北大给了我什么样的影响,大学期间读的 500 本书,才是真正决定我人生和未来的关键。"如果这四年你没有荒废,未来四十年你就有可能开始的相对从容一些。

去寻找所有能给你营养的东西,那些跟艺术、跟美等有价值的东西。譬如听一些好的音乐,既能让你血脉偾张,也可以让你沉默安详;看一些经典好片,体会光影背后的深邃;还有那些有质量的讲座、培训、脱口秀和公开课,能吸收就不要错过了。

20 岁前后是人生的上升期,做加法,多读书,广交友,勤做事。"听君一席话,胜读十年书",跟有"料"的人做朋友,他们刚从你的年龄走过,理解你的想法和困惑,有很多经验和教训值得借鉴吸取,这会让你在未来的三五年内少走不少弯路。

多做运动,切莫放纵。因为年轻,所有的身体指征良好到会让你失去警惕性。我亲眼见过在企业招聘中千里挑一胜出的大学生,在随后的体检中惨遭淘汰,拿着报告单在医院走廊里放声痛哭,忏悔自己四年疏于运动,作息不规律等等。更重要的是运动可以让人拥有强健的体魄,拥有一个健康的身体比什么都重要。

三、关于处世

越是年轻,越要有意识地积累智慧,辩证思维,不偏激地看问题,尤其不要在网上胡乱吐槽泄愤,逞口舌之快,做无用之功。

肯尼迪说:"不要总是问国家为你做了什么,你要常问自己为国家做了什么。"这话适用于全世界的年轻人用来解读个人和国家的关系。以一己之力,或许对全局没有大的改观,但是鲁迅先生早说过:"世上本没有路,走的人多了,也就成了路。"

总之,带正知正见去生活,努力让自己内心强大,坚守本心!好好珍惜这四年,这几年在你整个人生过程中的影响之大,你以后就知道了。

感谢在座的同学们,我们相伴一年,缘牵一生。青春是人生最美的歌,愿你们好好谱写,唱响未来的每一个日子,无怨无悔!

谢谢各位!

后背被贴

对同学们的"临行叮嘱"结束后,同学们开始慢慢地收拾桌上的东西,第一个收拾完的同学开始慢慢向外走去,走到教室门口时,他抱了抱我,慢慢地转过身又望了教室一眼,眼睛里泪光闪烁;第二个收拾完的同学开始慢慢向外走去……第三个……第四个……一个接着一个,我一一跟他们相拥而别。

教室渐渐安静下来,变得空荡荡的,我找了个座位坐下来,一遍又一遍地看着这一学年来战斗的地方。

这一年,我和弟子们,和战友们一起哭,一起笑;共同面对风雨,一起砥砺前行……

"方哥,你还没走呀!"一个回教室找东西的学生打断了我的思绪。

"一会吧。"我随口答应了一声。"对了,同学们离校需要带回家的东西一定非常多,去宿舍看看有没有需要帮忙的吧。"边想着边走出教室。

公寓楼前人来人往,许多家长和学生在忙着搬运行礼。

"方哥,马上要离开您啦,抱抱吧!"宿舍楼前,帅哥吉琛向我张开了双臂。

我们俩紧紧拥抱在一起。

"方哥,您辛苦啦!谢谢您!"他使劲拍了拍我的后背,然后就跑进了宿舍楼。

"老师,您的后背贴了一张纸条。"同年级的一个向我借电话用的学生提醒我。

"是写给您的,您看看吧!"他帮我取下后递给我。

"我是 Fang sir 我最帅,老方辛苦了!我们爱你!"字迹清秀洒脱,又充满了阳刚之气。

"是他写的,一定是他趁着刚才和我拥抱时贴在我后背上的。"我一脸幸福。

抬头向楼上望去,吉琛站在窗前,露出甜甜的笑脸,正向我使劲挥手。

深情目送

吉琛贴在我后背上的字条如阵阵清风吹拂着我。

"方方,抱一下吧。"不知道什么时候,巧音已站到了我的身边,这位美丽善良的农村女孩,泪眼婆娑。

"老师,真的很感谢你!你知道我每周最期待的是什么课吗?就是班会课,每次上完班会就好像打了鸡血似的,心中总会充满无穷的力量,不过,以后可能就没有机会了……"

"想听的话欢迎你随时回来听!"我打趣道。

我目送她离开……

"老师,我学习成绩一般,但你却没有对我另眼看待。我要回青岛了,如果你来青岛一定告诉我,我一定请你客。"这位文静而又白净的青岛女孩有点腼腆。

"呵呵,一定给你机会。听说你要出国,在国外好好学习,回来报效祖国,为实现中国梦尽一份力量。"

"这是一定的,您放心吧!我爸在外面等着我,老师,我走了……"

我目送子琪离开……

"诗意……呜呜……"高文杰——那位帅气的高大男孩"未成曲调先有情","我的成绩一直不理想,而您却对我不离不弃……"他竟然不顾身边来来往往的同学,放声大哭。

我目送他离开……

"方老师,孩子不听话,这一年给您添了若干麻烦,谢谢!高考结束了,你也可以歇歇了。我在俺们村上包了个鱼塘,抽空去钓鱼吧,放松放松。"有生的爸爸——这位朴实的农村兄长,露出憨厚的笑容。

我目送他父子离开……

我目送一位位同学离开……

突然想起龙应台的那几句话,"我慢慢地、慢慢地了解到,所谓父女母子一场,只不过意味着,你和他的缘分就是今生今世不断地在目送他的背影渐行渐远。你站在小路的这一端,看着他逐渐消失在小路转弯的地方,而且他用背影默默地告诉你,不用追。"

其实,师生之间又何尝不是这样!

弟子心语

晚上 7 点的光景了,暑气依然没有退。

在大门口送完最后一对父女离开后,我回到办公室。

"终于解放啦! 我美了美了美了,我醉了醉了醉了……"边小声哼着流行歌曲,边收拾着办公桌上的物品。

"'世界那么大,我要去看看'。从明天开始,'我要喂马,劈柴,周游世界'。"同一办公室的同事听了后哈哈大笑,可能是我的话引起了他们的共鸣。

"咦,电脑键盘下有一张卡片。"

"诗意,在您接我们班之前,我感到生活没有太多乐趣。您不仅激起了我学习的信心,更重要的是拯救了我生活的信心,还激发了我追求诗意生活的愿望。高三这年,如果没有你,不知我的世界会是怎样。在这分别之际,衷心地感谢您! 也祝愿您的生活永远充满诗情画意! 平时工作不要太累,不要光想着我们学生,得好好照顾自己。么么哒!"

读着王蕾的卡片,一种浓浓的幸福感在心底流淌。

"咦,这里还有一张。"

"……每个人都会带着高三这一年的收获,在各自的领域走得更远。"世峰这样写道。

"咦,课本里还有一张纸条。"

原来是一个叫刘琼的女生,一个仿佛一朵在墙角独自绽放的小花,不经意被人发现后,总忍不住心生喜欢的女孩。

"方方:即将离开母校,就用小卡片的形式正式和你告别吧。你是第一个让我知道,原来老师也可以与学生愉快地融到一起的,是第二个让我期待语文课的老师。记得你第一节课说的,如果你喜欢那个老师,你那一科的成绩一定好。我想跟你说,其实如果喜欢那个老师,你会记他一辈子,一辈子受益。喜欢用小卡片写,因为这样密密麻麻的都是爱,有木有感到很暖心呀,你只要记得,只有刘琼才能把字写的这么小就好了。笑哭。最后画个笑脸给你,愿笑口常开,大四班送四个心。"

"哇! 还有一张! 是小星星的。"

"敬爱的老班:感谢您一年来的教育与栽培! 高三这年风风雨雨,我们共同走过。记得当时第一次考班级第一时你对我说的话'你有夺冠的能力,即使下一次退到十几名、二十几名也不能怀疑自己的能力,也不能放弃',当时我并没有感觉我会后退那么大,所以我很坚定地告诉你,我不会怀疑我的能力也不会丧失信心。但是高考前的最后一次模拟考试,狠狠地击碎了我的信心,退出前十名是我从来没想过的,上高二以来从未掉出前十名,而那次考试也没有明显的失误,所以那次我有些崩溃了,哭过,发泄过,后来想起你对我说的话,那几句话就像给我打了一针强心剂,没有让我在冲刺高考的最后关头丧失信心。

记得偷偷去邻班取经,改变我们早读后总要睡觉的坏习惯。

记得每晚下晚自习后轰着让我们下去活动活动。

记得上黑板写不出来被骂,最后笑问,求你的心理阴影面积。

谢谢老板您的苦心栽培!

祝老班身体健康! 全家快乐,小公举要开心快乐!

没有和你唱反调的熊孩子——韩星

冲上一杯浓浓的咖啡,坐下来,让那浓浓的咖啡香和文字香,盈满心房。

你是好人

卸下压力的感觉好爽! 真的是爽歪歪! 哪怕三个月后再加上也无所谓。

"从今天开始,每天晚上得我照顾小公举了,也好让爱妻好好歇歇了。"这几个月,晚上一直由对象带幼小的宝宝,她太辛苦了。

"世界那么美,我得带老爸去看看。天高地阔,看悠悠白云;山青水长,赏松涛树影。"

"明天,我要陪儿子游老子故里,行墨子之乡。"

"明天,我要去大沽河河堤上迎着朝阳跑步,跑得大汗淋漓。"

"明天,我要驴行崂山,和驴友们一起'登东皋以舒啸,临清流而赋诗'。"

"明天,我要找一家咖啡屋,找一个安静的角落,重读《呼兰河传》,走近萧红的童年,也回到自己的童年,翻翻那些尘封的记忆,想想那些美丽的画面。"

"明天,我要'行到水穷处,坐看云起时',去寻找那份诗意。"

"明天,我要……"

在单位餐厅和和一起征战的同事简单会餐后,快步走在回家的路上,边欣赏那万家灯火,边做着"明天"的打算。

"嘀嘀……"信息来了。

"于涵在回家的时候对我说,一定要请俺方老师吃顿饭,方老师就是我的方爸爸……我一定让老二再跟着你上学……你是好人! 真正的好人!"

读着这几条信息,我的心柔软到了极点。

送君一程
——高考后如何规划人生

同学们,高考谢幕已经有好几天了,大家也该冷静下来思考和规划未来人生了。前些日子我拜读了当前国内知名的资深教育专家黄元华老师的《高考后如何规划人生》,感觉这篇文章对我们有非常大的启发,因此把这篇文章推荐给你们,希望对高考后的你们能有所启发。

这篇文章是黄老师写给其高考后已经毕业的学生的一封公开信,全信六千余字。据了解,原信近万字,初稿三万多字。这样的善举在全国大概都是首创乃至奇迹! 黄老师的大爱情怀由此可见一斑。这篇文章是黄老师几十年来人生经验与思考研究的结晶,学生和家长读后都深受震撼。文章中黄老师谈到人生最重要的东西、人生目标的设定以及如何实现等诸多问题。阅读本文,就像一位富有哲思的智者在和你促膝谈心,像一位能工巧匠手把手教你完成一件精致的手工作品。该文催人奋进,耐人寻味,感人至深,且常读常新,字字句句传递着对青年学生的深情爱护与殷切期待! 字里行间充溢着对祖国人民和教育事业的敬畏与大爱! 只要你认真读完,定会受益匪浅。下面我摘录一段:

一、什么是人生中最重要的东西

很多人糊里糊涂活了一辈子,连人生最重要的东西是什么都没弄清楚。人生最重要的东西是什么? 难道是金钱吗? 我曾对我的很多朋友说,给我两百万,我的生活质量将没有任何改变。难道是官位吗? 我曾听一位处级干部多次无奈地感叹"生活真累!"物质上的贫乏并不可怕,最可怕的是精神的空虚、信仰的缺失。

我以为,人生最重要的是"爱"和"事业",二者在本质上是相通的。要让更多的人因我们的存在而感到幸福,所以我要求大家要"懂得爱、学会爱、传递爱"。

马克思说:"有所作为是人生的最高境界。"因此我们此生要努力成就一番事业,为社会造福。

人生最大的快乐是什么? 很多人的回答可能是衣食富足。财富的确让人羡慕,但未必能给人带来尊严。我们都敬重鲁迅、胡适、华罗庚等大师,但谁又记得与这些大师同时代的千万富翁呢? 一般来说,一个人对物质的迷恋程度与其精神境界成反比。我若用业余时间去赚钱,一年多赚 20 万元,应不是难事。但经权衡,我做出了选择——高层次的精神追求。我认为我现在所做的事比每年多赚 20 万元要重要得多。我以为,人生最大的快乐是:①带给他人快乐;②自我超越。做到了以往做不到或不敢做的事,感觉自己每天都在进步,这是最好的状态。

"自我设限"是人生成功的最大障碍。"自我设限"即低估自己的潜能,导致对自己定位不准,进而埋没了自己的才华。因"自我设限"很多人在庸庸碌碌中无声无息地老去。你最大的贵人就是你自己! 金山银山就在你脚下,为何弃之不用,而去低声下气地求人呢?

高考"大捷"

今天是山东省发布高考成绩的日子。

今天的天气真好! 一大早,东方就有紫色云气在飘荡着;太阳似乎也不像前些日子那样恣意霸道了,而且多了几许柔情;花儿更艳了,草儿更绿了,喜鹊也叫得更欢了……

还有几个小时才能查询成绩,而我却早早坐在电脑桌前等待着。心生不安却又自信满满,同学们也大多已经守候在电脑前,班级 QQ 群里时不时有同学在讨论着什么,似乎能感觉到有的对取得理想的成绩充满信心,有的充满信心的同时又有些担心,有的……

时间一分一秒地过去了,电视台的有关领导还在不停地说着关于高考成绩发布的一些事情……

领导的讲话终于结束了,终于可以查询成绩了。

"请大家告诉大家,现在马上查成绩,查完后请马上向我报喜并且把成绩发给我。"我迫不及待地在群里发布第一条信息。

"老师,狼牙大队成员李向民考了 611 分,向您报喜!感谢您一年来的关心。"成绩查询开始后约两分钟,收到李向民发来的信息。

"你是第一个报喜的,成绩还那么高,恭喜恭喜!"

"老师,尖刀兵团宋百杰考了 590 分,向您报喜!感谢您一年来的关心。"

"你是第二个报喜的,成绩也很高,恭喜恭喜!"

"老师,中坚力量宋雪考了 585 分,向您报喜!感谢您一年来的关心。"

"老师,后起之秀张睿考了 524 分,向您报喜!感谢您一年来的关心。"

据我了解,我们班有考 653 分、631 分的,成绩整体不错。

然而,高兴之余,我又感到有点失落。大家都为成绩好的同学而欢呼,可那些成绩差的同学呢?他们现在的心情会怎样?有人会在乎他们的心情吗?我这个当老师的是不是应该再为他们做点什么?

于是,在留给大家"生命的精彩并非实现梦想的瞬间,而是坚守梦想的过程"这句话后就悄悄地关掉了 QQ……

临别寄语

亲爱的同学、朋友、家人,"一号战舰"的全体战友们:

你们好!

暑气渐渐淡去,秋意越来越浓,凉凉的风中开始飘着离别的味道,"多情自古伤离别",蓦然回首,一切不再重来,只得折柳相送,落泪话别。

三年前的那个金秋,大家怀着自信与兴奋来到美丽的实验中学。三年的学习生活中,校园里的一草一木,一花一树,都留下了我们深深的印记。碧绿的草坪上,流动着我们晨读的身影;宽阔的操场上,回荡着我们青春的欢呼;清风亭的花园中,还能听到我们边赏花边讨论问题的声音。

"闲云潭影日悠悠,物换星移几度秋。"转眼间,我们即将告别母校,告别家乡,踏上新的求学路,踏上新的人生征途。在这里,作为仅仅陪伴了大家一年的老班,作为"一号战舰"中的一员,谨向各位战友、各位勇士,寄予以下几点希望予以勉励:

第一,没有远大的理想一样是高尚的。

在我们的第一堂课上,我就告诉大家志当存高远,要大家把自己的理想和实现中国梦紧密联系起来。今天,除了告诉大家要继续坚守这种高远的理想之外,还要告诉大家的是,拥有这种理想是高尚的,但是没有这种远大的理想也并不卑微,只要我们热爱生活,积极进取,敢于担当,释放正能量,即使没有远大的理想也一样是高尚的,一样无愧于我们来实验中学学习的三年,也不枉为我们"一号战舰"的成员。

当然,没有远大的理想并不意味着无所作为,送给大家一句话,即使做一颗小草,也要充分地释放自己的绿意,去装点这个美丽的世界,为我们这个伟大的时代增添一抹绿意。

第二,希望同学们坚守"只要我一起飞,空中就没有王牌"这一信念。

相信在实验中学的这三年,在我和大家共同拼搏的这一年,我们学到的不仅是知识,更学到了许多做人的道理,拥有了许多美好的人生品质。

必胜的信念能够永远支持着我们在人生路上勇于打拼,我希望大家把这一信念装入前进的行囊中,最好能融入自己的血液里。

"山东学子哪家强?胶州实验我最棒!"记住,只要你不想输,就一定会赢;胶州实验中学的学子一定是最棒的,"一号战舰"的勇士一定是攻无不克,战无不胜的。

当然,人生没有永远的赢家。有时候,体面的输也是另一种胜利!

第三,珍惜大学时光,把"一号战舰"精神带到大学。

高考不是终点,相反,它是一个起点;也有人说,高考是一个点,人生才是一幅画。不要认为到了大学就是"船到码头车到站",不仅不能这样,反而还应该有一种"恰同学少年,风华正茂,指点江山,激扬文字"的情怀,继续发扬"一号战舰"精神,努力学习,这样方能不辜负美好的大学时光。记住,永远都不会有什么所谓的终点,有的只是一个又一个的挑战。如有可能,请把学习当成一种信仰,记住,从某种程度上来说,我们在学习上花的时间越多,将来回报我们的就会越多。

在大学里,如果能收获一份美好的爱情,那更是再好不过,在这里,方方预祝大家学业、爱情双丰收。

第四,"一号战舰"永远是我们的家。

这一年,我们一起哭,一起笑;共同面对风雨,一起砥砺前行,在这火热的"革命生活"中,我们师生之间建立了深厚的友谊,让我们共同祝愿我们的"革命情谊"天长地久。

我还要告诉大家的是,"一号战舰"不仅是一个战斗的团队,更是一个温馨的家庭。将来的某一天,如果你遇到了单靠自己无法克服的困难,如果你感到累了,欢迎你回来,欢迎你回到这个温馨的大家庭来,我们会用一双双热情的手,给你一个个坚实的臂膀,给你一个个温暖的拥抱……无论生活多不容易,"一号战舰"会用她的善意与温情支撑我们熬过那段苦涩的时光。

请大家记住,你的身后,永远站着一个强大的团队;人生路上,"一号战舰"永远是你坚强的后盾。

第五,不要忘本。

不管我们身在何处,不要忘记我们脚下的泥土,否则,我们的人生很难有大的成就;不管我们身在何方,别忘记我们的根在哪里,否则,我们很难真正和世界对话。

记住,我们是实验学子,我们是山东才俊,我们是中国人!

战友们,一年来,我们凭借着"战狼"般的精神,以难得的"速度与激情",实施了一次次的"红海行动",取得了一次次"王者荣耀",既无愧于自己的"芳华",更"厉害了我们的'一号战舰'"! 让我们为自己点赞!

朋友们,秋风又起的时候,却是离别的来临。收拾好青春的故事,告别那些属于欢笑、泪水和友情的日日夜夜,背起行囊踏上新的征程。或许语调有些伤感,但未来的希冀慰藉着我们深深的祝福——一路走好。

亲人们,走,请带着感恩的心离开母校。你们的一生,实验中学只送你们一程,祝愿此后无论山高水长,实验中学永远是你们心中最美的模样。

朋友们,你的一生,诗意也只送一程。不忍言别,但车已到站。我原路返回,你远走高飞。

同学们,咱们学校的大门内侧共有九级台阶,三级为一组,三组台阶从进门处向里是由高到低,寓意进入实验大门就会步步顺,走出实验大门就会步步高。在此,我衷心地祝愿我亲爱的战友越走越高!

学弟学妹们,学兄和老师们可能在一些方面做的不能让你满意,但大家却给予了我们更多的包容,我代表老师向大家表示感谢并表达真挚的歉意!

最后,祝亲爱的弟子们颜值与才华齐飞,气质与涵养一色! 再次向大家对我个人和老师们的的理解和包容表示感谢! 给大家鞠躬!

弟子们,我们寒假见。老师会想你们的,么么哒!

又踏征程

对学生高考后如何规划人生和如何填报志愿这两个问题进行了叮嘱之后,我才感到这一届的任务才最终完成。坐下来,冲了一杯咖啡,一年来的历次考试迅速从大脑中掠过。

期中"不畏浮云遮望眼",成功逆袭,树立起同学们的信心;

期末剑走偏锋,"手把青秧插满田""退步原来是向前",以退为进,为"一模"成功起跳提供助跑;

一模借助跑成功起跳,"谈笑间,樯橹灰飞烟灭",大获全胜;

二模"欲与天公试比高",乘胜进军,再次取胜,强化高考夺冠的雄心;

高考"百万雄师过大江""长风破浪会有时,直挂云帆济沧海",最终"一号战舰"顺达彼岸,取得大捷。

而且在这一过程中,培养了同学们积极进取、不甘落后、永远向前等许多美好的品质,想到这里,心里感到很欣慰。

"铃……"

"喂,刘老师好! 敢问您有何指示?"

"诗意,今年高考成绩不错。祝贺你! 今年继续带高三吧!"

"谢谢刘老师的信任,我一定再接再厉,不辱使命!"

又将踏上新的征程,我应该如何面对新的航程呢? 在氤氲的咖啡香中,我又开始了新的思考。

心田种花篇

要想地里不长草,最好的方法是种上庄稼;

每个学生的心中都有一亩田,要想使学生拥有更高的人生格局,使他们的人生之路更加芬芳,最好的办法是在他们心田里种上花。

一起优秀

"咚咚咚……"第一节晚自习时,我正在读毕淑敏的小说《阿里》,那缓慢的敲门声让我从小说中的冰山雪原上回到现实。

"请进。"我慢慢地抬起头,喝了一口咖啡。

小哲——一个学习努力、温婉可人的女生慢慢地推开门,探进头来,回身轻轻地把门带上,慢吞吞地走到我的办公桌前,一幅心事重重的样子。

"老师,你还没走啊?"

"我走了,你的心事说给谁听啊?"我半开玩笑半认真地说。

"你怎么知道我有心事?我的事你都知道吗?"她半信半疑地问。

"这个时候来办公室找老师的,一般有两种原因,一是身体不适来请假,二是心里有事,想找老师诉说或向老师求助解决办法。再说,心事都写在你的眉梢上,你的眼睛里,你的脸上呢。"我就像一位老农能准确地估计出自己地里能收多少斤谷子一样,胸有成竹地说。

"你说对了,我还真有点心事……"在我的对面坐下后,她慢吞吞地说。

"什么心事?说给我听吧!"

"不会耽误你工作吧!"她非常懂事。

"帮你了却心事也是我的工作啊!"我笑容可掬。

"我……"她欲言又止。

"尽管有人说'女孩的心事你别猜',如果你不介意的话,我猜一下,如何?"看她不愿意说,我干脆猜一下,边说把一杯水放在她的面前。

她望着我,算作是默许。

"和同学闹矛盾了?"她看着地板,摇摇头。

"和家长闹情绪了吗?"她依然摇头。

"那一定是男女同学之间的那点事儿了。"

"对……不对……"她先肯定,又慌忙否定。

"不必紧张,聊聊吧。"看她那紧张的样子,我一定猜对了。

"老师,你对高中生异性同学之间有好感这种现象怎么看?"她小心翼翼地问道,脸红红的,头更低了。

"我猜对了吧!像你这种'天生丽质难自弃'的女孩一定有许多男生喜欢的。对你说的这种现象我是这样看待的。哪个少男不钟情?哪个少女不怀春?周国平也曾说过,'可以没有爱情,但如果没有对爱情的憧憬,哪里还有青春?'对爱情有一份憧憬没有错,就像春天小草发芽,冬天下雪一样正常。"我笑着说。

"真的?"她似乎有点不太相信。

"而且,这种感情非常纯洁,非常美好。她就像春天的那枚绿叶,夏天的那缕清风,像秋天静美的枫叶,冬天纯洁的雪花。"听我这样说,她怀疑的表情消失了,取而代之的是一种惊喜。

"不过,它严重影响了我的学习。现在我天天都魂不守舍,学不进去,就想和他在一起,晓飞也是这样,你看我们两人现在的成绩……唉,愁死了。"脸上那种惊喜的神色很快消失了,同时阴郁迅速占领了她的整张脸。

"说说吧,我一定替你保密。"为了打消她的顾虑,我主动向她做出承诺。

"你一定得说话算数,不能对任何人说,更不能对晓飞说。"她忽闪着大眼睛,一本正经地说。

"那个男生叫晓飞?"她点点头。

接着,她终于鼓起勇气,断断续续地向我讲起他们交往的经过。

高三开学后,"长风破浪正当时,直挂云帆济沧海"的主题班会给了她很大的激励,决心努力学习,升入梦寐以求的大学。因为基础差,有许多不懂的问题,于是经常向晓飞请教。他每次都耐心地给她讲解,她也心存一份感激。就这样,两人越走越近,关系也越来越好。

"那天中午他给我讲完题,突然问我喜不喜欢他,天啊,那么直接,我当时也没有心理准备,吓坏了……"

"哈哈……'还有这种操作'?"对这种"万千军中直接取上将首级"的做法我也有点忍俊不禁。

"为什么害怕?他不是你喜欢的那款?不是你的菜?"

"哈哈……不是不是,老师你真有意思。其实,他挺好的,长很帅,喜欢帮助同学,性格非常幽默……重要的是这种交往可以让我们上学和回家的路变短……"她沉浸在美好的回忆中,一脸的陶醉。

我没有去打扰她的这份陶醉,静静地听着。

"可现在我们俩都学不进了,还有几个月就要高考了呀。"她突然意识到了什么,从美好的回忆中回过神来。

"分开吧,我们两人都舍不得,一定会影响我们的心情,进而影响我们的学习;不分吧,我们整天只想着呆在一起,也影响学习,怎么办?怎么办?"她的脸上"愁云惨淡万里凝"。

"他总木(怎么)忍心对熟人下手呀!"我故意用土气的"胶普"开玩笑说。

"哈哈……"我们两人都大笑起来。

"老师,别笑了,快告诉我怎么办吧。"

"凉拌(办)。"

"老师,你真幽默。不过,我可是真心地向您寻求解决办法的,您不要开玩笑呀!"

"来,坐我这儿,用我的电脑百度一则'最开心的是和你一起站在领奖台上'的新闻。"我没有回答她的话,让出座位和电脑,让她搜索这则新闻。等她搜出这则新闻以后,我让她读给我听。

"有什么心得? 用一句话概括一下。"我像在语文课上提问一样问她。

"爱他,就和他一起走向优秀!"

"接下来怎么办? 思考五分钟告诉我答案。"

"就照您说的做吧——凉办。首先得把我们的感情降下温来,我把这则新闻抄下来,读给他听听,共同树立一个成绩目标和大学目标,再就是平时少接触。"她想了一会说。

"怎样少接触?"我循循善诱。

"我们俩约法三章。我不会的问题,问别的同学,当然,为了避免他吃醋,以问女同学为主。还有,我们不在一起吃饭了,放学也不一起走了。只在每次小休的时候,我们在一起谈谈心,交流交流学习心得就行了。"

"不错,但你们能做到? 我可不想看到'决心在现在,希望在将来'呀!"

"一定能! 一言既出,驷马难追!"

"那我相信你,看你们的行动。其实你们的这点事,我早就知道了,这几天正想和你们谈谈呢,正好你来了,我也不需要再找你了。你们继续下去,后果相当严重。学习会一蹋糊涂,不仅考不上理想的大学,一定还会受伤——劳燕分飞。爱他不是和他天天在一起,而是一起收到同一所大学的录取通知书。"我化用了新闻中的那句话做了总结。

"对,爱他就和他一起收到同一所大学的录取通知书。"她笑了,一脸的"春和景明"。

"诗意,感觉你挺开明的。"

"谢谢! 你眼力不错!"

"哈哈……老师你为何这样开明?"

"树上开了许多艳丽的花朵,我们是把它们生硬地拽下来,还是小心地呵护它,让它慢慢结果,慢慢成熟,等到成熟以后再去采摘它?"

她没有回答,只是默默地点点头。

"我们需要一份负责任的爱,一份健康的爱。相互促进,共同提高才是恋爱的最高境界。"我继续开导她。

"您说得非常有道理,您知道我是怎么知道您如此开明吗?"

"这些日子,级部主任不是到处抓我们这些在一起吃饭,一起散步的同学吗? 我跟你说一件事。"还没有等我回答她的问题,她就眉飞色舞地说起来。

"我在小班的一个同学对同班的另一个同学说,'咱们四个人也成双成对去食堂吃饭吧,叫上方林,看看级部主任能不能抓我们这些小班的同学?'另一个同学问方林，'如果你爸爸看到你跟我们成双成对地吃饭，你爸爸会不会生气？'。还没有等方林回答，另外一个同学就抢着说，'人家方林的爸爸可开明啦，一定不会生气，说不定还会很高兴呢'。通过这件事我就知道你一定很开明。"

"哈哈哈哈……"我忍俊不禁，"我怎么会高兴呢？现在是非常时期。"我又故作一脸的严肃。

"诗意，你上高中的时候有人追过你吗？"她换了个话题。

"那当然。"

"那你不怕耽误学习吗？"

"这个……这个嘛？"我挠了挠头，"丑的我怕。"

听我这样说，她笑了，笑得花枝乱颤；我也笑了，笑得前仰后合。

"你老师想当年可帅了，虽然算不上花美男，可每天早上都是被自己美醒的。在这靠脸吃饭的年代不长得帅点怎么出来混？你不是也曾说我像初春刚刚抖落一身冬雪的白杨一样挺拔潇洒吗？"说着说着，我自己"扑哧"一声笑了，接着我俩笑得一塌糊涂。

"可惜，现在成了'衰哥'了，你看我的头，'草盛豆苗稀'呀！这是标准的'实验制造'，而且是限量版。"

"哈哈……"

"老师，您这是'前途光明''后发制人'。"

"哈哈……现在'主要看气质'。"

"你看，那盏灯把整个校园都照得明明亮亮。"笑完后，我们站在窗前，我指着三号楼楼顶的那盏大灯说。

"老师，现在我的心里也亮堂多了！谢谢您！"

自己盛开

"张老师，下课了？回办公室好好休息一下吧。"课间，遇到刚上完课的张老师，我热情地打着招呼。

"刚刚下课。方哥，有没有发现小凡近来上课经常走神？"科秀老师接着问我。

"呵呵，你也发现了呀！"我笑着说。

"是不是家里发生了什么事情？我们要不要了解一下，帮她一下？"科秀老师心肠很好，不管对同事还是对学生总是那么热心。

"那表情不像是家里发生了什么事，因为感情的可能性大一些。下午成绩出来后，看看她的成绩，然后我再找她具体了解一下吧。"

小凡是一个非常文静的女孩，在班里的人缘很好，学习努力，成绩很好，即使偶有起伏，幅度也很小。

成绩出来了,她下降很大,从上次考试的第 5 名一下子下降到 32 名。是时候找她谈谈了,趁晚自习第三节我约她到操场散步。

"老师,我这次没考好,不好意思。"她怕我"兴师问罪",先开口承认考试没考好。

"喜欢上哪个男孩或者是被谁喜欢了?"我单刀直入,一改往日那种含蓄委婉的谈话方式。

"没……我……没……"我的突然"袭击"让她手足无措,显得有点语无伦次。

"没事,说说吧。"我语气变得温和了一些。

"没有……真的……没……有。"她不愿意承认。

"说说吧,我一直很开明,地球人都知道,相信你也是知道的。"

"我……喜欢邻班的……一个男孩……"沉默了几分钟后,她终于鼓起勇气。

"可以说出名字吗?"我问。

"这……"她不想说。

"反正也不是人家追你,所以你不必担心我们这些老班找他的'麻烦',而且我一定为你保密。"

她还是有点犹豫。

"能让你这么优秀的女孩心动的男生一定是非常优秀的,是不是李阳?"

李阳就是我们邻班的男孩,人长得很帅气,颇有男神范;学习很棒,一般在年级前十名;体育也很棒,尤其是篮球打得很好,他那三步上篮的姿势特别帅,这帅气逼人的姿势经常让围观女生的尖叫。这样的男生谁不喜欢? 因此,他圈粉无数。当然,明恋或暗恋他的女孩也不少,不过,据说这些女孩中几乎没有能让这位男神动心的,小凡自然也不例外。

她没有说话,算是默认。

"知道明恋或暗恋他的女孩有很多吧?"

"知道。"

"知道他为什么都不搭理你们吗?"

"不知道。"其实,我也不知道。呵呵。

"想想你的条件吧。你颜值高吗? 你身材好吗? 你气质佳吗? 你成绩优秀吗? 你有积极进取的精神吗?"

她都摇摇头。

"想知道用什么方法才能打动他吗?"对我的这一问题,她感到非常惊讶,因为似乎不应该和她探讨这个问题。

"想不想让我帮助你成为他心仪的女生?"

"啊……"

"颜值不高不是问题,可以用其他方面来补。这年代,不玩点'套路'不行。"我没有理会她的惊讶。

"首先是解决身材问题,制订一个瘦身计划吧,每天第二节晚自习后去操场跑步,别的同学跑一圈,你跑三圈,坚持一个月,身材不苗条才怪。不过,外在的美是次要的。他的考试成绩一般是年级前十名,他会喜欢一个学习成绩差的女生吗? 至少得年级前二十名才能相配吧! 这也得讲究个'门当户对',对吧? 而你的成绩呢? 尤其是这次成绩。"

她不好意思地低下了头。

"要不,咱们一起讨论一下如何才能提高你的学习成绩吧,"我一步步引导着,"说说你目前各科的情况,自己分析一下吧,有没有能力和勇气冲进年级的前二十名。"没等她回答我就接着问。

"好的,先说说语文吧。语文相对于其他各科来说是我的弱项,我尤其不擅长的是文言文和写作,但是每次考试这两部分也并没有拖我的后腿,因为我总是肯下功夫背诵相关知识,所以考试时即使面对不熟悉的题目也能下笔如有神。但是语文并不是一时半会就能补回来的学科,必须注意平时的积累,我的弱点就在于读书积累不够,以至于大脑中没有太多丰富的课外知识。"

"这一点没有问题,我给你找一本合适的书,每天积累,这应该是你的增分点,七个月的时间提高 5 分应该没有问题。"

接下来,她又就自己的其他各科的优势和提分点进行了较为详细地分析。

"方哥,总的来说,一共可以提高 30 分。要考到年级前 20 名,一般得多少分?"经过仔细分析,她充满自信。

"一般情况 620 分左右吧。"

"我平时一般考 590 分,再加上 30 分,达到 620 分应该没有问题。"她信心满满地说。

"不过,我万一考不了这么高的分数……"刚刚还信心满满的她又没有信心了。

"放心吧,即使没有骄人的成绩,你还可以保持前行的脚步,你奔跑的姿势一样会打动他。"

"对,那样我就放心了。"

"相信你! 不过,单纯做好这一些似乎还不够。"我说。

"还不够?"她眼睛大大的。

"想想性格上还有什么方面需要改进?"我进一步引导她。

"我……有点……小心眼……"她倒很坦诚。

接着,我又和她聊了前不久她和同学闹矛盾的事情。其实,那件事纯属她小题大做,是她小心眼导致的。

"如果这三个方面都做好了,那位男神同志还能看不上你吗? 或许他还会倒追你呢!"

"真的?"她的眼中大放异彩。

"那当然,不要去追一匹骏马,既浪费时间,又浪费精力,你只管用心种好你的草,待到春暖花开,芳草遍地时自然就会吸引更多的骏马过来,到那时,不用去追,任你挑选。记住:栽得梧桐树,凤凰自来栖;你若盛开,蝴蝶自来。"

"栽得梧桐树,凤凰自来栖;你若盛开,蝴蝶自来;你若盛开,蝴蝶自来;你若……"她不停地念叨着,整张脸也像盛开的花朵。

"想开了就回教室学习吧。"

"谢谢老师!老师再见!"

"我这样做不是去教她如何谈情说爱,而是教她如何在人生路上去拥有人世间这份美好的感情,去获得幸福的人生,但愿她能理解。"望着她离开的背影,我默默地想。

超越自己

"匡燕,干嘛呢?看你满腹心事的样子。"走廊上,碰到一名学生,我微笑着主动打招呼。

"老师,我想请假……回家。"还没说完,她就哭了,哭得很伤心。

"请假?怎么了?怎么哭得那么伤心?"

"我还是考得那么糟糕……"她依然没有停止哭泣,"自从进入高三以来,我树立了竞争目标——把我同位 PK 下去……我真的比以前努力多了,每天听课比以前认真多了,课间也抓紧时间……晚上回到宿舍挑灯夜战,可成绩依然如故……你看看我的同位,她平时那么悠闲自在,可是成绩一直不错……我想回家调整一下情绪……呜呜……"她边哭边断断续续诉说着。

"这样呀!到办公室聊聊吧。"

到了办公室后,我让她坐下,给她倒了杯水。她喝了几口水,止住了眼泪,情绪也渐渐稳定下来。

"先给你讲一个故事听吧!"等她情绪基本稳定以后,我说。

"在美国,有一个品德高尚的人,名叫彼得,他常常用自己的行为去教育别人。

有一天,彼得悠闲地在路上散步,'呜呜……'前面有一个乞讨的人在放声大哭。彼得见了很是心痛,便问他为什么在这里哭。乞讨的人说他的父母都去世了,只剩下他一个人。而在前天,有几个强盗把他洗劫一空,还把他赶出了家门。他无家可归,为了生存,只好在路边讨几个吃饭钱……乞讨的人边哭边说道。

正在路边睡觉的一条流浪狗被他们惊醒了,那狗向着彼得狂叫,还咬着彼得的裤角不放。这时,彼得从口袋里拿出一面镜子,放在狗的面前,狗又对着镜子狂叫,可叫着叫着,声音越来越小,最后夹着尾巴灰溜溜地跑了。乞讨的人看着这一幕,好像懂得了什么似的,连声向彼得表示感谢,兴高采烈地向远处走去。彼得微微一笑,收起镜子,又显示出一副高深莫测的模样,大摇大摆地向家走去。

故事中,当乞讨的人看到那条狗灰溜溜地跑了的时候,他好像懂得了什么似的,你想一下,他懂得了什么?"

她摇了摇头,茫然无知的样子。

"你想想,狗为什么灰溜溜地跑了?"

"是被镜子里的自己吓跑的。"

"对呀! 那你再想想,他懂得了什么?"

"人,不能被自己打败。"

"你看,你多聪明! 人,需要战胜的不是别人而是自己,你才是自己最大的敌人呢!"

她喝了口水,若有所思地点了点头,似乎明白了许多。

"你看你的成绩,期中考试班级 41,期末就到了 38,这次 36,尽管进步幅度不大,但是不是一次比一次好? 是不是一次次超越了你自己? 只要今天的我们胜过昨天的我们就非常好! 为什么非要和你的同位相比呢? 再说,每个人的情况是不一样的,不一定具有可比性,对吧? 你看,咱们班的哲一次也没有进步呢,与他相比,你不是幸运多了? 记住,咱自己跟自己比,不跟别人比。"

她脸上开始放晴了。

"想知道故事的结局吗?"

她点点头。

"那位乞讨的人重新找了个地方安了家,靠种花成了美国的富豪。

当记者们问他成功的秘诀是什么的时候,他总是自信地说在他几乎绝望的时候,是一位高尚的人帮助了他。那位高尚的人用镜子对着向他狂叫的狗,最终狗被镜子里的自己吓跑了。他没有像被自己吓跑的狗一样,被自己打败。"

"我记得你们小团队的文化之魂应该是持之以恒,永不言弃;挖掘潜力,超越自己;成为黑马,赢得尊严。对吗? 背诵一下我听听。"

她背诵得很流利。

"不仅要流利背诵,更要以这种文化精神来激励自己,内化成自己的精神,形成前行的动力。这种精神一旦形成,对整个人生都有很大意义。成长的过程,说到底就是一个不断战胜自己的过程,高中如此,大学如此,整个人生也是如此。在这一过程中,'能够战胜别人的,是有力量的勇士,但能够战胜自己的人,才是真正的强者',把这句话送给你吧!"

我满怀期待地望着她,她使劲点了点头。

"这里有一首歌叫《战胜自己》,你听听吧,或许对你能有所启发。"

我开始播放这首歌,办公室里立即弥漫着一种向上的力量。她静静地听着。

充满自信

这些日子天气干燥得很,空气里似乎也弥漫着一种焦虑的味道。

尽管我多次强调高考前应该避免两种极端的心理状态——过于自信和过于担忧,但还是有同学走了一种极端。这不,这几天上课,我发现隋文娟忧心忡忡。

"文娟,高考的脚步越来越近,心理状态如何?"晚饭后,我把她约到操场上,边走边聊。

"一般吧……因为我总有点担心。"

"担心考不好?"

"嗯,万一考砸了怎么办?"她抬起头望着我,脸上有一种求助的表情。

"呵呵! 如果考砸了,天就蹋下来了。"我的语气很夸张,表情也很夸张。

她先是一愣,继而呵呵笑起来。

"你自己说说吧,如果考砸了会怎么样?"

"我会愧对爸妈……他们对我的期望值很大,总希望我考上一所好一点的大学。这些年尤其是高中这三年,他们为我付出很多。每天一大早,我妈妈就得起床给我做饭;晚上我回家后,她顾不上一天的劳累,再给我补上一顿……我爸爸尽管很少过问我的成绩,但我知道,他很在意我的成绩,他早出晚归,很不容易……如果考砸了,真不知道应该如何面对他们……"她脸上愁云密布。

"想听听我的看法吗?"

"当然,老师。"

"如果考砸了,你爸妈不仅不会不愿意,说不定还可能有点高兴呢!"

"咦?!"她望着我,有点匪夷所思。

"你爸妈不是想让你离得他们近一点吗? 你考得大学越好,将来回到他们身边的可能性就越小。如果你考上清华北大,说不定还得出国呢,离他们更远;反之,你离他们会越近,对吧? 再说,不论考好考坏,你都是他们最亲最爱的孩子,他们都会陪你度过人生这段最宝贵的时光,都会和你一起享受高考后的这个最轻松的假期。因此,不必有那么大的压力。另外,考砸的话大不了再复习一年,你的一个学姐潘晖,复习了一年,提高了 100 多分,顺利升入苏州大学。如果考砸了,你愿意复习吗?"

听到这个例子,她点点头,似乎有点小惊喜。

"既然你愿意复习,那还有什么可担心的? 放心吧,考不好,天也塌不下来,何况我们还没有考。其实,你一定会考得不错。为什么这样说呢? 不只你有这种担心,绝大多数同学都有,平时学习越好的同学可能越担心考不好呢,所以说,你的这种心理是非常正常的,大家都这样,如果你不担心才不正常呢。谁最不需要担心考不好? 是那些成绩很差的同学呀!"

文娟点点头,脸上的愁绪淡了许多。

"还有一个理由让我认为你会考得不错。高三以来,你的成绩一直稳中有进,实力是我们取胜的关键所在,高考你一定会考好。还有,你之所以担心是因为非常懂事,相信好运会眷顾我们这些善良的人的。还记得我说的那个'翁格玛丽'效应吧?说给我听听。"

"有个名叫翁格玛丽的女孩,本来长得不是很美。但是,她的家人和朋友都给她信心,从旁鼓励,每个人都对她说'你真美'。由此,女孩有了信心,每天照镜子的时候,都觉得自己很漂亮,也在心里对自己说'其实,你很漂亮'。渐渐地,女孩真的越来越漂亮了,这种现象就叫'翁格玛丽'效应。它说的就是鼓励给人的心理暗示作用。"

"与其担心考砸了,不如多想想怎样才能考好。每天起床时对着镜子中的自己说'我能行! 文娟一定能考好!';每天起床时默念一遍尖刀兵团的口号'尖刀出鞘,闻者披靡;刀锋所指,无人能及',这样不仅不会担心考砸了,还会增强必胜的信心呢! 同时,许多时候,我们是跌倒在自己的优势上而不是跌倒在自己的不足上,因为优势常常使我们忘乎所以,而不足常常给我们以提醒,你担心考砸的心理这是不足,所以说,你一定会考好! 一定会'鲜衣怒马少年时,一日看尽长安花'的。"

她使劲点了点头——信心满满的,脸上的愁绪也随着初夏那凉凉的晚风飞走了……

多份坚强

"方老师,我是田田的姐姐。她今天下午就回学校了,因为爸爸刚刚离……开……我们,她心里……非常……难过,请方老师多多关照一下……"还没有说完,田田的姐姐就哭起来,尽管是在电话这端,我却能分明地感觉到她很伤心。

"请你放心,我一定尽全力去帮助她。请你节哀顺变,也祝愿你在天堂里的爸爸安好!"在向她做出承诺的同时,我也在思索着如何帮助田田走出失去亲人的阴影。

田田是在下午课外活动时间回到教室的,脸上的泪痕还没有干,显然,在进教室之前她还哭过。她悄悄地回到自己的座位上,从桌子里拿出课本,打开后就放在那里,很长时间没有翻一下。我没有立即去安慰她,因为我知道,再动听的话语恐怕都无法抚慰她受伤的心灵,她需要一段时间去疗伤,去淡化……

下课的时候,我把《其实每个人都是上帝咬过一口的苹果》这篇文章悄悄地放在她的课桌上,并且附加了一张纸条,约她第一节晚自习后去操场散步。

晚自习第一节后,天色依然很亮。她来了,脚步缓慢,神色凝重。显然,她依然沉浸在失去爸爸的痛苦中。

我想不出什么合适的话来安慰她,也不想去安慰她。因为我知道,几乎所有的安慰都有点苍白。她也没有说话,我们就这样走着。

"我怎么现在还喜欢看安徒生的童话作品呀?"我们走到操场北侧的时候,有两个高一的女生从我们身边跑过,其中一个问另一个。

"对呀! 何不从安徒生说起呢!"我窃喜。

"田田,刚才那个学妹说她喜欢看安徒生的童话,你喜欢他的童话作品吗?"

"嗯。他是世界著名的童话大师,小时候读过他的许多童话作品。"她轻轻地点了点头说。

"你可知道他小时候有一段很痛苦的经历?"

"他 11 岁时……失去了……父……亲……"说完,号啕大哭起来。

我没有阻止她哭,只是默默地递给她纸巾。

"他父亲离开他时,他才 11 岁……然而他在痛哭完以后,坦然面对生活的苦难,尽情地'享用'这些'滋补品'。他 14 岁时只身来到首都哥本哈根,经过 8 年奋斗,终于在诗剧《阿尔芙索尔》的剧作中展露才华……"等她不哭了,我把安徒生的一些童年故事说给她听,她听得很认真。

"能背过李密的《陈情表》吗?"

她点了点头,慢慢地背给我听。

"臣密言:臣以险衅,夙遭闵凶。生孩六月,慈父见背;行年四岁,舅夺母志。祖母刘悯臣孤弱,躬亲抚养。臣少多疾病,九岁不行,零丁孤苦,至于成立……"

"知道我为什么要你现在背诵吗?"

"老师的用意我明白,您是在鼓励我走出阴影,勇敢地面对生活中的痛苦。"她开始和我交流了。

"对,我讲这些给你听,就是要让你把这些痛苦变成前行的阶梯。其实,历史上在童年时期就失去父亲或者是失去双亲的名人不少,如秦始皇 13 岁丧父;诸葛亮 3 岁丧母,7 岁丧父;孔子 2 岁丧父,17 岁丧母;托尔斯泰 2 岁丧母,9 岁丧父;门捷列夫 13 岁丧父……但是,他们不仅都没有被困难吓倒,反而毅然前行,最终取得了巨大成就。

这些例子似乎有点'高大上',离你又非常遥远。我给你举咱们班小刚的例子吧,在他初中的时候,他的爸爸就永远离开了他,但你看他性格开朗,学习刻苦,成绩优秀。再给你举一个学兄的例子,还在你这位学兄上小学的时候,他的爸爸就去了一个很远很远的地方,一去就是十年,这十年中,他爸爸从没有回来过,当然也不能回来。当别的同学谈论起自己爸爸的时候,他总是黯然伤神。但他却把这一切化作了向上的动力,努力进取,顽强拼搏,最后考上了理想的大学,大学毕业后自己创业,还娶了一位美丽贤慧的妻子。"

我慢慢地和她聊着,她认真地听着,时不时点点头。看得出,我举的这些例子对她触动很大。

"给你看一个视频。"我点开手机上崔万志的《不抱怨,靠自己》的视频交给她。

她停下来,认真地看着这个视频。借着手机视频发出的微弱的光,我观察到她那凝重的神色淡了许多。

"其实,我们都是被上帝咬过的苹果。上帝吝啬得很,决不肯把所有的好处都给一个人,给了你美貌,就不肯给你智慧;给了你金钱,就不肯给你健康;给了你天才,就一定要搭配点苦难……当你遇到这些不如意时,不必怨天尤人,更不能自暴自弃,顶好的办法,就是像我刚才给你讲的那些名人一样,像让你读的那篇《其实,每个人都是上帝咬过一口的苹果》中的名人一样,像咱们班的小刚和你的那位学兄那样,像视频中的崔万志那样,心中多一份坚强,好吗? 还有几个月就要高考了,你在天堂里的爸爸一定希望你迅速从悲伤中走出来,希望你在高考中取得好成绩。同时,你进入学习状态越快,从痛苦中走出来就越容易。"

她用力点了点头。

"你的爸爸走了,不是还有妈妈和姐姐吗? 不是还有我们吗? 记住,还有我,还有全班同学在爱着你! 我和全班同学愿意做你坚强的后盾! 不管是现在还是将来,人生路上我们愿意与你同行! '守得云开见月明',相信命运最终会给你这个乐观坚强的女孩一个温暖的拥抱。这样吧,你这几天落下的课程我安排同学给你补一下。经济上有困难的话一定别为难,我一定尽全力帮助你,如果需要,保证供你读完大学。"

我慢慢拉起她的手,紧紧握着。她的眼泪又来了,不过,似乎不全是因为伤心。

"人,应该具备四种东西:扬在脸上的自信,长在心底的善良,融进血液里的骨气,刻进生命里的坚强。相信你也有。还有一句话:如果不你坚强,懦弱给谁看? 相信你不是弱者。"

"老师……您……放心吧……我会……坚强的……爸爸走了……幸好……还有你……"她"欲语泪先流"。

"老师,当听到我爸爸……去世的消息时,我都傻了……"她又断断续续地跟我讲起她回家奔丧的一些事情,说完后,她轻松多了。

……

夜色已经笼罩了整个校园。操场南侧和东侧围墙上的灯依次亮起,围墙外,有些住户家的灯也开始亮了,这些灯的光与教学楼上各个教室透出的灯光互相辉映,好一个温馨而又诗意盎然的校园。

第二天,我的办公桌上多了一封信,信的题目是"高考前,我多了份坚强!"

多行义举

今天阳光灿烂,心情也大好!

迈着轻快的步子很快就到了单位,打开电脑,点击播放贝多芬的《田园交响曲》,在这美好的旋律中烧水,拖地。

"滴滴"手机传来信息的提示声,原来是一个正读大一的弟子发来了一条很长的信息。

"方方,近来好吗? ……我参加了一个义工组织,利用周末时间义务为来省城务工人员的子女补课。之所以参加这个组织,是缘于你高三时给我们读的那则信息……其实,印象最深的就是你教育我们如何做人,如何多行义举,如何做一个善良的人。"

这条信息让我回到了一年前的那一天。

那天,户外活动群的两个故事引起了我的注意。

故事一:一位盲人老者打车,下车时计价器显示 11.4 元,帅哥司机把他扶至小区保安处。只说:"我不收你钱,因为我比你挣钱容易。"

小区内走出一位斯文的大叔,上车,一路畅谈。下车时计价器显示 14.5 元,下车时他掏出 30 元,说:"这钱包括刚才那位老者的,我也不伟大但挣钱比你还容易点,希望你能继续做好事!"

故事二:在一个风雪交加的夜晚,一位名叫郝仁的年轻人因为汽车抛锚被困在郊外。正当他万分焦急的时候,有一位骑马的男子正巧经过这里。见此情景,这位男子二话没说,便用马帮助郝仁把汽车拉到了小镇上。

事后,当感激不尽的郝仁拿出不菲的人民币对他表示酬谢时,这位男子说:"我不需要回报,但我要你给我一个承诺,当别人有困难的时候,你也要尽力帮助别人。"

于是,在后来的日子里,郝仁主动帮助了许许多多的人,并且每次都没有忘记转述那句同样的话给所有被他帮助的人。

许多年后的一天,郝仁被突然暴发的洪水困在了一个孤岛上,一位勇敢的少年冒着被洪水吞噬的危险救了他。

他感谢少年的时候,少年竟然也说出了那句郝仁曾说过无数次的话:"我不需要回报,但我要你给我一个承诺,当别人有困难时,你也要尽力帮助别人!"

郝仁胸中顿时涌起了一股暖流。原来,他串起的这根关于爱的链条周转了无数的人,最后经过少年又还给了他,他一生做的这些好事,全都是为他自己做的!既帮助了别人,也帮助了他自己。

这个故事的最后还附有一段话:当您有幸看到此消息时,请转发给自己的朋友亲人。我相信有更多的人需要我们的帮助,正义会传染,为现在的别人做善事,也是为将来的自己。传递温暖,拒绝冷漠。终身传递正能量,人生一定不一样!因为你的付出越多,你的回报也越多。

这两个故事和故事后附着的那段话引起了我的沉思。是呀!真的应该把这种传播正能量的事情传承下去。由此,我想起了这几年我在传播正能量方面做的事情:努力做好教书育人的工作,力求成为学生成长路上的贵人;申请成为中国寻人网志愿者;成为联合国救助困境儿童志愿者,每月定期向该组织交纳一定数额的工资用于参加"有福'童'享"活动;雨中,为在公园西侧早市上的残疾乞丐撑伞;带儿子参加义工活动;陪儿子参加义演;帮助儿子与胶莱的留守儿童刘显佳结对……

故事后面的那段话号召看到这条消息的人要转发,当时我想,何不先在同学们中"转发"一下呢!于是我把这条信息下载到电脑上,制作成幻灯片,趁语文课下课前的几分钟读给同学们听，号召同学们多行义举，多做传播正能量的事情。

没想到，那短短几分钟的教育不仅在他们的心中种下了多行义举的种子，而且现在这种子悄悄地发芽，抽叶，继而开花了——开出了艳丽的花。

但愿这种子种在更多弟子的心中，开出更多更艳丽的花。让花开人间，愿香满乾坤！

孤独亦美

每接手一个新的班级，我都会通过自己的观察和了解其他同学等方式来确定一些"与众不同"的同学(主要是指性格比较孤僻或者是想法比较极端的同学)，去重新塑造他们，把他们塑造成阳光开朗、乐观向上的同学，让他们融入到整个团队当中来。

与一班牵手后不久，我就发现了一个叫婷婷的女生有点"与众不同"：她总是独来独往，平时少言寡语；上课从不举手发言，课间也很少与同学交流；当然，学习还努力，成绩也不错。经过了解其他同学，她确实与一般同学的性格不一样。正当我要和老师们着手研究如何改变她的时候，读到了赵国忠老师主编的《"天使"教师》这部著作，这部著作主要是写于洁老师的教育故事，其中的那篇《孤独不是错》给了我很大启发。

那是中考前期，于洁老师发现班级的一名同学很孤独，很压抑，但她并没有刻意地去改变她。因为贸然地闯入她的内心世界，可能会打破她一直以来的平衡状态，在中考前期，"维稳"是最重要的，如果稍有不慎，可能会起反作用。于是，于洁老师给她写了张纸条，纸条上写着这样的话：狐狸们喜欢成群结队，老虎却总是独来独往，不要觉得孤独，只要内心是充实的，天地就是宽广的，我欣赏你。就是这张纸条使那名女生感到并不那么压抑了，保持既有的状态参加考试并取得了好成绩。

这则教育故事引起了我的反思。以往遇到类似的同学，我总是想方设法在他们的心灵上打开一扇窗，想方设法走进他们的内心世界，这样做，在一些同学身上确实收到了不错的效果，但是却费时费力。因为"冰冻三尺，非一日之寒""江山易改，本性难移"。有时候，反而会出现出力不讨好的情况。读了于洁老师的这则教育故事之后，我决定再进一步了解一下后再做决定。

"婷婷，你家是洋河，听说滔滔的洋河水就从你家门前流过？"下午下操后，我把她留在操场上。

"是的老师，'我家就在岸上住'，"她引用了一句歌词，"小时候天天在河边玩呢。"

操场上，我们边走边聊，感觉她不像别人说的那么孤僻。

通过沟通，我了解到关于她的一些事情。她原来也是一个活泼开朗的女孩，但在小学时候，她的妈妈就去世了，后来爸爸又出了车祸，花了许多钱，家境一下子陷入了困境。加上自己学习成绩也一般，这样，她就被许多同学看不起，渐渐被同学们疏远了。她很敏感,也很有自尊,于是,干脆把自己封闭起来了。

"老师,现在他们瞧不起我没关系,等将来的某一天,我会让他们甚至让世界对我刮目相看的,'一朝引上楹檐去,定叫时人抬头观'。"她信誓旦旦地说,想不到,表面上看上去有点沉默寡言的她,内心却燃烧着一团火。

"想不想改变目前的情况? 我可以帮助你的。"我试探地问。

"老师,谢谢你! 如果在高一或者是高二,我会去改变的,但是还有不到一年就要高考了,如果改变的话,未必是好事。再说,和同学们接触少,可能要孤独一些,但这样我可以远离同学们之间的是是非非,一个人更能静下心来好好复习。"

"很有道理。孤独也是一种美,可以享受到别人无法企及的宁静和辽远;孤独也是一种力量,正如你刚才所说的那样,它会帮助你走向成功的。"听了我的话,她点点头。

"以后有什么困难,我愿意帮助你;有什么话不方便对别人说,我倒愿意做你的忠实听众。"

"好的。等我考上理想的大学,我一定会找回先前的那个活泼开朗的自己,您放心吧。谢谢老师!"

"我期待着这种结果! 回去上自习吧。"

"谢谢老师! 老师再见!"她向教室跑去。

"这个世界总是那么热闹,有很多人,在群体生活中获得快乐;也有那么一些人,他们或许内向孤僻,或许不善于交流,我们总是一厢情愿,想方设法甚至是生拉硬扯地让他们朝着我们认为正确的方向发展,为什么不能尊重他们的内向性格,尊重他们保持孤独的状态,让他们孤独得坦然一些,这也是他们的人生常态,和别人的活泼开朗是一样的。孤独也是一种美,也是一种向上的力量。"

站在操场上的我望着她的背影这样想着。

积极向上

"以前总是认为,累是人生的一部分。因为奋斗过,所以累;因为思考过,所以累。可是现实更残酷,比书本上说的累多了,就拿现在高三来说吧,真的很累,身累,心也累。现在经常想起初中的日子,想念初中时的好朋友,想到这些心里就会很舒服,也会很难过。"

"高中真的挺累的,高三更累。有时真挺怀念初中的,高中一点也不自由,高三更不自由,每次大休回家后都不想再回学校了。"

"一天天重复着睡觉——上课——自习——吃饭这几件事,无聊枯燥,同学们就像是木偶,在老师的指挥下生活。"

"昨天晚上我向妈妈抱怨,我竟脱口而出'真是上够了'……我生气地对妈妈吼道'你一口气上个十几年试试'。"

"高三就是挺累的,上课经常听不进去,老分神。"

"有时也会因为题目太难,觉得学习很累,很痛苦。"

"高三生活实在太苦:睡,睡不好;吃,吃不好;每天的作业总是做不完。"

······

前些日子和学生进行书信互动时,发现有部分同学缺少一种积极向上的心态,感觉高三生活很累,甚至充满了抱怨。怎么办? 最好的办法就是让他们身边的那些有积极心态的同学"现身说法",让这些同学告诉他们应该如何面对高三生活。于是,我利用下午第四节的时间让这些有积极心态的同学谈谈高三生活。

"我觉得现在的高三生活还行,课程也就是那几大科,晚自习没有老师上课,也可以自己学习,作业也不是太多,大多数时候是能够完成的,星期天下午也可以出去玩玩,所以我知足了! 有的同学满腹牢骚,怨天尤人,与其那样还不如用积极的心态来面对,这样我们就可以天天开开心心的了。"

"每天都是急匆匆地来,急匆匆地去,在忙忙碌碌中,让知识充实着自己,灌溉着自己,感到非常快乐!"

"尽管每天重复同样的事情,上课——出勤——睡觉,但不无聊,因为每天都有收获。更重要的是,高三所做的都会成为将来的我们走向社会的本钱。青春,是用来拼搏的。高三,就是要拼搏。"

"我觉得现在的高三生活还不错,虽然有时候很忙,但是我觉得很充实,因为我知道,现在付出的越多,未来的生活就会越好,正如方老师所说的'辛辛苦苦过舒服日子,舒舒服服过辛苦日子'。"

"以前晚上回家从来不学习,但现在一学便不知什么时候会停止,因为梦想已融入了我的血液,成为我学习的动力。尽管非常忙,也有点累,但我感觉这很有意义,和同学一起拼搏,一起竞争,谁也不甘心落后,你追我赶,高三永远不会缺乏激情。"

"尽管高三很忙,但能学到许多东西,我学会了坚持,学会了为理想而搏,我要拼尽全力,我要证明自己,作为男子汉就应该勇于接受磨练,经受住磨练。"

"有同学抱怨高三生活很累,但如果连这样一点小小的困难都克服不了,又有何颜面立足于世? 我认为高三是一段拼搏奋进的时光,像这样充满斗志、积极向上的经历,人生又能有几次? 等将来的某一天,也敢大胆地说,'我也曾战斗过'。"

"高三的考验是快乐的,高三努力拼搏,成绩一升再升,是快乐的! 高三也是考验一个人毅力的时候,努力之余你会发现自己充实了很多。"

趁这些同学谈高三生活的时候,我悄悄观察那些抱怨高三生活的同学,发现他们大多面露愧色。

这节课的最后,我送给大家三句话。第一句:你可以说我很累,但还须说我能坚持! 第二句:拥有积极向上的心态会让处于高三的你感到轻松很多。第三句:舒舒服服过辛苦日子,辛辛苦苦过舒服日子。

下课后，我把搜狐教育上苏心的《孩子，不要抱怨读书苦，那是你去看世界的路》这篇文章发给同学们阅读。接下来的几天，我仔细观察了班级的学习状态，发现不仅以前那部分有抱怨情绪的同学的学习状态比以前好了，而且以前状态好的同学现在更加积极向上了。

漫步"高原"

"方老师好！孩子这些日子总是抱怨很累，还说学习效率一点也不高，许多很容易的题却经常做错，她心情很不好，快高考了，麻烦老师和她沟通一下吧。谢谢老师！"周六的晚上收到黑杰家长的微信。

"呵呵。您太客气了！我也发现她这些日子学习劲头不高，正想和她聊聊呢，明天就找她沟通一下，您放心吧！祝您周末快乐！"在看到信息的第一时间，我回复了家长。

周日下午语文考试结束后，我把她叫到教室外面。

"子娉，近来学习状态怎么样？"我语气很温和。

"老师，我……"她嘴角动了动，眼泪吧嗒吧嗒掉下来。

"没事，慢慢说。什么事我都会帮助你解决的，放心！"我从口袋里掏出纸巾给她。

"这次考试成绩又下降了……这阶段学习效率一点也不高，许多很容易的题却经常做错，上课经常走神，还经常心烦。唉……"她边说边抹眼泪。

我意识到，可能是她的学习"高原期"到了，但我没有早早下结论。

"这段时间你是不是骄傲了，不像以前那样刻苦了？"

"怎么可能呢？离高考就那么几天了，到了高考复习的关键时刻，我比以前更刻苦了。每天晚上熄灯以后，怕被值班老师发现，我钻到被窝里打手电看书，这学期11点钟之前从来都没有睡过；午休时别的同学都在休息，我却不敢；就是课间操，为了争取时间，我每天都晚出去3分钟，抓紧这点滴时间来看书；这个阶段为了更好地学习，我才走读的，每晚回家也是学到很晚；您经常在熄灯铃响后来教室，您知道每天晚上我和谭雅文那时候还没有离开。可以说，我现在只要可以用的时间，几乎百分之百用于学习了"。

"你平时做的练习比较少吧？答题速度慢，解题思路不开阔！"

"也不是吧！我做的作业在我们班级应该是最多的，除了平时老师发的练习题我全部完成外，我买的《五年高考三年模拟》全部做完了。这次文科综合选择题第5题，我以前做过的，原来那道题求的是A点的昼长，这次求的是A点的夜长，题目看也没看，本以为和以前的题目一样，就选了答案，谁知问题和以前不一样。老师您说说我这么刻苦，做的练习这么多，为什么成绩不如别人，我是不是太笨了？马上就要高考了，我的成绩还能提高吗？"她看上去焦虑得很。

又经过和她这样短暂的交流，我确定，她的"高原期"来了。于是，拿出手机，让她百度一下"高原现象"。

"学习中的'高原现象'，是指在学习过程中的一定阶段，产生学习效率低、学习进步缓慢甚至停滞的现象。人们在学习过程中，都会出现程度不同的'高原现象。'"她小声地读着。

"这种现象一般会经历哪些阶段？继续查。"

"学习者一般要经历以下四个阶段：①学习开始阶段。在这一阶段，学生要理解新事物，熟悉新规律。一般说来，学习是比较费劲的，所以学习成绩提高的速度比较慢，但总的来看，学习效率呈向上的趋势；②迅速进步阶段。当学生初步掌握了学习规律和方法后，学习兴趣日益浓厚，学习效率会明显提高，进步也迅速一些；③高原阶段。在学习过程中，遇到主观和客观原因所造成的各种障碍，使学习效率不佳，导致学习进步速度缓慢，提高很少或者有明显下降；④走出高原阶段。学生主观不断努力，积极寻求到有效的学习方法，在教师的正确引导下，排除种种障碍，从而掌握了新的学习规律和技巧，学习效率又会得到提高，学习成绩也会随之提高。"她读给我听。

"出现这种现象正常吗？继续查。"

"这种现象不是学习极限。它是客观存在的，但走出'高原期'后学习效率和学习成绩还会提高的，因此，'高原现象'并不意味着学习到了极限、成绩到了极限。不少考生出现高原现象就感到束手无策，甚至影响心态，影响学习。有的考生误认为自己的脑子不行了，知识记不住，脑袋里一团浆糊，因此，对高考失去了信心。有的考生由于'高原期'存在，情绪波动很大，产生焦虑、紧张、不安甚至出现恐惧的情绪。由于考生对'高原现象'不了解，又不能正确对待，负面的心态就会影响复习。"她小声读着。

"老师，网上说这种现象是正常的。"说完，她的表情轻松多了。

"既然是正常的，就要摆正心态，要不对自己一点好处没有。其实，不仅你会出现这种现象，其他许多同学也会出现。只要我们认真去分析产生'高原现象'的原因，所有同学都会走出高考前的'高原期'，可能有的同学时间长点，有的同学时间短点。"她点了点头。

"咱们一起分析一下你出现这种现象的原因吧。这个周文科综合考试选择题第5题，你以前做过的，原来那道题求的是 A 点的昼长，这次却求的是 A 点的夜长，题目看也没看，你本以为和以前的题目一样，就选了答案，谁知问题和以前不一样，你这属于思维定势。出现思维定势的根本原因是因为受到先前经验的影响，直接原因则是审题不仔细，思考不严谨，加上考试时心理紧张，有时为了节省时间甚至连题目要求都没有细看就匆匆作答。所以，解决思维定势这种问题的最好办法，就是在考试时放松心情，消除紧张心理，认真审题。

刚才你说你把可以利用的时间全部利用了,现在我们确实需要抓紧点滴时间,不过物极必反,每天持续着这种高强度的脑力和体力劳动,脑力和体力得不到恢复,就容易使大脑疲劳,从而导致你思维缓慢,复习效率降低,这属于学习过度疲劳。怎么办呢? 建议你要善于调剂身心,不打疲劳战。复习中要善于营造良好的身心环境,保持心智的最佳状态。当感到大脑疲劳、思维呆滞、效率不高时,要及时以各种轻松愉快的方式调剂身心,如听一听世界名曲,翻一翻影视画报,看一看室外风景,或进行适当的体育活动,咱们班不是每天晚的第二节下课后去操场跑步嘛,别人跑一圈,你多跑几圈,这样可以保证有充沛的精力投入复习,只有提高了复习效率,才能提高复习效益。

关于你说的马上就要高考了,你的成绩能否提高这一问题,我认为,只要你平时注意心理调节,排除干扰因素,消除急于求成、患得患失和忧虑等心理,增强自信心,沉着冷静,怀着一颗平常心,成绩一定会提高的。有这样一个故事,父亲丢了块表,他抱怨着翻腾着四处寻找,可用了半天时间也没找到。等他出去了,儿子悄悄进屋,不一会就找到了表。父亲问他怎么找到的,儿子说他就安静地坐着,一会就能听到滴答滴答的声音,表就找到了。其实,我们越是焦躁地寻找,越找不到自己想要的,只有平静下来,才能听到内心的声音。只要你能把心平静下来,成绩一定会提高。"边听我的分析,她边点头,脸上的表情也越来越放松。

"老师,我的心情好多了,信心也增加了。"

"对于这种现象,你既可以想办法去解决,也可以不去理它。因为有些事情我们越想解决反而越难解决,如果不去管它,可能会更好。突然有一天,我们会发现,哟,那种现象消失了。这种方法你不妨一试。另外,我还想恭喜你呢!"

"咦!"她疑惑地看着我,"喜从何来?"

"呵呵,恭喜你这种现象出现得早,这样你就有足够的时间去调整,如果在高考前的那些日子再出现不就坏了?"

"呵呵,老师,什么东西在您眼里都是美好的。我知道怎么做了。谢谢您!"

说完,她笑着跑开了。

逆风飞翔

周末,大沽河河堤上。

"又是一个阳光灿烂的周末!"我望着东方的天空,边跑步边这样想道。

"方老师好! 昨晚我和孩子谈了很多,从小学到现在……如今他是力不从心。我们做父母的也爱莫能助,只有劝他放下包袱,不管他考的怎样,我们都能接受。没让王锐去青岛那家辅导机构复习,他心里很难受,一直想不开,有点自暴自弃,希望您在百忙之中帮帮他,别让他这样,也许会出现奇迹。我知道那么多学生让你操心,我的要求有点过分,希望您能理解我们这些当家长的心情。"刚刚跑完就收到王锐妈妈用微信发来的信息。

"这小子还在钻牛角尖呀!看样子得进一步刺激他才能行呀!"我边想边回复家长,"尊敬的家长您好!前几天我就和他沟通了,今天抽时间再和他沟通一次。请您放心!"

王锐品质不错,深受老师和同学的喜爱;平时考试成绩一般 400 分,前阶段参加飞行员体检并达标,而这家航空公司的高考分数一般要求在 450 分以上;飞行员体检达标后他有了努力学习的的愿望却并不强烈,加上受一些辅导机构的"蛊惑",认为在学校学习缺乏针对性,看不到希望,想去青岛相关的辅导机构有针对性地学习,但家长不同意,于是产生了自暴自弃的想法。

"王锐,上个周学习状态怎么样呀?"晚自习第三节时我把他叫到办公室。

"还好吧……"他弱弱地说。

"我的想像力被限制了,我没看出你好在哪里,说说吧,好在哪里?"

"好在……"他支支吾吾,说不出来。

"先看看这篇文章吧,然后告诉我你受到的启发。"我把事先准备好的《学困生也能创造奇迹》交给他。

"说说吧,从张春风身上学到了什么?"在他看完以后,我问。

"他学习成绩很差,但他好好反思,努力找到适合自己的学习方法,最后成功了,他的意志很坚强。"

"你们两人在哪些方面有相似点? 哪些方面不一样?"

"成绩都很差,基础都很薄弱,这是相似点。不同点是面对这样差的成绩,他并没有自暴自弃,反而发奋图强,而我却……"

"听说你爸妈不同意你去青岛那所学校复习,你就自暴自弃了?"

"没……有……"他低下了头。

"不错,学习条件的好坏,对学习效果确实有很大的影响,但那是最关键的吗?提高成绩的关键不在于你在哪里复习,关键在于心里有奋发图强的愿望,而且是强烈愿望;关键在于心中有不甘落后的志气,有不让别人瞧不起的骨气;关键在于内心要强大,面对困难要迎难而上,逆风飞翔。如果做不到这一些,即使到了青岛也是白搭。"我语言铿锵有力。

"文章中的张春风成绩比你好吗? 是不是比你还差? 但人家像你这样要求去青岛那样的学校复习了吗? 像你这样自暴自弃了吗? 成绩差的根源在哪里? 假如你再遇到类似的困难怎么办?"我这一系列地"炮轰",让他哑口无言。

"把这段文字读一下。"我从电脑上找出了一段文字。

"没有靠山,我就是靠山;没有天下,自己打天下! 没有资本,自己赚资本! 这世界从来没有什么救世主。我弱了,所有困难就强了。我强了,所有阻碍就弱了! 男子汉就该逢山开路,遇水架桥。你给我压力,我还你奇迹!"他小声地读着。

"我再给你加上一句'没有希望,我拼出一片希望'。能走多远不问双脚问志向,成绩能提高多少,也得问志向。三军,可夺帅,而不可夺志。18岁的热血青年,却甘于沉沦,人最大的悲哀莫过于心死,莫过于失去斗志,你这样算什么好男儿?算什么"一号战舰"的优秀战士?"我目光严厉地望着他。

"假如说你成为了一名飞行员,飞机飞行过程中发生故障,遇到巨大困难,怎么办?你敢去开飞机?我们敢坐你驾驶的飞机?我都为你感到耻辱。"我猛地拍了一下桌子。

他打了一个激灵,抬头看了看我,又把头低下去。

沉默……

"其实,你的成绩能否提高不在于你去不去青岛学习,而在于你是否有强烈的上进心和适合现阶段的学习方法。"我拉了把椅子,让他坐在我的对面,语重情深地说。

接着我又和他一起分析了语文学科的提分点在哪里,找出他的潜力所在,又建议他利用课外时间去找其他老师帮助分析一下,还和他制定了近期的复习计划。

"老师,'闻师一席话,胜读十年书'呀!你一巴掌拍在桌子上,也拍在我的头上,把我拍醒了,我有种醍醐灌顶的感觉。加上您这样一分析,我豁然开朗呀!心里也有底了,说实话,前些日子就是上进心差,干劲不足,现在好了,我一定像您说的那样——逆风飞翔。您放心吧!不甘落后,永不言弃;挖掘潜力,超越自己。"说完自觉地背诵起"后起之秀"的精神口号来。

心向大海

刚刚下过一阵雨,月亮清新的好像被雨水清洗过,操场上铺满了月光,也铺了一地的诗意。

"老师,您找我?"课间时候,会强来到我身边。

"是的,坐会吧,找你也没什么事,随便聊聊。"我在台阶上铺了几本用完的作业本,以免被湿漉漉的台阶弄湿裤子,我们就这样并排坐在操场西侧的台阶上。

"你家是哪里的?"

"老师,我家在胶北。"

"哇,桃花盛开的地方呀!你们那里每年都要举行桃花节,对吧?"

"是呀,老师,每到春天,村里村外,家家户户都呈现出'桃花朵朵开'的景象,可美了。"

"胶北出人才呀!我有一个叫王进的同学很厉害,曾经担任过2008年奥运会火炬手呢,他妻子还上过央视;另一个同学现在在澳洲定居了,他当时学习很好。对了,你现在学习状态如何?"

"还行吧……"

"还行？我怎么感觉你这些日子有点静不下心来呢？是不是有什么心事？"

"没有别的心事。我基础比较差，高二开始时，也曾努力过，不过效果不明显，多次努力以后也就放弃了，高二下学期也没怎么学。高三的一次班会上，您说的一句话让我警醒，就像那轮圆月那样一下子把我的心里照得亮堂堂的。"他脸上的表情如这月光般明媚。

"您说我们要超越别人，其意义不止在提高成绩上，更重要的是通过这一竞争方式培养我们不甘落后、积极向上的人生品质，这句话给我启发很大。我想，如果我有了这种人生品质，我的人生一定不会比那些成绩比我好的同学差。或许未必能收获优异的成绩，但我一定会收获对人生有益的品格，这样的高三一样有意义，所以，我又进入了竞争模式。不过，我有时候也挺失落的……"他想了想继续说，"其实，我内心也是非常渴望提高成绩的，我的成绩如果能提高一些该多好呀！这样的话，既提高了成绩，又培养了我奋发向上的人生品格，两全其美。"他望着空中的月亮，话语里满是期待。

"怪不得有时候看你好像有心事的样子。鱼肉、熊掌能够兼得固然好，但许多时候是有遗憾的。我们最重要的不是成绩，拥有许多美好的人生品质是中学生的核心素养之一，你看，我们的主要目的达到了。记住，拥有努力进取的品质就好！再说了，你现在这样努力，你的成绩就一定不提高吗？不是离高考还早吗？或许不经意间一抬头，一份理想的成绩就会出现在你的眼前呢！只要心中有海，只要你心向大海的方向，我们相信，终有一天，你会看到那蓬勃的日出，那无垠的汪洋。老师和你一起面向大海，好吗？"

他满怀感激地看着我，轻轻地点点头，又抬头望着空中的那轮圆月，笑了——如桃花般。

要输得起

"老师……"一个叫菲的女生拿着试卷，低着头，害羞而又有点胆怯地站在办公室门口。

"进来吧，有什么事情吗？"其实，我知道她为什么来找我，本来我也想在吃完饭主动找她的，现在看到她"可怜兮兮"的样子，不想再给她带来压力，就故作轻松地问。

"我这次……考得不好……"她看起来有点伤心，差一点落泪。

"多少分？"

"少得可怜……"她声音低低的。

"我有思想准备的，拿卷子给我看看吧，放心，我不会跳楼的。"为了减轻她的压力，我幽了一默。

"呵呵,105分,确实不多呀！ 不过我依然想恭喜你。"我看了她递给我的试卷后笑着说。

"恭喜？ 您取笑我吧？"她抬起头,好像看外星人那样看着我。

"这次因为粗心大意而失去多少分？"

我没有正面回应她的质疑。

"大约18分吧。"

"假如这次正常发挥的话,你能考123分,对吧？ 而结果考了105分,这就是我恭喜你的原因。"

她依然一脸茫然。

"你想呀！ 假如你这次考123分的话,你是不是挺高兴的？ 123分对于你来说近乎完美,会把你存在的问题掩盖了,而你一定会错以为你语文学得很好了。现在寒假到了,你整个寒假很可能不会再想着学语文了,接下来的这段时间你也很可能会放松对语文的学习,如果真的这样,青岛市第一次模拟考试的时候,你极可能考不好语文,那时候,你就又会怀疑自己的水平。既然这一次的成功注定下一次的失败,你说这次成功又有什么意义呢？ 这次只考了105分,你肯定会进一步查找原因的,这样就为下一次提高成绩做了铺垫,对吧？ 今天你能来找我就是最好的证明,如果你这次考了123分,还能来找我和你一起分析试卷吗？"

她若有所思地点点头。

"这一次的失败注定下一次的成功,难道这次失败不好吗？ 其实,成绩的起伏是正常的,谁的成绩不起伏？ 你能举出例子吗？ 所以不要有太大的心理负担。有高峰就有低谷,有低谷就有高峰,你不是也曾两次考过120分以上吗？"

从她的表情来看,她的心理阴影面积在开始减小。

"我教学23年了,我教的所有学生,成绩基本上遵循一个波浪起伏的规律。你同位的成绩是不是也这样？ 还有,上次考第一的佳文这次不是考了第十吗？ 上次考第三的李琼这次不是才考了第十二吗？"

她面露喜色。

"其实,你比当年这时候的我强多了。那时候的我总是信心满满地参加考试,却每次都让我这颗青春年少的玻璃心碎一地,但每次我都告诉自己:一定要输得起。我就重新站起来,静下心来,认真分析考试的得失,最终得到了美好的回馈。相信,生活一定会回馈我们这些输得起的人的。

"'一城一池'的失利,有助于我们发现问题,先有小挫折,才不会栽大跟头。其实,考试中的失分就是一种无声的警告,善于抓住利用这些警告,就一定能在正规的大型考试中发挥平稳,考出理想的成绩。因此,我们一定要输得起,懂吗？"

"借花献佛吧,送两句名言给你,希望你能对我刚才跟你说的那些话有更深刻的体会。肖伯纳说,人生有两大悲剧,一是没有得到你心爱的东西,一是得到了你心爱的东西。周国平却说,人生有两大快乐,一是得到了你心爱的东西,于是你可以去品味和体验;二是没有得到你心爱的东西,于是你可以去追求和创造。"

接着,我又和她具体分析了试卷,进一步分析了失分的原因并明确了下一步努力的方向。

试卷分析完后,我又和她简单聊了一下其他方面的话题,她轻松多了。最后,我告诉她,关上身后那扇恐惧之门,就会知道面前那扇成功之门打开的速度有多快。她点点头,高高兴兴地回去学习了。

永不言弃

刚要开始上课,发现黑板擦下面压着一张纸条,上面写了一段话:诗意,期末考试时,我考了 15 名;青岛第一次模拟考试时,我下降到 20 名;青岛第二次模拟考试时,我又下降到 25 名,成绩一次比一次下降,我太悲催了!现在一点信心也没有了,一点学不进去,我快崩溃了,真想放弃。我应该怎么办?"落款是肖文婷。

我迅速看了一下纸条上面的话,顺手把这张纸条夹在备课本里,开始讲课。边讲课边时不时地观察她,她整堂课基本上都开启着"飞行模式":神色黯然,眼神经常游离出去,神不守舍……

下课后,利用课间短短几分钟,我也写了一张纸条递给她,上面罗列了几个问题,让她先思考,同时约好了我们进一步沟通的时间和地点。

1. 从高二时阅读过的《老人与海》中的圣地亚哥身上,你学到了什么?

2. 你最崇拜的的名人是谁? 他是如何面对失败的?

3. 成绩一次次后退的原因是什么? 是方法存在问题,是学习状态不好,是考试状态不好,还是别的什么原因?

4. 学习上你的优势在哪里? 不足之处又在哪里?

今天,抽时间想好这几个问题,明天早饭后在清风园里我们具体沟通一下。

第二天早饭后,我早早来到清风园——文楼前一个小花园。园子的中央有个八角的亭子,亭子上方的匾额上用行体写着"清风亭"三个字。亭子周围盛开着五颜六色的蔷薇花,昨天夜里下了一场雨,鹅卵石铺成的小径上落了些花瓣,当然也落了一些诗意。所以,即使我一个人站在这里,全然没有那种"落蕊满地""小园香径独徘徊"的落寞。那些被昨夜风雨摧残的花枝,有的有气无力地趴在地上,"无力蔷薇卧晓枝"描绘的大概就是这种情景吧! 而有的依然倔强地挺起身子。经过一夜雨水滋润,这些蔷薇花似乎开得更大更艳了,把许多枝条都压弯了。虽然没有"花重锦官城"的盛景,却不乏花团锦簇的嫣然。

"花繁雨后压枝低。"我轻轻地吟道。

"老师,您好有情致呀!"肖文婷如约而至,脸上的那种悲催的神色似乎淡了一些。

"谢谢！你看这雨后的清风园，绿意更浓了，花儿更艳啦！"我抬起头笑着说。

"我昨天给你留了几个问题，想好了吗？先回答我第一个问题吧。"我切入正题。

"《老人与海》这部小说我曾经读了三遍，那位老人圣地亚哥给我留下了很深的印象。

风烛残年的他一连八十四天都没有钓到一条鱼，但他仍不肯认输，依然充满着奋斗的精神，终于在第八十五天钓到一条身长十八尺，体重一千五百磅的大马林鱼。大鱼拖着船往海里走，老人依然死拉着不放，即使没有水，没有食物，没有武器，没有助手，他也丝毫不灰心。经过两天两夜地搏斗，他终于杀死了那条大鱼，然后把它拴在船边，但许多鲨鱼立刻前来抢夺他的战利品。他又一一杀死它们，到最后只剩下一支折断的舵柄作为武器。"

"有人认为老人每取得一点胜利都付出了沉重的代价，最后遭到无可挽救的失败，他是一个失败者。对这个问题你怎么看？"

"我觉得他应该是一个胜利者。因为，他不屈服于命运，无论在多么艰苦的环境里，他都凭着自己的勇气、毅力和智慧进行了奋勇抗争。如果非要说他是一个失败者，那他也是一个胜利的失败者，一个失败的英雄。"

"很有道理。那你能从这位老人身上学到什么？"

"任何时候都不能放弃，任何时候都要充满信心。

"对！我也有这种体会。第二个问题你是怎么想的？"

"我很崇拜林肯。"

"为什么？"

"他一生经历了 N 次失败：22 岁，经商失败。23 岁，竞选州议员落选……却在他 51 岁时，当选为美国总统，而且经过他不懈的努力，终于废除了奴隶制，成为美国历史上最伟大的总统之一。"

"从他身上你又能学到哪种美好的品质？"

"永不言败。不管遇到多少挫折，都可以从头再来。"

"对了，有一首歌叫《两截把棍》，谁唱的？"

"哈哈……老师你真逗，那叫《双截棍》……"她被我说的"把棍"①逗得哈哈大笑，笑得上气不接下气。

"阿伦，买格登！他是我的偶像哟！"笑完后，她继续说。

"是吗？那你一定知道他那曲折的成名经历，从他身上你能学到什么？"我不失时机地问。

"要想成就一件事就要迎难而上。如果我不想做懦夫，就应该像蜗牛一样，一步一步地往上爬，一直爬下去，就能到达我想去的地方。"

———————————

① 把棍：方言，小木棍之意。

"对。我们班里有没有像你这样'屡战屡败'的同学?"

"有,杨捷和刘玉美。她们两人的学号很靠前,但是,这几次考试都是一次次的后退,但她们依然没有失掉信心,依然坚持着。"

"她们俩就是你学习的榜样。另外,我再给你举一个学姐的例子,高三第二学期的几次考试成绩的波动情况和你的极其相似。高考成绩发布时,因为她没有及时查询成绩,以至于我们都认为她一定考得非常差,一定连一本线也未达到。而实际上她的高考成绩是却不是我们想的那样,你猜猜她考了多少分。"

她猜了好几次都没有猜中。

"612分。"

"啊啊!"

"她成功的经验,就无需我给你介绍了吧?"

"嗯嗯,她一定也是永不言弃。"

"如果我没有记错,你应该属于'尖刀兵团'这个小团队,是吧?还记得咱们那个小团队的文化之魂吗?"

"记得,'尖刀出鞘,闻者披靡;刀锋所指,无人能及'。"她背得很熟练。

"对呀!你现在的状态能闻者披靡吗?怎么能轻言放弃呢?你不是很喜欢制作动漫吗?一开始不也是屡屡受挫?最后你不也成功了吗?"

接着,我又让她回答了最后两个问题,又和她一起分析了这几次失利的原因还有她的优势和劣势。

"知道自己应该怎么做了吧?心结解开了吧!"听了我的话,她笑着点了点头。

"胶莱河那潺潺的流水孕育了汪家庄无数的优秀儿女,你也应该算是一个,汪家庄的子弟是不会轻易被失败打倒的。记住,即使整个世界都放弃了我,我也不能放弃自己。老师希望你不一定非要做一个成功的人,但我希望你做一个不轻易被失败击倒的人。提个建议吧,在你的心田里,栽上一株蔷薇花吧!你看,那些经历风雨,却依然不屈不挠的蔷薇花,它们在经历风雨后反而开得更盛更艳了。"

她抬头望着那些蔷薇花,它们尽管经过一夜风雨摧残却依然在阳光下摇曳着。恰巧,一只美丽的鸟儿,从花影中飞出,唱着歌儿向远方飞去。

有爱不累

"振宇,近来各方面感觉如何?"在下操后返回教室的路上,我问宋振宇。

"还行老师,就是有点累。"这位学习很勤奋的大男孩腼腆地说。

"嗯。现在学习这么紧张,确实会感到有点累。不过,有点累是很正常的!因为我们正在走上坡路,因为现在正是'苦其心志,饿其体肤'的时候。

给你讲个故事吧,通往山顶的山路崎岖难行,一位健壮的男人,背个小包已是气喘吁吁。当他看到一个小女孩背着一个小孩从他旁边缓慢走过时,便同情地对她说:'小姑娘,你背那么重的小孩一定很累。'小女孩听到后不高兴地说:'你背的是包袱,但我背的是我弟弟。'这个故事告诉我们:有爱,就不是负担;有梦想,有责任,就不累;有使命,就不怕!我们心中有爱,有梦想,有使命,就不会累。前几天我让你们记住一段话,你还记得吗?背我听听。"

"撑不住的时候,可以对自己说'我好累',但同时还要说'我能坚持'。不要在最该奋斗的年纪选择了安逸,没什么好说的,一无所有就是奋斗的理由,我们试着长大,一路跌跌撞撞,然后遍体鳞伤,总有一天,我会站在最亮的地方,活成自己曾经渴望的模样。"他认真地背诵着。

"重要的话说三遍:有爱不累,有爱不累,有爱不累。实在太累的话就适当休息一下,休息好后继续前行。总有一天,你会站在最亮的地方,活成自己曾经渴望的模样。不要忘了,我会站在你的身后,为你加油!"我用力拍了拍他的肩膀。

"谢谢老师!您不仅是我们的加油站,还是我们前方的那盏灯,有您的这句话,我就感到不累了。"他笑着说。

"你小子,这么会说话,快回教室吧。"

"老师再见!"他笑着轻快地跑向教室。

有压才好

"老师,您现在有空吗?"晚自习时,一个叫文娟的女生推开办公室的门,眉头皱的像卷曲成团的茶叶。

"有空,进来吧。"我暂停了正在播放的电影《死亡诗社》,顺手拖过旁边的一把椅子让她坐下。

"老师,你不是喜欢喝咖啡吗?今天怎么喝茶了呀?"

"我泡上茶叶,主要不是喝,而是看。"

"看茶?"她用疑惑的眼光望着我。

"是呀!当把开水倒进茶杯以后,过不了多长时间,那些卷曲的茶叶就会渐渐舒展开来,那清香也就袅袅飘出杯外,那水就会渐渐变成翠绿色,那些茶叶几经翻转浮沉以后,就会沉到杯底。就像人生,几经起伏,最终归于平淡。我最喜欢用玻璃杯泡茶了,就是因为可以看到茶叶在水中的变化。"说完,我给茶叶续了一次水,她也仔细地观察着茶叶在水中的浮沉变化。

"好了,不跟说这些了,说了你也不懂。"我貌似很严肃地说。

"老师,您好幽默。"她听了我的话哈哈大笑,那紧皱的眉头暂时舒展开了。

"文娟,是不是思想有压力?"

"咦?老师,您火眼金睛呀!"

"呵呵！看你这几天经常出现'飞行模式'，本来就想抽时间找你聊聊。"

"是。"刚刚舒展的眉头又皱起来了。

"那恭喜你了！"

"恭喜？我有压力你还恭喜我？"她的话语里充满了疑问。

"当然喽。你有压力，说明你是一个进取心很强的同学；你以前说过，父母对你的期望值很大，你怕辜负了他们，这又说明你是一个懂事、懂得感恩的孩子；像你这样积极进取而又懂得感恩的同学，高考成绩一定不会差，因为上天会保佑我们这些善良的同学的，放心吧！还有，等会我给你解开心结后，你的学习状态一定会很好，学习成绩一定会提高。"说完，我喝了口茶水。

听了这些，她的眉头像那刚被开水冲泡的茶叶似的开始舒展了。

"还记得《兰亭集序》里流觞曲水的饮宴风俗吧。文人墨客围坐在回环弯曲的水渠边，将特制的酒杯置于上游，任其顺着曲折的水流缓缓漂浮，酒杯漂到谁的跟前，谁就取杯饮酒。当然，那个人还得就着当时的情境赋诗一首，如此循环往复，直到尽兴为止。那些文人们那时候为什么会文思泉涌，一个重要的原因是有压力。你想呀，在大众广庭之下，当水杯漂到你跟前的时候，你做不出诗或做的水平不高，岂不是很丢人！所以说，有压力是好事。"

她点点头，眉头像冲过几次的茶叶一样，舒展开了。

"有时候，一些事情感觉是到了'山重不复'的地步，但换一个角度，你会发现'柳暗花明'的美好境地。刚才我说的观点有道理吧？压力是我们前进的动力，是提高成绩的源泉！所以说你有压力是好事，应该高兴才对呢！你怎么能够感觉不好呢！换一个角度，OK？这样吧，你先回去好好想想我说的话，如果还是感觉静不下心来学习，再来找我。"

她欢天喜地回去了。

第二天，我发现她像换了个人——精神焕发，干劲十足，而且这种良好的状态一直持续到高考。

战胜自己

"方方，谢谢您！上次的开导对我帮助很大，我现在学习更有劲了，不管能不能战胜对手，我都会尽全力拼搏的。即使最后依然未能如愿，我也不会后悔！谢谢您！么么哒！"看着办公桌上纸条上的话，我会意地笑了。

那是两个周之前的一天，上课时发现讲桌上有一张纸条：老师，上次开了班会以后，我按照您说的去做了，给自己设定了要战胜的对手，可是我的学习并没有明显的进步，宝宝有点委屈……"纸条下面没有署名。

下课回到办公室后，我也写了一张纸条，第二天上完课放在讲桌上，纸条的内容是:同学你好！提几点建议你思考一下,好吗?

1. 你的对手设定的是否合理? 他是不是比你"强大"得多? 是不是让你"高不可攀"? 你是否具备战胜他的优势?

2. 他是你的竞争对手,也是你的学习榜样,你从他身上学到了什么?

3. 要战胜别人须先战胜自己。我们最强的对手,不一定是别人,极可能是我们自己。当我们忙着战胜别人之前是不是反思了我们自己? 当我们改正自己一个缺点的时候,也让自己前进了一步。我们仅仅是尽力了还是竭尽全力了? 在竭尽全力之前,不要感到委屈。

4. 设定好要战胜的对手以后,就不要再天天想着这件事了,要把学习装在心中。要不,它不仅不能帮助我们走向成功,反而会成为我们前进的阻碍。

5. "骐骥一跃,不能十步;驽马十驾,功在不舍。"欲速则不达,不要期望一次就战胜你的对手,不要寄希望一蹴而就,因为对手也在前进。放平心态,不要急,慢慢来。人生路上,我们依然有许多需要战胜的对手,怎么办? 保持好心态!

6. 我们设定对手的目的不一定非得超过他,重要的是通过这种方式给我们一个向上的动力,我们有了这种向前冲的动力,最基本的目标也就达到了。祝贺你!

感谢你愿意把心里话说给我听,但愿我说的这几点能给你些许帮助。最后送你一句话"只要心情不被冻住,严寒中也能听到花开的声音"。调整好心态,继续前进!相信你! 加油!

"只要心情不被冻住,严寒中也能听到花开的声音。"把送给他的这句话也送给自己吧,看着他的纸条,我这样想。

努力追追

"方 sir,谢谢您!"江姗的脸像盛开的鲜花一样绚烂。

"我教你的方法很有效吧!"我也"面若鲜花"。

"那方法真好! 以前感觉你说的那种方法没有道理,所以没有认真去尝试,都怪我。您和我谈话以后,我抱着试试看的态度去尝试一下,没想到,一试竟然成功了,这次又成功了! 真是太感谢您了!"她很高兴又有点不好意思。

"怎么谢方 sir 呀? 你上次尝试那种方法也进步了,可还没有谢我哟! 我可不希望你只是开"空头支票",我这个人很现实的。"我"拿腔拿调"地说。

"哈哈……这是我用那种方法后第二次进步了。第一次时我以为是巧合,所以……送你三袋咖啡吧,我知道方 sir 最喜欢喝这种牌子的咖啡了。"说完,迅速从口袋里掏出三袋雀巢咖啡双手递给我。

"谢谢你! 一定很好喝。不过,我还希望在下次考试成绩公布后你还能请我喝咖啡。"

"哇,您好贪心呀! 不过,方 sir,谢谢对我的信任,我一定不会辜负您的期望,下次还只追前一名,还请您。"说完,我们不约而同地伸出右手掌,使劲击了一下。

"下次进步了,我一定给你带更多的咖啡,就三袋哪能拿出手? 最少不也得三袋半。哈哈……"说完,她就笑着跑开了。

"臭小子,这么滑头。"望着她的背影,我不由地想起前不久和她沟通的情景。

那是一次考试前的一天,下午第一节上体育课,我正在办公室看《外国优秀老师的做法》这本著作。

"老师,我……不想……考试了……"江珊推开门,慢慢地走到我的面前,吞吞吐吐地说。

"嗯? 为什么?"我把目光从《外国优秀老师的做法》上移开并站了起来。

"身体不……舒服。"她挠着脖子,看了看我,又忽然把目光移开。这细节告诉我她没有说实话。

"你没有说实话,究竟是什么原因? 我没有文化,你可不要骗我。"我轻松地开着玩笑。

"我……有点……害怕考试……"

"怎么了? 说我听听吧,或许我能给你点帮助。"我眼中充满了期待。

"唉……"她叹了口气,似乎充满了幽怨。

"期中考试时我是第 33 名,我把高考时的目标订在前 10 名,可是这么长时间了,一点进步也没有……我现在对考试都有点恐惧了……"一向非常有信心的她现在突然对自己失去了信心。

"这样呀! 这个问题好解决,回去好好看看这篇文章,而且要写一篇心得体会,写完后再回家,怎么样?"说完,我打印出那篇《每次只追前一名》的文章递给她。

"看文章? 告诉您读后的体会?"她的目光里充满了疑惑。

"对。以前我和大家一起学过这篇文章,你再重读几遍,用心读。你现在也没心情上体育课了,正好回去马上读吧,下午第四节我们交流一下你的体会,怎么样?"

她点点头回去了。

下午第四节,她来办公室找我,脸上的表情看上去轻松多了。

"方 sir,以前听你读的时候心里没有什么感觉,今天用心读了几遍,感觉收获很大,有一种柳暗花明、豁然开朗的感觉。"还没等我开口,这位很大方的女孩就高兴地向我说着,似乎完全没有顾忌办公室的其他老师。

"有什么收获? 说说看。"我放下手中的书。

"没有目标我们便会失去方向,没有期望我们便会失去动力。但是,目标太高,期望太大也不好。就像我,我的目标就太高了,实现不了,就出现了消极的结果,我都不敢考试了……"她讪讪地笑着,"只有明确而又可行的目标,真实而又适度的期望,才能引领我脚踏实地、胸有成竹地朝前走。我现在就把目标设定为超越我前面的那一名同学,把每一科每次提高的分数设定在一分。"

"对,'合抱之木,生于毫末;九层之台,起于垒土;千里之行,始于足下',每天进步一点点,每次只追前一名,先从实现小目标开始,小目标实现的多了,大目标自然就实现了。只要你坚持不懈地朝前努力,就一定能在坚持中创造奇迹,相信你下次一定会取得好成绩。当然,这一过程需要你有极大的耐心才行,毕竟每次才进步一点点。"

她点点头。

"这样吧,我们交流完体会了,你可以不考试了,回家吧。"

"别、别、别……我的想法改变了,我不仅要参加考试,还要赶超前一名呢!"

"好!老师祝你心想事成!"

……

"老师再见!"她在离开办公室门口时又朝我做了个鬼脸。

"但愿她下次考试还能实现一个小目标。"我在心里默默祝福着。

0.01 秒奇迹

初夏的傍晚静谧得很。

晚饭后,热闹的校园渐渐安静下来,操场东墙外的村子里升起了袅袅炊烟,时不时传来几声鸡鸣狗叫,虽缺少"暧暧远人村,依依墟里烟。狗吠深巷中,鸡鸣桑树颠"的那种美妙意境,却也让人有种身在其中的淡然。

还有 10 多天就要高考了,不少同学认为"万事俱备,只欠东风",从而产生了懈怠的心理,杨艳萍就是典型的一个,我约她晚饭后来操场沟通一下。

"艳萍,还有 10 多天就要高考了,状态如何?"简单地问候后我切入正题。

"挺有信心的,我的成绩一直很稳,我稳操胜券,请老师放心。"她兴奋地说。

"不错,我们应该信心十足,这样胜算的把握会更大。不过,凡事都有个度呀!常言说'月盈则亏,水满则溢',这个道理懂吧?如果过于有信心就不会再积极地去准备了,就容易懈怠,这种心理一旦产生,将带来致命的后果,因为这是高考而不是平时的普通考试。"

她兴奋的表情一下子消失了……

"给你讲一个真实的故事,不妨把这个故事叫做 0.01 秒奇迹。

1988 年,在韩国汉城奥运会上,男子 100 米蝶泳决赛正在扣人心弦地紧张进行着。夺魁呼声最高的美国泳坛名将马特·比昂迪不负众望,劈波斩浪,奋勇前进,已经把其他选手落在身后。眼看就要冲到终点了,马特·比昂迪情不自禁地举起双手,第一个在水中庆祝起自己的胜利。几乎在同时,整个游泳馆沸腾了,欢呼声连成一片。但是出乎所有人的意料,巨大的显示屏告诉人们:游出最好成绩的人并不是马特·比昂迪,而是一个叫安东尼·内斯蒂的选手,他以 0.01 秒的微弱优势击败对手,荣获男子 100 米蝶泳的冠军! 观众如遭雷击,开始是惊呆了,随后一片哗然。这究竟是怎么回事呀? 赛场工作人员用慢镜头反复回放了冲刺的情景,大家终于在显示屏上清楚地看到:在他们冲向终点的一刹那,马特·比昂迪并没有继续保持竞赛中的蝶泳姿势,而是依靠惯性滑到了终点;而安东尼·内斯蒂却丝毫没有松劲,一鼓作气地以蝶泳的最佳姿态冲向终点,以致险些撞到前面的池壁。正是在这最后的关键时刻,安东尼·内斯蒂超过了马特·比昂迪,结果爆出了那次比赛的最大冷门,人们称之为'0.01 秒的奇迹'。

这 0.01 秒,对马特·比昂迪来说,无疑是刻骨铭心的 0.01 秒。真正的遗憾、惋惜或悲剧,并不是没有可能赢,而是在稳操胜券的情况下却输了。这就证明了'行百里,半九十'这句老话,它说的是一百里路走了九十里,并不说明你离目标仅剩十分之一的路程,后面的十里,其艰难和重要性并不亚于前面的九十里,马特·比昂迪的教训即在于此。看似离终点只需 0.01 秒,其实离成功还有相当远的距离,稍有不慎,就会功亏一篑,前功尽弃。它告诉我们,任何情况下都不要过于激动,都不要过早地庆祝胜利,要等踏踏实实地到了终点再说。金牌往往属于那些不看记分牌,只顾一直往前冲的人。"故事讲完后,我没有停下,而是继续说出了我的观点。

"许多时候,我们不是跌倒在自己的缺陷上,而是跌倒在自己的优势上,因为缺陷常常给我们以提醒,而优势却常常使我们忘乎所以。"我又补充道。

"老师,我明白了,我不能掉以轻心,要小心谨慎,如履薄冰,保持冲锋的姿势直到高考结束,这样才能胜出。谢谢您!"

谈话结束了,艳萍回教室学习了。我一个人留在操场上,欣赏着这静美的校园。这时候,月亮升起来了,朗照着整个校园,蓦地想起那句"夏夜追凉月满庭"的诗了。

花香醉人篇

从学生的世界走过，收获了一路芳香。这馥郁的芳香让我的内心柔软而温暖，光明而喜悦；愿这馥郁的芬芳不会被风吹散，愿这馥郁的芳香永远温柔地围绕在我身边。

峰杰来访

"方老师,前些日子打工,赚了点小钱,中午我和百杰想请您吃个饭,您有时间吗?"世峰在电话中问。

"好呀好呀!不过,我现在比你有钱,你打工赚钱很辛苦的,再说还得上大学用呢,老师请就行了,说定了。"电话那端的我很高兴。

新源北门附近的彤德莱火锅店内,火锅热气腾腾。

"老师好!"看到我进来,他们同时站起来,"刚刚还在念叨您呢!"百杰说。

"我知道你们俩又在背后偷偷地说我帅,对不?"我故作一本正经地说。

"哈哈……老师您还是那么幽默。"

我们坐下来,师徒三人边吃边聊。

"老师,一年来咱们班发展的一直不错,这离不开您和老师们的付出,我和百杰一起敬您个酒吧,感谢您和老师们的付出!"世峰说完,两人端着酒杯站起来。

"谢谢!谢谢!也感谢以你们为代表的全班同学对我个人和咱们班全体任课老师的理解和支持,没有你们的支持,咱们班也不会取得一次又一次的胜利。"说完,我们三人一饮而尽。

"方老师,教我们的老师真的都很认真,很负责,很敬业,都让我们感动。就拿历史老师侯晓辉来说吧,高考前,学校让她去教小班,这样就不能教咱们班了,我组织全班同学给老师写几句话,感谢老师的付出并祝愿老师在新的岗位上工作顺利。在最后一节晚自习前我交给了她。整节晚自习老师一直都在边看我们写的那些话边看报纸,其实我们都知道老师不是在看报纸,她是在不断地流泪,怕我们看到就用报纸挡着。"世峰说着说着眼圈就红了。

"你看,单从这件事就可以看出你这个当班干部的多么有心,多么称职,"我不失时机地夸奖了他一句,"当时你们是不是还存在私心?"

他们两人对望了一眼,有点不好意思。

"老师最终还是选择继续教我们班,这样她的工作量一下子增加了许多呀!每天多上一节课,多批改一个班的作业,多批改一个班的试卷,多……"世峰的话语里满含感激。

"边吃边聊,别放筷子,"我提醒他们别光忙着说话,"是呀,侯晓辉老师就是一位非常敬业的老师,不仅如此,她对我们所有的学生真的是坚持'一个都不能少'的原则。我记得王守国老师曾经对我说过,你们班的老师太可怕了,侯晓辉老师竟然在和成绩排在最后一名的同学耐心地谈话,你们班的成绩一定会很好。"

"王老师也非常好。"世峰喝了口水说。

"说我听听,他好在哪里。"

"他讲课水平很高,上课非常有意思。记得在第一堂课上他用一幅自创的对联就把我们征服了,上联'地气水生土',下联'人城农工交',横批'可持续发展'。上联讲自然地理,下联讲人文地理,横批讲地理学习的核心理念,一副总共 15 个字的对联,就把高中地理的全部学习内容串联起来了,实在了不起!"百杰发出由衷的佩服。

"王老师是一位好读书、擅教学、爱生活的人,以前就听他教过的同学说听他讲地理是一件特别幸福的事情。他总能把自己对生活的深刻感悟融入到地理教学当中,并用极其诗意的语言讲述出来。"我边说边夹了块肉放到嘴里。

"我还记得,他讲黄河在山西省东转拐角处时,指着地图说,'大家看,这里有个地方叫风陵渡,就是金庸在《神雕侠侣》里提到的"风陵渡口初相遇,一见杨过终身误"的'风陵渡';还记得他在给我们讲如何看等高线等温线这些等值线时说的那句'世界上没有无缘无故的爱,也没有无缘无故的恨;没有无缘无故的弯曲,也没有无缘无故的闭合',他让我们要懂得分析这些弯曲和闭合背后的原因;还记得他在给我们讲南水北调中线移民时提到的'移民是一个痛苦的过程',在讲西北治沙绿化工程时提到的'在西北一碗水就是天堂'。"百杰放下筷子继续说道。

"我们政治老师朱维芳老师身体好些了吗?"世峰关心地问,"其实,在高考前的很长一段时间我们就感觉朱老师的身体好像出现了问题,但老师一直坚持着……老师为了我们……我们都感到不好意思。"世峰惭愧地说。

"徐瑞平老师挺有奉献精神的,每天批改我们的讲义,有时候一天批改好几次,而且批改得那么认真,那么细致。高二时我们成绩那么差,但徐老师接手后,英语成绩提高了一大截,真的很感谢老师。"世峰说。

"另外,徐老师身上还洋溢着一种朴实的美,尽管她不时尚,也从不讲究着装但穿着却非常得体,对你们来说也是一种潜移默化的教育。"我边吃边说。

两人边吃边点头。

"他儿子叫闫涛,也很优秀,白白净净,很帅气,学习也很棒。对了,咱们别只顾说话,吃肉。"我给他们每人夹了一些肉放在他们的锅里。

"数学老师张科秀老师,给我们印象最深刻的是她特别有耐心。有一次,有道题目特别难,其实有点不适合我做。但她却耐心地给我讲了三遍,直到我弄明白为止。那天中午放学后同学们一直围着她问这问那,放学快半小时了老师才走。"世峰说。

"她经常走得那么晚。"百杰补充了一句。

"我呢,说说我这个语文老师吧。"我跟他们两人碰了一下杯。

"老师您上课很有诗意,时不时来一句诗。去年冬天没有下雪,到了春天才下了一场,记得你说'雪,辜负了冬,却牵了春的手',让我们感觉诗意盎然。"

"老师您上课总是妙语连珠,还很幽默,上您的课总感觉很轻松。想起一些笑话现在还忍不住笑,你说'有一群人想从青岛偷渡到韩国去,航行中遇到风浪,船沉没,一个人奋力游上岸，看到一位妇女在挖蛤蜊，就问她'尼古塞奥，这里是韩国吗?'那个女人抬头看了看，不屑地说'快白彪（缺心眼）了，这里是黄岛'。"

"哈哈……"尽管对这个笑话已经很熟悉，但今天再次听后我们依然大笑起来。

"刚离开实验中学就学会拍马屁了，自罚一杯。"

"哈哈……老师，与你的诗意比起来，你的幽默更让我们难忘。说实话教我们班的老师真得都挺好的。"

"是的，我也很佩服咱们的这些老师，他们在许多方面比我这个当老班的做得还要好，在许多方面是我学习的榜样，在他们身上体现了实验中学教师群体乃至当代教师的那种甘为人梯、乐于奉献的精神。这样吧，我们为咱们班能够拥有这样优秀的老师喝一个，为实验中学能拥有广大的优秀教师群体干一个。"说完，我斟满了酒杯且高高举起，他们两人也斟满了酒杯高高举起。

"知道为什么教咱们班的老师都那么让人感动吗?"

他们摇了摇头。

"'山有美质，则生善木'，老师们好是因为咱们大实验好呀!"我喝了一口水说道。

"对! 咱们学校确实好! 我们两人每人想了一副对联想送给学校，您不说我们差一点忘了。我想的是'师则厚德博学，诲人不倦;生则谨言端行，学而不厌'。"百杰说。

"教学相长，化育英才万千;桃李并植，共营春色满园。"世峰说。

"哇，文采飞扬呀! 老师也说一句吧，也算是对你们的鼓励。'承前启后兮，澜生于浪而高于浪;继往开来兮，青出于蓝而胜于蓝'。"我接着说。

"这样吧，为我们三人的妙辞佳句而干杯。"我提了一个建议。

我们师徒三人高举酒杯，一饮而尽。

"老师，今天来我们还想代表全班同学提前祝您和教我们的所有老师教师节快乐! 同时，跟你道个别，我们很快要开学了……"三人小聚快结束的时候，世峰说。

"谢谢! 你们太用心了，离教师节还早呢! 对了，刚才咱们说很感恩我们的老师，在以后的人生路上别忘了我们的老师，在一些特殊的节日里别忘了问候一下我们的老师，包括在高一、高二时教过我们的，初中的还有小学的。"

"记住了方 sir，我们班的全体同学一定会记住您的叮嘱，不管过去多少年，我们一定会像当初一样尊敬你们!"

"最后，祝我们的师生情就像这火锅一样热气腾腾，永远有温度。"说完，我和他们一一拥抱。

"谢谢老师!"他们两人离开饭店。

"回家后别忘了给我发信息报平安。"望着他们离去的身影，我大声喊道。

"您放心吧。"他们转过身来笑着向我挥手。

琛音献花

"铃……"电话铃又响起。

"嗨,方方,我是巧音,你在学校吗?我和琛要去找你玩。"

"正在学校呢!欢迎欢迎!"

放下巧音的电话,我就沉浸在对他们两人的回忆里。

吉琛是一个非常聪明,非常帅气的男生;他极有个性,喜欢洒脱、无拘无束的生活;有很强的组织能力,是一个很好的班干部。高一、高二时候的他年少轻狂,心比天高;学习上不肯吃苦,管理上不听指挥,对于老师说过的话,他几乎完全不放在心上,往往是左耳朵进右耳朵出。用他的话来说,那两年是他为了同学们的利益,勇于向"顽固的压迫者们斗争"的两年,是"我乃清都山水郎,天教懒慢带疏狂"的两年。高三时,我当了他的班主任,用他的话说是出现贵人了。我让他明白,老师和学生是"命运共同体",都是为了同一个目标才走到一起的,老师的耐心教诲与他们的利益不仅不是冲突的,反而是和谐并存的。后来又经过几次"交锋",他像换了个人,正如"士别三日,当刮目相看",他开始努力,开始奋斗,开始起带头作用,开始尽一个班干部应该尽到的责任。

记得在一次班会结束时,他在座位上高喊:"诗意老师,我们特别喜欢你!",弄得我怪不好意思。后来听他爸爸说他从心底服气我,或许这也是他发生巨大变化的一个重要原因吧。

高考结束后我告诉他:"年少轻狂,还要吾日三省以人为鉴;心比天高,仍需脚踏实地砥砺前行。"对我的这一建议他虚心接受。

宋巧音是一位又文静又讨人喜爱的女生。据我所知,高中之前因为成绩优秀一直受到老师们的宠爱,中考淡定发挥以总分730分、班级第一名的成绩考入我们学校。但是因为高中课程比初中的难多了,再加上她很文静,平时很少说话,也不愿意和别的同学沟通,缺少推心置腹的朋友,以致她高中的前两年学习特别累,学习成绩也不如意,而这一些因素又导致她越发不愿意和老师、同学们交流。

我了解到这一情况后,试着有针对性地和她沟通。一开始她依然是紧闭心扉,但功夫不负有心人,经过我的多次努力,渐渐地她的心扉打开了,开始愿意和我说一些心里话,也愿意和同学们交往了,这样就有了一些好朋友。心境也随之发生了极大的变化,"不以物喜,不以己悲""不争不抢,所得皆惊喜",由此高三生活也都随之发生了变化。和一群玩得来的同学一起,小葡萄、鲸鱼、琛还有坤,高三似乎不那么难熬了。有时候学得累了,她一个眼神儿,那几个"狐朋狗友"便马上集合在教室门外,一起唠个嗑,一起去楼下遛个弯,讲几个冷笑话,心情就会轻松许多。

她最开心的事莫过于她的一篇作文在我的指导下获得了山东省一等奖,"无心插柳柳成阴",在没有太多期许的时候,她人生中的第一个省级一等奖竟然诞生了,她高兴地不得了,我也挺为她高兴的,为了祝贺她获奖还特意送了她一个大苹果。

总之,高三这一年她过得很开心,看到她能够开心快乐地学习和生活,我也由衷地为她高兴。

其实我最欣赏的是她很懂事。尽管她的爸爸很普通,只是一名普普通通的老百姓,但她不仅从没有为此感到自卑反而以爸爸为骄傲。当然,她爸爸对她的期待也是激励她砥砺前行的力量。

她的身体素质一直都不怎么好,曾经军训晕倒过,体育考试项目800米没好好跑过,课间操跑几步就气喘吁吁,但高三时的她居然也可以跑得飞快,这得益于我建议大家每天晚上去跑步的措施。开始一圈,慢慢两圈,速度也越来越快,她仿佛看见了小时候奔跑的自己……有时候跑完之后就在操场上和琛一起躺着看星星,对宇宙的一些问题经常争执不休,但她的心情却是极好的,最后那节晚自习的效率往往也是最高的。一直感到他们两人挺般配的,不知道两人上大学后能否走到一起。

有一件事一直感到愧对她,那次宿舍里出现了问题,我当时正在气头上,也没细细询问什么原因,劈头盖脸地批评了她一顿,这件事让她很受伤。当我意识到对她发火不对时就让琛去安慰开导她,她的心情才变好了。

"咚、咚……"门外传来的敲门声打断了我的回忆,我赶紧起来开门。

"老师好!"他们两人笑着扑向我,同时巧音把一大捧滴着露水的鲜花送到我的面前。

"哇!好香!好美!谢谢!"

弥漫了整个办公室的除了那浓郁的花香,还有那浓浓的师生情……

附巧音藏在鲜花中的信:

老方:

满满的感激藏匿于心间,我却说不出,原谅我不太会说话。

是您带我们闯过高三,度过中学时代最刻苦、最艰苦的一年。您用那百合般纯洁的心灵把我幼小的心灵感化,让我感到无比温暖。

初见你时,袭一身百合般的白净的衣裳,缓步走进考场,那时您是我的监考老师,那时的我认为这个体育老师可真好玩,万万没想到您是语文老师,还成了我们的老班。

在这个大集体中,您把我们当成了亲人。像母亲般细腻贴心,天冷时的叮咛,大考前的嘱咐总是让我们感到很温暖；又像父亲般宽厚，安心，这一些让我们永不忘记。虽然有时候你也会发火，但我们满心敬畏。感谢您的关怀！感谢您贴心的话语！

不得不承认，您是一个温文尔雅又有诗情画意的男人，你浪漫而又不失简约，风度翩翩；你爽朗笑意常挂嘴边。有时候也会像个孩子，让人哭笑不得。不得不说，能成为您的弟子，我还真是幸运。

生平第一次买花，我和琛商量了一下，5朵百合加4朵康乃馨代表最大的个位数9，还有1支玫瑰，代表我对您独特的feeling。

祝您身体健康，工作顺利！

巧音

常兴来电

接到已有十年未见面的学生的来电是幸福的。——于洁老师

接到已有十年未见面的学生的来电是幸福的，如果他在电话中说要给老师过一个教师节，那么这位老师就会更幸福。——诗意

那是一个阳光灿烂的下午，第一、二节课间时候，我站在窗前望着窗外的风景。

"铃……"电话响了。

"方老师，您好！"电话那端传来一个陌生而熟悉的声音，声音里充满了兴奋。

"您好！请问您是……"

"听不出来呀！老师您连我的声音都忘了……猜猜看，我是您的学生……以前的班长……黑黑的、高高的……"

"哈哈……常兴！你小子一定是常兴！这些年跑哪去了，'鸿雁一去无消息'，连个信息也没有。"

"哈哈……老师还是那么文艺呀！老师，你还好吗？我这些年……"我们在电话中聊了很长时间。

"方哥，马上要过教师节了，明天中午给你过个节吧？"

"谢谢！太感动了！看我不好好宰你一顿，明天见。"

挂掉电话，顺手把手机的音量暂时调成了静音模式，放在一边，然后坐在椅子上品着咖啡，生怕再有电话打进破坏常兴来电给我带来的幸福感。

时光回到了十年前的那些日子。

还在初中任教的时候，我就认识他了。他是一个班的班长，很有组织能力，学习也很努力，成绩一直不断地进步。那时就想，如果他在我所带的班级该有多好！

后来怀揣着对教育事业更高的追求，我来到了实验中学任教。那年秋天，我担任了高二理科14班的班主任。那天当我第一次进入教室的时候，他正好从外面跑

进来,一看见我就非常惊喜地喊"方老师好!"我也是一样的欣喜,因为弥补了初中时没有教他的遗憾。

通过开始几天对班级情况和对他的进一步了解,感觉让他来做班长特别合适,因为他学习成绩好,责任心非常强,更重要的是他正义感很强,属于品学兼优的孩子。同时我也想通过让他担任班长这种途径使他得到更好的历练,以期将来的他会有更好的发展。还记得当时把他叫到办公室问他是否愿意当班长时,他坚定地说"愿意!"。就这样,他成了我的一位得力干将。

那时的我刚到市里教学,生活条件比较艰苦,只能暂时住在操场北面的图书楼里,不过这样却在无形中为我和学生进一步接触提供了便利条件。加上自己比较喜欢和同学交流,以便了解他们的心思,及时地开导鼓励他们,所以会经常邀请学生到我宿舍来聊天。要知道,生活氛围下的聊天更能聊到对方的心里去,而作为班长的他肯定就是常客了。

随着了解越来越深入,我渐渐知道这个孩子为什么比一般学生学习更加努力,也渐渐知道为什么他的脸上经常挂着一种忧郁。那时候只有他妈妈和奶奶在家,他妈妈一个人赚钱供他读书,还要养活照顾他的奶奶,日子过得非常艰辛。这个孩子很懂事,看到妈妈那么艰辛,就想用不断进步的成绩来让妈妈高兴,所以学习就非常刻苦。好几次,我晚休后查学生宿舍的时候看到他还在被窝里借着手电筒的光学习。我意识到这是一个需要帮助,需要温暖的孩子。我积极向学校申请减免了他的学费,并积极帮助他得到其他救助金的机会,并在征得他和他妈妈的同意后主动承担起了他高中后两年的生活费。

当然,我知道对一个人的帮助物质上是次要的,精神上的帮助才更重要。一次批改作业,我把一张纸条夹在他的作业本里,上面写着"既然苦难选择了你,你可以把背影留给苦难,把笑容交给阳光"。接下来的一段时间我悄悄观察,发现他在悄悄发生着变化——脸上的忧郁渐渐少了,阳光渐渐多了。看到他的变化,我感到非常高兴。后来我更多地给予他精神上的鼓励和关心,给他讲许多和他有类似境况的学生立志向上的例子,激励他要自尊自强,要不屈不挠,要永远向前;激励他要扛起改变家庭命运的责任,为自己也为家人撑起一片灿烂的天空。不出我所料,他精神面貌改变更大了,不仅仅充满斗志,而且脸上挂满了更多的笑容。学习成绩自然而然地有了更大的进步,高考时以优异的成绩考入了理想的大学。

大学开学前,他给我发来一条信息,嘱咐我注意身体。同时让我放心,大学里他会更加努力的。不过进入大学以后,我们就没有再联系过,直到参加工作六年后的今天下午。

"喳喳……"杨树上喜鹊的叫声让我从回忆中回到现实中来,向窗外望去,几只美丽的喜鹊正在树上欢快地叫着,一只美丽的蝶儿正从花影中穿过……

给您过节

"方师，下班了吗？我在锦程 206 房间等你。"这时候，接到常兴的电话。

"很快到了，请稍等！"看看到下班时间了，我挂掉电话后，匆匆向约好的小酒馆走去。因为我和他工作都很忙，所以我就让他尽量在学校附近找个小酒馆，两个人坐下来聊一聊，叙叙旧。

离酒馆还有一段距离的时候，就望见门口那个皮肤黑黑的、个子高高的、身材瘦瘦的而又很潇洒的身影。他站在门口，不停地向我来的方向张望。

他一看到我，就赶紧走向前。"方老师好！好多年没见了！您还是那么年轻！"随后和我来了一个大大的拥抱。

"谁说我没变，我不是变得更年轻了吗？"

"哈哈……"我们同时笑了起来。

"您还是那么那么幽默。来来来，咱俩快进去，好好聊一聊，好好喝一壶！"

这个小饭店虽小，却也整洁干净。

"常兴，现在做什么呢？发展的还顺利吗？"刚一落座，我就问他。

"老师还是跟上学时候那么关心我！一上来就关心我的发展情况。"他笑得那么纯真，一如当年的那个他。

"方师，说来有点惭愧，我没有很好地完成你的作业。当年离开学校时，你给我布置了一项作业，说给我十年的时间让我完成一个作业，那就是扛起改变命运的责任，拥有一个幸福美满的家庭，当一名称职的爸爸，拥有一份体面的工作或者是自己的事业，进而拥有精彩的人生。可我……这样吧，再给我五年的时间，到时候我邀请您来检查我的作业，怎样？"

"相信你！上学时就能看出你很有理想、有魄力也很有能力。"

"方师，菜上来了，咱们边吃边聊吧。"

"好的，边吃边聊吧。想想你们还在实验中学上学的时候，我和你们一起奋斗的日子真得很美好。记得你上高二时，有一次，你因班级工作没做好受到我的批评。晚上下了自习，你递给了我一封信。在信中你把我们俩的关系比作是君臣关系，同时表达了自己失职且认识到了错误后的惭愧心情。你言辞恳切，又用了君臣之义来表达，给我留下很深的印象。"我们边吃边聊。

"方师，您记得真清楚呀！该批评教育就得批评教育，感谢老师！教师节马上到了，不才弟子先祝您和师母节日快乐！干一个。"

我俩酒杯一碰，一干而尽！

"老师，虽然这些年没联系你，但是从同学那里知道，您这些年在教育事业上取得了那么大的成就！真为您高兴！"

"谢谢！谢谢！成就还谈不上，只能说取得了一点点进步而已。我取得的最大进步是和弟子们共同成长。话又说回来了，我们当老师的取得的进步还不是你们这些当弟子成就的？对吧？"

"您真客气！其实老师您取得这么好的成绩是必然的。"

"打住，你就别高抬你老师了。现在这叫'捧杀'，知道吗？"

"哈哈……真的老师！越长大，对什么是教育体会得越深，我谈一点个人对教育的见解吧，当然，我没有系统地研究过，只是一孔之见，说的不好请老师不要笑话我。中国古代的教育都是先教伦理道德，比如《论语》中说："弟子，入则孝，出则悌，谨而信，泛爱众而亲仁。行有余力，则以学文。"即先教育学生对父母要孝顺、和兄弟姊妹要团结，对朋友要讲究诚信等等，然后再去教授他们技术技能方面的知识。这是符合事物本末规律的。

一个知道孝顺父母的孩子，如果生在贫穷的家庭，他会考虑怎么样才能让父母过得再轻松一些，他就会自然地去学习本领，然后去创造改变家庭所需要的物质财富和精神财富，进而改变整个家庭的状况。同样，一个知道孝顺的孩子，如果生在富裕的家庭，他自然会知道祖辈、父辈为了今天的家业所付出的艰辛与不易，自然会努力学习，掌握本领，自然会担当起守住并发展家业的重任。

在改变家庭贫穷面貌和守住并发展家业的整个过程中，他的目标都是非常明确的，自己也会努力排除千万种困难的。

正因为古人知道本末的道理，他们的教育有先有后。不像现在，许多学校只注重教文化知识，一般不教甚至根本不教伦理道德，导致的后果就是孩子们学了这些东西不知道为什么学，学了会用在哪里，继而导致了他们学习缺少甚至没有主动性，总是需要用物质来刺激才能学习，这时候如果再碰上了眼里只有成绩的领导或老师，那么这些孩子实在是……唉。

讲到这里，老师您应该知道自己为什么能取得这么好的成绩了吧？您非常注重对学生进行品德方面的教育。当然，这是学生我的分析哈。您这人善良有爱，经常找学生谈天是您的习惯。学生家庭背景您都能多少了解，学生的性格特点您也都能上心，所以在您和学生聊天的时候总能有意无意地把学生对父母的爱、对家庭的责任、对人生未来美好的畅想融入进去。跟您聊天后，学生的心里是舒服的，明亮的，知道了学习的目的。这样您的学生自然会树立他的学习目标并主动地努力去实现。这也是我最佩服您的原因之一。"常兴一口气说了那么多，分析得头头是道。

"分析得好！老师非常赞同！"

"哈，再干一个，老师！感恩有爱的您！感谢恩师！"

我们两人举起手中杯，一饮而尽！

"对了，你的个人问题解决了吗？"

"呵呵！方师，这是我女朋友，你看看如何？"他拿出手机，点出照片，有点骄傲又有点不好意思。

"哇！你好有眼力。"我仔细端详着，照片中的那个女孩穿一身白色连衣裙，站在湖边的一棵柳树下，笑意盈盈地望着远方。"'巧笑倩兮，美目盼兮'，又漂亮又善良的女孩，真得很不错。一定好好对待人家。"

"哈哈，方师，谢谢夸奖，这您放心，我很爱她的。"接着，他又跟我聊起他的恋爱史，他是班长，女孩是团支书，因为工作经常在一起……

"对了，当年离开实验中学时你让我拥有一个精彩的人生，当时，您还帮我进行了人生规划。时隔多年，现在的我对人生是这样规划的……"

接着，我们又聊了他的人生规划，聊了高中聊初中，聊了大学聊工作，再聊单位，聊家庭，聊孩子，聊了三四个小时还是意犹未尽。

"回去代我向师母问好！她也是我非常佩服的一位老师，听我的一个亲戚说，她是胶州名师，真为老师高兴！老师，很抱歉，弟子事业未成，只能委屈老师在这样的酒馆里给您过节，等弟子事业有成之后，我一定接你和师母去青岛海边过教师节！到那时，咱们师徒'把酒临风，其喜洋洋者矣'哈哈，回去一定代我向师母问好，千万别忘了，今年春节时我一定再到方府去拜访她。老师，天下没有不散的宴席，时间不早了，我送您回单位吧。"

"不用了常兴，今天你能来给我过节，我非常得高兴！老师祝你越来越好！我们下次再聚！对了，记住给你布置的作业——扛起改变命运的责任，让你的爸妈过上更体面的生活。我祝我的得意弟子前程似锦。"

"哈哈，谢谢方师！一定记住，一定按时完成！到时候让您检查我的作业。相信有了您的祝福，弟子一定会拥有锦绣的前程。"

这时候，手机振动，收到弟子的信息：

> 桃花绽放映山峦，李果成珠照海川。
> 满热余辉书蜡泪，天寒粉笔写英年。
> 春蚕丝吐衣天下，风雨良修善女男。
> 遍地将才织锦绣，风流夫子谱新篇！
> 王慧祝方方工作顺利，天天开心，心想事成！教师节快乐！

本来就心情大好的我读着弟子的诗，感觉蓝天越来越近，越来越温柔，心情就像风一样自由……

那年今日

九月的天气丝毫不逊于春风十里。

五湖四海的弟子发来的信息提醒我又到教师节了，空气里似乎有鲜花的味道，连阳光里也似乎溢满了一种浓浓的祝福的气息。

"方方,好长时间没有联系了,诗意小哥还好吗?偶有想你呢!又是一年教师节,弟子远在省城祝老师节日快乐!永远年轻!天气渐凉,方方一定要注意身体哟。平时工作不要太累……么么哒!"小羽的信息让我的思绪回到了那年今日。

2014年9月10日,我像往常一样,早早起床,开始了一天的工作。班主任的生活,每天都是一样,早早地来到教室看看学生们的自习情况,看到一切正常后就回到办公室去准备一天的授课内容。

原本以为今天可能也就是一个普通的日子,即使校园里到处充满了一股节日的气息。但生活不总是平淡如水,总会有意料之外的喜悦。或许也正是因为如此,生活才显得更加可爱。

"嗨,方方节日快乐!我是陈大哥,今天我和乔羽要过去看望你。"电话那端传来一个女生甜甜的声音。

"陈大哥?哈哈……还陈阿姨呢!搞什么鬼!知道你是何方仙姑了。热烈欢迎!"接着,我们又约定了时间和具体见面地点。放下电话,想起这两位毕业不久的女孩。

陈大哥,也就是陈琳,在我眼里是一个聪明活泼、性格独特的女孩,有点男孩子气;也是一个典型的文艺青年,总是喜欢写自己喜欢的文章。每次看她写的文章,总会感到眼前一亮。

乔羽,我的科代表,眉清目秀,玲珑可爱且非常文静,学习上也勤奋上进。第一堂课时她穿着一件米黄色的上衣,笑意盈盈,楚楚动人,一看就是讨人喜欢的女孩子。她和琳一样聪明,当然,她更喜欢用努力来证明自己。

我一直很喜欢这两个性格各有特色的女孩,不过,她们选择在这样一个特殊的日子来看望我,真的没有想到。

"我悄悄地蒙上你的眼睛,让你猜猜我是谁……"我正在操场上聚精会神地欣赏着演出,一双温柔的手从后面把我的眼睛蒙住了。

"我猜……我就不猜,急死你!哈哈……"

"老师,节日快乐!哈哈……"琳放开蒙我眼睛的双手,和我来了一个大大的拥抱!

"一朵鲜花一份情,祝小芳妹妹(她总是自称陈大哥,不知道为何总是经常叫我小芳妹妹,愿意称我小芳妹妹或者小芳姐姐的还不止她自己,或许我真的长得有点委婉?)祝你永远年轻!么么哒!"琳双手送上那芬芳四溢的鲜花。

"哇!好美!好香!一束玫瑰,芬芳了我的那份天空!呵呵……"

"方方老师,节日快乐!送你一盒巧克力吧,来不及或忘了吃饭的时候好吃的。再送你一封手写的'情书'。老师永远棒棒哒!"文静的小羽面带羞涩。

"谢谢!'德芙巧克力,使我的生活更有滋味!'哈哈……"我模仿了一下电视里面德芙巧克力的广告词。

……

"咱们合影吧。"于是操场上留下了那年那天我们最幸福的瞬间。

那年今日,那两个女孩,那一束鲜花,那一盒巧克力,那一封"情书"。今年的教师节会有什么样的惊喜呢?

附乔羽的一封"情书"

亲爱的方方:

当您在看这封信的时候,正好是教师节,在这里,首先说一句:"方方,教师节快乐!"

方方,还记得我们第一节课初次相识情景吗?您让我起来猜您的学生都叫您什么,我却说出了一个超级不靠谱的答案,这是我们的第一次对话,也是让我印象最深的一次。

方方,其实,在您接手教我们班语文之前,虽说我身为语文科代表,因和语文老师闹了些不愉快,语文成绩可谓是一团糟。那本是我以前引以为傲的学科,到了高二下学期却成了我的短板。我满心期待高三能换个新语文老师,这不,救我于"水火之中"的您出现了。您风趣幽默,让语文课堂妙趣横生,渐渐的,我的语文成绩有了起色,虽然成绩不是特别突出但也不至于跟以前那样糟糕,真的很感谢您!告诉您一个小秘密,您已经被评为"本年度乔羽心中最佳男神",嘿嘿……

方方,还记得吗?高考前,您把我和马珣珣叫到教室外面的走廊上对我们说的那番话吗?您告诉我们,用一颗平常心对待高考,我们一定没有问题,一定会旗开得胜!那个早晨,您的语重心长让我感动不已,觉得您像极了一位父亲在高考前给孩子加油打气,在您心里我们就是让您牵挂担心的孩子。其实,在我们眼里,您也是让我们敬重的父亲。

我是一个无比幸运的人,给您当了一年的科代表。忘不了那次跟陈琳闹了些小误会,您看我哭,就过去安慰我,那句"没事,谁欺负你,跟我说,我帮你收拾他"我仍铭记于心,您的安慰、关心和期望,我永远都不会忘。尽管我们只相处了一年的时间,但这些美好的日子对我来说却弥足珍贵。

方方,知道您是一个负责任的老师,每天早出晚归,但是可不能不吃早饭就去上班。我记得有一次,您还让我去办公室给您拿糖,就是因为没吃早饭,后来才知道您有低血糖,身体是革命的本钱,爱岗敬业固然好,但我更关心的是您的身体。

最后,再来几句矫情的话吧:方方,有您的课堂,阳光撒满教室;有您的日子,幸福伴我们成长!

方方,太多的感谢说不完,但相信我,有时间我一定会再来看您的!记得下一次打喷嚏的时候,说不定是我在想您哦,嘻嘻。

乔羽执笔

四月"雪"飘

又是一个清丽的下午,风儿轻轻地吹着,柳絮轻轻飞着。

阳光下,柳絮纷纷扬扬,漫天飞舞,仿佛一场奇妙的"太阳雪"。有的高高地飞着,像是要和白云媲美;有的低低地飞着,飞进花丛中,成了洁白可爱的小蝴蝶;有的抱在一起,如大大小小的"雪球",又如亲密兄弟,在玩着漂亮的"太空漂移",自由自在,毫不拘束;有的在窃窃私语,似乎在分享着彼此路上的见闻,诉说着对未来的憧憬,议论着下一站的行程。不管你是喜欢它,还是讨厌它,它依旧飞扬着,为春天增添一抹动感的色彩。

课间时候,我来到操场,在西侧的台阶上慢慢坐下来,一边欣赏着这随风飘舞的柳絮,一边随意地翻着手机。

"咦,还有一条未读的微信。"

"方方爸爸,昨天人那么多,没有好好抱抱你,抽时间一定好好抱抱你,爱你!么么哒!"瞬间,那种幸福感弥漫了全身。

我的思绪也随着那飘飞的柳絮飞到昨天下午的演讲会场。"……你们的'老班',尽管没有像蜡烛一样流尽最后一滴泪,也没有像春蚕一样吐尽最后一根丝,但他们却像电灯一样照亮了自己,更照亮了你们。为了你们美好的明天,他们呕心沥血,兢兢业业……"青年演说家伟泰那略带煽情的话已经让许多同学感动不已。"现在,你们的班主任就站在我们面前,我提议,我们每一个同学走上前去,用大大的拥抱来表达我们对他们的感恩之情,来表达我们对他们由衷得尊敬和热爱。"我用眼光迅速扫过我们班站在前半部分的同学,他们早已泣不成声。站在最前面的韩明昊同学更是泪如雨下,他第一个冲出来紧紧地抱住我,"诗意,感谢你……"话还没说完,却早已泣不成声;小巧玲珑的孙秀娟梨花带雨;总是挂满笑意的涵涵泪雨滂沱……

在那"这一拜(抱),春风得意遇知音,桃花也含笑……"的背景音乐中,那一刻,那一抱,以往所有的付出,所有的辛苦,甚至是委屈,都如柳絮一般飘散。那种幸福感,直抵内心深处。

"老方,干什么呢?"小小刘走过来。

我没有吭声,把手机递给他。

"叫你方方爸爸!你好幸福啊!"

"是呀!可是他们很快就会像这些柳絮一样飞走了。"我随手捏住一团在我眼前飞过的柳絮,放在手掌心,一种淡淡的惆怅渐渐占据了我的心房。

"是呀,孩子们要离开我们了,真有点不舍。"他也轻轻叹了口气。

阳光下,"雪"依然在飘着……

永远爱你

> 有些爱,即使隔着光阴的距离,也会在心底温暖一生。——诗意

每到冬天,总盼着下雪,而且总盼着能下一场大雪。

记得从初中的时候开始,就曾不止一次地设想,在大雪纷飞的时候登临长城,站在长城那最高的烽火台上遥望广袤的塞北,欣赏"千里冰封,万里雪飘"的壮美景象;也曾不止一次地设想,在大雪纷飞的时候,到辽阔的东北大地,去领略林海雪原的诗意。

然而,我的这种设想也只能是设想。

当然,没有大雪,小雪也是不错的,毕竟北方的雪是让我着迷的,是我冬日里的最爱,尤其是 2013 年的那场雪。

记得那是 2013 年的第一场雪,比往年同一时间下得要大一些。

雪后,我去清理汽车上的落雪。走到汽车跟前的时候,我激动地叫了起来。只见汽车前引擎盖的积雪上面写了几个大字:芳芳,我们永远爱你!22 班全体同学。字的旁边还画了一个大大的心形图案。(一直误以为这是"女王"等人的杰作,在高考后的师生联谊会上才得知原来是薛志梅和韩晓等美女弟子的杰作。)

如此寒冷的冬天,而我的心中却流淌着春意,流淌着浓浓的春意。

今年的冬天马上就要到了,心中对雪又多了一份期盼。

柚子茶香

几阵秋风吹过,萧瑟今又是。在秋叶还未谢尽,秋风依然固守阵地的时候,突然来了一个叫寒流的东西,它以迅雷不及掩耳之势一路掩杀了过来,所到之处尽皆萧条。

初冬,来临了。

冷冷的风把残存的树叶吹向遥远的天国,大地开始凝固,一切似乎都没有了生机。而我,就在此时此刻,却意外地闻到了一种柚子茶香。

刚刚在办公桌前坐下,手机就收到了一条信息:尊敬的方先生您好!刘超在京东给您订购了一份礼物,已经出库,请您注意查收。

"哇,是超呀,怎么没跟我说就为我订购礼物呢?"怪不得昨天还收到一条信息:尊敬的方先生,您在京东网订购的蜂蜜柚子茶即将出库。当时以为是搞错了,因为自己从来没有订购什么东西。原来是超给我订的呀。

"会是什么呢? 圣诞节快到了,会不会是圣诞礼物呢?"我没有问,她也没有说,还是保持一种神秘感吧。

"您好! 送给方先生的礼物已经配送。"

"您好! 请问您是方明武老师吗? 您的快递到了。"快递员的声音甜甜的。

打开包装,原来不是什么圣诞礼物,而是一瓶蜂蜜柚子茶,还有一张打印的卡片。

抓紧时间烧开水,冲调上一杯,边品味那散发出芳香的柚子茶,边读卡片上的文字:

> 亲爱的方 Sir,又到了临近高考的时候啦,每每回忆起,方 Sir 当年热情洋溢的课堂,总觉得特别感动,尤其是在自己慢慢站在老师的角度去思考很多问题的时候。这瓶蜂蜜柚子茶,是送给您和师母的,冬天,每天早晨起床泡一勺到温水里,开启一天的美好生活,既能调理身体又能舒适心情哦。

甜在心里的不仅是那浓香的柚子茶,更是那甜蜜的文字和那绵绵的师生情意!

现在,这浓郁的柚子茶香成了我冬日里最美的味道。

芝麻糊香

"老师!"上完课后,一个白白净净的男生从教室里追出来。

"'喜洋洋'(我们班的宋昊洋,我给起的昵称),什么事?"我边回答边往前走。

"老师你要去吃饭吗?"他看上去有点不好意思。

"呵呵! 是呀! 我还得快吃,有点低血糖,头有点晕。怎么,帅哥要请客?"我笑着说,说着说着我们就进了办公室。

"呵呵……不是,是这样。昨天他们来给你送零食吃的时候,我去操场跑步去了,回到教室后听说了这件事,现在来补上。"说完,从裤兜里掏出几包芝麻糊放在我的办公桌上,有点不好意思地笑了。

"我看你吃饭时没有东西喝,这几包芝麻糊你冲着喝吧,别嫌后①。"

"谢谢! 谢谢! 你小子太让我感动了! 真的是让我感到'喜洋洋'了! 快坐下吧。"我顺手拖过一把椅子。

"是这样,昨天下午放学后接待了一位家长,聊着聊着就下了第一节晚自习了,

① 嫌后:方言,嫌弃的意思。

餐厅里也没有饭吃了,所以我就在办公室里吃点饼干糊弄一下。课间时候,正好小柴(些壮雷)有事来找我,看到我在这里吃饼干。回去后就把这件事告诉了几个同学,同学们怕我饿着,就临时凑了点零食,然后他就和琛一起送过来了。说实话,看到那一大包各种各样的零食,我真的挺感动的。"

"当时我没有在教室,回来后才听说这件事,今天来补上吧。"他一脸羞涩。

"另外,如果班级里有什么事情需要带头去做的话你告诉我们仨就行了,我们一定会发挥满满的正能量,为班级带好头。"他抬起头,坚定地说。

"谢谢!谢谢!如果咱们班有更多的同学加入'我们仨'这个行列,那么,我们班一定会无往而不胜!

说完,我站起来,用力抱了抱他。

"真的很好喝,又香又甜!"我冲上一杯,等稍稍冷了后,喝了一口。

"只要您喜欢就好!"

"我很喜欢吃甜食的。多少年以后,我可能会忘记许多事情,但一定不会忘记这香甜的芝麻糊的味道。"我一脸陶醉。

"老师,您又诗意了。"

"这芝麻糊的味道使我想起了你的一个学姐。"我脸上的陶醉渐渐消失了。

"她是我很喜欢的一个女孩,叫雨桐——身材微胖,很喜欢笑。那次中午放学,她去餐厅打饭,我有点累了,就让她给我捎着。她给我送饭时给我捎来几包皇室麦片,这种麦片也是我喜欢喝的。这样,我们的师生关系更加密切了。可是在高考前的两个周左右,因为一点小事批了她一顿,她没有理解我的苦心……我一直心中有愧,几次给她 QQ 留言,她都不理我,我们的师生情谊就这样画上了句号。几年过去了,也不知道她现在是否原谅了我。"

"老师,您放心吧,她现在一定会理解你的。"

"唉!"我品了一口芝麻糊,叹了口气,"惟愿如此。"

惟愿这种甜香永远氤氲在我们师生的心房,历久弥香……

送走了'喜洋洋',在芝麻糊的甜香中,我写下了上面这些文字。

谁寄锦书篇

此情可待成追忆。

一封封家书使我与弟子之间拥有了一种五六十年代的人情味。

诗意青年

亲爱的小芳"妹妹"：

你好！

今天要给你一封暖心的小信，感谢你高三一年的陪伴与关心，在最美的年龄遇见你，一个有诗意的小青年，多幸运！

初次见你，我猜你早已过了知天命的年龄，你笑着怼我说："你看错啦！人家才18！"我一脸无语，慢慢的，你的幽默，你的伪文艺真性情，让你的形象在我心中固定在了18岁。

所有的相遇都是久别重逢，实验高中开启了我们在秋天相遇的大门，在你的带领下，我们一起去遇见生命的美好。

时间一秒一秒地走着，我细数那些细碎光阴，你陪我们走过春有百花秋有月，夏有凉风冬有雪的一年。拥有雪时，你说"雪，你来自冬的怀抱却牵了春的手"；春天送你落花时，你说"情意满满心底装"。我想说，春天十里不如你，想把所有的春天都揉进每一个清晨，希望每天推开窗子迎接你的都是一个诗意的世界。

喜欢和你在同一个校园赏四季变化，喜欢有你在的课堂，喜欢课堂上尽显才气与幽默的你。

提倡诗意地栖居的你，经常会用网络段子引领我们走向诗的远方。再见到帅锅，抛弃"哇！帅呆了，酷毙了！"来一句"陌上人如玉，公子世无双"；再见到美女，丢掉"哇！这小妞儿真俊！"来一句"垆边人似月，皓腕凝霜雪"；再见到夕阳，甩开"哇！为啥这么美！"来一句"落霞与孤鹜齐飞，秋水共长天一色"。即使明天天寒地冻，也要文艺到底。

论工作能力，你出类拔萃；论个人魅力，你玉树临风，然而我还是喜欢你和我们在一起时一本正经地扯到天南海北，一本正经地和大家互怼。记得你和大姐互怼时一脸得意的小表情；记得你老是拿我笑的太放肆这件事"嘲笑"我，有时我嘴角却不自觉地上扬；记得有诗意的你的每一句经典有趣的话……

相信我，你有一种强大魅力，让人觉得你特年轻。当你英姿飒爽，意气风发地带着你家的小师妹出门时，绝对所有人都会为你倾倒，正如你说的那样"看我这么阳刚，一身正气！"

记得同学聚会上，我给你敬酒时说："感谢你陪我们走过艰难的岁月。"其实，我还有下半句没说，"因为有你，一点也不觉得苦。"你说，喜欢我的笑，圆乎乎的脸上有着灿烂的笑，我想告诉你："谢谢你，让我挂着笑容幸福地走过高三。"

我喜欢送你小卡片，喜欢给你送祝福，是因为你让我觉得有这样的一个朋友很暖心。因为懂得，所以喜欢。

一种缘分，两种年龄，此情暖心如水，不上眉头，上了心头。拿你当知心朋友，悄悄告诉你一个小秘密:之前,我用写信的形式给暗恋的男生寄过情书,也就是说,你是第二个让我愿意寄真心与明月,随信直到你身边的人,小芳妹妹。

遇见一个帮你成长,见证你成长的人,大概得在佛前苦苦求一千年吧?那我遇见你,肯定是求了一万年。为我们打开一扇了解世界的门,教我们做人要善良,教我们做事要严谨。你说,我报汉语言这个专业,受你正确引导的影响得多大。

毕业前夕,走廊上我们相拥而别,思念开始萌芽,还是忍不住想送你小卡片,送出祝福与真心。毕业之后,想起你满是幸福,即使人不在你身边,我的心会长伴你左右。

纳兰容若有一句诗:"人生若只如初见,何事秋风悲画扇。"我想跟你说,和你相处的每一秒,都如初见般美好,如多年老友般舒服。

喜欢你,雨滴告诉了我,说我是喜欢你的。当风吹过耳朵,表示我正在呼喊着你的名字,咻,有感受到风吹过吧,表示我正在紧紧握着你的手。时刻想你!

愿走出半生的你,归来依旧是小青年。远方常驻心头,有花有酒洒脱走。

此致

敬礼!

刘琼

2017 年 8 月 4 日

优雅诗意

敬爱的方老师:

您好!

时光如梭,岁月暗自消磨,我已经与高中生活之间隔了一个夏天,想来也奇怪,那些我曾经厌恶至极的时光,如今在记忆里只剩下了一片美好,其实是我一直不敢承认罢了,我爱那里,我也爱你!

高三这一年,有苦有乐,泪与笑交织,一路也收获了许多。在这一年里,我遇见了您,开启了一年的语文学习生活。记得您第一节课说学好一门课的前提条件是要喜欢这个老师,我本来是不太相信的,但是后来真的验证了,因为我喜欢您的语言风格,喜欢您像朋友一样与我聊天谈心,也喜欢您的诗意。于是总会期待着上语文课,在课上也是满心欢喜地听着您讲的书内的诗情画意,书外的快意人生。看到自己的语文成绩也渐有起色,真得很惊喜。因为喜欢,因为热爱,任何困难都变得微不足道。

真心要说一句感谢您,您不仅教给了我知识,还让我懂得了许多人生道理,也拥有了一颗向往诗意人生的心。也因为有您,让我感觉在经历语文的高原期,成绩止步不前时没有那么难熬。在您面前,好像所有的难题都不是问题,所以每次找您答疑解惑时,看到您脸上自信的微笑时,就觉得心安,觉得踏实,觉得自己在一片荆棘中有路可走,觉得自己在一片迷惘中有梦可追。

您总是像朋友一样和我们沟通,这让我觉得您更像一个朋友,可以与您畅聊古今。作为您的忠实粉丝,我也渐渐地理解了一些事。比如,您总是在课余俯瞰窗外,时而又沉思低吟,一开始我并不明白,后来觉得您肯定是在遥寄故人或者沉思往事,因为文人都是敏感而多思的。您的身体并不好,可您却总是对我们说您身体倍棒,引得大家笑,我却莫名觉得心疼,因为您在班里上课时总是马力十足,殊不知这背后也载满了您的疲惫与坚持。想到这,我总会在您下课后目送您出去,希望您可以一直强壮下去,做我们永远的后盾。

方老师,真舍不得您,却恨纸短情长。本来有满腹的感恩却不能全部倾于笔尖,只能跟您说一声感谢,希望在未来的岁月里,您能一直年轻,一直快乐,注意身体,不畏时光洗礼,育的桃李满园。"若有诗书藏于心,岁月从不败文人",相信携一身诗意行走于世的您,会带着我们满满的留恋一直优雅下去。

山有海,树有花,光有影,清风霁月,诗书在胸的方方。我爱您!谢谢您!

此致

敬礼!

您的学生 庄丹
2016 年 8 月 26 日

避风港口

亲爱的老方:

您好!

本来这是一封早就应该写的信,有许多话早应该说,只是我没有去写,没有去说。对老方你有太多的回忆,对高三有太多的回忆。

那年暑假我们得知了又要换班主任的消息,说起来也很无奈,我高中三年换了四个班主任,在高中最后一年遇见了您。可能是我们班频繁换班主任,或许是学习成绩原本就不好,在你接手之前就是个差班。所以我们都从心底感到纳闷,在高三这个家长、学校、学生三方都压力巨大的时期,一个有多大能力的老师敢接手我们班?事实证明,你确实有能力,直到现在老方你也是我心里最了不起的老师。

说起来你别生气啊,没见你时,凭着不知道从哪传出来的小道消息,只知道你头发不多。后来第一次班会,你让同学们用一句诗形容你的头发,我们怎么都没想出来,你一本正经地竖着手指说"草盛豆苗稀"还说"前途光明,后发制人"。班里一片唏嘘声,哈哈哈。后来,就像你曾经教过的学长感叹的那样,我也想感叹一句"到底是因为你老的太着急,还是为教育事业付出太多留下的印记?"见到你时头发确实是不多,但是个子很高,腰板挺直,首先给我一种能够信赖的感觉。

刚开学有一件事让我第一次感觉你不容易,这件事是我们年级重新分宿舍。那时于涵打电话告诉我,我俩单独分到了二班和一班的混合宿舍。不光是她,我也很不开心,一点不能理解这件事。家长也是这样,于涵的爸爸和我爸爸都给你打电话,问你为什么把孩子单独分出去。我不是学习最好的,但也不是学习最差的,我很努力,调皮捣蛋更是跟我沾不上边。但其实不是你有意针对我们,因为学生数量问题,总要有人分出去。你在假期里要向家长讲明缘由,安抚家长的情绪;开学后还要安抚我俩的情绪。那时可能是压力大也或许是年龄的问题,我们和她心理都很敏感,你还要努力不让我们因为这件事产生厌学的情绪。虽然那时极不情愿,但是心里第一次觉得你要照顾每个学生和家长的情绪,有些事力不能及,真的不容易。

每周一下午的班会就像是高三紧张生活的那片天空中绽放的绚烂烟花。老方你每次都精心准备PPT,选好主题,班会有永不放弃,有梦想,有风雨中我可以低头到绝不退缩的信念。每一次班会都像是一击重锤直击心灵,激励我们向着目标前进。毕业后再也没听到过像你开的那样震撼人心的班会,也没有遇到像你那样掏心掏肺的老师。就这样,我们期待每一次班会,无论是考试胜利了还是失败了,期待老方给我们带来振奋军心的主题。

高三除了繁重的学习任务,还有学生之间各种各样的小矛盾。那次我与宿舍里那个二班的姑娘吵架,吵得很凶,午休时在楼道里都能听见。那时候并不能在这样的情况下投入学习,所以她晚上回家了,我没有回家却也放下山多的作业去办公室找你。老方你给我倒了一杯水让我坐下,问我"我能为你做些什么?"我说老师你听我讲就行,于是整个晚自习你都在那认真地听我讲事情的经过,听我讲完了这件事又听我讲我的童年,我的小学。我说完了心里也不堵了,还记得你说我是"梨花带雨"。老方,说实话,你是我们有了烦恼时的一处避风港。

高考前最后一次你找我谈话,我仍然记得你说过的话。无论我能不能考上一本,无论我以后发展的怎样,都可以来找你,我们永远是朋友,你都是我坚强的后盾。其实我觉得很对不起你老方,还有每一个尽力帮助我的任课老师,我辜负了你们的期望,没能考入一本,但我会一直坚守住你教给我们的那些可贵品质,我认为这一点更重要。

我还想对你说,你是我上过这么多年学以来见过的最正直的老师。你几乎每年带的都是学习不是很好的高三班级,这样艰巨的任务,你却能一直守在这个岗位并且大获全胜。我觉得你不多的头发就是为了教育事业的兢兢业业和无怨无悔留下的印记。

最后,谢谢老方你迎着晨露来,踏着月光归!谢谢你高三一年的陪伴。我想说,遇见你,高三不悔!

祝老方一切都好!

此致

敬礼!

你的弟子:秦梦雨
2017年8月2日

不是大叔

尊敬的方老师：

您还好吗？

世界上跑得最快的东西是什么呢？有人说是高铁，有人说是飞机，还有人说是别的什么东东。要我说，最快的东西是时间。不知不觉，三年过去了。三年过去，我的生活也许算不上发生了翻天覆地的变化，但确实走了一个急转弯。想把这些变化写下来却惊讶地发现，高考结束很久没有提笔写些什么了，很怀念那时候不到40分钟就能写出一篇800字的作文。对于过去那段时光，有如同冬日里一碗热汤面一样温暖的瞬间，也有如同一瓶陈年佳酿般回味无穷的日子。

假如时光倒流，那就回到高三开学的第一天吧。为什么要回到这一天呢？因为第一次见到了方老师。那时候的他，脸上的皱纹似乎有点多，头发也不是那么的茂密，感觉是一位年纪不小的老师。快退休了吗？方老师跟级部主任相比，谁更老些呢？呃，算了，还是赶紧看书吧，别想了。等到方老师开始讲课后，顿时感觉眼前一亮，那敏捷的思维，高昂的激情让人感觉完全不是中年大叔一样的老师，完全就是一个青年。再就是方老师一句方言一句普通话混杂在一起的语言也是让当时的我们有点哭笑不得。

若是某位老师的某一方面会让某位同学反感其实是很正常的，而所有同学都讨厌某位老师和所有同学都喜欢某位老师则是令人出乎意料的，而我们方老师就是第二种出乎意料的老师，同学们也经常开玩笑说："今天老方的少女心又爆炸了。"对于经常乐呵呵的方老师而言，大家总是放松的，没有谁会拒绝方老师的笑。而到了严肃的时候，那就是严阵以待，认真起来绝对是严肃的，没有半点马虎。我很喜欢像方老师这样的人，做事绝不拖泥带水，速战速决，认真工作，笑对生活；喝酒时能大口喝酒，吃肉时大口吃肉，纯爷们的性格。其实高三换了班主任大家都很高兴，对于以前高二的班主任大家是很讨厌的，高二的班主任控制欲实在太强，直到今天一想起她还感到心理压力很大，感觉呼吸都不顺畅。

对于我的高三生活，其实只有两个人而已，一位是方老师，另一位就是小杰。我的成绩很差，所以感到很自卑，说实在话，总是感觉别人看不起我。别人也许没有往这方面想，但我自己总是有这样的想法。假如时光倒流，再来一次高三，我想我一定不会这样过了。对于方老师，我想方老师的学生应该是很多的吧，所以觉得没人比方老师更能理解我的处境，因此一直都是绝对相信着方老师。除了方老师，爱笑，乐观的人在我们班再就是小杰了。我觉得他最大的特点就是实在，他的真诚是最吸引我的地方。一直到现在，只要我在家，他也在家，我俩一定会一起吃顿饭，好好聚一聚。每次在他家我都很放松，要是喝高了可以倒头就睡，感觉就和在自己家一样，唯一感到的就是放松和开心。

不要说高三一年，就是从毕业到现在，也是感觉一眨眼的工夫。高考第一天结束，就能想出自己最后的结果了。直到现在，还能记着和方老师在操场上的对话。我以前认为从一所专科大学毕业，然后回家上班赚钱等等，也是一条不错的路。那天从和方老师的对话中，我知道我依旧要为自己努力下去。高考不是终点，上大学也不是，永远都不会有什么所谓的终点，有的永远是一个又一个的挑战。总有什么事情不是那么顺心或者根本是在向相反的方向发展。既然不是自己满意的结果，那不妨先接受它，再一点点扳回到自己预想的方向。没有老师和我的那一次谈话，也许真的就是上学，毕业，上班，根本不会有现在在另外一个地方，另一条路上艰难前进着。

其实出国留学并不是一个简单的决定，因为它要面临的挑战太多了。我也想说，这是一条极为艰难的路，如果做个比较的话，其艰难程度不亚于考清华大学。为什么这么说呢？最大的问题就是语言。第一次动身前往韩国是我第一次坐飞机外出，在下飞机到达仁川机场后，自己在硕大的机场内竟然不知所措。通过机场入境审查后，完全没有坐飞机经验的我完全不知道如何领取自己的行李。当看到一位穿着制服的机场工作人员后，我镇定地向他走去。这时，我感谢学校一直以来让我们学习英语，同时也感谢自己没有把英语学成哑巴英语。用英语询问如何取行李以及相应的行李转托后，产生了满满的自信感，这是生平第一次用英语解决实际问题。我们终日生活在汉语的世界里，除了考试做题，从来没有用外语解决过什么问题，于是也忽略了语言独有的魅力。在刚刚到学校的日子里哪怕只是去超市用英语或者韩语买了什么东西，都有满满的成就感。

老方，今天就聊到这里吧，刚刚开学时间有点紧，一会还要去驾校咨询考驾驶证的事情，有时间还会给您写信的。

祝您身体健康！

李润泽

2017 年 9 月 12 日

超有活力

亲爱的方老师：

您好！时间过的真快啊，不知不觉间，大学的第一个学期已接近尾声，不知不觉间我已毕业七个多月了，对您我甚是想念！

有缘在高三成为您的学生，有幸和您成为可以"称哥道姐"的朋友。哈哈……方哥，不知您是否和我一样，会常常想起那段我们一起拼搏的时光，每个语文早自习都吃的很不安心的早饭，我知道，您是希望我们把握好点滴时间。上了大学才发现，再也没有人督促，无论选择做什么都靠自觉，而时间却总是觉得不够。

怀念上课时听您和曲恬叶互怼，真的觉得语文课是最后那段时间最轻松的课了。语文成绩一直很不稳定的我一直是您重点关注的对象，我觉得您第一次表扬我就是因为我是第一个问您问题的学生，而我也一直坚持得很好。毕竟语文在我看来人云亦云，我更愿意相信权威、更准确的答案，您也十分鼓励我们提出问题，为此您牺牲了宝贵的休息时间却从不抱怨。确实特别感谢您不厌其烦地指出我们的问题，然后给予批评指正，让我们能在正确的道路上走得更远；也多亏了您，语文成绩才成了我唯一拿得出手的高考成绩。

您是一个很有绅士风度的人，您常常给我们讲您的故事，虽然都是一些小事，却很温暖。平常如果是哪位同学帮助了您，哪怕只是一件很小很小的事，您依然会认真地跟他说谢谢，一点也没有老师的架子。您对生活充满热爱，生活中的您充满激情，您会随手拍下触动心灵的景或物，上课时和我们一起分享；您每天都乐呵呵的，大步流星，跑操时坚持活动筋骨，真的是一个超级有活力的老师。

临近毕业时，您曾对我说没事常联系，有需要您帮忙的，您一定不推辞，我当时超级感动，但一想到您平时工作十分忙，总不愿麻烦您。前段时间，我报名参加了全国大学生作文比赛，看到指导老师一栏，我马上想到了您，尚未动笔的我就联系了您，您二话不说就答应了。后来，整天被许多杂事耽搁，作文上交的时间也突然提前了，我只得急匆匆找您，找您帮我看看尚不完善的初稿。当时没有考虑到您也有自己的事，我有点"不择手段"地疯狂联系您，晚自习我们老师统一收起手机，错过您萌萌哒的语音和电话，晚上9点多给您回电话，才知道您最近诸事缠身，希望我的考虑不周没有给您带来不便。您哑着嗓子给我讲了近一个小时的建议，都是我之前没有想到的，让我感到耳目一新。我也知道您去小学支教啦，在那里很受小朋友的欢迎。

那个晚上我受益匪浅，不仅是知识的获得，更是对乐于助人有了更深地理解，您对我们的影响正是通过言传身教，让我们得以更好地理解并发扬。

老师，希望您一直做您喜欢做的事，每天都开心心的，身体倍棒，工作顺利；也祝愿师母身体健康，工作顺利；希望小师妹平安，健康成长。

老师，成为您的学生是一件很开心的事，也希望将来的我可以成为让您值得骄傲的弟子。

放假回家，期待能和您见面聊！

此致

敬礼

您的学生陈璇

2018年1月3日于曲阜师范大学

传播引领

敬爱的方方：

您好！

转眼间，我高中毕业已经有近一年的时间了，不由地感叹一句，时间过得可真快！

您是我高中的第三任班主任，也是我印象最深的那位。很幸运，在茫茫人海中能成为您的学生，尤其是在我人生中最重要的那年。那年，我上高三。还记得初次见你，风趣幽默，和蔼可亲，眼神中又透露着一种坚韧。您刚接手我们班的时候，我们班的成绩并不理想，可您仿佛有一种神奇的魔力，自从你开始带我们班，我们班的成绩便突飞猛进，很快在年级名列前茅。然而，这一切来得并不是那么容易，在我们取得优异成绩的背后，是你早出晚归的付出；是你用精心准备的班会，用您那饱满的热情，不断地激励和鞭策着我们；更有您在我们成绩落后时对我们的鼓励。

我并不是一位好学生，学习成绩排在中下游，但是您并没有因此而放弃我，反而对我们这些成绩靠后的更加重视，不断地找我们谈话，敞开心扉，为我们排忧解难，这让我们十分感动。忘不了您耐心指导我写作的场景，一句话，一个错别字，小到一个标点符号；忘不了您的每一堂语文课，绘声绘色，娓娓动听，每讲一篇课文，就像听一个美丽的故事；忘不了您陪我们一起跑操，跑步前有琅琅的读书声，跑步时有嘹亮的口号声；忘不了您暖心的提醒，我们天冷加衣，注意安全；忘不了您的那句名言"只要我一起飞，空中就没有王牌"，这句话更是作为我的座右铭，伴随着我的高三。

你是知识的传播者，你是道路的引领人；你告诉我们要脚踏实地才能仰望星空；您高尚的人格照亮我们纯洁的心；您是我们成长的榜样，遇到困难迎刃而上，毫无畏惧。亲爱的老师，您是我的良师益友，我深深地感谢您对我学习和生活中的帮助，对我的每一次鼓励和肯定，都给了我巨大的力量，尽管高考成绩并不如意。但我努力过，也不后悔，在以后的日子里，依然会以乐观向上的态度，勇敢地面对我的学习和生活。

恩师，向您真诚地道一声感谢，祝您安好！

您的学生赵妍

2016 年 5 月 4 日

斗士慈父

尊敬的方哥：

您好！

时光匆匆，转眼到了毕业的时候，我们就像羽翼刚刚丰满的小鸟要离开您的怀抱。还记得您高三刚接手我们班的样子——偏黑色的皮肤，瘦瘦的身材和写满了风霜的面孔。也正是您的这张面孔让我们感到体贴和暖心,透过您的样子便能看到您曾为教育事业奋斗的日日夜夜,使得我们对自己的高考充满希望。

刚接我们班的时候因为我们班基础不好,所以整体的士气就很低落。是您又给了我们希望,在班会上您引用"三"字的传说给我们分析大三班占据的天时、地利、人和,给我们打气!您总是冲在战斗的第一线上,早晨我们还没到教室,您就坐在讲台上开始一天的工作了,正是您的这种充满斗志和激情的身影鼓舞了大三班的所有人,终于在期中考试中我们取得了第一名的好成绩!

您不但是一个充满力量的斗士,更是一个春风化雨的慈父。在校生活是苦涩的,我们往往会产生对老师的不理解,正是这种不理解成为了我们进步的最大阻碍,而您的沟通就像那暖暖的春风,让我们心中的冰墙慢慢消融。您的沟通滋润了大三班每个人的心田,一颗理解和信任的种子在寒冬中孕育,为的是来年的萌发和收获。

过了短暂的寒假,到了最后拼搏的时刻。您没有用十分严厉的手段来管控我们,也没有采取置之不理的态度,而是用您独特的温和与又带些刚硬的方法走进我们的内心。您告诉我们"只要我一起飞,空中就没有王牌",让我们更加自信;您告诉我们"不为失败找借口,只为成功找方法",让我们懂得奋进和实力的重要;您通过小鸭子上台阶的故事告诉我们您不会放弃每一个人,同时每一个人都不应该放弃自己。您指着鸭妈妈期盼的眼神,含泪告诉我们那叫母爱!还记得每天跑操时那激情飞扬的口号吗?文者称雄,武者称霸,大三勇士,雄霸天下!还记得每次宣誓时那整齐划一、铿锵有力的声音吗?这是我们的青春,也是方哥您的青春啊!

终于到了高考的时候,大战的前夜我已经回到故乡,但您对我的叮咛我时刻没有忘记,您充满斗志的身影一直充满在我的脑海。终于,种子萌发、收获。

现在回想起高中的岁月,想起和您和同学们在一起的点点滴滴,我的眼角总会情不自禁地流下感动的泪水。能做您的体育委员,我引以为荣,希望在不久的将来您也能以我和大三的同学们为骄傲!

方哥我们大三永远爱您!

祝您及家人幸福欢乐!万事如意!

您的体委张博
2017 年 8 月 13 日

恩师益友

方哥:

说来你可能不信,自从上月说要给你写信之后,我已经打过四五次草稿了,每次都是写了一半便觉得语言太啰嗦、太无趣便写不下去了,就这样一次一次地写了停止,停止再重写。

给你写信并非易事，因为想对你说的话实在太多，一动笔便有百般滋味、万般言语一齐涌上心头，我总想挑最合适的和你分享，挑来挑去便挑花了眼，不知该从何跟你讲起。

昨天你拍照给我发来高三时我写的检讨书，我心里感到好暖。没想到这么久了，那份检讨书你还留着。看到自己在检讨书上写的话，这一句那一句，都让我想起了从前。

从前你老跟我们说"要用心，用心听课，用心做题，用心生活"。现在想来，最用心的还是你，你记得住我们做过的每一件小事；毕业时你也跟我们说过，"人生路很长，要学会爱自己，爱他人，爱生活"，现在想来，最有爱的也还是你。离你再远也总能感受到你对我们的牵挂，天大地大，还好有你为我们守着家。

匆匆高三，太多美好大多已忘记，可还是能记起和你相处时的感觉。该怎么形容那种感觉呢？它好像晴朗的天，也好像温柔的风，还像那鲜绿的叶；它很干爽，不邋里邋遢，拖泥带水；也很温柔，如春风拂面，自由滋润；它生机勃勃，"青青园中葵，朝露待日晞；阳春布德泽，万物生光辉"。那段时光，是真艰苦，而确实是真幸福。

方哥，上了大学自己遇到的人和事越来越多，有好多事自己一开始绕不过弯来，费了好大劲儿才把它们捋直捋顺。每当有些事还没捋直的时候，就会想起你说的话来，受益最多的是这一句，"当别人有事情找你帮忙时，你应该感到高兴，这说明他心里有你，这是一种信赖"。

确实是这样，生活中还是好人多，坏人少，来找自己帮忙的大多还真是需要自己帮忙。遇事不嫌麻烦，愿意拿真心换真心，因为这样一份好心态，让自己在求学求职过程中也得到了很多朋友的帮助。而这样一份心态，正是源于你当时的那句话（可能你已经忘记了），很感恩方哥当时的教导。

子曰："益者三友，损者三友。友直，友谅，友多闻，益矣；友便辟，友善柔，友便佞，损矣。"方哥，你既是我的恩师，也是我的益友。作为你的小朋友，信写到这里，还有几句想跟你唠叨，不说相信你也已经猜到了，那就是"好好休息，注意身体！"

得知你现在在一个小学里支教，我心里好开心，连着带了这么多届高三，终于可以好好歇歇了。你太辛苦了，每次回校看到你都感到很心疼。一定要注意身体，好好休息，开心生活，像我大学一位老师说的那样，"健健康康为祖国教育事业贡献三十年"。

对了，忽然想起你家的大王子和小公主。铁汉柔情，每次见到他们两个你都应该很开心吧！那还得再祝大王子学业精进，"立大志，成大器"，小公主健康成长，"没烦恼，没忧愁"。

方哥，还有好多话没说，以后慢慢说吧，反正咱们有的聊。三年，五年，十年甚至更久，都有的聊。你和师母也多保重，我回胶州咱们见。

弟子　百杰

2017 年 9 月 17 日

感恩有你

可爱的小方：

执笔书写，我其实是无从下笔的，因为您带给我的东西，其实是千言万语都道不尽的，但千言万语都化作一句话：方老师，谢谢您！

还记得第一次见您的时候，是对您无感的（没有什么感觉的），不就是一个班主任嘛！因为之前我有偷偷打听过您——一个严厉、"凶恶"的老师，而见到您的第一面，哎哟，竟是一个散发着慈母般微笑的老师！对您最多的印象，就是那感染人的笑容了。现在回忆的，更多的是方哥您的付出！现在我都想再回到教室，再听方哥您再给我开一次班会。您的班会我可是非常、非常、非常喜欢的，每周一次，甚至在我们表现不好的时候再加一次。其实啊，在我看来，那就是一碗碗心灵鸡汤，但是我不得不承认这种方法是真得 very very good。第一次班会——只要我一起飞，空中就没有王牌，感觉您在讲台上慷慨激昂地演讲，就像一位将军。

不知道您记不记得，我以前可是个"问题少女"。一开始那几次班会，您每次走到我们那个位置，总会笑着对我说："对不对，付晓雨?""是不是，付晓雨?"当时觉得，哎哟喂，这老师怎么老是训导我？后来呀，我最想要的就是那一句句叮嘱，那一声声期盼的呼唤，那是对我最最有用的。

现在上了大学，真心希望再有这么一个人督促我。当然，我知道，我还是应该靠自主学习，但是啊，如果没有您那时候的督促，我现在还不知道是什么样子呢！可以说没有当初的方老师，就没有现在的付晓雨。

而且我还记得，您特别重视教室的学习氛围，其实这也是每一个高三学生所需要的。可以说，您的教育方式是 666 的，手动给您点赞哦！

其实，您真的是一位伟大的老师。真的，我觉得我们看到的也只是一小部分而已，忘不掉高三那一年 300 多天，您几乎天天都陪着我们，不管日日夜夜都挂念着我们。可是我们也知道您有家庭，您有孩子，您的孩子也参加高考。师母怀孕那一阵子，我觉得您作为一家之主，一个丈夫，一位父亲，一个班主任，太累太累，您真的做到 200％的好。

我永远记得您苦口婆心地教导我的时候；也永远记得您为了家庭、班级挤出时间，一步两个台阶奔波的样子；永远忘不掉，您压缩吃饭睡觉的时间来陪伴我们上课，吃饭，跑操，这一些都是为了让我们每个人都能学习好，考上一所好大学；我永远也忘不掉您肩膀疼痛难忍的样子……

方哥，感谢在我最美好的时候遇见您！

方哥，谢谢您对我的谆谆教导！

方哥，一定要注意身体，好好休息！

方哥，我爱您！您是我的男神！

您的学生付晓雨

2018 年 2 月 21 日

感念师泽

可爱的方哥：

你好啊！我是杨艳萍，萍姐。阔别两年之久，我们还未曾重聚。这两年的时光足以见证一位优秀教师的成长，不管是我亲眼见证还是从以前的高中同学口中听来，你永远都是一位那么优秀的老师，各种荣誉称号授予彼身，你都是当之无愧的。作为你的学生，我也从心底里感激你，敬佩你，爱戴你，是你让我们懂得"为人师表"这个词的真正意义。

高三的师生联谊会上，你教我打牌，那搞笑而又温馨的一幕，好像就发生在昨天。犹记得你在告别之前对我们的谆谆教诲，每一句话都带着你的祝福，带着你的不舍……你祝我们前程似锦，那我祝你身体健康，工作顺利！真心感谢你，小方哥！

虽然我们只相处了一年的时光，但回忆却那么长，那么广，像是聚集酸甜苦辣咸的调味瓶，汇集了丰富的情感，填满了内心的空洞。高三这一年本来就是紧张的一年，但是在你的引导下，我却过得很平静，真正做到心如止水的一年就是高三这一年。当时是由做各科分离卷转向做文综卷的过渡时期，我成绩下滑得很厉害。你找我谈话，告诉我要尽快适应这种变化，说要对自己有信心。后来成绩开始渐渐提高，我想大部分的功劳都来源于你的鼓励。我从你的话语里，你的眼神里，看到你对我的肯定，让我相信我能行。这种适时的鼓励，不知让我多感激你，我想这就是教师的神圣感吧。

其实，在做人这方面，你的确教会我很多。记得有一次谈话中你说以后如果有能力，一定要多多回报社会，多多奉献社会。这种价值观又有几个老师会教授给自己的学生！春风化雨，感谢如此高尚的教育理念，希望你可以更多的传授给师弟师妹，这个社会需要像你这样的老师。

开学第一天，你给我们讲了一个 70 高龄的老教授上课站着讲了三个多小时的事例，我想你也正如这位教授，对自己的教学事业充满热情，这种热情无形地影响着每一个学生。高三时，我们 18 班一直是最优秀的，这都离不开你和每一位高三 18 班老师的教导，谢谢你们！

今年我也要升大三了，每到学长们毕业之际，总是会想起当年你对我们的师泽。感念师泽，一生铭记师恩。感谢你出现在我的世界里，愿你一生康健，家庭美满，工作顺心！

原谅我的不敬,没有用"您"是因为在我个人眼里,"您"代表着年纪大的人,但你那么年轻,实在不能把你叫老。

永远 18 岁的方哥,永恒不变的师生情!

杨艳萍敬上
2016 年 3 月 26 日

和蔼老方

老方:

离上次见您又快半年了,您好吗?

在许多人看来,用老方这个词语来称呼您有点不妥,甚至很不妥,但我感觉这样的称呼似乎更亲切。

还记得暑假在外学习时,便知道高三又要换班主任了。其实刚开始的时候的确有一些不舍,因为磊哥确实很出色,跟我们玩的也很好,还把我们两个班放在一块上体育课。

入学的第一堂课上,您让我们来描述一下我们初次见面印象中的您。田镇丞说您很和蔼,当时引起了许多同学的哄笑,因为感觉这个词语用在老年人身上更合适。其实我挺同意小田同学的说法——和蔼,我再加上俩字,可亲。我感觉用这个词语更能表达出您的亲和力。

作为一班,我们自然要拿出一班的水准,由此您给我们起名为"一号战舰",我们叫做"大一班"。时隔近两年的时间,我们还能记清楚当初您那震撼人心的话语"'一号战舰'舰长方明武向大家报道",至此,我们这艘战舰便扬帆起航了。

和其他"大一班"的诸多同学一样,我也感到非常幸运的是求学路上重要的一年是在您的指导下度过的。虽然最后发挥失常,没有为班里再拿下一个一本名额,但我最后的成绩仍然离不开您的教诲。您经常利用班会的时间给我们加油鼓劲,这在以前是从来没有过的,我想同学们也是通过那一次次班会不断地激励自己,提高自己的思想觉悟,进而提高成绩,最终考上理想大学的。

作为班干部中的一员,我得到了您的器重。同时作为体育委员的我按照您的要求坚持每天晚上下第二节晚自习带领同学去操场跑步,毕竟"身体是革命的本钱"。感觉在您的指导下,我的工作能力也有很大的提高。

您是一个出色的班主任,以往所带班级高考成绩那么好,同学们的热爱那就是铁证,正是在您的精心引导下,我们班在高考中才能取得"辣么好"的成绩。当然,遗憾的是我们班没有打破您带班达一本线人数的记录。

还记得一模前后,我和班里同学发生了矛盾,闹得很不愉快,给班级也造成了很不好的影响。方老师您从大局出发,教导我们这时候高考是最重要的,为我们处理了矛盾，使我们过了很短一段时间后便摒弃前嫌又成为了朋友。如果没有方老师您当初的训诫，没有您的耐心引导，我和她可能不会再是朋友，甚至可能会成为路人，同时我们也会在高考中失利。"忍一时风平浪静，退一步海阔天空"这句话我会永记在心，它对于我以后的学习工作是很重要的。

老方同志，非常感谢您这一年对我的帮助与支持，更感谢您在思想上给我们的点拨。虽然我们同学与您之间偶尔会发生小摩擦，产生不理解，但我们都知道您是为我们好，在您带领下必然能取得成功！

最后，再次感谢方老师高三一年为我，为我们"大一班"付出的努力，希望您注意身体，别太操劳。

衷心祝愿方老师工作顺利，新年大吉！

明昊
2017 年 11 月

激情乐观

亲爱的方方：

最近您还好么？

时间过得真快，不知不觉已经高中毕业将近两年了，翻看您的朋友圈，看见您还是像原来那么年轻开朗，还多了一个漂亮的小公主，我们做学生的真得非常开心。

每次回想起高考之前的那一段时光，仿佛就在昨日，还能感受到当时的兴奋和一丝紧张。感谢您，带领我们这些孩子不断成长，收获了很多美好的回忆。

印象最深的是每次跑操，我们高三一班在操场上拿着英语单词小本本，一边跑着一边很有气势地喊口号。那时天气超热，那个汗如雨下啊，然后跑回教室就开始站着背书，那个时候真没觉得累，只是觉得离风扇太远，太热了，并在心里数着日子还有几天换排，换到那边能不能靠到风扇底下。

教室里贴着很多励志标语，每次班会上方方都会充满激情地为我们这些累了一个星期的孩子们加油打气，想来"只要我一起飞，空中就没有王牌"肯定还会激励很多学子。我真的很感谢方方，您不会放弃任何一个人，而且还会带领我们一步步向我们定下的目标迈进。我的进步也离不开您的鞭策——我觉得我自己是那种这次成绩考好了就会有点飘的学生，下次考试肯定得退步，您会找我到走廊里谈谈心，然后老师们就开始重点抓我，下一次考试排名保证一下子就上去了。

实验高中的环境还是相当干净的，非常适合学习，这里的莘莘学子都非常努力。有方方这样乐观而富有激情的班主任，班里的学习氛围一直很好，一下课我们就会问问题，问同学、问老师，可气的是有的时候还没问完就上课了。还记得有一次上自习，后位拿笔戳我，回头他递给我一张便利贴，上面是他费了将近一节自习课写的一道巨难数学题的详细步骤，当时我真是特别感激，觉得他瞬间帅了一个度。

每次我怕文综写不完答题卡，都写得很快，字儿特烂，果然，一发答题卡方方就眉头紧皱。那次考试，我因为字迹被扣了卷面分，当时我问你，"我这狗爬字真的没救了吗？"你看了看我的卷子说，"你这还算不上狗爬。"正当我松一口气的时候，你却又补充道，"因为我实在看不出这是什么动物爬的。"哈哈……大磊磊（迟明磊老师）站在讲台上用大土话喊："哎呀，李喆！咱答题卡就能看清笔画了哈！"细心的历史老师还在阅卷时很用心地把我的答题卡截个屏，共享给整个级部的老师那里当反面教材，导致后来大家一在白板上看到字烂的答题卡，想都不想就说是我李喆的，我无力的辩白就被淹没在同学们的笑声中。现在想想这件事，不仅觉得一点也不觉得丢人，反而还觉得十分温馨，我的字在老师们"温柔的鞭策"中也变好了许多，没有在高考时拉低分数。所以，我很感谢我的老师们，老师的话一定要听啊。

现在距离高考还有不到三个月了，又到了在方方带领下的学弟学妹们创造属于自己的辉煌的时刻了。祝学弟学妹们高考过后都能心想事成；沉住气，不要有太大的压力，人的一辈子很长而且精彩的超乎我们的想象，未来的机遇还有很多，高考只是一次经历，重要的不是结果，而是我们曾经一起拼搏过，我们不后悔，我们收获的是有点热血又有点傻却值得一生去珍惜的青春回忆。

祝方方永远年轻开朗，永远激情乐观！希望这届师弟师妹们不会像我们那样不听话，经常惹您生气，要注意身体，健康才是第一位啊；

祝您家庭和和美美，小师妹快乐成长；更祝方方事业有成，带的这一届学生高考成绩再创一个新的巅峰！

爱您！么么哒！

学生　李喆
2018 年 3 月 25 日

既小又老

亲爱的小方老班：

您好！

我绝不承认开始写这封信的第一感觉是心虚，因为我居然把您教给我们的写信格式忘了（捂脸），希望接下来不要出现错别字和标点错误。

都说高三过得快，果不其然，只是当时身在其中而不自知罢了。

初识您是在那个高二过渡到高三的炎热的暑假，学校给新一届的高三生安排了假期自习，还没来得及从暑假放松状态转向高三生自觉状态的我果然迟到了。打开门的瞬间看到的您当时是两只胳膊分别撑着中间两排的桌子，哈着腰，正和同学们说着话。见我迟到，您没有说什么，只是微笑着朝我点点头，让我进去。那一天，我们认识了您——将要陪伴我们度过高三的您。

老班换了，而学生还是那一批。尽管高二的时候我们班的成绩很差，但是不能否认的是，经历了一年的风雨，我们已经团结在一起了，而您和我们需要磨合，刚开始会将您和我们高二的老班进行对比，感觉您不如原来的老班，有时候甚至会产生排斥感。

但不知道从什么时候开始，我们已经不知不觉地接受了您，会亲切地叫您小方，有什么问题会主动跑去您的办公室。记得刚开始的那段时期，您常常叫我上黑板听写字词，听起来像小学生的事情，但我还真在黑板上挂了好几次，那种当众"处刑"的感觉现在还留有余味。那时，我并不明白为什么您老是让我上黑板，后来去您的办公室和您谈心的时候，您分析了我们高二的成绩，我才知道，我的语文成绩最差。

有一段时间，所有的事情仿佛都约好了似的，集中在一起爆发。我们历史老师生病了；师母刚生下了小公举，而您需要抽出一些精力照顾她们；再加上正好赶上我们要什么报名找不到您。那时候所有人心情都不好，感觉我们成了没人要的孩子。高三似乎每个人都变得那么敏感，就像那干柴一点就着，学业挤压的重担转化为情感地爆发。明知道您很累，每天学校、家里两头跑，但还是忍不住去抱怨，也可能我们刚建立的感情有些不牢固的因素，事情就这样爆发了。

您及时召开了班会，开诚布公地和我们谈心。您在上面说，我在下面哭，周围还有此起彼伏的抽泣声……并不是在怨您，只是高三的我们似乎经不起一点"风吹浪打"，一丁点的小事就会扩大化。但您敞开心扉和我们交流，经过这一件事，我们之前的那种若有若无的隔阂消失了，而且能够相互体谅，就这样我们共同走过了高三的风风雨雨。

成绩的起伏构成了我们高三的主旋律，从您接手我们班后，我们的成绩渐渐有了起色。偶尔看到你去找我们的任课老师，知道您这是在为了我们；每天早晨早早地到了，晚上吃饭先陪着我们，然后您再吃；中午有时备课不回家，就在办公室趴一会……当然，所有的一切都得有个过程。比如说，早自习下课后，我们习惯性地在桌子上趴一会儿，您生气了，而我们不解甚至认为这样做理所当然，您就叫我连续几天早自习后去六班（当时我们年级成绩最好的班）看看他们班早读后的同学们的睡觉情况。后来，理所当然地打脸，我们就严格贯彻落实您的教诲。

高三后期开始了马拉松式的考试，周周都有。我的成绩竟然奇迹般地达到了班级第一，您找我出去谈话，在楼梯口那里。我能看到拐角处的窗口透露出的点点月光，走廊中的灯光也有些暗淡。您当时说了些什么，我大多忘记了，但是有几句一直铭记在我的心里。您问我如果下次考试我考到十几名，甚至二十几名我会怎样。说实话，听到您问话的瞬间，我是愣住的，我不相信我会考到十几、二十几，毕竟我从来没有掉出前十名，所以愣了一瞬后我坚定地告诉您，即使那样我也不会受挫，不会放弃。您也告诉我一定要相信自己的实力，即使真的如所说的那样也一定不要怀疑自己的能力，一定不要放弃。

可上天似乎就是这么滑稽，高考前的最后一次模拟考试，我已记不清是考了十五名还是十六名了，重点是那就是我的真实成绩，我想给自己找个借口都找不到。我哭了，知道成绩的时候，正好在给我爸爸打电话，听到爸爸的声音眼泪再也止不住，简单地"嗯"了几声就匆匆挂断电话，回到教室后就趴在桌子上，把头埋在双臂里，任泪水横流。

午休的时候，蒙在被子里想了很久，您的话反反复复出现在耳边，好似给垂死的病人打了一剂强心剂。哭完，又是一条好汉。老师，您说过不要怀疑自己的能力，我有再拿第一的实力，不是吗？我又怎么能因为这一次成绩就完全否定自己呢？即使好运气，也不会接连三次第一的啊。

高考第一场就是语文，紧张不可避免，怕自己的作文写跑题，迟迟才下笔。结果一匆忙，竟然把题目中的字写错了，文章内容也有多处修改。最后五分钟，还是回头看了看选择题，幸亏回去看了，惊恐地发现最后一个选择题竟然没涂卡哦，明晃晃地在那空着，我是有多急！这么明显的失误开始我竟然没有发现！至今想来还很幸运。我的语文成绩虽然不是很好，但是我的语文选择题全对了，要知道我的语文基础一直不怎么样。

很幸运，遇见您；很幸运，有您的教导！小方老班！您又小又老，既能小到和我们一起谈天说地，一起愉快地玩耍；又能像长者一样语重心长地开导我们，指引我们前行。

祝老班身体健康，工作顺利哦，要注意休息，少熬夜。

永远的大三勇士韩星

2018 年 3 月 9 日

老铁朋友

致方方：

半年不见，您可还好？值此新年之际，特向您问好！元旦快乐！虽然咱们平时工作忙，但是该浪漫还得浪漫，该乐呵还得乐呵！

哎呀！突然不知道该如何开口，词穷了，哈哈哈。咱们这情谊不用开口说都倍儿铁的吧！老铁有事儿我必得助阵！先说一句：老方，加油！挺你哦！

真要说啥到嘴边又觉得无话可说。方方在我心中既是亲人，又是朋友，我对方方你不必像对其他老师那般拘谨。上次暑假咱们一起吃火锅回来后，我就和爸爸妈妈说我非常享受这种感觉，和一起闯过高考的老班像朋友之间的聚会一样，涮个火锅，聊个家常，讨论一下大学生活，憧憬一下未来，那感觉真得好美，幸福得我不要不要的。

还记得毕业之前方方您对我说的那些话，我印象最深的便是您说的我们要做长久的师生，一辈子的朋友。等到我结婚的时候，您还可以一通电话打来叫上我的对象（我现在还没有男朋友，有才华的长得丑，长得帅的成绩差，成绩好的不浪漫，会浪漫的靠不住……唉！也可能我俩在寻找彼此的路上迷失了方向吧，也是很无奈啊！哈哈哈）陪您到楼下喝一杯小酒。印象非常深刻，因为当时我就被这个场景感动了，到现在还记忆犹新。

有时真想回到过去，回到高一，从开始便认识您。现在的生活不是我想要的那种状态，我有些后悔，后悔我的年少不懂事，浪费了那宝贵的时光。当我在这里找到最好的学习状态之后，我便想要是我的高中也是这样的状态该有多好。可韶华易逝，青春不返，我只能抓住当下，珍惜眼前。

哎呦，不想抒情来着，哈哈哈。最近快到考试周了，复习课业比较繁忙，抽空写一封家书寄予您，让我浑身又充满了力量。想到您永远都是活力满满的样子，我就感到周围有一片阳光包围着我。有光，就有希望，不是吗？

最后，祝您身体健康，工作顺利，做一个天天散发能量的小太阳！

您的爱生大静静

2015 年 12 月 25 日

你的背影

老方：

近来可好？

相信我这句话问的没有水平，因为在我心里你一直都是一个对生活充满热情，乐观向上的老大叔。虽然你的外表有点沧桑，但是对你有所了解的学生都会懂得那种沧桑，甚至有点磕碜的背后，是连续多年高考征战的结果。

无论是在你的课堂，还是我们平时的交流，都能感觉到您的身上时时刻刻都有一种力量，它使你充满了活力与激情，而你的这种对生活充满的激情，也潜移默化地影响着我。

我们的师生关系更像朋友一样，在我眼中，班级的每个同学你都平等相待。我们犯错，你没有扯着嗓子骂我们，而是心平气和地跟我们讲道理。你一点也没有那种君临同学之上的架子，我觉得从小到大，我见过的有这种平等师生关系的老师真的是少之又少。

还记得高考前夕，我因压力过大，思虑过多，是你在我感到无助的时候，耐心地听我诉说，那一个晚自习，我痛哭了一场。那几个月，班级成绩不好，一些同学之间的关系也比较紧张。还记得那天我和我同位干了一架，你让我们和解以后，我望着你离开时的背影想，我作为你的学生，遇到问题可以找你解决，你总是班级问题的解决者,可是你肯定也有失落无助的时候,那个时候你又能找谁倾诉呢? 谁又能帮助你解决呢? 至今还记得,那天你离开时的那个背影。高考前,班里出现了大大小小的一系列问题,你没有扯着嗓子喊,而是冷静地寻找解决这些问题的方法。

还记得有一次我们两人聊到男人要承担起作为一名父亲的责任,也要在工作中承担应尽的责任这个话题的时候,那种语重心长,那个离开后的背影我至今记忆犹新。

老方,你那沧桑的脸庞或许会越来越老,但我相信你心中的那种责任,那份热忱,永远不会抛却!

你的朋友高文杰

2018 年 4 月

人生启迪

亲爱的方方:

近来好吗? 好久没见您,十分想念您,最近我总是想起您和同学们,总有一些熟悉的片段在我脑海中一闪而过,想抓住这些片段,却又是模糊的,但也是欢愉的。

仔细想想与您的相处,大致就是一些上课啊,做题啊等任何高中生都会经历的事情,但可能是您的课代表的原因,总感觉对您的了解相比于其他同学来说更深入一些,您对我的影响也相对来说更大一些,不过您对我影响最大的不是语文方面的,而是一些关于做人方面的,甚至是该怎样度过漫长的人生这些更深层的哲理性的东西吧,哈哈。

第一件事,让我知道对工作要饱含热情,要热爱自己的事业。

有一件事我记得特别深刻。期中考试后召开的家长会结束时,您站在门口,同每一个从教室出来的家长握手,向他们一一致谢,并祝家长们一路顺风。这件事过去好几年了,当时的情形还深深地印在我的脑海里,其实您每一次家长会都是这么做的吧! 虽然我只碰到了一次,可是这件事对我的大学生活产生了很大的影响。在大学里属于我的工作,我都认真得一丝不苟地完成,从来不会因为与自己没有直接利益关系而敷衍了事,真正做到热爱自己的工作,对自己的工作认真负责。如今我即将踏上工作岗位,在以后的工作中,我将继续学习您的这种精神,饱含热情,真正做到敬业爱岗。

第二件事,让我懂得了百善孝为先。

一次上课,您无意中说起您的母亲,她年纪大了,记忆力有些不好,过去的许多事情都不记得了,却唯独清楚地记得自己的儿子在实验中学工作。所以每当她自己出去迷路时,警察叔叔都会把您的母亲送到咱们学校来。当时的我认为发生这样的事情,跟自己的学生说起来会很难堪的,而您说这件事的时候,眼神里充满了宠溺,像对待一个不懂事的孩子一般,我从您的眼神中读出了您对母亲的深深的爱。由此我领悟了关于人生的新的道理：当父母老了，像个孩子一般了，就像对待孩子一样去对待自己的父母。也就是说要孝敬老人，要心怀感恩。

最后一件事，我现在想起来，还会不由自主地笑。一个具有"大叔"形象的老师，总是时不时地喜欢煽情，喜欢抒情，各种"肉麻"，毫不吝啬地用语言来表达自己的情感，不管是课上还是平时在课下，时不时蹦出一两句抒情的话，哈哈。这或许就是"走过半生，归来仍是少年"的真实写照吧。在您潜移默化地影响下，我也敢于明确地表达自己的情感。

方老师，想想你给我的这些人生的启迪，想想与您的相处，一年时间的点点滴滴如涓涓细流般流淌过我的内心，温暖着我的灵魂，指引着我生活的方向。

方老师，很长时间没见到您了，但我一直记挂着您，一定会找机会回学校看您！

最后祝您工作顺利，越来越帅！

您的学生徐钰滢

2017 年 8 月 25 日

三个镜头

亲爱的方方：

您好！

许久未见，身体安康否？工作还顺利吗？

都说老师是辛勤的园丁，而如今，您曾细心呵护过的一棵小树苗也即将化身为勤劳的小园丁，走上三尺讲台，开始做一个实习教师了。回想高中一起为梦想奋斗过的近 300 个日夜，您的一声声教导都是对我最好的指引与激励！

如果说高中就是一部以自己为主角、自导自演的梦想奋斗史，那么我们很幸运的就是遇到了您做编剧。过去的一年里，您以辛勤的付出指引我们完成了这部足以记忆终生的大作。

镜头一，激情宣誓。

您说宣誓不只是一个口号，更是唤醒对梦想的责任感，您让我们轮流走上讲台，带领全班宣誓。攥紧的不只是拳头，更是沉甸甸的梦想。就这样，梦想和责任仿佛接力一样在我们每个人心中传递，我们也都感受到了这份重量才更为此拼搏。背书时，一句句"出声，出声，大点声"的督促，让我们时刻不敢松懈，仿佛要用尽全部力量把知识刻印在脑子里。

镜头二，课间跑操。

您不忍心看到我们如此宝贵的时间有分秒的白白流逝，说必须要抓住分分秒秒来学习，哪怕是一个单词一句诗。上操时要求我们以最快的速度集合完毕，然后就开始背诵要背诵的内容。于是，一本本写满单词、诗句的小册子就成了我们的跑操必备品。

您说我们都是战士,跑操不仅是对身体的锻炼,更是对军心的磨炼,所以要求我们以最整齐的步伐,最响亮的口号来跑操。直到高考前一天,我们仍能以最响亮的口号喊出我们对于梦想的坚持,对青春无悔的拼搏。

镜头三,班会激励。

您总是耐心又细心地为我们每个人分析考试的得失和这次成绩与上一次的差距,进步的稍加表扬但不许骄傲,退步的稍加警醒但不许气馁,让我们清楚地知道自己在全市所处的排名位置。然后再找出精心准备的关于对梦想坚持的小视频或是歌曲来鼓励我们。

您说 9 是最大的个位数字,大九班也一定会成为最大的赢家,使我们对梦想的渴望之火一次次熊熊燃起,以更大的劲头再次投入到学习中。

还有一些零碎的小镜头。如您的眼神,这眼神好可怕,有很强的杀伤力。不管是偷懒时还是松懈时,它都犹如警铃把我们惊醒,让我们不敢偷懒……

老班,诸如此类的镜头都深深地印在我的脑海里,并且时时激励着我。

老班,在追寻梦想的道路上,感谢您的陪伴,虽然高考成绩不尽如人意,但我不曾后悔过,梦想还在就要继续为之努力。等我将来真正踏上三尺讲台来培育新一代幼苗时,您也一定还是我的明灯。

老方,真诚地说一句,高三有你相伴,感觉真好!

祝老方笑口常开!

您的大九班成员姜潇萌

2017 年 3 月 4 日

酸味少女

亲爱的小方姑娘:

你好,开心于和你相识;期待于下次与你相逢,同样欢喜熟稔。

常说回忆要趁早,到老了会不记得。不过三年光阴,你于我的往日经过如树叶般簌簌飘落,渐渐模糊成淡淡的影像。再次想起,仿若过了很久很久,久到记不清你脸上的痘痘到底是占了全脸的二分之一还是三分之一。

对曾经教过语文的你总有一种不一样的感觉,虽然不至于是领路人,但回想起来点点滴滴,现在依然很亲切。朝花重拾,那些淡而远的事分明是醒着的,饱含深情。于是眉开眼笑,欢喜如花开,如星星,如何说得尽。

那时候的你个子很高,所以微微驼背;没有啤酒肚,温柔又暴躁,自恋得很,似乎总是笑着,因为太过热爱生活,所以讲课讲得太激动就会有点小结巴。每次看到你结巴时那着急憋屈的小样儿,就忍不住在心里哈哈哈哈哈一千八百遍。就在刚才,因为喝水的时候突然冒出这个画面,不小心喷出半口水,然后被剩下的半口水呛到,咳了大约两分钟才消停,真的是眼泪都呛出来了,整个一涕泗横流啊。

2014年某天早上5点多,你班还没有开门。上楼的时候看见你和几个学生站在窗边,风带着光跳进来,周围的一切突然变得柔和起来,那时我整个脑子里蹦出来的都是"窗前人独立,公子世无双"。你望着窗外说,早上的风景这么好,可大家只能在教室里埋头背书,真有点可惜。我倒觉得没什么,有失必有得,仍可以苦中作乐。往日我总觉得你说话太肉麻,时不时还会蹦出一两句酸诗。小方姑娘啊,为什么我的眼里常含泪水?因为我被你酸出了内伤。也许是被当时的气氛感染,送了你几句诗"方方潇洒美少年,举觞白眼望青天,皎若玉树临风前"。后来早读背书的时候,想了想什么样的人才算是玉树临风。嗯,突然觉得自己好谄媚,我的良心难道不会痛吗?

2014年山东高考作文是关于"窗"的。我坐在考场上,两颊的汗水滴在手上,作文框格有点模糊。我想起那天,只记得风很舒服,空气很好,窗外那棵树叶子很绿。

去年搬家的时候,竟然从书柜里倒腾出高中的试卷、日记和周记,看到这些东西,顿时五味杂陈,更多的感觉是压抑。因为谈起高中,自己不像其他人那样脸上洋溢着满满的怀念,更多的是一种愧疚,这份愧疚一直伴随着我,午后最刺眼的阳光也不能磨去半分。随手翻了翻自己写的东西,只觉得脸红心跳,无比尴尬。一切都是瞬息,一切都将会过去,而那过去了的,就会成为尴尬的怀恋。原来自己以前是这么矫情,写的大多是风花雪月、伤感文字。其实那时候从不觉得自己是无病呻吟,反倒觉得自己文风细腻,气质柔情。难以想象你当时看到这些故作优美的作文时是什么表情,应该是用了莫大的宽容才看得下去吧。我不该揶揄说你"酸"的,因为好像我"酸"得更过分。

生命中总有些本应十分亲近的人,然而彼此间却总被一些莫名的距离隔开,心中惦念却说不上无时无刻,一旦变故却又心痛难耐,细想倒也可算作是没有血缘的亲人。你总是忙,我也装成很忙的样子。缘分生灭深浅,大概也就是如此了。

惟愿安好。

陈琳

2017年3月8日

补:对于我这位语文老师,我不过是他众多平凡学生之一,面目模糊;对于我来说,短短的一年却是受益良多,说是授业恩师也不为过。"语文老师"就是生命经验的传承,写到这里,我才悟到。

长篇大论,满腹唠叨,我心中的小方姑娘,简而言之就是"腿很长"。

薪火相传

亲爱的方老师：

　　您好！

　　昨天与许久未见的老同学们相聚，看着他们嬉闹，仿佛又回到了从前，回到了我们一起奋斗的日子。每个起得比太阳还早的清晨，还有每个熬夜苦读的夜晚，现在想想，纵然辛苦，却也充实而快乐。

　　方老师，好久不见，您还好吗？我想，每天看着可爱的小公主，您应该是很幸福的吧。

　　听说您现在去小学支教了，这样也好，您在高三辛苦多年，也该停下来休息一下，多陪陪小公主。

　　前几天，恰好碰见您教的上一届的学长，因为师出同门，就聊得特别投缘，当然也少不了聊您。我们想起了那句"只要我一起飞，空中就没有王牌"，想起了"从头再来"的勇气，还想起了那些一起奋斗的美好日子。那些高考前的誓言现在想起来依旧是热血沸腾，想起您的谆谆教诲还是充满力量。高三三班，那个我们共同奋斗的地方，想起来就热泪盈眶。

　　"长大后我就成了你，才知道那间教室，放飞的是希望，守巢的总是你。长大后我就成了你，才知道那块黑板，写下的是真理，擦去的是功利。"或许不久的将来我也会成为一名人民教师，我希望可以向您一样，不仅将知识传递，也将一种正能量，一种不服输的精神传递，让每一个孩子都受益终身。我想作为一个老师最幸福的就是看着自己的学生走向更高等的殿堂，那么老师，您一定很幸福吧，毕竟您桃李满天下，最不缺的就是优秀的学子。

　　老师，谢谢您陪我们走过了一段最艰难的时光，让我们不留遗憾；谢谢您用您的心血，将我们送进更高等的学府，让我们有更好的平台；谢谢您给了我们那么多对整个人生都有益的品质。

　　最后，祝您家庭美满幸福，工作顺利，万事胜意！祝小公主健康成长！

　　此致

敬礼

您的学生李梦冰
2017 年 12 月

幸运有你

诗意的方方：

 您好！

 时间就这样过得飞快，又到了一年中万物复苏的时节。济南的春天来得迟些，现在还略有寒意，可是这份寒意却挡不住春花烂漫，绿树抽芽的脚步。在这样生机勃发的世界里，我总会想起高三那一年，你如同春日暖阳般的笑容与鼓励。方方，甚是想你啊！

 不知道你是否还记得，你在我的学期评价中为我写过一句，"待到高考成绩发布时，娟子在花丛中笑得最灿烂"。老师，待你收到这封信时，我一定在大学校园的花丛中笑得开心又幸福。你就是这样的一个人啊，永远都充满了活力，脸上经常带着能让人安心的笑容，您说出的话很有力量，这些特质让昏无天日的高三时光似乎明媚生动了起来。回忆起你陪我们走过的高三，在自习室里为你写信的我，竟忍不住轻轻地笑出了声……

 曾经的我成绩不是很出色，回想起来总是感慨。高二期末考试那段时间，对我而言是挺黑暗的一段时光。高二分科时，我也是班级的佼佼者，可是经过高二一年的时间，我不仅没有进步，到期末时竟然连一本线都没有达到，而且那个时候全班同学的成绩都不好。这时候您接手了我们这个"倒一班"，虽然我看到了父母眼中的失望，但我也很迷茫，也没有努力的动力，我觉得自己就这样了——你大概放任自流了。可是我没有想到的是开学第一天早上，当我慢悠悠地想溜进教室的时候，你却叫住了我，我至今记得那天你跟我谈了半个多小时。你告诉我，曾经你带领过好几个班级成功逆袭过，也碰到过很多像我这样退步极大而在你的帮助下重回巅峰的同学，所以你说你对我有信心，让我一定也要相信自己，要坚定地认为自己能行。你那一个又一个的例子，从24名成为第4，从15名重回第3……我看了你的眼睛，觉得你好像有魔力一般，那一刻我还不相信自己，却相信你，我觉得你一定会帮我的。在学校里至少有一个人相信我并且可以帮助我提高成绩，从此以后我就知道，我要为了不辜负这份信任而努力，我要去用行动证明你的选择没有错。从那之后的这一年里，我们形成了一份独特的默契，在我进步的每一小步里，你都会找我谈话，小到一次文综测试，大到每一次模拟考试。更重要的是，在那些挫败的时刻，你的那些鼓励，一次又一次给了我力量，最终我又成了你的教学生涯中逆袭的那一个。有时候我甚至会想，也许有一天，你也会把我当作一个例子去给在黑暗里摸爬的学弟学妹们送去力量与光明吧，那样我该有多么荣幸啊！可是如果没有方方，怎么会有这样子的我呢？

 高考前，你仍是不放心，几乎每天都要花点时间来了解一下我的心理状态。高考那天你带领我们喊的震天的口号是什么，我已记不清，可是那份气势却一直印在我脑海中。高考就这样结束，太阳如同往日东升西落，一切回到原来的样子，而高考果然又上演了一场逆袭大戏，我们也如你所愿，成了"大一班"。可是我们却离开了母校，离开了你，走向各个地方，那样的日子来得真快。

那些日子，想起来都有翻飞的试卷，有你的鼓励与笑容，还有你振奋人心的班会。那些班会里，那种励志与奋进的精神等，会让我掉眼泪。我甚至记得最后一次"从头再来"班会，让您都落了泪。那时候我总觉得您也挺适合做个演说家的，肯定会像网上那些视频里的老师一样，把学生感动地抱头痛哭。

方方，你一直是那么负责的人，为了我们，凌晨睡五点起都成了常态，而现在这种没有太多管束的大学生活，更让我想拥有你这样的自制力，谁让您的学生是起床困难户呢？

方方，你的腿一直有些不适，到了这换季的时候要多加保护啊！听说您去支教了，希望你在胶北的支教生活，开心幸福！

此致
敬礼

隋文娟
2008 年 3 月 18 日

主题班会篇

　　主题班会应该成为培养学生灵魂的主阵地,培养学生精神品质的主要渠道。我利用每一次班会不断丰盈着他们的灵魂,不断建设着他们的精神世界。

众人划桨开大船

班主任：同学们好！

我满脸庄重，话语铿锵有力。

全体学生：振兴中华，我的责任！

同学们斗志昂扬，那坚定有力的声音在教学楼里回响。

班主任：今天这节班会课的主题是"众人划桨开大船"，先请同学们欣赏歌曲《众人划桨开大船》。

教室里响起了激昂有力的旋律。

班主任：这首歌曲告诉我们一个什么道理？请班长回答。

班长：老师好！这首歌告诉我们团结就是力量。只要我们发扬团结友爱的精神，我们班级就一定能够成为一个优秀的团队，一个战斗力强的队伍，"一号战舰"一定能扬帆远航，乘风破浪，顺达彼岸。

班主任：在高二时，我们军心涣散，缺少凝聚力，成绩和管理等方面都不尽人意，这样的班级能够成为一个优秀的团队吗？能够成为一支强兵劲旅吗？请团委书记回答。

团委书记：能。

班主任：请说出你的理由。

团委书记：我们班成绩差是因为管理差，管理差是因为凝聚力不够，只要我们能增强凝聚力，一定能够成为一个优秀的团队。

班主任：我完全同意这两位同学的观点，我也认为我们的班级必将成为一个优秀的团队。那么，我们这个优秀的团队应该是怎样的团队或者说你心目中的优秀团队具备哪些特点？

同学们都在认真思考着。

学生：老师好！我心目中的优秀团队应该是很团结的，同学们之间能够互相帮助。

学生：老师好！我认为如果同学们都能释放正能量，那么这个班级应该算是优秀的班级了。

学生：老师好！成绩好一些，正气多一些，和谐多一些，这就是我心目中的团队应该具备的特点。

班主任：刚才同学们谈了一个优秀的团队应该具备的特点，那么我心目中咱们的团队具备怎样特点？我认为我们的团队应该是这样的：一个正气友爱、和谐向上的温馨港湾——和谐家庭；一个攻无不克、战无不胜的强兵劲旅——战斗团队。

找了几个同学起来回答后我做了一下总结，同学们听了纷纷点头。

班主任：家庭成员怎么做才能形成和谐家庭？

我又提出问题让大家思考。

学生：私下不非议老师。

学生：同学之间不搞小团伙。

学生：同学之间互相帮助，团结友爱。

班主任：什么样的班级才算是一支强兵劲旅？

学生：成绩领先。

学生：各种评比勇夺冠军。

班主任：对，我们师生要相互理解，多做沟通；同学们之间要团结友爱，同心协力；我们要逢冠必夺，激情打拼，必争上游。一句话，我们是"一号"班级，"一号"团队。

我做了一个简单的总结。

班主任：我们能够成为这样的家庭，这样的团队吗？能，一定能，我说几点理由。

我望着大家，十分肯定地说。

班主任：首先我们有一支认真负责的班干部队伍。先说一下咱们的班长，我认为她是一位优秀的班长。为什么这样说呢？前班长刘超在调到实验班之前，向我推荐赵爽担任班长，说她工作能力很棒，说她是班长这一职务的最好人选。在我征求她的意见时，她能够愉快地接受这一任命，并表示愿意为班级的发展做出贡献，又说明她是一个勇于担当的同学。同时她具备很强的责任心，仅说一件事情来证明。假期中的某一天，我只是随口跟赵爽提了一下打扫教室卫生的事情，并没有和她确定什么时间来打扫。那天我想先到教室去了解一下具体的卫生情况，以便安排她带领多少同学来打扫。等到了教室一看，我惊喜万分。因为我们的班长正带领着潘志远、苏万良、刘丁铭、辛宇、朱瑞琦等同学在那里清理教室垃圾，干得热火朝天。我们相信她一定能够胜任这一职务，让我们以热烈的掌声给她以鼓励。

教室里掌声雷动。

班主任：再说一下团支书朱瑞琦，她责任心很强，这一点从暑假中我和她的几次接触就可以感受到。她，沉静而不失灵气，温雅而不失坚强；尤其可贵的是她的身上有一种自强不息、积极进取的精神。相信她一定会胜任这一职务，我们给她以鼓励。

教室里再次掌声雷动。

班主任：据我了解，其他的班干部如刘丁铭，特长突出，很有灵性，他看似沉静其实性格开朗；潘志远，诚实质朴，善良懂事，值得信任；周鑫，无时无刻不在替他人着想；刁世峰，精明能干，他的许多想法都有一种大家风范；宋百杰，朴实善良，责任感强；李闯泽，刻苦上进，任劳任怨。总之，我们的班干部都是优秀的，相信他们进入高三以后会更加优秀，一定能够成为一支起模范带头作用的班干部队伍。让我们再次为他们加油！

教室里第三次响起热烈的掌声。

班主任：其次，我们有优秀的队员——划桨者。

我先谈一下开学前收拾教室卫生的同学。大家可能不知道，假期里我们教室重新刮了泥子,重新铺了地面,所以里面有许多垃圾,脏乱不堪。然而这些同学却不怕苦,不怕脏,不怕累,不怕热,干得热火朝天。当时我深受感动并暗暗赞叹,咱班的同学确实是非常优秀的。谁说咱们班不好? 谁说咱们班的同学不优秀? 这些同学以自己的实际行动证明我们是很棒的,我也相信会有更多的同学将以实际行动证明我们是非常棒的,对不对?

全体学生:对!

同学们受到激励,异口同声地说。

班主任:我再说一下开学这两天我所了解和观察到的同学们的状态。这两天的晨读没有一个同学迟到,而且薛志梅、孟艳等同学还来得非常早;就连辛宇、刘丁铭等走读的同学同样也来得很早。课间也没有打闹的,自习课也非常的安静。据老师们反映,同学们上课的精神面貌更是焕然一新,课堂上一改过去那种一问三不知的沉闷局面。老师们普遍认为现在课堂气氛非常活跃,同学们发言非常积极。同学们的表现也让我们这些老师深受鼓舞,谢谢大家!

我喝了口水继续说。

班主任:单从这两个方面来说,我们班的同学绝对是非常优秀的,至少可以说明我们可以做到优秀。当然,我们除了发现我们身上的优点之外,还要看到我们个人和这个团队存的诸多问题。你认为你个人或者是咱们班有哪些方面需要改进?

我让在我左首的那一排的同学从前往后依次回答。

学生:老师好! 我的自制力很差,经常影响别的同学学习。

学生:老师好! 我的学习目标不是很明确。

学生:老师好! 我有努力学习的想法,但是坚持不了太长时间,感觉有点像"三天打鱼,两天晒网"。

学生:老师好! 我感觉咱们班同学的自律意识很差。

学生:老师好! 我也有这种感觉,我们有部分同学在做什么时丝毫不顾及别人的感受。

学生:老师好! 咱们班缺少一种积极向上的氛围,本来我还挺积极的,但是受这种氛围的影响……老师你懂得。

学生:老师好! 我感觉咱们班的同学普遍缺少大局意识。

班主任:谢谢同学们的回答,当然,我现在不对大家的回答做点评。我想先表扬刚才起来回答问题的同学,为什么要表扬?

我故意卖弄关子。

同学们一脸茫然。

班主任:刚才这些同学起来回答时都先向老师问好,说明我们很懂礼貌! 这又一次证明我们是优秀的。还有这些同学都毫不掩饰地指出了自己或者班级存在的不足之处,这又说明了什么? 不言而喻。

我揭开了谜底,同学们都笑了。

班主任:既然我们已经意识到自己和班级存在这样或那样的问题,接下来我们应该怎么做呢?

同学们纷纷表示应该改变。

班主任:记得《周易·系辞下》中说"穷则变,变则通,通则久",这句话的意思是事物发展到了极点,就要发生变化。只有发生变化,才会使事物的发展不受阻塞,事物才能不断地发展。

如果我们要有所进步,就必须先从改变自身做起,同时要求大家把这一点记在心里,落实到行动上。我们应该在哪些方面做改变呢? 刚才同学们已经说了一些,不过我认为我们应该首先改变的是我们的精神面貌,如何改变呢?

我又停顿了一下,给大家思考的时间。

班主任:首先,要正视并且重视自身所存在的问题,并且一定要认识到问题的严重性,如果不能从根本上认识并且在行动上去落实,就会影响我们的学习成绩,进而影响高考,继而对我们整个人生都会产生巨大的影响。当然,咱们也必须承认,蜕变的过程可能是痛苦的,但每一次的蜕变都会有成长的惊喜。我们必须有破茧成蝶的愿望,否则就会闷死在黑暗的茧里。

我说得斩钉截铁。

班主任:我建议大家从以下几个方面进行改变,一是改变求学或人生的目标。我们不仅是来考大学的,我们是来考一所好大学的,我们是为实现中国梦来考好大学的。为什么要力求考好大学呢? 因为考上好的大学,就意味着会学到更多更好的知识,就会找到一个更好的发展平台,从而为国家、为人类多做贡献,最后拥有一个更加幸福灿烂的人生。

在开学之初,我就让大家抛弃那种"小国寡民"的人生目标,要求大家立志一定要高远,一定把自己的学习和实现中国梦联系起来。孔子教育学生时曾说:"取乎其上,得乎其中;取乎其中,得乎其下;取乎其下,则无所得矣。"意思是说,一个人制定了高目标,最后仍有可能只达到中等目标;而如果制定了一个中等目标,最后有可能只达到低等目标;如果一开始就制定的是低等目标,那恐怕是一无所得了。这句话告诉我们,不论是学习目标还是人生规划,一定要志存高远并为之努力奋斗才有可能登峰造极。总之,设定相对较高的目标有利于激发我们的动力和斗志。

改变一个"因为老师要求才做好"的观念,树立"不是因为老师这样要求我们才做好,而是因为这件事情本身就应该做好,那么我们就一定要做好"的观念。如果老师要求了,我们应该做得更好!

改变一盘散沙的局面,树立牢固的团队意识。"人走在一起不是团队,心走在一起才是团队";这里没有我,只有我们;我们是一把筷子,而不是一根筷子;我们是一个拳头,而不是单独的手指。同学们平常要相互帮助,树立合作才能共赢的意识,与大家分享一个故事。

从前有一个农夫,他种的玉米每年都获得极好的收成,而他也总是将自己的优良种子毫不吝惜地分赠给其他农友。有人问他为什么这么大方,他说他对别人好,其实是为自己好。风吹着花粉四处飞散,如果邻家播种的是次等的种子,在传粉的过程中自然会影响他的玉米质量。因此他很乐意农友们都播种同一优良品种。

他的话简单却深含哲理——凡你对别人所做的,就是对自己所做的。所以凡是你希望自己得到的,你必须也让别人得到。这个哲理和我们平时所说的"赠人玫瑰,手有余香"有异曲同工之妙。那么我们在哪些方面要相互帮助呢?

学生:别的同学有不会解答的题目,我们不要推脱,要积极为他解答。这一点,我一定做到。

班长总是高风亮节。

学生:吃饭的时候,我们可以给别人捎着。

学生:我们之间要相互理解,不能在背后议论他人,更不能搬弄是非。

学生:希望同学们能理解并支持我们班干部的工作。

学生:当班级需要我们出力的时候,如开运动会的时候,我们要义不容辞。

在班长的带动下,大家纷纷发言。

班主任:谢谢大家的积极发言!我们还需要改变我们的荣辱观,进一步增强班级凝聚力。我们要牢固树立"班优我荣,班差我耻"的荣辱观和强烈的"班级优秀,我的责任""团队因为有我而更加优秀"的意识。能冲锋在前的一定要冲锋在前,不能冲锋在前的也一定要紧紧跟上,一定不要给班级拖后腿。

总之,我们团结如一人,试看天下谁能敌!告诉自己,我要改变,我要前进,我要更加优秀;我们要改变,我们要前进,我们要不甘落后,不屈于人下;我们要有强烈的自尊心,我们应该有分明的班级荣辱观。

《众人划桨开大船》的乐曲响起。

班主任:同学们,一支竹篙,难渡汪洋海;众人划桨,开动大帆船。"一号战舰"将要扬帆出海了,我们坚信,只要我们同心协力,一定能够穿越激流险滩,顺利到达彼岸。同舟共济,海让路;号子一喊,浪靠边;百舸争流,千帆进;波涛在后,岸在前!

这次班会到此结束,谢谢大家!

长风破浪正当时,直挂云帆济沧海

班主任:同学们好!

我满脸严肃,语言铿锵有力。

全体同学:振兴中华,我的责任!

我和同学们的仪式感都特别强。

班主任：今天这节班会课的主题是"长风破浪正当时，直挂云帆济沧海——高三，我来了"。

上次班会结束，我让大家写了班会体会，同学们都普通反映班会开得很成功，感觉心灵受到了很大的震撼，如同听到了奋进的号角。所以今天宣布班会主题的时候，我更显得斗志昂扬。

班主任：齐读一下这次班会主题。

全体同学：长风破浪正当时，直挂云帆济沧海——高三，我来了。

同学们意气风发，那坚定有力的声音在教学楼里回荡。

班主任：这句诗是化用了李白的《行路难》中的……

学生：长风破浪会有时，直挂云帆济沧海。

还没等我说完，同学们就异口同声地背出原诗句。

班主任：回答得不错，加十分。

听我这样说，同学们都笑了。

班主任：咱们齐读一下这首诗吧。

全体学生：金樽清酒斗十千，玉盘珍馐直万钱。停杯投箸不能食，拔剑四顾心茫然。欲渡黄河冰塞川，将登太行雪满山。闲来垂钓碧溪上，忽复乘舟梦日边。行路难！行路难！多歧路，今安在？长风破浪会有时，直挂云帆济沧海。

班主任：读得不错。既读出了诗人内心的苦闷、愤郁和不平，又读出了诗人的倔强、自信和他对理想的执着追求，读出了诗人力图从苦闷中挣脱出来的强大精神力量。

我对同学们读的效果简单做了一下点评。

班主任：我们都知道，咱们这位诗仙有远大的政治抱负，但正如"理想很丰满，现实很骨感"一样，他实现理想的道路可谓铺满荆棘，曾多少次发出"大道如青天，我独不得出"的感慨，也曾感到"生无可恋"，也曾"开始怀疑人生"，但是他那种积极用世的强烈愿望使他一次又一次摆脱了歧路彷徨的苦闷，最终使他发出了充满信心与美好展望的最强音"长风破浪会有时，直挂云帆济沧海！"这句诗表达了他准备冲破一切阻力，去施展自己伟大抱负的豪迈气概和乐观精神；也给那些遇到挫折、遭遇困难、受到打击而感到前路茫然的人们一种信心、一种勇气、一股力量。他相信尽管前路障碍重重，但将来有一天他一定会像刘宋时宗悫所说的那样，乘长风，破万里浪，直挂云帆，横渡沧海，到达理想的彼岸。

我的话语里也充满了自信和力量。

班主任：我们现在是否也像当年的诗仙一样遇到了巨大的困难？忆往昔，我们的成绩"看上去就不美"；看现在，我们面临的形势如同"冰塞川，雪满山"。

我给大家展示了一下高二期末考试成绩。

大家似乎在思考着什么。

班主任：再看"高三，我来了"这句话，高三我们面临最重要的任务是什么？

班主任:对,高三,我们最重要的任务是磨砺品质,提高成绩,考上更好的大学,从而为美好的人生和推动社会的发展而奠基。

同学们回答完后我做了一个简单地总结。

班主任:咱们先算一笔时间,从现在到高考共九个月,粗略计算一下共270天,十一、寒假、五一等节假日约35天;每月休息4天,共约32天,最后只剩下约230天。也就是说我们要冲出"冰塞川,雪满山"的困境仅有230天了。怎么办?

我望着大家,大家神色凝重。

班主任:面对已经到来的高三,面对我们高三最重要的任务,面对这种"冰塞川,雪满山"的局面,我们需要做哪些方面的准备?

学生:老师,我认为主要是心理上的准备,如做好吃苦的准备。

学生:我们需要拼上了,需要抓紧点滴时间。如早上应该起得更早了,晚上睡得要更晚了。

学生:周末原来是可以休息的,高三得充分利用这些时间了。

学生:原来吃饭时我总是有点磨蹭,现在不能这样了。

接着,我又找了几个同学起来回答。

班主任:对,大家说的都对,而实际上可能比我们所说的还要紧张,还要苦。例如当我们的成绩不如意的时候,当我们感觉竭尽所能但成绩依然不如意的时候……我想问大家,面对一个不一样的高三,面对将要打的这场艰苦卓绝的持久战,你准备好了吗?你敢不敢十分肯定地对我说"老师,我已经准备好了!"?

我稍微停顿了一下。

班主任:我认为我们首先或者说最重要的是精神上的准备。我们应该拥有高三学生所应该具有的精神风貌,充满豪情和斗志。

尽管不如意的成绩让我们感到"黑云压城城欲摧",但我们须有"甲光向日金鳞开"的斗志,须有"三军可夺帅,匹夫不可夺志"的志气;我们尽管面临"冰塞川,雪满山"的局面,但须有"直挂云帆济沧海"豪迈,须有"不到长城非好汉"的决心,须有"只要我一起飞,空中就没有王牌"的信念。高三,来吧!放马过来吧!我准备好了!

我一口气说了好几个"须有",同学们都静静地听着,默默地感受着。

班主任:"凡事预则立,不预则废。"我们在拥有这种精神风貌的同时还须有相对长远的计划,即我们的战略部署;这节课我们先一起来确定一下咱们高三一学年的战略部署。

幻灯片一:学年部署

远期规划:第一学期侧重语、数、英的复习,第二学期侧重政、史、地的复习。

远期战果:百花齐放迎高考,五谷杂粮皆丰收。

具体部署:

第一次月考:旗开得胜,初战告捷,摆脱年级后三名。目的是树立信心。

期中考试:狼牙突击,横空出世,成功逆袭,成实验王牌。目的是巩固信心。

期末考试:退避三舍,蓄势待发。后退是为了更好地进步,为青岛市第一次模拟考试蓄势。

青岛一模:我是王牌,华丽转身。奠定高考必胜的信心。

青岛二模:尖刀出鞘,无人能敌。进一步巩固必胜的信心。

六月大决战:魏武挥鞭,十年一剑,决战大捷,成全市王牌。

班主任:这是我们的学年总体部署或者说学习上的目标,当然我们还需要有人格目标,有了人格目标做保障,学习目标才能更好地实现。

幻灯片二:我们的人格目标即我们应该所具备的核心素养包括独立人格,独立思考;精神富有,灵魂高贵;敢于担当,迎接挑战;永往直前,决不放弃。

班主任:我们的目标能实现吗? 下面我们进行目标的可行性分析。

幻灯片三:天时。班级排序就暗示着我们必将成为一个不平常的团队。

我们是1班。数字1的象征符号是太阳,它是太极之数,是属于吉数。诗曰:太极之数,万物开泰,生发无穷,利禄亨通。在流行的五格剖像起名法中,数字1也是属于吉数,有诗曰:繁荣发达,信用得固,万人仰望,可获成功。

在伊斯兰教及其一些宗教中,"一"代表神,是基本和统一的标志,同时也代表太阳和光线以及生命的起源。而我国的儒家学说认为"一"是一个完美的实体,具有不可分性,是万物发端的神秘源泉。

班主任:总体而言,数字1象征着自我、独立、荣誉;代表大展鸿图,大获成功。所以班级排序就暗示着我们必将成为"一号"团队。我们的目标必定会实现的第二个理由是什么呢?

幻灯片四:地利。"昔孟母,择邻处。"

班主任:我们现在所在的教室是上届小班的教室,这间教室走出2个北大的学长,走出30名升入985和211院校的学长;我们教室的左边是这届的小班,右边是这届目前最好的普班,"昔孟母,择邻处",我们有这样好的邻居,可以从他们身上学到许多美好的东西,这些美好的东西必将帮助我们走向成功!

请看我们目标必定会实现的第三个理由。

幻灯片五:人和。"天时不如地利,地利不如人和。"

班干部敢于担当,同学们都有积极进取、提高成绩的强烈愿望。

1.同学们的高素质:问好,致谢,请假,聊天等等。

2.打扫卫生,创建教室文化时体现的那种向心力。

3.班长,勇于担当,创造性开展工作;团支书,热心班级工作。

4.我们团队中那些身先士卒的同学。

5.许多同学表示"在建设'一'号团队的队伍中一定有自己积极的身影"。

6.同学们的战斗状态是目标实现的保证:

(1)假期同学的学习状态——早、静、背书

(2)28 号那一天学习状态

我结合幻灯投影上的内容阐述了目标必定会实现的第三点理由。（具体内容略）

班主任：高三，我来了，我带着十几年的梦想来了，带着对一所好大学的渴望来了，带着对美好人生的追求来了。面对"冰塞川，雪满山""黑云压城"的困境，我们不仅不会畏首畏尾，反而会永往直前。尽管"大兵压境"但我们会用我们钢铁般的意志铸成更坚固的城墙。我们会充满豪情与自信，充满斗志与激情地迎接高三，迎接高三奋斗的生活。

黑云压城城欲摧，甲光向日金鳞开。

长风破浪正当时，直挂云帆济沧海。

班会到此结束，谢谢大家！

只要我一起飞，空中就没有王牌

班主任：同学们好！

我的话语掷地有声。

全体战友：振兴中华，我的责任！

班主任：今天这节班会课的主题是"只要我一起飞，空中就没有王牌"，请大家齐读一下这次班会的主题。

我斗志昂扬，霸气十足。

全体战友：只要我一起飞，空中就没有王牌。

同学们读得意气风发，读出了浓浓的王牌味。

班主任："只要我一起飞，空中就没有王牌。"这句话是那位学长在大学里一次班干部竞选时引用的主题，而这句话就是他们高三时我的一次班会主题。

班主任：这句话有谁听说过吗？

大家轻轻摇了摇头。

班主任：这句话出自一位空军战斗机飞行员之口，这位飞行员是电视连续剧《壮志凌云》中的主人公。可能我们不知道，飞行员们在成为正式的飞行员之前要通过无数次严格的考核，同样，剧中的那些准飞行员们也进行了许多次考核。如果通过最后那次考核，他们就会成为正式的飞行员，可以驾驶着战斗机捍卫祖国的蓝天了；如果不能通过，那就意味着会失去驾驶着战斗机在蓝天翱翔的机会。遗憾的是，剧中的主人公恰恰在这最后一次考核中被淘汰出局了。晚上，首长担心他想不开，就去他的宿舍想开导他一下，不过，他不在，他出去散心了。那位首长无意中在他的枕头下面发现了一本笔记本，首长好奇地打开了那本笔记本，只见笔记本的扉页上写着这样一句话——只要我一起飞，空中就没有王牌，首长被这句话透露出的那种霸

气深深震撼了,于是决定破例再给他一次机会。当然,这位主人公没有辜负领导的厚望,紧紧抓住了这次机会,成功地通过了考核,正式成为一名战斗机飞行员。后来,他通过课堂勤学、地面苦练、空中精飞等一系列的学习训练,凭借无畏的精神和精湛的战术,成为"问苍茫云海,谁人敢争锋"的王牌飞行员,为捍卫祖国的领空立下了汗马功劳!

同学们认真听着。

班主任:从"只要我一起飞,空中就没有王牌"这句话上你读到了什么?

学生:我读到了一种凌云的壮志!

学生:我读到了一种冲天的豪情!

学生:我读到了一种无人能敌的霸气!

班主任:什么霸气?

我接着追问。

学生:一种"人到山顶我为峰"的霸气!一种谁敢与我争锋的霸气!一种独步蓝天的霸气!

这位同学说得霸气十足,赢得了同学们的热烈掌声,我也跟着鼓掌。

班主任:对,这句话透露出一种豪情,一种霸气,一种锐气;一种"人到山顶我为峰"的豪情,一种老子就是天下第一的霸气,一种要么不做,要做就做最好的气魄。

我简单总结了一下。

班主任:澳柯玛冰柜的广告词是"没有最好,只有更好",我想修改成"没有更好,只有最好",修改了以后怎样理解?

同学们陷入了思考。

班主任:一方面我们可以和别人比,如我可以做狼牙大队的王牌,在狼牙大队里我要做最勇敢的,成绩最优秀的;我可以做尖刀兵团的王牌,在咱们尖刀兵团里我要做最善于钻研的,最有韧性的;我可以做中坚力量的王牌,在中坚力量中我要做最善于质疑的,做最认真的;我可以做后起之秀的王牌,在后起之秀中我要做最不甘落后的,做成绩提高辐度最大的。

另一方面,不和别人比,只和自己比,也就是说做自己的王牌。今天的我是最好的,今天的我要保持最好的状态,这次考试我要考出历次考试中最好的成绩,努力做最好的自己。

我继续说着。

班主任:我们能成为这样的"最好的"?能成为这样的王牌吗?

有的同学使劲点点头,有的则轻轻摇摇头。

班主任:有同学感到没有信心,那我告诉你,我们生来就是冠军,生来就是王牌,你信吗?

最后那几句话我故意说得很慢很有力,有点故弄玄虚的味道。如我所料的一样,听完这句话不少同学显现出惊异的目光。

班主任:你知道吗?你是一个很特殊的人,为了生下你,许多战斗发生了,这些战斗又必须以成功告终。想想吧,成千上万甚至上亿的精子参加了那次战斗,然而只有其中一粒赢得了胜利,就是构成你的那一粒。所以你能来到这个世界,你就已经是一名冠军,一名王牌了。

同学们边笑边报以热烈的掌声。

班主任:那时的我们是王牌,那现在的我们怎样才能再次成为王牌呢?

学生:老师好!我认为首先应该成为自己的王牌。

班主任:对。我也认为我们应该首先成为自己的王牌,也就是要战胜别人就要先战胜自己,我们要做最好的自己,做高中三年最好的自己,甚至做十二年求学历程中最好的自己。那如何做最好的自己?

学生:老师好!我认为要做最好的自己,就要客观认识竞争存在的压力。芸芸众生,竞争无处不在,优胜劣汰成了自然法则。羚羊的天敌是猎豹,于是小羚羊一出生就必须很快学会奔跑,困了,累了,渴了难道就应该停下来吗?难道应该抱怨天敌的存在吗?就像有些同学抱怨高中生活太辛苦了,期盼着取消高考制度。可是想想,国家这么大,人口这么多,如果取消高考制度,还有更好的方法替代吗?答案是否定的。

我给大家讲一个故事。古时候,一个渔夫打鱼归来,把活蹦乱跳的沙丁鱼单独养起来,结果不到三个小时,这些沙丁鱼全部死了。后来渔夫想出一个法子,把一条鲶鱼放入新捕捞的沙丁鱼鱼池中。因为鲶鱼是沙丁鱼的天敌,为了生存沙丁鱼必须不停地游动才能躲避鲶鱼地追捕。好多天过去了,沙丁鱼依然活着,这就是著名的"鲶鱼效应"。压力和竞争对手的存在,才能更好地激发我们学习的斗志和毅力。我们要从这个故事中去感悟真谛,结合实际,正确定位,把成绩比我们优秀的同学当作竞争对手,迎头赶上,做好自己,做精彩的自己。

这位同学的发言获得了大家热烈的掌声。

学生:老师好!我认为要做最好的自己首先必须拥有信心,即不管我们的基础有多差,成绩有多不好,一定告诉自己"Nothing is impossible"。

声名显赫的洛克菲勒家族,原本只是一个仅能保持三餐的穷修理工家庭,最后洛克菲勒却凭借艰苦地努力成为世界有名的富翁之一。

林肯在年青的时候曾是个失业的、前途无望的人,他自己着手创办的企业不到一年就倒闭了,在后来的十七年间,他不得不为偿还企业倒闭所欠的债权而到处奔走,历尽了挫折和苦难;从政后,九次竞选九次失败,但他从未对自己失掉信心。

这些人的成功,无一不是对自身才能的肯定,无一不是对光明前途拥有强烈的信心。对自己没有信心,你怎会有勇气去面对前进征程上的各种艰难困苦?不能克服这些困难,又谈何成功呢?任何的成功都是建立在拥有自信的基础上。在接下来的时间段里,我们会经历无数次大大小小的考试,极有可能会出现成绩不如意或者成绩大幅滑坡的情况,出现这种情况怎么办? 千万不要说"我不行""这是不可能的",而要深信"Nothing is impossible!",尤其是咱们班的男同学,你们是男子汉,你们可以说"我很累",但一定不能说"我不行",你们一定要多发挥正能量,谢谢你们。

这位同学的发言也获得了热烈的掌声。

学生:老师好! 我从辩证地对待考试这个角度来谈如何做一个更好的自己吧。这些日子时常听到有同学抱怨做功课经常会犯错,抱怨考试多,当然以后考试的次数会更多。如果是每天因此而发愁的话,我们怎么会有心情去学习呢? 我们应该淡淡一笑,没有什么可愁闷的。如果所有的题目都会做,我们还需要为高考做准备吗? 做错题对别人来说兴许是一种打击,在多少懂点辩证法的我们的眼中应该是一笔难得的财富。否则干嘛要搞错题集呀! 很多人都特别在乎平时的考试,考得好会自得好多天,考得不好就特别不高兴,赶上大型考试,对这些同学的影响就更大了。的确,考试是一个很主要的模仿和演练的手段,考试成绩也确实能反映一定的问题。但是考完之后,我们在意的主要不是成绩,而是我们考试时发挥的怎么样,有哪些不尽如人意的地方,有哪些长处没有施展出来,哪些题目错了等等。总之,我们更应该在乎做一个最好的自己。

……

接着又有几个同学起来发表了自己的看法。

班主任:同学们说得非常有道理,我不再补充了。同学们,战友们,《壮志凌云》的主人公抓住了最后一次试飞,经过刻苦的训练成为自己的王牌,成为空中的王牌,我们能不能抓住高三最后 200 多天的机会,经过顽强拼搏成为我们自己的王牌呢? 请大家以坚定的语气告诉我,能不能?

全体同学:能!

教室内外一种充满霸气的声音在激荡着。

一轮复习策略指导

班主任:上课。

班长:起立。

班主任:今天这节班会课的主题是"一轮复习策略指导"。

高三复习主要分两个阶段,也就是我们通常所说的一轮复习和二轮复习。一轮复习大致从今年 6 月(各个学科时间可能不一致)到来年 3 月青岛市第一次模拟考试,二轮复习从 3 月的青岛第一次模拟考试到 5 月的青岛第二次模拟考试。一轮复习是我们高中最后一次系统而全面地复习基础知识,是整个高三复习中非常重要的一环,那么如何做好高考一轮复习呢? 下面让我们一起来分享一些经验。

幻灯片一：认真回顾课本知识。

班主任：这段时间主要用于高中三年全部课程的回顾，这个阶段相对来说时间较长，最主要的是回归课本。无论如何，高考绝大部分内容是贴近课本的。高考试题的80%是基础知识，20%是稍难点的综合题，掌握好基础，就能上一个比较不错的大学。因此高三前期，我希望同学们老老实实地把课本彻底弄懂。彻底弄懂课本不是单纯记住结论，而是要不留死角，即数学的全部的公式、原理等要彻底弄明白，英语课文至少要达到背诵得通顺，文史类知识形成主线及同类型知识要素要形成网络等。注意第一轮复习十分重要，大家千万不要单纯埋头做题，而要先看课本再精做题目。在复习过程中一定先将课本彻底弄明白了，然后再做题，做题过程中不许看课本，不许对答案。如果不会做就一定要先想哪些内容遗忘了，哪里想错了，先做后面的，做完会做的再回头看书或看答案研究那些不会做的，马上看的话效果会打折扣的。

幻灯片二：把握好自己的节奏。

班主任：很多同学因为在复习过程中跟不上老师的节奏，导致出现前面部分没弄懂，后面部分又落下的情况，因此我建议大家一定要提高自学能力，如果实在跟不上节奏，就先关注最基础最简单的题目，将还没彻底明白的课本部分做好画线标记，或将页面折起做标记，以利于及时地回顾。在复习的过程中遇到不明白或似是而非的问题千万不要为了所谓的面子而不敢发问，建议同学们把弄不懂的问题多请教同学和老师，最好能够找到水平稍高的同学，给自己讲解对知识点的理解，互相研究题目。同学之间相互讲解时所掌握的内容可能比请教老师的效果更好，因为在互相讲解的时候没有请教老师时的思想压力，可以带着任何疑问，可以更容易地将思维的漏洞补上。

幻灯片三：正确对待作业练习。

班主任：做习题时，一般不要死磕题目，记住两个原则。一是不要和自己过不去。第一遍做不出来或做错就先放弃，但是要保留这道题，每天抽几分钟看一下这道题，无论是看课本也好，听老师讲解也好，一眼看出这题怎么做或不需要长时间思考就可以做出时再动手做。二是要加强互动性。不仅要和同学互动，还要和课本互动。做完作业不要急着对答案，把难度大的题目向同学请教，当然重点请教他是怎么思考的。

对请教同学或老师才弄明白的章节或题目，一定要定期回顾，定期翻一下课本的有关章节，然后给自己限定时间做几道题，用以验证这些章节或题目是否真正明白了。通过这样练习，比大量做题效果要好得多。

幻灯片四：利用好每一次考试。

班主任：考试分数可以分为两类——你得到的那些分数和你得不到的分数。我们只需做三件事：一是根据你所获取分数的部分，整理我们当前会的知识，会做的题型;二是根据我们所丢的分数,立即回归课本,看完课本后再做一遍;三是拿着卷子问自己,当时做对的题我们是怎么思考的,做错的或不会的题当时又是怎么思考的。

学生:老师好! 一轮复习过程中有哪些误区呢?

刚分享完一轮复习的经验,一位同学站起来问。

班主任:这位同学所问的正是接下来我想谈的。在一轮复习的过程中,不少同学会比较迷茫,在紧张的复习备考中,很容易陷入一些误区。那么在这一过程中,同学们需要警惕哪些误区呢?

幻灯片一:对基础知识认识的误区。

班主任:对于某些基础不够扎实的同学来说,本来起点就比较低,复习进度又快,这样往往会很焦急,就极可能采取急功近利的做法,忽视了最重要的基础练习,而把大量的时间放在做综合性的练习上,误认为这样会有速效。当经过一段时间发现这样做适得其反时就后悔莫及了。实际上第一阶段重点就是要吃透课本,落实单元主干知识,梳理出高考考点,做好基础题才是根本所在。

幻灯片二:对书写重要性认识的误区。

班主任:随着时间的推移,高三阶段的考试便会接踵而来。在考试中书写往往是不少同学忽视的问题,虽然老师们会反复提醒书写的重要性,但往往引不起同学们的足够重视,结果在高考阅卷中就会吃亏,可是悔之晚矣。

幻灯片三:对时间问题的认识误区。

班主任:从九月份开学一直到青岛市第一次模拟考试,部分学生认为这是一个很长的时间段,这样往往容易出现前松后紧的状况,即开始第一个月还抓得比较紧,但一个月后就开始松懈,认为来日方长,不必抓得这样紧,所以在时间把握上就比较随意,甚至可能浪费了不少宝贵的时间。事实上第一阶段的复习任务确实是耗时最长的,其主要任务是全面夯实基础,而打基础又往往是要花最多时间的,但随着第一轮复习的结束,后面的时间就非常紧张了。所以第一阶段要强化时间意识,而且要有足够的耐性。否则到了下学期就无法补救了。

幻灯片四:对复习资料选择的误区。

班主任:在选择资料方面常常会出现这样的误区,误认为层次越高的复习资料就越好,忽视了第一阶段复习的重点是要突出基础性,结果私下盲目地选购了很多高考真题、模拟试题或所谓某些名校的复习资料。实际上老师自己编印的资料才是最合适而且也是最有效的。

刚才,给大家讲了一轮复习中可能会进入的几个误区,请大家引以为戒。

总之,一轮复习时间最长,是复习过程中的重要一环,同学们一定要高度重视,踏实搞好一轮复习。

今天的班会到此结束。谢谢大家!

进步,从改变开始

班主任:上课。

班长:起立。

班主任:今天这节班会课的主题是"进步,从改变开始"。《鹰之重生》的视频有谁看过?

有一些同学举起手。

班主任:这视频的主要内容是什么?我请身边的一个同学回答。

学生:视频主要讲了老鹰重生的过程。鹰是世界上寿命最长的鸟类,它的一生能够长达70多岁,但是要活那么长的寿命,在它四十岁的时候就必须做出一个痛苦却又十分重要的决定。因为当鹰活到四十岁时,它的爪子就开始老化,无法有效地抓住猎物;它的喙因年龄也变得又长又弯,几乎碰到胸膛;它的翅膀也由于羽毛长得又浓又厚而变得十分笨重,使得飞翔十分吃力。这时候,鹰只有两种选择:一是等死,二是十分痛苦的重生。有很多鹰没有选择重生,在四十岁时因得不到食物而饿死,而另一些鹰选择了重生。它们在悬崖上筑一个巢,并且停在那里不再飞翔。它先用自己的喙使劲敲打岩石,直到把喙敲落;待到新喙长出后,它就用新长出来的喙把原先爪子上的指甲一根一根地拔出来;当新的爪子长出来后,再把身上又浓又密的羽毛一根根地拔掉;五个月后,新羽毛就长齐了。这时候,鹰就又可以像以前一样傲击长空,再过三十年展翅翱翔的岁月。

这位同学回答得很完整。

班主任:感谢你的介绍,短片的内容大致是这样的!下面我们通过这段视频具体了解一下老鹰的重生过程。看过的同学"温故而知新",从旧内容得出新体会,得出新感悟;没有看过的同学更要用心去看,用心体会。

我点开了视频,看完后让同学们起来谈谈体会。

学生:看了这段视频很有感触,这时候我才发现之前自己的成绩一直难以提高的原因在于我没有从头再来的勇气,发现问题没有要解决它的勇气,而是任由它拖自己后腿,任由它使自己成绩下降,我为自己连一只鸟都不如而感到惭愧,老鹰让我明白了发现问题并勇于解决的重要性。它勇于超越自我,克服困难的精神使我深受感动,我被深深震撼了。再联想到自然界中,蛇为了长大而艰难蜕皮,壁虎为了逃命而放弃尾巴,这一切都说明,要想让自身有所突破,就必须下定决心,克服困难。我决心在以后的日子里,一定勇于发现自身问题并及时解决,不再让问题像大山一样压着我,让我难以进步。我相信,只要有"鹰之重生"的勇气,在学习道路上不管遇到多大困难,也能一一克服,最终走向成功。鹰之重生,唤醒我之重生。

学生:此时此刻,我能感受到鹰就像是一位百折不挠的战士,它求生的意志、勇气和毅力让我钦佩不已。在面临死亡、困难和痛苦的抉择时,鹰选择勇敢地面对和改变,是它的坚韧不拔的意志为它赢来了第二次生命。我们在高二的时候从个人到整个班级都表现得不让人满意,我认为我们应该像老鹰学习,抛弃那些无益于学习的东西,改变那些不好的习惯,最终我们一定会迎来柳暗花明。

学生:与其说这是一个励志故事,倒不如说是一副引导人们如何走出困境,洗涤心灵的良药。有时候,我们不得不做出艰难的决定来突破自我的瓶颈,实现自我超越,这一点我做的不好,我总是"决心在现在,行动在将来"。看这视频后,我一定迅速反应,马上行动,相信我的成绩一定会有提高。

学生:成长是一个痛苦的过程。古语云:"吃得苦中苦,方为人上人。"每一次真正的历练之后,就会在不知不觉中获得成长,而且克服过多大的困难就会有多大的成长。就像鹰的选择一样,虽然痛苦却换来了三十年的生命!

每一只鹰要活下去,必须要有一个蜕变过程。那么我们的学习呢?在学习的过程中,我们总是会遇到各种各样的困难。我们能否像鹰一样经过一个痛苦的蜕变过程,然后迎接重生呢?比如我自己,在学习中我总想不劳而获或者幻想成绩一步登天,总是幻想哪一次的考试我能一蹴而就,却每次都忽视了努力的过程。我每次都只是看中结果,而不想要有一个过程来完成它,这也是咱们班许多同学的通病。我总结一下,要提高成绩,从蜕变开始。

团支书:鹰的重生能让它再活 30 年,现在我们改变就能够成就高考的辉煌。只是短暂的痛苦与忍耐,却能换来我们更多长时间的快乐,何乐而不为呢?

班长:鹰用 150 天的痛苦换来了 30 年 10950 天的生命,我们又何尝不是呢?现在的我们就处在一个蜕变的阶段,因为几个月后的我们就将迎来高考,那是我们人生历程上的一个"分水岭",我们未来的一切与那道"分水岭"有很大关系,我们是就此沉沦还是从此奋发呢?两个不同的态度决定了两个不同的未来。我们来做一道数学题吧,现在我们是 17 岁,排除各种意外,我们至少活到 70 吧。这样算下来的话,我们还剩下 53 年去用。53 年的时光啊。我想 1∶53 这笔账谁都会算吧,用 1 年的辛苦来换取未来那么多年的快乐与幸福,这稳赢的买卖谁都会做啊。其实我们很早就已经做出决定了,我们来到实验中学不就是为了能考上一所更好的大学吗?尽管一路走来那么辛苦,那么累,但是这又算什么呢!

班主任小结:感谢刚才这么多同学的精彩分享!以前就告诉大家,要进步,先改变。这短片告诉我们,我们如果想要收获成功,就必须改变自己。改变自己现在的不良习惯,改变现在所有消极的想法。离高考的时间越来越近,所以我们必须从现在开始,一点一点改变自己,就像鹰之重生一样,成功一定会指日可待。

今天的班会到此结束,谢谢大家!

在目标的指引下前行

班主任:上课。

班长:起立。

班主任:今天这节班会课的主题是"在目标的指引下前行"。在开学的第一节课上,我就告诉大家要树立高远的志向,"长风破浪会有时,直挂云帆济沧海",而要实现这一宏大志向的一个重要途径便是提高我们的高考成绩,上一所更好的大学,那怎样才能提高成绩呢? 大家一定还记得那个比赛尔的开拓者的铜像底座上雕刻的字——新生活从选定目标开始,我们可不可以说提高成绩从设定目标开始呢? 有了学习目标也就有了奋斗的方向,也就有了鞭策自己的力量,就会由此产生更强大的学习动力,就会在更大幅度上提高我们的学习成绩,从而为进一步实现宏大而高远的目标提供有力保障。简而言之,提高成绩从设定目标开始。

那如何设定学习目标呢?

幻灯片一:首先要客观地分析自己,这是设立目标的前提和基础。

班主任:所谓"知己知彼,百战不殆",但是许多同学连自己的学习状况都不了解,只是一个劲地埋头苦学,结果可想而知。其实,想要提高学习成绩还得先分析自己的学习状况。那么问题来了,我们应该怎样分析自己的学习状况呢? 不妨从我们的学习能力、学习水平、知识基础,还有学习潜力、意志品质等等入手。

幻灯片二:其次,目标既要量体裁衣更要富有挑战性。

班主任:在客观分析自己的基础上量体裁衣,树立符合自己实际的目标,但目标的设立富有挑战性会好一些。

"取乎其上,得乎其中;取乎其中,得乎其下;取乎其下,则无所得矣。"什么意思呢? 通俗地说,如果我们想考武汉大学,就必须以清华、北大为目标;如果我们想考中国海洋大学,就必须以山东大学为目标;如果我们想进入班级前5名,就必须以第1名为目标;如果我们想进入年级前50名,就必须以进入前20名为目标。说白了,追求的目标稍高一点可以产生更大的动力,可以走得更快。

当然,"跳一跳就能摘到桃子"对部分同学来说或许是最佳目标。

设立目标的第三点要注意什么呢? 请大家看幻灯片。

幻灯片三:山田本一是日本著名的马拉松运动员,他曾在1984年和1987年的国际马拉松比赛中两次夺得世界冠军。记者问他凭什么取得如此惊人的成绩,山田本一总是回答"凭智慧战胜对手!"。

大家都知道,马拉松比赛主要是运动员体力和耐力的较量,爆发力、速度和技巧都还在其次。因此对山田本一的回答,许多人觉得他是在故弄玄虚。

10年之后,这个谜底被揭开了。山田本一在自传中这样写到:每次比赛之前,我都要乘车把比赛的路线仔细地看一遍,并把沿途比较醒目的标志画下来,比如第一处标志是银行,第二处标志是一棵古怪的大树,第三处标志是一座高楼……这样一直画到赛程的结束。比赛开始后,我就以百米的速度奋力地向第一个目标冲去,到达第一个目标后,我又以同样的速度向第二个目标冲去。40多公里的赛程,被我分解成几个小目标,跑起来就轻松多了。开始我把我的目标定在终点线的旗帜上,结果当我跑到十几公里的时候就疲惫不堪了,因为我被前面那段遥远的路吓怕了。

班主任:从这一事例中我们能获得什么启发?

学生:目标是需要分解的,一个人制定目标的时候,既要有最终目标又要有阶段目标。

学生:将大目标分解成若干个可以实现的小目标,不但能增加立竿见影的效果,而且能减少付出的代价。

学生:当大目标被清晰地分解成小目标的时候,目标的激励作用就会更加突出,当我们实现了一个小目标的时候,我们就及时地得到了一个正面激励,这对培养我们挑战大目标的信心所起的作用是非常巨大的!

班主任:这些同学回答得非常好!将大目标分解成小目标就是我所要讲的第三点。这样我们就以高二4次考试的平均成绩和在整个年级的名次为基础,树立高考的学习目标,包括分数和名次。当然,我们也把这一目标分解成五个小目标:期中目标、期末目标、一模目标、二模目标和高考目标。树立目标时,我们可以参考山东近几年的高考录取线。请大家看幻灯片。

幻灯片四:近五年山东高考一本、二本、三本录取线。(略)

班主任:目标具体树立后,我们要把它写在统一发的纸上,贴在课桌上醒目的位置。事实证明,写下自己目标的人比没有写下目标的人更容易成功,请大家牢记!这件事情等今天班会结束后再完成吧,接下来请大家思考一个问题,目标确定以后,如何才能实现目标呢?请大家先看一段视频。

"人与自然"节目开始播放这样的画面:在一望无际的非洲拉马河畔,一只非洲豹向一群羚羊扑去,羚羊拼命地四散奔逃。非洲豹的眼睛始终盯着那只未成年的羚羊,穷追不舍。那些和它挨得很近的羚羊,它却像未看见一样,一次次放过它们。终于,那只未成年的羚羊被凶悍的非洲豹扑倒了,挣扎着倒在了血泊中。

班主任:从豹子身上我们能学到什么?

学生:树立好目标以后要紧紧盯住目标,要像豹子追赶羚羊那样专一,要心无旁骛,这样才能实现目标。

学生:它给我们的启发就像'蚓无爪牙之利,筋骨之强,上食埃土,下饮黄泉,用心一也'这句话给我们的启发一样。

班主任:对,要有"咬定青山不放松"的精神去追赶那只羊,去实现我们的目标。要"迅速反应,马上行动"。行动,行动,还是行动,因为执行力决定竞争力,目标的实现归根结底取决于行动。

"不积跬步，无以至千里；不积小流，无以成江海。骐骥一跃，不能十步；驽马十驾，功在不舍。锲而舍之，朽木不折；锲而不舍，金石可镂。蚓无爪牙之利，筋骨之强，上食埃土，下饮黄泉，用心一也。蟹六跪而二螯，非蛇鳝之穴无可寄托者，用心躁也。"

"知道去哪儿，才走得坚定；知道怎么走，才走得从容。"我们身边不乏目标明确的人，但却少了为了心中的目标而持之以恒地努力的同学，尤其是经受挫折之后仍矢志不渝的同学。在追梦的旅程中，挫折总是难免的，我们要始终相信目标的力量，相信自己的潜能是无限的。

让我们在目标的指引下坚定地前行，取得更好的成绩！

谢谢大家！

撸起袖子加油干

——迎元旦主题班会

班长：尊敬的老师、亲爱的同学们，伴随着新春温暖的阳光，2017 年元旦如约而至。今天我们全班师生欢聚一堂，回顾过去，畅想 2017。

2016 年，国内形势一片大好："中国天眼"落成启用，"悟空号"已在轨运行一年，"墨子号"飞向太空，"神舟十一号"和"天宫二号"遨游星汉，中国奥运健儿勇创佳绩，中国女排时隔 12 年再次登上奥运会最高领奖台……

2016 年，咱们班形势一片大好：期中考试，成功逆袭，总成绩由原来的倒数第一名成功"晋级"为第一名；运动会我们捷报频传，独领风骚；班级文化比赛，我们取得第二名的好成绩；宿舍文化比赛，又取得第三名的好成绩……

其实，取得成绩是次要的，重要的是我们收获了自信，锤炼了意志，这种收获和锤炼为我们 2017 年更好的发展奠定了坚实的基础。

回首往事，我们满怀豪情；展望未来，我们重任在肩。新年是播种的时刻，新年是希望的开始，让我们许下新的愿望，定下新的目标，下面请同学们谈谈自己的新年畅想。

班长：我先说一下我的新年愿望吧，作为班长，我希望我们全班同学发扬女排精神，使出洪荒之力，撸起袖子加油干。让我们"一号战舰"成为真正的"一号"。我个人的愿望是先实现一个"小目标"——进入年级的前 10 名；再一个就是希望顺利进入安徽大学深造。

学生：老师们好！高考时，我要使出洪荒之力超出一本分数线 50 分，为我们班最后取胜贡献一份力量；同时，我祝愿我们的老师永远年轻！这就是我新年的愿望。谢谢！

学生：老师们好！2017 年我要做公鸡中的战斗机，竭尽全力，提高成绩，'杀入'年级的前 5 名；同时我希望我们的老师继续怀着阳光的心态工作，希望爷爷奶奶、爸爸妈妈身体健康。谢谢大家！

学生：老师们好！我希望 2017 年我的一模考试成绩进入胶州市前 100 名，高考成绩进入全省前 500 名。当然，实现这个目标有点难度，但我会撸起袖子加油干，也请大家多多帮助我，谢谢大家！

学生：老师们好！ 2017 年我和弟弟都参加高考，我希望我们俩能够"比翼双飞"，和大家一起拼搏，双双考入理想的学校。祝福我们兄弟俩吧，谢谢大家！

……

班长：刚才同学们谈了 2017 年的新愿望，我在这里要提醒大家的是，我们的愿望固然美好，但必须付出实实在在的行动，这样愿望才能实现。我也祝愿各位同学 2017 年心想事成。

今天，我们敬爱的老师也来和我们一起畅想 2017，相信他们新的一年一定也有新的愿望，下面，让我们以热烈的掌声欢迎我们的老师说出他们的新年新心愿。

英语老师：2017 年我希望正读大学的儿子有更好的发展，希望他能够脱单；同时祝愿大家在高考中旗开得胜，马到成功！谢谢大家！

数学老师：2017 年我最大的愿望就是能够再生一个健康的宝宝，也祝愿想生二孩的老师都能够如愿以偿。当然，我还希望我所教的数学能成为优势学科，为大家的高考成绩加大法码。2017，我们已经在路上，我愿意和大家携手前行！谢谢大家！

历史老师：我的新年愿望很简单，就是希望女儿学习进步，祝愿大家高考取得胜利。2017，我们一起加油！谢谢大家！

地理老师：我已经成功加入了岳父的行列，2017 年我希望再加入姥爷的行列，希望我能够有一个可爱的外孙；也祝愿大家"待到高考成绩发布时，我们笑得最灿烂"。谢谢大家！

政治老师：我希望教育部门有所作为，灌输式教育已经跟不上时代的步伐，不要让孩子输在教育方式上，即使高三也是如此。祝愿我自己能够拥有一个更加健康的身体，祝愿大家在一七年的高考中完胜！谢谢大家！

语文老师、班主任：我的老母亲刚刚去世，新的一年，我希望我的老爸身体健康；希望你们的小师妹健康快乐的成长；希望你们的同学方林能够和大家一样，过五关斩六将，所向披靡，考入理想的学校；希望我的名班主任工作室能够顺利地开展工作，希望它能够成为众多工作室当中的一朵奇葩。

我希望在我完整的假期里，带着攻略，带着诗篇，走向远方。

我希望"一号战舰"能够乘长风破万里浪，顺达彼岸；也希望实验中学、胶州所有的高中在明年的高考中抢到最大的"红包"；希望全国参加高考的学子都能考出理想的成绩。

当然，我最大的愿望是我们的愿望都如约而至，我们的梦想都绚烂如花。

谢谢大家！

班长：刚才同学们和各位老师畅谈了 2017 年的愿望，我要提醒大家的是，天上不会掉馅饼，幸福是奋斗出来的，目标也是干出来的，要实现新的愿望必须撸起袖子加油干。

最后让我们共同祝愿我们伟大的祖国在新的一年里更加繁荣昌盛！祝愿我们的大实验2017年高考再创奇迹！我们"大一"2017年高考成为王牌！祝愿我们的老师新年快乐，工作顺利！祝愿我们自己学习进步，天天快乐！

"撸起袖子加油干"元旦班会到此结束，谢谢大家！

蓄势备战

班主任：盼望着，盼望着，期末考试结束了……

全体学生：寒假就要开始了……

同学们异口同声地接着我的话说，说完，他们笑了，我也笑了。

班主任：这次寒假从腊月23小年正式开始，到元宵节结束，正月十六早晨八点前返校。如何度过中学时代最后一个寒假，同学们说说自己的打算吧。

同学们前后左右、兴高采烈地交流起来。

学生：寒假除了好好学习之外，我还想陪爷爷实现一个夙愿，去三亚过春节。

学生：期末考试我的数学考的不好，我想利用寒假好好补补数学，我妈妈已经给我找好了辅导老师。

学生：这次考试成绩下降很大，我想利用寒假，查缺补漏，同时，春节过后我还想到中国海洋大学去看看，那是我梦想的学校。

学生：从现在算离高考还有140天左右，寒假结束之后，马上就要进行青岛市第一次模拟考试。期末考试，我成功地实现了进入年级前二十名的目标，青岛市第一次模拟考试的目标是进入年级的前十名，要实现这个目标有点困难，因此，我想利用寒假这段时间到学校来参加自主学习，好好复习一下，为实现目标奠定基础。

短暂交流之后，同学们纷纷说出了自己的寒假打算。

班主任：同学们的打算很不错，对如何度过这次寒假我给大家提个建议吧，就是一定要充实而快乐地度过中学时代最后一次寒假，这个寒假既是一个休息调整的时期，更是一个蓄势备战的时期。

去年我带的班举行了一个"我们在大学等你"的主题班会，班会上你们的学长曾经说，放寒假时一定要按照学校的要求回学校参加自主学习。

胶州一中还在老校区时，那年寒假正月初六，秦校长值班，他例行到各个教室巡查时，发现高三某个教室里边有一个叫侯杰耀的学生"全副武装"地坐在那里认真地学习。秦校长问他为什么不在温暖的家里却在这么寒冷的教室里学习，他说教室虽然冷一些但是却是学习的环境，在这样的环境当中学习，效率高。一些我们今天的教室比当年这位同学所在的教室条件要好多了。

同时,开学后三个周左右就要进行青岛市第一次模拟考试,也可以这样说,这个寒假实际上是第一次模拟考试的蓄势和备战时期。把握好寒假,就可以为这次大规模作战取得胜利奠定基础。反之,极有可能会一败涂地。

我们学校高三是如何安排的呢?开放教室,同学们可以回来自主学习。时间大致是这样安排的,年前从腊月23到腊月27,春节后从正月初6到正月13,想回来学习的同学请放学后找班长报名。

同时,我还要提醒大家努力做到下面这"九要"和"九不要"

休息。要养精蓄锐,好好休息。睡个早觉,睡个懒觉,精神抖擞地回到学校。不要看通宵电影,更不要追剧,搞得自己无精打采。

沟通。要和爸爸妈妈就思想、学习、生活等方面的问题进行沟通,虚心听取他们的建议。不要总抱着手机只和同学聊天。

饮食。要饮食合理,不要暴饮暴食。

安全。要注意包括行车安全在内的所有安全事项,不要对老师提醒的安全问题马虎大意。

学习。要及时复习功课,但不要疲于应付作业。

反思。要总结反思走过的2016,反思这一年的得与失,要计划好马上到来的2017。不要只会匆匆赶路。

网友。要和网友保持好距离,一般情况下不要会网友。

爆竹。要劝导家长少燃放鞭炮,为环保做出一份力量,不要乱放爆竹。

节目。要和家人一起看春晚,收看'中国诗词大会'和'感动中国颁奖晚会'。不要追剧。

最后,祝我亲爱的同学们度过一个充实而快乐的寒假,度过一个蓄势备战的寒假。

我会想你们的……学生爆笑。

成功逆袭 华丽转身

——期末考试总结暨青岛市第一次高考模拟动员

班主任:同学们好!

我有一种飒爽英姿走天涯的豪迈。

同学们有一种壮志豪情踏四方的气概。

班主任:今天这节班会课的主题是"成功逆袭,华丽转身——期末考试总结暨青岛市第一次高考模拟考试动员",这节班会分回顾期末和展望一模两大部分,咱们先进行第一部分——回顾期末。

幻灯片一:一、回顾期末

(一)期中、期末班级成绩对比

期中考试 985、211 任务 6 个,实际完成 7。

期末考试 985、211 任务 6 个,实际仅完成 4 个。

期中本科任务 40,实际完成 41。

期末本科任务 40,实际完成 38。

期中总评第一。

期末总评倒一。

班主任:这是班级的总体情况,个人情况呢? 请看投影。

幻灯片二:(二)期末考试个人成绩。

幻灯片三:(三)期中、期末个人成绩对比:个人成绩在全市的名次变化情况。

班主任:看了班级和个人的成绩变化,你想说什么?

学生:我们大部分同学下降了,而且下降很大,有点出乎意料……我的成绩也是意料之外,考前还自我感觉良好呢! 没想到成绩下滑幅度这么大,给班级拖后腿了,很惭愧。

他慢腾腾地站起来,慢吞吞地说。

学生:不管是狼牙大队还是尖刀兵团还是别的团队都考得……很不理想,当然也包括我,不好意思。

他也慢腾腾地站起来,慢吞吞地说。

班主任:我们考得何止是不理想,是很"烂"……当然,成绩糟糕不要紧,目前最要紧的是我们需要知道为什么我们下降了,我们需要明白期末考试之前我们出现了哪些问题,这才是今天我们所要重点反思的。

学生:期末考试之前很长一段时间内我们非常懈怠,所以出现这样的成绩,看似意料之外,实则情理之中。

学生:考试之前大家似乎很放松,一点也不紧张,以这种放松的状态去迎接考试,赢了才怪呢。

学生:那段时间感觉大家对这次考试好像不是那么重视,包括我。

学生:我挺努力的,不知道为什么,一言难尽。

同学们说这些的时候情绪也不高。

班主任:我认为主要是两种原因导致我们成绩下降如此之大,请看投影。

幻灯片四:原因分析。

1. 懈怠。

班主任:首先是我这个指战员懈怠了。我以为经过三个月的努力,我们已经完全可以自我管理了,就放松了对大家的要求,忽视了对班级的管理,这次考得不好,我负主要责任。(尽管我实行的是剑走偏锋、以退为进的策略,但怕同学们识破还是"装模作样"地当众检讨一翻。)

其次,同学们懈怠了。期末考试前两个周左右,大家非常懈怠。"窥一斑知全豹",不需要看我们的学习状态,单从宿舍管理这一点来说吧,那两个周内我们宿舍被通报批评的次数比前一个月都多,说明了什么问题? 宿舍出现问题,学习一定出现问题,两者是相辅相成的。

再看看我们那段时间的学习状态:晨读背诵的声音小了,迟到的同学增多了;上课积极回答问题的少了,心不在焉的同学多了;课间静心学习的同学少了,吵闹的多了;放学抢着请教老师问题的同学少了,抢着去吃饭的同学多了等等。这种懈怠的后果是什么? 直接导致了我们期末遭遇"滑铁卢"。

我们这次考得不理想的第二个原因是什么呢?

幻灯片五:很用心但事与愿违。

班主任:在下降的同学当中,有一些确实是努力了,也用心了,但可能由于某些不可避免的原因而导致成绩下降,这一些同学等班会结束后我们再具体分析一下原因。

刚才我们一起分析了考出这样"烂"成绩的原因,下面请同学们再思考一个问题:如何看待这次考试成绩?

幻灯片五:如何看待这次考试成绩?

学生:老师好! 您经常说,当坏事发生的时候我们最需要做的是把它转化成好事。我感觉这次考得不好未必是坏事,我们正好可以借此机会好好反思一下,这样就会增加一模考试胜算的可能性。

学生:我也是这么想的,我们应该好好利用这次机会,强力"反弹"。

班主任:对,这两位同学说得非常有道理。正所谓"低头,是为了更好地昂首;蹲下,是为了更好地跃起!",我们"后退,是为了更好地前进"。就好比跳高、跳远,要想跳得高,跳得远,必须要先后退一些再用力往前冲,用力奋起才能跳得更高,跳得更远,所以从某个角度来说,这次考试我们的成绩太好了,它为我们更好地起跳提供了一个助跑,我们每一位同学都必须好好利用这次助跑。

成绩出来以后,我从不同的渠道得知,我们中的绝大部分同学确实是利用了这次助跑,他们能静下心来分析出现失误的原因,寒假返校学习的状态也非常好,如果开学后能进一步调整状态,那么第一次模拟考试必定成功逆袭,实现华丽转身的目标。

再请大家阅读这样一则故事,读后说一下受到的启发。

幻灯片六:驴子的故事。

有一天,一个农夫家的一头驴子不小心掉进一口枯井里,农夫绞尽脑汁想办法救驴子,但几个小时过去了,驴子还在井里痛苦地哀嚎着。

最后这位农夫决定放弃,他想这头驴子年纪大了,不值得大费周折把它救出来了,不过无论如何这口井还得填起来。于是农夫便请来左邻右舍帮忙,打算将井中的驴子埋了以免除它的痛苦。

农夫的邻居们人手一把铲子,开始将泥土铲进枯井中。当这头驴子了解到自己的处境时叫得很凄惨,但出人意料的是很快这头驴子就安静下来了。大家好奇地探头往井底一看,出现在眼前的景象令他们大吃一惊:当铲进井里的泥土落在驴子的背部时,驴子的反应令人称奇——它将泥土抖落在一旁,然后站到泥土堆上面!

就这样驴子将大家铲倒在它身上的泥土全数抖落在井底,然后再站上去。没多久这头驴子便得意地上升到井口,然后在众人惊讶的表情中快步跑开了!

班主任:请大家谈一下对这一则故事的感想。

学生:老师好!这个故事告诉我们要好好地利用这次考得很烂的成绩。

学生:老师好!这次考试就好比我们跌落到枯井里,填入的沙土就好比我们的成绩,我们要学习这头驴,抖落身上的沙土。

班主任:成绩有起有伏才更利于前行。就如驴子的情况,在前进的过程中,有时候我们难免会陷入"枯井"里,会被各式各样的"泥沙"倾倒在我们身上,而想要从这些"枯井"脱困的秘诀就是将"泥沙"抖落掉,然后站到上面去!事实上我们在生活中所遭遇的种种困难挫折就是加在我们身上的"泥沙",换个角度看,它们也是一块块的垫脚石,只要我们锲而不舍地将它们抖落掉,然后站上去,那么即使是掉落到更深的井,我们也能安然脱困。因此我们必须以沉着和乐观的态度面对这次考试成绩,一模逆袭就潜伏在这个"枯井"中。

刚才我们一起回顾了期末考试成绩及考出这种成绩的原因,那开学后我们应该怎么做呢?

幻灯片七:一模展望。

一模目标:成功逆袭,华丽转身。

班级具体目标:重点7个,本科42个。

个人目标:以前设定的或者根据半年的学习情况重新设定的。

一模考试时间:3月9和10日。

班主任:为了保证目标的实现,我们将如何做呢?请看投影

幻灯八:实施策略。

1. 本学期在保证语、数、英三科学习时间的基础上侧重文综的复习。

2. 每天下午下操后统一背诵15分钟的政、史、地,然后再各自上自习。

3. 每周四下午第四节前开展"课前五分钟演讲活动"。演讲的内容多样化:讲励志故事,播放视频,阅读文章,讲自己的故事,交流学习方法等等。演讲同学按照学号顺序,先从一号开始,每周一个。演讲时间5分钟内为宜,负责人班长。

具体要求。

1. 奠定好开学后的基调。

收心,开学第一天进入冲刺一模的战斗状态。请走进教室就打开书本学习,抓紧点滴的学习时间;不闲谈学习之外的事情,请让在你身边讲闲话的同学闭嘴;保质保量地完成作业,请完成作业后再安然入睡;请时刻提醒自己这是高考前的一次非常重要的冲刺!

2. 抖落"泥沙",垫在脚下,成功逆袭,华丽转身。

最后,祝愿大家调整好状态,顽强拼搏,成功逆袭,实现华丽转身的目标。

今天班会到此结束,谢谢大家!

二轮复习策略指导

班主任:上课。

班长:起立。

班主任:今天这节班会课的主题是"二轮复习策略指导"。对于高三第二轮复习来说,整个过程就是进行专题性知识总结,这一过程要达到三个目的:一是从全面基础复习转入重点复习即专题性复习,对各重点、难点进行提炼和把握;二是将第一轮复习过的基础知识运用到实战考题中去,将已经把握的知识转化为实际解题能力;三是要把握各题型的特点和规律,把握解题方法,初步形成应试技巧。

我们在第二轮复习的主要任务有查漏补缺;构建各章节、各专题的知识网络,使知识系统化、条理化并提高同学们的能力特别是应试能力。要完成这些任务,我们最重要是讲究复习效率,怎样的复习效率才是高效的?

幻灯片一:协调好考试与复习的关系。

班主任:二轮复习阶段,各种各样的测验、考试将比较频繁。认真分析自己的每一次训练和考试,分析失分中有多少分是自己会做而丢的分,丢分的原因是什么。在复习的过程,应该有意纠正自己不良审题、解题的习惯,尽量减少无谓的丢分。同时做完每套试题之后,要总结归纳自己做这套卷子的收获,切忌好高骛远,喜欢钻研难题。

幻灯片二:抓弱科,稳强项。

班主任:相当一部分同学在各科能力上有强有弱。在二轮复习中,我们可以采用"以强补弱"的策略获取高分数,但是如何让"强科更强,更上一层楼;弱科变强,也上一层楼",这点很重要。提高弱科的办法有许多,时间上要多安排一点;少做,不做弱科的难题,主抓中低档试题;多看书,在基础知识落实上再下一点功夫;参加一些课外的单科补习也是十分有益的,当然要选择好学校,选择好老师。提高做题的效率,同学们要注意研究做题方法,平时的纠错本就是很好的"提分宝典"。

幻灯片三:注意调节应试心态。

班主任:在二轮复习中要实现巨大的跨越,就要学会培养良好的心态,心态决定命运。平时多与老师交流,与他人友好相处,相信自己,笑口常开,这些对保持好的备考状态都是非常重要的。二轮复习阶段各种各样的测验和考试将比较频繁,很多同学总会下意识地将测验或考试的成绩与自己的学习水平、近期的复习效果乃至将来的高考成绩等一系列问题挂起钩来,一旦成绩有所起伏,便对自己产生怀疑,增添许多心理压力。其实所学的知识与能力,并不是一天两天就会有多大的提高或下降,一次两次的成绩并不能决定什么,要对自己有信心,应学会调整心态。

幻灯片四:查缺补漏,进一步夯实基础。

班主任:理由很简单,基础知识是分析问题、解决问题的工具和依据,只有基础夯实了,能力提升才会有保障。

查缺补漏的具体做法是关注已做过的试题中的错题,这也是考前复习的重点之一。分数的增长点就在错题上,对那些易错易混的知识点,一定要摸清摸透,以减少失分;这里面还要穿插如何做选择题、填空题、解答题,进行专项训练,学会"秒杀"客观题,规范解答主观题。

抓基础的第一方面一定要看书,许多同学不重视这个环节,教材是高考命题的依托,也是高考复习的依托,一定要老老实实、踏踏实实地把教科书认真读一读,把基础知识认真落实;抓基础第二方面要把课本上的题认真做好,有些高考试题就是课本上练习题的变形,而且课本上的练习题是最基本的,不但要会做而且要熟练;抓基础的第三方面要认真分析期中、期末两套试卷,跟着老师分析试卷是必须的,自我分析也是必须的,成功经验、失败教训、得分原因、失分原因、解题思路、解题切口等等一定要清清楚楚。

今天先简单地介绍这几项应该注意的问题,大家注意了这几个方面,复习效率一定会大大提高。

谢谢大家!

弘扬女排精神,共铸美好大学梦

班主任:同学们好!

我语言铿锵有力,似乎有一种"铁榔头"之风。

全体学生:老师好!

大家斗志昂扬,颇有女排队员的气魄。

班主任:今天这节班会课的主题是"弘扬女排精神,共铸美好大学梦"。先请大家欣赏一首由田震演唱的《风雨彩虹 铿锵玫瑰》,我点击播放键,那激荡人心的旋律在教室里飘荡开来:一切美好只是昨日沉醉……再苦再累无惧无畏……风雨彩虹铿锵玫瑰,纵横四海笑傲天涯永不后退……拔剑扬眉豪情快慰……风雨彩虹铿锵玫瑰,芳心似水激情如火梦想鼎沸,风雨彩虹铿锵玫瑰,纵横四海笑傲天涯风情壮美。

班主任:歌曲欣赏完了,请交流一下我们的感受吧。

学生:我感到了一种积极向上的力量。

学生:我感到了一种纵横四海,笑傲天涯,永不后退的拼搏精神,这也应该是我们的民族精神。

学生:感到有一种无惧无畏的斗志在我胸中激荡。

班主任：这首歌是中国女足进军世界杯时候的主题曲，当然今天我们谈的不是女足，而是……

学生：中国女排。

同学们不约而同地说，似乎心有灵犀。

班主任：里约热内卢奥运会已经闭幕，对于国人来说，中国女排的精彩表现可以算是这届奥运会最大的看点了。几乎与女排重回巅峰，取得冠军的金牌的同时，一个词在很短的时间内传遍了长城内外、大江南北，这个词就是"女排精神"，什么是女排精神？今天我们这些莘莘学子应该从中学到什么呢？咱们先来了解一下女排的历史。

接着，我向大家介绍了女排从腾飞到下滑到中兴到困境到重生的历史。

班主任：刚才我们简单回顾了一下中国女排的发展历史，下面请大家再看下面的视频。

视频播放女排拼搏的精彩镜头以及郎平的采访片断。

班主任：请大家结合中国女排的发展历史和视频思考刚才我提出的第一个问题——什么是女排精神？

学生：我认为女排精神就是一种无惧无畏，永不服输的精神，正如《风雨彩虹 铿锵玫瑰》中所唱的那样。

学生：我认为女排精神就是一种团结协作的精神，这是赢得球赛胜利的前提。试想一下，如果队员之间协作的不默契，要想取得胜利是不可能的。

学生：我认为女排精神就是一种自信的力量。尤其是面对强大对手的时候，面临失败的时候，这种自信显得尤为重要。

班主任：女排精神是中国女排的历史遗产，它可以概括为无私奉献的精神、团结协作的精神、艰苦创业的精神、自强不息的精神。那么今天的我们应该如何去做？

学生回答完后，我对女排精神进行了总结并让大家思考第二个问题。

学生：很多年前，中国足球有一个主教练施拉普纳说过一句玩笑话——当你不知道把球往哪儿踢的时候，你就往球门里踢。中国女排告诉我们——当你遇到最大的挫折，甚至看不到前方，也不知道往哪走的时候，就往胜利那儿走。现在我们学习非常艰苦，接下来会经历许许多多次大大小小的考试，必然会有成绩下降甚至是连续下降的时候，甚至我们还可能出现非常迷茫的状态，出现这种情况怎么办？中国女排告诉了我们应该如何去做。

学生：郎平在这个场上喊得最多的两个字就是"防守"，这使我想起了那句话——多出妙手不如减少失误，在平时的学习和考试中，减少失误是提高成绩的一个有效途径。

学生：暑假中我观看了整个比赛的过程，我的心跳也在随着比赛的进程而不断地改变着频率，当我们的女排取得胜利的时候，我哭成了一个泪人，相信看过那一幕的人都会激动地热泪盈眶。

应该说巴西的实力非常强,进攻能力十足,第一局就是这样把中国女排打蒙的。但是从第二局开始,中国女排突然呈现出老女排那种状态——"打不死"。记得当时白岩松说过,只有你打不死我,我才能让你看我不打死你。我对这句话印象非常深刻,我学习成绩一般,但我也有对手,尽管我的对手比我强很多,但我会坚持到底。

说完,他挥了挥拳头——非常有力地,这一动作获得了满堂的掌声。

学生:我想说的是"逆袭"。女排雅典一战是逆袭,里约这一战也是逆袭,这告诉我们即使在多次失败的情况下,也要抱有逆袭的希望,只要越战越勇,这种逆袭就会成为可能。说实话,这种逆袭使我看到了希望……

学生:记得当时白岩松说,冠军的基因是可以遗传的,老师您前几年所带的班级高考时都考得不错,相信这种基因一定会遗传给我们这个班,"一号"必胜!

他的发言同样赢得了大家的掌声。

我重新播放《风雨彩虹 铿锵玫瑰》,在激昂的旋律中我走上讲台。

班主任:刚才同学们从不同的角度告诉我们要学习中国女排的哪些品质,我也简单谈一下个人的观点吧。

中国女排在走向巅峰的过程中,失败了好多次,但每次失败之后我们看不到埋怨,看不到无奈,更看不到绝望,看到更多的是笃定,是咬牙坚持,是永不服输。如果问中国精神在哪里?我要说中国女排的铿锵玫瑰们的这种永不放弃,敢于胜利的精神就是中国精神的很好体现。不管是现在还是在以后的人生路上,不管面对多么强大的人,我们不要惊慌,不要恐惧,也不要迷茫,告诉自己,不管有多难都要挥拳和怒吼。

总有一种情怀令人长久铭记,总有一种精神让人泪流满面,总有一种斗志让人激情澎湃。中国女排胜利了,她们靠的是什么?靠的是团结协作,靠的是自强不息,靠的是永不服输,靠的是坚持到最后,靠的是中国精神。

同学们,很快我们就要高考了,如何更好地圆我们的大学梦,如何更好地走人生之路,中国女排的铿锵玫瑰们给了我们最好的答案!

"只要我一起飞,空中就没有王牌。"在战场上取得胜利的是王牌,但即使没有取得胜利却能够弘扬这种敢于胜利的精神,弘扬这种永不服输品格的战士同样也是王牌!

这次班会到此结束,谢谢大家!

在竞争中前进

近期,我有一种"他日若遂凌云志,敢笑黄巢不丈夫"的魄力,学生们有一种"黄沙百战穿金甲,不破楼兰誓不还"的决心。

班主任:今天这节班会课的主题是"在竞争中前进"。那什么是竞争呢?

幻灯片一:什么是竞争?

竞争是激发人的自我提高意识和能力的活动。

班主任：生活在这个充满竞争的社会，上到国与国之间，下至单位与单位之间，人与人之间，都存在竞争，可以说竞争无处不在。

梁启超曾经说过，物竞天择势必至，不优则劣，不兴则亡。孙中山也曾经说过，人类要在竞争中求生存便要奋斗。这两位伟人所说的话充分说明了竞争的必要性。

设立一个竞争对手并和他开展竞争有什么好处？请大家思考一下。

学生：老师好！我通过一件事情来说明竞争的好处吧。国外一家森林公园曾养殖几百只梅花鹿，尽管环境幽静，水草丰美又没有天敌，而几年以后鹿群非但没有发展反而病的病，死的死，竟然出现了负增长。后来他们买回几只狼放养在公园里，在狼的追赶捕食下，鹿群只得紧张地奔跑以逃命。这样一来，除了那些老弱病残者被狼捕食外，其他鹿的体质日益增强，数量也迅速地增长着。这件事情充分说明了竞争的好处。

学生：我们长大后要参与更加激励的竞争，现阶段在学习方面开展竞争可以培养我们的竞争意识，为在未来的竞争中立于不败之地奠定基础。

学生：所谓找到自己的竞争对手，便是为自己树立一个目标，为自己寻找一个前进的目标，给自己一些前进的动力。若没有竞争对手，就很容易迷失努力的方向，所以竞争在无形当中成了我们彼此相互激励的无声的话语，成了彼此的"生活所需"。

班主任：刚才同学们说得非常有道理，我用电视剧《康熙大帝》中的一个情节来说明竞争的好处吧。康熙在执政60年之际举行"千叟宴"，宴会上康熙敬了三杯酒：第一杯敬孝庄太皇太后，感谢孝庄辅佐他登上皇位；第二杯敬众位大臣及天下万民，感谢众臣齐心协力尽忠朝廷，万民俯首农桑；第三杯酒敬他的敌人，吴三桂、郑经、葛尔丹还有鳌拜。当他敬第三杯酒时，众大臣目瞪口呆，康熙解释说是他们逼着他建立了丰功伟绩，没有他们就没有今天的他，是这些对手成就了他，因此他要感谢这些对手。这说明了什么呢？要成功，需要朋友；要取得巨大的成功，需要对手。

学习上也莫不如此，在学习上树立一个竞争对手，这位对手会给我们带来压力，逼迫我们努力地投入到"斗争"中，并想办法成为胜利者。在同对手的对抗中，我们进一步地磨炼自己，进一步提高成绩。从这一意义上说，我们的对手是我们前进的动力，是我们提高成绩的催化剂。

在学习中如何设立自己的对手？

我认为我们应该把握一个基本的原则，"取乎其上，得乎其中；取乎其中，得乎其下；取乎其下，则无所得矣"，即竞争对手的成绩一定要高于自己很多。当然，必须量体裁衣，量力而行，不能好高骛远，否则不但不能进步，反而可能会使自己因无法超越对手而深陷于自卑之中而无法自拔。

那我们可以从哪些方面设立对手呢？一般来说，我们可以从总分、单科、阶段目标等方面来设立目标。（具体解释略）

班主任：你的竞争对手是谁？你敢当众说出来吗？

一开始学生不愿意当众说出竞争对手是谁，在我的鼓励下，同学们纷纷说出自己的竞争对手。

学生：我一模的竞争对手是谭雅文，高考时的挑战对手也是她。我不仅敢说，我还敢大声说出来。

许苗佳这个一向文静的女孩突然高声说道。

班主任：她可一直是咱们班的NO.1，曾经还一度"杀入"年级前15名，你能挑战成功吗？

学生：您不是说过吗？只要用心，一切皆有可能。再说，即使不可能成功，我也要挑战这种不可能。

班主任：好！你很有勇气，我们为你点赞，为你鼓掌。

教室里掌声雷动。

学生：我一模的对手的竞争对手也是谭雅文，我要在总分上超过她。

学生：我一模的挑战对手是韩星，高考的竞争对手是谭雅文。

刘玉美和王笑也都把谭雅文作为对手。

班主任：你们所挑战的对手很有实力，这一点你们是知道的，你们是不是有点自不量力呀？

我不失时机地刺激了一下她们俩。

学生：您不是说过要进步就得"和刘翔比跨栏，和泰森比打拳"吗？只有向高手挑战我们才能进步。

两位女孩不甘示弱。

班主任：哇！勇气可佳，只有向高手挑战我们才能进步。谭雅文是今天的"幸运观众"呀！连续中奖！发表一下你的获奖感言吧。

学生：谢谢你们这么抬举我！我想我应该不会让你们"得逞"的。

教室里似乎弥漫着一种紧张的味道。

学生：我的挑战对手是我自己。

杨捷似乎有点不好意思。

班主任：可以具体说一下吗？

学生：我这段时间成绩一直徘徊不前，一个重要的原因是"表面上的勤奋""低质量的勤奋"，说白了有点自欺欺人，而我一直还自我感觉良好。我感觉我应该先改变自己，让自己真正勤奋起来。

班主任：杨捷说得非常好，人最大的对手往往是自己，譬如说你是否有战胜惰性的勇气，你是否有战胜困难的决心……在这里我也提醒大家，要战胜别人先战胜自己。

学生：我的竞争对手是青大分数线，我想在一模时达到青大去年的录取分数线，高考时超出那条分数线10分。

学生：我的对手是马铭宇，我想在一模时有三门学科超过她。

学生：我挑战的是夏露荷，一模时三门主科超过她，高考时总分超越她。

……

教室里挑战的味道越来越浓。

班主任：刚才同学们纷纷确立了竞争对手，有些同学确立的竞争对手要比自己实力强出许多，这种敢于向高手挑战的勇气实在可佳。竞争对手树立以后，如何看待竞争对手？

学生：老师好！我认为应该向竞争对手学习。对手是一面镜子，让我们清楚地"照"出自己的问题和不足，从而有效地加以解决。同时作为你的竞争对手，对方肯定有和你竞争的实力，不然的话他也不能成为你的竞争对手，在他的身上也一定有你需要学习的东西。我刚才说了，我的对手是谭雅文，她身上的那种认真钻研的品质就是我所要学习的，要超越她我就必须学习并且拥有这种品质。因此我建议大家要多学习竞争对手的优点。

谭雅文，你记住，你是我的对手，我会向你学习，小心我超越你。

她很认真地对着谭雅文说。

学生：好吧，放马过来吧，我接招，看我让你心服口服。

雅文信心满满地说。

学生：老师好！我认为拥有竞争对手最大的好处是给自己造成一种危机感。没有竞争就没有进步，如果我们没有了竞争，我们就会觉得自己已经做得很好了，从而滋生自满的情绪，这对我们有很大害处。学无止境，而通过竞争可以使我们有一种危机感，只有通过竞争才能够更快地成长。同时，我要说只要我的对手在努力，我就不会停止拼搏。

学生：老师好！我认为应该重视对手。永远不要小看你的竞争对手，你应该重视你的对手，你的对手远比你想像的强大。如果你不能够对你的对手进行一个准确的定位，那么你也就离失败不远了。我的对手是李梦冰，尽管她的成绩不是名列前茅，但我相信她有名列前茅的实力，我们之间开展竞争，相信我们两人的成绩都会有很大的突破。

受到激励的李梦冰脸红红的，内心似乎受到了触动。

学生：老师好！我认为应该尊重对手。每一个可以作为对手的人都值得我们尊重，并且一个尊重自己的对手的人更能够赢得别人的尊重。如果我们尊重我们的对手，我们才能够更好地看清对手身上有什么你所不具备的东西和他有什么不好的地方，从而你才能够更好地击败他。正所谓"知己知彼，百战不殆"。

学生：老师好！我认为应该和对手合作。我们肯定会有各自的优势和劣势，而我们可以将优势结合，互相帮助而不是互相提防，从而共同进步，除掉自己的劣势的一面，使自己学习到更多的东西。我的对手是我同位，他的优点是好问，缺点是浮躁；我的优点是不浮躁，缺点是不好问。我们可以既是对手，又可以是合作的伙伴，我们可以互相提醒,共同进步。

班主任:这位同学提到了合作这个问题,这也正是接下来我想提醒大家的。给大家讲一个故事,有人和上帝讨论天堂和地狱的问题,上帝对他说:"来吧,我让你看看什么是地狱。"他们走进一个房间,一群人围着一大锅肉汤,但每个人都瘦骨伶仃,一脸饿相。他们每个人手里都有一只可以够到锅里的汤勺,但有肉汤却喝不到肚子里,只能望"汤"兴叹,无可奈何。上帝又把这个人领到天堂里,这里也有一锅肉汤、一群人、一样的长柄汤勺,但大家都身宽体胖,正在快乐地歌唱着幸福。"为什么?"这个人不解地问,"为什么地狱的人喝不到肉汤,而天堂里的人能喝到?"上帝微笑着说:"很简单,在这儿,他们都会喂别人。"这个故事告诉我们如果心中有别人,在生活中懂得去合作,才会得到更多的幸福。相信大家能从这个故事中体会到合作的重要性。"在竞争中合作"应体现"双赢"的原则,竞争对手不能相互排斥,造成两败俱伤,而要相互促进、共同提高,这才是竞争中合作的真谛。

这节班会的主题是"在竞争中前进",主要是指在学习方面进行竞争,以在更大程度上提高成绩。祝愿挑战的同学挑战成功,祝愿被挑战的同学积极迎战,让我们通过这种方式掀起一个新的学习高潮,从而大幅度地提高个人成绩,大面积地提高班级成绩。

当然,更重要的是通过这种方式培养我们敢于挑战,敢于迎战,永不服输,追求胜利的人生品质!

谢谢大家!

爱、榜样、信念

班长:同学们好! 今天的班会由我来主持,先请大家看一段视频,看完后小组讨论,然后找出代表发言。

班长的开场白简洁利索。

从前,有这样一群鸭宝宝,摆在他们面前的是这样一道挑战!

一只! 一只鸭宝宝先努力跳跃上去了! 就是那只弄潮儿!

鸭妈妈站在终点,目光坚定,意味深长……

在妈妈的注视下,其他鸭宝宝,也在努力攀登跳跃。

两只、三只,梯队渐渐清晰,

所有鸭宝宝目标明确,方向只有一个,绝不退缩!

走在最前面的,总是少数,
后面的大多数,只是暂时落在后面,
进入第二梯队的鸭宝宝越来越多,越来越多……
落在第三梯队的鸭宝宝,越来越少,越来越少……
摔倒,落下,都不怕!
鸭妈妈始终关注着孩子,
不会抛弃任何一个,
终于! 鸭宝宝们都攀上了最高处!
鸭妈妈的目光依旧坚定、肃穆、慈爱。
在鸭妈妈的带领下,一家人走进美丽的花丛中。

　　班长:大家看得饶有兴味,相信大家看完视频后有很大收获。下面各小组讨论5分钟,选出代表发言。
　　各小组讨论得热火朝天。
　　班长:场面火爆呀! 真有点"沙场秋点兵"的味道,先请一组代表说出你们组的心得。
　　一组代表发言:
　　老师、同学们好! 我们小组想谈两点体会。
　　一是榜样的力量。
　　最初鸭宝宝们向上跳也许持着观望的态度,也许根本没想跳上去,总之并没有表现出很积极的一面,但是当有一只鸭宝宝跳上去的时候,宝宝们那种积极向上的态度便展现出来了。或向左走走试试跳,或向右走走试试跳,态度发生了很明显的变化,都开始积极地努力地去跳跃了! 这个态度的转变,就是因为有第一只鸭宝宝做到了,这就是榜样的力量! 有了这份力量,包括挑战成功的所有的鸭宝宝,都开始相信自己了,我们组认为榜样的力量无穷大!

二是永不言弃的精神。

我们看到所有的鸭宝宝在摔倒之后都是马上就站起来,继续向上跳,不怕困难,坚持不懈! 这不就是我们应该学习的精神么? 在学习的过程中,我们总会遇到这样那样的困难,怎样面对? 尤其是二模结束后的这几次模考,我们的成绩普遍不理想,怎么办? 鸭宝宝的这种勇往向前、永不放弃的精神就是最好的答案。

我们组的发言完毕,谢谢大家!

班长:刚才一组的代表从两个角度谈了心得,第一个鸭宝宝为其他的鸭宝宝树立了榜样,一组的精彩发言也为其他组的同学树立了榜样,"群雁高飞头雁领,一花先放众芳随",相信接下来各小组的发言会更加精彩,下面请二组代表发言。

二组代表发言:

老师好! 同学们好! 我想用两个关键词来概括我们小组的观点。

第一个关键词是思考。

这些鸭宝宝们很可爱,它们在妈妈和兄弟姊妹的引领下,并不是盲目地跳,而是在寻找方法。在这边试一试,在那边试一试;这个动作试一试,那个动作试一试。这种边做边思考的方法,值得我们学习。"学而不思则罔",在最后的备考阶段,思考显得尤为重要,周围的有的同学只顾盲目刷题,以为多做题就有效。我个人认为多做题固然好,但更应该多思考,多总结。

第二个关键词是经验。

我们组的同学发现,在跳上第一个台阶之后,再跳上第二个台阶的时候就相对容易一些了,这就是经验的作用。有了第一次的经验,第二次就相对容易了。有的同学担心高考会发挥失常,其实完全没有必要担心,我们高中经历了许多次考试了,不用说高中,就说高三这一年吧,我们考了多少次了? 近期我们高考模拟不是也进行了好几次吗? 可以说我们是身经百战,在这过程中,我们也积累了许多经验。相信有了这些经验做后盾,我们高考一定会考得更好。

我们组的发言完毕,谢谢大家!

班长:"假舟楫者,非能水也,而绝江河。"二组代表谈的其实就是借助,借助思考,借助经验,这两点都值得我们学习。谢谢二组的精彩发言,请三组代表发言。

三组代表发言:

老师好! 同学们好! 刚才两个小组谈得很不错,我们都深受启发,我也想用两个关键词——突破与限制来概括我们小组的观点。

所谓的突破与限制是从那里来的? 完全是从心里来。鸭宝宝们在面对高它许多的台阶时,内心有没有担心与恐慌? 肯定有,那么高的台阶,妈妈上去了,我也能上去吗? 如果鸭宝宝们只思考一个因素——高,那么它们上去的可能性不会太大,因为一个"高、难"的想法就把它们限制在原地了。我们必须上去,不上去就找不到妈妈了,这是一种信念,一种必须完成的信念,正是这种信念让鸭宝宝们纷纷有了突破,连体能最弱的鸭宝宝都跳了上去,所以限制是什么? 限制就是画地为牢,限制就是自我束缚。而突破就是转机,就是生机,不破不立。一念天堂,一念地狱,怎样选择取决于我们自己。

从视频中联想到我们自己的问题所在。尽管发现自己很多地方做得不好,如有时犯困就想睡一觉,遇到难题就逃避等等,而我们却没有勇气去改正,去突破自己。我们组认为我们应该多向鸭宝宝们学习,只要我们敢于突破,勇于改变自己,就一定能取得更好的成绩。

我们组的发言完毕,谢谢大家!

班长:三组用了两个关键词——突破与限制从另外两个角度来概括了他们小组的观点,不一样的角度但同样的精彩。请四组代表发言。

四组代表发言:

前三个小组的代表都用关键词来概括所在小组体会的主要内容,我们小组也用两个关键词——爱和家人来概括我们组的心得吧。

视频中多数鸭宝宝都成功地跳了上去,只剩下一只鸭宝宝没跳上最后台阶的时候,其他鸭子呢? 它们没有走远,它们在不远处等待着它——它们的家人。而鸭妈妈更是走近它,用爱的眼神关注并等待着自己的孩子。

这样一群鸭宝宝带给了我们太多太多,其实这种种都来源于两个词——爱和家人。我们"一号战舰"本身就是一个家庭,一个充满爱的大家庭,我们全体同学都是亲人,应该互相帮助,尤其是在我们成绩滑坡的时候,尤其在我们高考的紧要关头,我们更应该亲如一家。谁有了难题,主动去帮助他解答一下;谁心里烦躁,主动去和他沟通一下,这也算是我们组的一个建议吧。

我们组的发言完毕,谢谢大家!

班长:爱、家人,这两个富有温度的词语让我们心里感到暖暖的。"团结产生力量,凝聚诞生希望",让我们全体家人们团结在一起,努力前行,胜利一定属于我们!请五组代表发言。

五组代表发言:

前面四个组的发言都非常精彩,谈得也非常中肯。刚才四组的同学用了两个关键词是"爱"和"家人"来概括他组的心得,我用"信念的力量"来概括我们组的心得吧。

这是动物界的故事,却深深地烙着人类的影子,让我们看到了信念的力量。鸭妈妈没有放弃一个宝宝,无论多久,都放手,静观,等待,因为她相信宝贝们会战胜自己。鸭宝宝们以妈妈和第一个同伴,不,是第一个家人为目标,没有后退,勇敢向前,它们的信念就是"我行",甚至是"我必须行",有了这样的信念,摔倒了爬起来,又摔倒了就再爬起来,多少艰难险阻都挡不住前行的步伐。妈妈说"孩子,你能行",小鸭想"我一定行",有了必胜的信心,不折不扣地循着目标行动,于是鸭宝宝们的潜力都被激发出来了,奇迹出现了:鸭宝宝们全部成功地跳上了最后的台阶。

其实我们的方老师不就是那位一直在激励我们前行的鸭妈妈吗?二模后的几次模拟考试,我们考得不理想,但方老师告诉我们"从头再来",这本身就是一种信念;不管我们考得如何,方老师总是激励我们"'一号'是最棒的,胜利一定属于我们",所以说我们全体家人、全体亲人一定要有坚定的信念,加油前进!

当然,我更建议人生路上我们也保持这种坚定的信念,这样我们的人生一定会更加精彩。

我们组的发言完毕,谢谢老师!谢谢各位家人!

发言的同学在结束发言时用力挥了挥拳头,他的这一动作获得了同学们更热烈的掌声。

班长:信念是汪洋中的一条船,乘风破浪,让我们振奋;信念是沙漠中的绿洲,带来希望,催我们奋进;信念是荒野中的一朵花,靓丽鲜艳,使我们清醒;信念是阴霾里的一道光,温暖光明,引我们前行。有了信念,"大一"一定会成功!

班长的慷慨陈词也获得了同学们热烈的掌声。

班长:我也谈一点我个人的体会吧,我要说的是爱的力量。爱是历史长河中亘古不变的永恒话题,爱是什么?爱是理解,是包容,是无条件地接纳;爱是尊重,是全身心感知对方的需要。

鸭妈妈没有因为谁落后而指责抱怨,没有只爱那些能力强的,抛弃能力弱的。她一直在耐心地陪伴等待,因为她接纳每一个孩子,接受孩子们的不足,尊重个体差异。她一会儿向前探视,一会儿跟小鸭们左右移位,寻找突破口,一会儿又假装走掉。她了解每个宝宝的个性,深知孩子们的需求,最后,她让孩子们尝到了成功的喜悦。

刚才五组的同学认为方老师就像这位鸭妈妈,我非常赞同。其实,其他的教师又何尝不像这位鸭妈妈一样呢?我们的老师虽然算不上呕心沥血,却可以说是日夜操劳,用他们的教育智慧想方设法增强我们的凝聚力,提高我们的成绩。我们有进步时,老师们告诫我们"昨天的太阳,晒不干今天的衣裳",因而"不可沽名学霸王";我们成绩暂时落后时,老师们又激励我们"这也会过去"……这一切都因为老师们心中有大爱,心中充满了对我们这个团队、对我们这个家的一种浓浓的爱,相信这种大爱的力量一定能催我们奋进!

大家掌声雷动。

班长:我们在爱的滋润下,在信念和榜样的激励下,善于借助,永不放弃,突破限制,我们一定能够成功!"兄弟同心,其利断金",我向全班同学,不,向全体家人发出倡议,在高考的紧要关头,我们应该互相支持,互相理解,携手并进,胜利一定属于我们"大一"!

六月加油,"大一"加油!

说完,他用力挥了挥拳头。

掌声经久不息,那热烈的掌声似乎在传递着一种爱,一种坚定的信念,一种不可遏制的力量!

坚守梦想,挑战到底,从头再来

班主任:上课!

班长:起立。

尽管我的情绪很低落,但依然打起精神,以求用自己的状态影响学生们的状态。

看得出,同学们也在努力调整自己的状态,但效果似乎不是很理想。

班主任:今天的状态不佳呀!怎么,被几次考试成绩打趴下了?连这一点挫折都经受不住?还是不是既能冲锋又能后撤的勇士了?

我猛拍了一下桌子。

班主任:抬头,挺胸,打起精神!上课。

我的声音提高了好几个分贝。

刚才对学生的激励也激励了我自己,现在的我激情昂扬。

在我的激励下,学生们打起精神,抛弃了刚才那种无精打采的状态。

班主任:今天这节班会课的主题是"坚守梦想,挑战到底,从头再来",我们齐读一下主题。

同学们:坚守梦想,挑战到底,从头再来。

班主任:先请大家欣赏由刘欢演唱的一首歌曲,歌曲的名字是"从头再来"。1998年,国有企业改革全面展开,国企不再是铁饭碗,大批工人纷纷下岗。为了鼓励下岗工人重新树立信心,鼓起勇气再就业,中央电视台拍摄了一组以下岗再就业为题材的公益广告。《从头再来》是中央电视台配合公益广告而做的主题宣传公益歌曲,也是其中影响较高,同时也是很能打动人心的一首歌曲。

音响里传出来那深沉而又不失激昂豪迈的歌声:昨天所有的荣誉,已变成遥远的回忆。勤勤苦苦已度过半生,今夜重又走入风雨。我不能随波浮沉,为了我致爱的亲人。再苦再难也要坚强,只为那些期待眼神。心若在梦就在,天地之间还有真爱。看成败人生豪迈,只不过是从头再来……

讲台下面,不少同学眼含热泪,殷雪更是泪流满面。看样子,尽管这首歌曲离现在已达25年之久,却依然在同学们的心中产生了极大的共鸣,或许近一段时间来不如意的成绩让同学们感到遇到了如当年的下岗工人一样的境遇。

班主任:请同学们谈谈听了这首歌曲的感受吧。

学生:这首歌是鼓励下岗工人走出逆境的,它告诉我们的父辈们不能萎靡消沉,不能悲观失望,更不能失去面对生活的勇气。

学生:这首歌告诉我们应该勇敢地面对失败。尽管这阶段我们成绩很不如意,但我们依然不能失去信心,我们应该从头再来,重新开始。

学生:说实话,这几次考试我的成绩很不理想,我也很灰心,但听了这首歌曲以后,我告诉自己不管我们现在考得如何烂,我们依然要坚守梦想,将挑战进行到底。

班主任:刚才我们谈到面对目前的成绩时,认为应该选择坚守,那如何坚守呢?

幻灯片一:心若在,梦就在——如何坚守?

1."不忘初心,方得始终""初心易得,始终难守"。

班主任:几乎每个人都听过"不忘初心,方得始终",却少有人知道下一句"初心易得,始终难守"。做任何事情,难在坚持,贵在坚持……坚持到底就是胜利,请大家举一个这方面的例子。

学生:我说一下马云三次高考的经历吧。他第一次高考,遭遇滑铁卢;没想到第二次高考依然失利;他不顾家人的极力反对,毅然开始了第三次高考的复习准备,历经千辛万苦,马云终于考上了大学。对马云而言,人生路上的三次高考,早已成为他生命旅程中最宝贵的精神财富。

不错,咱们这几次考试确实考得不理想,但想想马云,他会告诉我们如何去做。

学生:隋文娟举了马云的例子,那我举马化腾的例子吧。他从一名工程师发展到到腾讯"教父",就是不放弃追求,坚守梦想的结果。他创立腾讯公司后遇到过巨大的困难,仅举一例。他的公司运营一年后,公司账上只有1万多元,马化腾想了很多办法,甚至求助国外的风投公司进行融资,最终在几个月的努力下才拿到了200万美金的"救命钱"。他在融资过程中,还做了两次腰椎手术,但他却咬牙坚持下来了,经过无数次的坚持,他最终成为腾讯的"教父"。

他的经历告诉我们,有梦想还需要坚持。咱们这几次考试成绩确实不理想,但我们还是应该想想当时进入实验中学时的梦想,想想我们进入高三时的誓言。总而言之,我们要不忘初心,坚守到底,小伙伴们,继续加油努力吧!

班主任:这两个事例有力地证明了坚守就是胜利,我们应该如何做,不言而喻。下面我给大家讲一个永不放弃的例子。

幻灯片二:Never never never give up! 不管失败多少次,一定不抛弃,不放弃。

班主任:丘吉尔一生最精彩的演讲,也是他最后的一次演讲,演讲的题目是"成功的秘诀",原本20分钟的演讲丘吉尔只用了三分钟。

在剑桥大学的一次毕业典礼上,据说,当时整个会场有上万个学生和其他听众正迫不及待地要听这位伟大首相那美妙而幽默的励志演说,同时感受这位伟人的风采。

丘吉尔在随从地陪同下准时走进了会场,慢慢地迈着自信的步伐登上讲台。他穿着厚重的外套,戴着黑色的礼帽。在听众的欢呼声中,他脱下外套交给随从,又慢慢地摘下帽子从容地放在讲台上。他看上去很苍老、疲惫,但却很有精神地站在听众面前。

听众渐渐安静下来,他们知道这可能是老首相的最后一次演讲了。无数张兴奋、期待的面孔正注视着这位曾经英勇地领导英国人民从纳粹黑暗走向光明的老人。

丘吉尔默默地注视着所有的听众。过了一分钟,他打着"v"型手势向听众致意,会场顿时安静下来。

又过了一分钟,他幽默地语重心长地说了四个字:"Never give up!(永不放弃)"

一分钟后,掌声再次响起。丘吉尔低头看了看台下的听众。良久,他挥动着手臂,又打着"v"型手势向听众致意,会场又安静了。他铿锵有力说出了四个字:"Never give up!(永不放弃)"

这次他呼喊着,声音响彻整个会堂。

人们惊讶着,等待着他接下来的演说。

会场又安静下来了,但大多数听众意识到了其实不需要更多的话语,丘吉尔已经道出了他一生的感悟和成功的秘诀,已经道出了他对学生的忠告。听众知道,在丘吉尔一生所遭遇的危难中,他永远没有放弃他所要做的事情,世界因为他的出现而改变了。

丘吉尔说完,慢慢地穿上外套,戴上帽子,大家意识到演讲已经结束。他转过身准备走下讲台,这时整个会场鸦雀无声,人们注视着他,期待着他继续演说。

又停顿了一分钟,丘吉尔转过来,依然默默地看着听众。此时,他看上去红光满面,双目炯炯有神。接着,他又开口了,这次声音更加洪亮:

"Never give up!(永不放弃)"

丘吉尔再一次停顿下来,他那刚毅的眼中饱含着泪水。

听众想起了纳粹飞机在伦敦上空肆虐,炸弹落在校园、住宅和教堂上;想起了那个左手紧握着雪茄,右手挥舞着胜利的手势,带领大家从噩梦中冲出来的丘吉尔;想起了曾几次竞选首相失败的丘吉尔……但他毫不气馁,仍然像"一头雄狮"那样去战斗,最后终于取得了成功。

他说过:"我想干什么,就一定干成功。"他不但意志坚强,而且待人十分宽厚,能够谅解他人的过失,包括那些曾强烈反对过他的人。他的虚怀若谷,使他摆脱许多烦恼。在长时间的沉默和回想中,听众都感动地流下了眼泪。

丘吉尔又打着"v"型手势向听众致意,转身走下讲台,离开会场。会场又爆起了热烈的经久不息的掌声。

这是丘吉尔一生中最精彩的一次演讲,也是世界上最简短最震撼的一次演讲。年迈的丘吉尔只讲了三句相同的话——"永不放弃!",却成了中外演说史上的经典之作。

在这次演讲中,丘吉尔用他一生的成功经验告诉人们:成功根本没有什么秘诀。

如果真有的话,就是两个:第一个就是"永不放弃";第二个就是当你想放弃的时候,回过头来看看第一个秘诀,还是"永不放弃"。

我边说边像当年的丘吉尔那样,我伸出手指打着"v"型手势。

班主任:Never never never give up! 不管失败多少次,我们一定不抛弃,不放弃,"一号战舰"永不沉没! 其实,永不放弃其实就是一种必胜的信念。请看幻灯片。

幻灯片三:充满必胜的信念。

如果一件事情只有1%的希望,连续做100次,成功的比率为多少?

A. 13%　　　 B. 39%　　　 C. 50%　　　 D. 63%

班主任:有同学说,离高考仅有10天了,我们能"回到从前"吗? 请看这道题目,你选哪一个?

找几个同学起来回答后,我说出了答案:尝试一次的失败率为99%,0.99的100次方大约为37%,1−37%=63%。

班主任:这道题目告诉我们如何坚守:即使离目标再远,如果我们竭尽全力去做,成功的可能依然很大;即使有1%的希望,我也要付出100%的努力。

我们一定要充满必胜的信念,"不管风吹浪打,胜似闲庭信步""敌军围困万千重,我自岿然不动"即使困难两大,我们也绝不退缩。请看幻灯片。

幻灯片四:绝不退缩与顽强成长。

班主任:风雨中的小鸟告诉我们,在狂风暴雨中可以低头躲避,但绝不退缩;水泥横梁上的小柳树告诉我们再苦再难也要坚强,再苦再累也要坚持。

我要告诉大家的是,哪怕是一地破碎的水晶,也能串成一串水晶项链;即使是一地鸡毛,但仍然可以扎成鸡毛掸子。

幻灯片五:心若在,梦就在——如何挑战?

我不能随波浮沉,为了我挚爱的亲人;

我一定坚持到底,只为那些期待眼神。

教室窗外水泥横梁上顽强生长的小柳树

我们的挚爱亲人——父亲左手牵着的是希望,
右手拎着的是事业,背上还要承受风雨

幻灯片六:心若在,梦就在——从头再来。

精神上越挫越勇,行动上更加勤奋!

班主任:尽管我们的成绩很不如意,但我们班的许多同学并没有被这种困难吓倒,而是精神上越挫越勇,行动上更加勤奋! 例如殷雪、李喆等同学……

接着我又进一步列举了别的同学也更加勤奋的事例,她们的进取精神对同学们影响很大。

班主任:各位同学,请你们抬头,挺胸,看着我。

仅有 10 天了,谁敢说"坚守梦想,将挑战进行到底"? 我敢! 我们敢!

仅有 10 天了,谁还敢说"从头再来"? 胶州实验中学的老师敢! 胶州实验的学生敢! "一号战舰"的勇士们敢!

我的话语铿锵有力,掷地有声。

班主任:我一定让"大一"更多战友实现梦想,让"大一"继续我的辉煌!

将存有必胜之心,士定无失败之念! 我有必胜的信念,"大一"的各位同学,你们有必胜的信念吗?

全体同学:有。

我点击播放《相信自己》,那昂扬的旋律顿时充满了教室。

班主任:狼牙大队,请起立,喊出你们的誓词。

狼牙大队:甘做表率,永不屈服;攻无不克,战无不胜;开疆拓土,必夺第一。

班主任:尖刀兵团,请起立,喊出你们的承诺。

尖刀兵团:尖刀出鞘,闻者披靡;刀锋所指,无人能及。

班主任:中坚力量,请起立,喊出你们的心声。

中坚力量:不甘中游,奋起直追;持之以恒,成为黑马。

班主任:后起之秀,请起立,喊出你们的梦想。

后起之秀:不甘落后,永不言弃;挖掘潜力,超越自己。

班主任:全体都有,跟我一起喊出我们挑战到底,从头再来的铮铮誓言。

在雄壮的音乐声中,我们高举右拳:

心若在,梦就在,

天地之间还有真爱。

看成败,人生豪迈,

只不过是从头再来。

心若在,梦就在,

坚守梦想,挑战到底。

过五关斩六将,所向披靡;

跋高山涉深水,一往无前。

长风破浪正当时,我必成功;

八仙过海显神通,我定称雄。

任凭风吹浪打,胜似闲庭信步。

敌军围困千万重,我自岿然不动。

相信自己,从头再来!

坚守梦想,从头再来!

挑战到底,从头再来!

永不放弃,从头再来!

问吉日高考,谁主沉浮?

教室里播放着零点乐队的《相信自己》。

有多少次挥汗如雨,

伤痛着填满记忆,

只因为始终相信,

去拼搏才能胜利。

……

相信自己 哦…… 你将赢得胜利 创造奇迹。

相信自己 哦…… 梦想在你手中 这是你的天地。

相信自己 哦…… 你将超越极限 超越自己。

相信自己 哦…… 当这一切过去 你们将是第一。

在这慷慨激昂的旋律中开始了高考总动员班会。

班主任:今天这节班会课的主题是"问吉日高考,谁主沉浮?",先请同学们齐读主题。

全体同学:缔大一传奇,创实验奇迹,成胶州王牌! 问吉日高考,谁主沉浮? ——2016 六月圆梦誓师动员。

同学们那激昂有力的声音充分体现了"大一"同学们气冲霄汉的精神气概。

班主任:请大家边看这几幅图边读图上方的话。

全体同学:

"大一"学子,鱼跃龙门。

"大一"学子,成功必我!

英雄"大一",巨龙冲天!

"大一"巨舰,勇往直前

同学们读得气冲斗牛,魄撼山岳。

班主任:大家读出了挟山超海的气概,谢谢大家! 请大家看我们的高考目标。

我们的团队团队目标是"百花齐放春满园,五谷杂粮皆丰收",即我们要取得高三考出历次考试中最好的成绩,具体到人数是一本 25,二本 43。

班主任:我们说,我必成功,"大一"必胜。怎样理解"成功""必胜"?

实现我们定下的目标就是成功!

取得历次考试中最好的成绩就是成功。

正常发挥就是胜利!

顺利地考试就是取得胜利。

我们能够成功吗? 为什么?

同学:我们就是生为必胜而来。

我们就是为成功而战

我们一模和二模都考得非常好,高考一定会取得更好的成绩。

我们都拥有必胜的心态,这是取得成功的前提。

班主任:大家说得非常好,下面我也说几条我们"一号战舰"必定顺达彼岸的理由。

幻灯片一:"一号战舰"必定顺达彼岸的理由一。

1. 数字 1 非常吉祥。

1 是数字的本源,是生命的种子,它象征着启动创始,万事的开端。1 不仅是数字之首,更是数字法则的基础,作为初始数字可衍生后面的数字,其他数字都是因它而生。

幻灯片二:"一号战舰"必定顺达彼岸的理由二。

1. 大实验历年辉煌的高考成绩。

2. 我 2016、2017 年的命运:顺风轻舟满扬帆。在事业工作上大有作为之象,注定会收获成功的流年

3. 老师团队:我们的老师都是教育战线上的精兵强将! 都曾经创造过辉煌的历史!

相信我,相信我们这个老师团队,相信咱们大实验。我们的过去是辉煌的,今年将更加辉煌。

幻灯片三:"一号战舰"必定顺达彼岸的理由三。

老师们的激励是我们取得成功的动力。

数学老师:相信我们能够考出理想的水平,迈向期待已久的大学校园!

英语老师:我们志在必得,我们一定能够成功! 1 班,No problem!

政治老师:放下包袱,仔细谨慎,相信我们是最棒的!

历史老师:长风破浪会有时,直挂云帆济沧海! 我们会创造新的历史!

地理老师:充满信心,沉着冷静,科学应考,坚信希望与奇迹同在!

幻灯片四:"一号战舰"必定顺达彼岸的理由四。

1. 实力是取得胜利的保证一:

一模第一,二模总评第一。

过五关斩六将,所向披靡;跋高山涉深水,一往无前。

2. 实力是取得胜利的保证二：

长板效应——我们曾经是黑马,高考也必定会是黑马

幻灯片五:"一号战舰"必定顺达彼岸的理由五。

比实力更重要的是良好的心态。

意气风发,斗志昂扬,摩拳擦掌,跃跃欲试。"只要我一起飞,空中就没有王牌""谁持彩练当空舞?""十年磨一剑,霜刃未曾试",敢于亮剑,就一定能够"我持彩练当空舞"。

幻灯片六:"一号战舰"必定顺达彼岸的理由六。

淡定自若,稳如泰山。

《像烟灰一样松散》这篇文章告诉我们:"任凭风吹浪打,胜似闲庭信步"的淡定,"敌军围困三万重,我自岿然不动"的风范,一定会使你旗开得胜。忌过度自信。

幻灯片七:"一号战舰"必定顺达彼岸的理由七。

有点紧张,有点害怕。适度紧张是最正常不过的心理。

流觞曲水的故事告诉我们:人在紧张的情况下更能才思泉涌。不要怕,拿出"谁敢横刀立马? 唯我"大一"学子的气魄,相信你,"待到成绩发布时,你笑得最灿烂"。

幻灯片八:"一号战舰"必定顺达彼岸的理由八。

比实力更重要的是考前的良好的学习状态。

幻灯片九:"一号战舰"必定顺达彼岸的理由九。

班主任:我们必将腾飞,我们的这种底气还来自什么? 是吉祥的征兆,什么征兆呢? 我就把近几年的征兆依次说一下吧。

第一次也就是 2013 年就出现了一个良好的征兆,可惜没有拍下来,我口述一下吧。高考前的某一天,我走出小区时随意向东方一望,呵,我都惊喜地叫出声来。只见东方太阳喷薄而出,太阳的下面有五座塔吊像腾飞的巨龙,还有五座楼脊像祥云般……太阳、巨龙、祥云,当时我的大脑中突然出现了一个词语"群龙拱日"。当时就想今年的高考我们班一定会旗开得胜! 果然,那年我们班确实取得了理想的成绩。

班主任:请看这张照片,2014 年高考前的某一天拍的,咱们学校的钟楼和正在用于建设综合楼的塔吊,上面是徐徐上升的太阳,那塔吊不像一条巨龙吗? 巨龙、太阳,你能想到什么?

班主任:高考那天早上,我们办公楼门前的铁树开花了。铁树开花一般很少见,俗话说"千年铁树开花",也就是说要看到铁树的开花很不容易,或者说要生长相当长的年份才能开花。它却在高考之前开放了,对实验中学意味着什么? 那年我们学校各个方面都取得了巨大的发展,尤其是高考,确实是大获全胜。这是天意!

班主任:大家看,这张照片上哪一种元素最吸引你的眼球? 去年高考前的一次雨后我站在办公楼的走廊上拍的。彩虹不是每次雨后都出现吧? 而恰恰出现在高考之前,这意味着什么? 那年我们班所向披靡。这是天意。

　　班主任：前几年，我们高考取得了好成绩都事先出现了征兆，那今年有什么征兆呢？请大家看这幅照片。这是前天的晨读时候我在走廊上拍的东方破晓的情景，大家看，空中的云气像什么？像不像大鹏展翅？"大鹏一日腾风起，扶摇之上九万里"，咱们一定会像这大鹏一样腾风而起，飞腾万里。所以说，今年我们的高考一定会大胜！这是天意，想不胜都不行！

　　"大一"的各位同学：一年来，我们一起经过了"昨夜西风凋碧树，独上高楼，望尽天涯路"的痛苦，又经过了"衣带渐宽终不悔，为伊消得人憔悴"的磨砺，最后我们必定会迎来"众里寻他千百度，蓦然回首，那人却在灯火阑珊处"的喜悦！我们坚信，六月必定会超越梦想，创造奇迹！"一号战舰"必将劈波斩浪，顺达彼岸。请你们用坚定而有力的声音告诉我，告诉老师，告诉父母，告诉学校，我们会成为王牌吗？能成为英雄吗？

　　能。

　　请全体起立，高举右拳。

　　同学们在零点乐队雄壮有力的旋律——《相信自己》中高举右拳。

　　"一号战舰"，劈波斩浪！

　　"一号战舰"，顺达彼岸！

　　我必成功！成功必我！

　　一种必胜的的信念在每一位同学的心头久久萦绕。